Hinrich C. Seeba
Berliner Adressen

Hinrich C. Seeba
Berliner Adressen

Soziale Topographie und urbaner Realismus
bei Theodor Fontane, Paul Lindau, Max Kretzer
und Georg Hermann

DE GRUYTER

ISBN 978-3-11-056840-0
e-ISBN (PDF) 978-3-11-057164-6
e-ISBN (EPUB) 9 978-3-11-057014-4

Library of Congress Cataloging-in-Publication Data
A CIP catalog record for this book has been applied for at the Library of Congress.

Bibliografische Information der Deutschen Nationalbibliothek
Die Deutsche Nationalbibliothek verzeichnet diese Publikation in der Deutschen Nationalbibliografie; detaillierte bibliografische Daten sind im Internet über http://dnb.dnb.de abrufbar.

Die Karten 1 bis 10 und 12 werden mit freundlicher Genehmigung des Verlags Kober-Kümmerly + Frey abgedruckt: ©mapz.com – Map Data: OpenStreetMap ODbL

© 2019 Walter de Gruyter GmbH, Berlin/Boston
Dieser Band ist text- und seitenidentisch mit der 2018 erschienenen gebundenen Ausgabe.
Einbandabbildung: Berlin, Stadtplan, veröffentlicht 1874. ZU_09/DigitalVision Vectors/Getty Images
Druck und Bindung: Hubert & Co. GmbH & Co. KG, Göttingen

♾ Gedruckt auf säurefreiem Papier
Printed in Germany

www.degruyter.com

Inhalt

Statt eines Vorwortes —— VII

Einleitung —— 1

1 Stadtplan der Geschichte.
   Zur Begründung der sozialen Topographie —— 2

2 Individualisierung der Masse.
   Zur Begründung des urbanen Realismus —— 40

3 Mobilität der Arrivierten in der Regentenstraße.
   Paul Lindaus *Der Zug nach dem Westen* (1886) —— 68

4 Verdrängungsopfer des Fortschritts in der Holzmarktstraße.
   Max Kretzers *Meister Timpe* (1888) —— 89

5 Ausnahmefall des Alltäglichen am Zoologischen Garten und in der Invalidenstraße.
   Theodor Fontanes *Irrungen, Wirrungen* (1888) und *Stine* (1890) —— 119

6 Manipulation der Beziehungen in der Köpenicker Straße.
   Theodor Fontanes *Frau Jenny Treibel* (1892) —— 143

7 Tyrannei des Ehrbegriffs in der Keithstraße.
   Theodor Fontanes *Effi Briest* (1895) —— 172

8 Verbürgerlichung des Adels in der Grossgörschenstraße.
   Theodor Fontanes *Die Poggenpuhls* (1896) —— 201

9 Verdrängung der Herkunft in der Spandauer Straße.
   Georg Hermanns *Jettchen Gebert* (1906) —— 228

10 Topographie der Revenants in der Wilhelmstraße.
   Ausblick auf Günter Grass' *Ein weites Feld* (1995) —— 250

Auswahlbibliographie.
   Allgemein —— 260

Zu Paul Lindau —— 263
Zu Max Kretzer —— 263
Zu Theodor Fontane —— 263
Zu Georg Hermann —— 265

Personenregister —— 267

Straßenregister —— 272

Statt eines Vorwortes

Dank an Adressen, die ein Leben bedeuten

Adlerstr. 25, Alt-Moabit 104 a, Alt-Seulberg 42, Am Büchenberg 15, Am Feuerschanzengraben 24, Am Stadion 53, Auf der Helle 17, Bahnhofstr. 40 (15), Beethovenstr. 5, Bernhalde 11, Bessemerstr. 15, Börnestr. 2, Bordolloring 31, Brunnenstr. 45, Bundesratsufer 7, Burgholzweg 118, Closenweg 22, Comeniusstr. 11, Crusiusstr. 14, Dättlikonstr. 4, Dickhardtstr. 1, Edenstr. 23, Egerlandstr. 31, Elbingeröder Str. 13, Elkartallee 6, Ferdinand-Wallbrecht-Str. 40, Friesenstr. 29, Germeringer Str. 40, Goethestr. 3, Grabbestr. 40, Hans-Purrmannstr. 15, Hauptstr. 139, Hausserstr. 95, Hildesheimer Str., Hohestr. 6, Hüttenweg 9, Im Rotbad 30, Im vordern Erb 3, Jahnstr. 119, Karl-Marx-Str. 12, Kirschenallee 1 c, Klingerplatz 9 – 11, Klosterweg 28, Krasseltweg 52, Kurze Str. 3, Länggassstr. 49, Landauer Str. 16, Lentz-Lohne 1, Lindstr. 55, Linzerstr. 5, Maierhofer Halde 13, Mohlstr. 44, Moltkestr. 3, Neureuther Str. 28, Ölmühlenweg 10, Pallasstr. 10 – 11, Preußenallee 36, Ravensburger Str. 84, Reservoirstr. 15, Reuthstr. 14, Reutterstr. 7, Rodenbergstr. 31, Röntgenstr. 1, Sallstr. 40, Scheidestr. 17, Schillerstr. 14, Schleidenstr. 1, Schloßgartenstr. 65, Schneidemühler Weg 8, Schulstr. 71, Seebargwinkel 7, Seelhorststr. 52, Siebenhöfestr. 49, Simrockstr. 9, Storchengasse 6, Stresemann-Allee 8, Uhlandstr. 195, Vogelsangstr. 26, Waldstr. 10, Weinberge 9, Wiesbadener Str. 18, Wilhelmsaue 11, Wilmersdorfer Str. 40, Windhuker Str. 58 c.

1559 Arch St., 3625 Baldwin Hills Ct., 1110 Cragmont Ave., 1119 Cragmont Ave., 6509 Dana St., 46 Domingo Ave., 7768 Duke Court, 620 Euclid Ave., 88 Evergreen Dr., 285 Fairlawn Dr., 462 Fernwood Dr., 21 Florida Ave., 911 Galvin Dr., 1125 Grizzly Peak Blvd., 4709 Hannett N.E., 3807 Harrison St., 810 S. Henderson St., 1650 Jones St., 1741 Madera Ave., 1421 Masonic St., 757 Miner Rd., 512 Missouri St., 106 Pierce St., 770 Rose Dr., 21 Scenic Ave., 1407 Steele Canyon Rd., 2856 Union St., Walnut St., 46 Walter St., 1980 Washington St., 2350 West St., 8 Westover Ct., 7327 Woodrow Dr.

Alameda Lorena 1852, Cà di Sopra, Jl. Otista No. 69, Jl. Cimuncang No. 21, Rua Dona Adma Jafet 173, Rua dos Gaiatos 171, Rua Leonardo Mota 100.

Mein besonderer Dank gilt den Studenten der beiden Intensivseminare, die ich zum vorliegenden Thema im Jahr 2016 zunächst an der University of California at Berkeley und dann an der Universität Bern unterrichtet habe.

Einleitung

Nach dem Muster von Hollywood, wo man aus einem Tourbus auf die Adressen von prominenten Filmstars der Gegenwart blicken darf, gibt es auch für Berlin-Touristen eine Reihe von Publikationen, die die Adressen von prominenten Berlin-Bürgern der Vergangenheit auflisten, darunter bekannte Dichter, Künstler, Schauspieler, Wissenschaftler, Politiker. Im vorliegenden Projekt geht es hingegen nicht um reale Berliner Adressen, die man voyeuristisch aufsuchen kann, sondern um fiktionale Adressen, die in der Gattung des Berliner Romans am Ende des 19. Jahrhunderts eine strukturierende Rolle gespielt haben, weil sie für die urbane Verortung von literarischer Phantasie einstehen. Diese literarischen Adressen, an denen man die soziale Zuordnung der Romangestalten und die Kritik ihrer Gesellschaft ablesen kann, finden sich auf dem Berliner Stadtplan, nicht aber in der Wirklichkeit. Sie markieren Orte einer nur simulierten Realität, der sie größere Glaubwürdigkeit verleihen. Berliner Wohnorte, die als amtlich registrierte Adressen auf Stadtplänen objektiviert wurden, sind reale Fixpunkte imaginierter Realität und deshalb realistische Zeichen auch der Fiktionalität dieses Anspruchs auf lokale Identität. Insofern sind die Berliner Adressen ein – von der Literaturwissenschaft weitgehend übersehenes – Merkmal des urbanen Realismus, dessen soziale Topographie sich von der im deutschen Realismus vorherrschenden Dorfgeschichte grundsätzlich unterscheidet. Die topographische Kennzeichnung des gründerzeitlichen Berlin, das 1871 Hauptstadt des Deutschen Reiches geworden war, hat eine neue Aktualität gewonnen, seitdem Berlin 120 Jahre später wieder die Hauptstadt des wiedervereinigten Deutschland geworden ist und in Theodor Fontane eine literarische Leitfigur gefunden hat. So steht Fontane auch im Mittelpunkt der hier vorgelegten topographischen Roman-Lektüren, gerahmt von heute kaum noch gelesenen weiteren Vertretern des Berliner Romans, Paul Lindau, Max Kretzer und Georg Hermann, die das Spektrum des bürgerlichen Gesellschaftsbildes zwischen Adel und Proletariat und zwischen Berliner Westen und Berliner Osten ergänzen. Ein Ausblick auf Günter Grass unterstreicht die politische Aktualität des topographischen Ansatzes.

1 Stadtplan der Geschichte
Zur Begründung der sozialen Topographie

Zwischen Goethes Adresse Am Frauenplan 1 in Weimar, wo Jahrzehnte lang der aus aller Welt angestrebte Mittelpunkt der deutschen Klassik lag, und Einsteins Adresse Kramgasse 49 in Bern, wo er, viel bescheidener in einer kleinen Etagenwohnung, die Grundlagen für die spezielle Relativitätstheorie entwickelt hat, und innerhalb Berlins zwischen Hegels Adresse Am Kupfergraben 4, wo der Weltgeist zu Hause war, und Bertolt Brechts letzter Adresse Chausseestraße 125, wo Hegel auch literarisch vom Kopf auf die Füße gestellt wurde, gibt es viele Anschriften, an denen Höhepunkte und Umbrüche der Kultur, wie es neuerdings heißt, ‚verortet' werden. Auf der Gegenseite findet sich eine lange Tradition von Gegenentwürfen, die aus dem räumlich (und zeitlich) fixierten Kontext herausgelöst sind. Solche ‚Entortung' erinnert, etwa im Titel von Christa Wolfs Kleist-Erzählung *Kein Ort. Nirgends* (1979), an den griechischen Utopie-Begriff, um an dem Nicht-Ort (*ou topos*) die Phantasie freizusetzen für denkbare, vielleicht wünschenswerte Alternativen zu unserer Erfahrungswelt. Aber auch eine der Wirklichkeit verschriebene Topographie kann sich auf imaginäre Ortsbestimmungen stützen, die den Unterschied zwischen realen und fiktionalen Adressen markieren.

Manchmal öffnet sich, wie die folgende Aussage zeigt, inmitten der Wirklichkeit ein Möglichkeitsraum für literarische Phantasie. Theodor Fontane hat die letzten Jahrzehnte seines Lebens in der **Potsdamer Straße 134c** gewohnt, und Effi Briest, die bekannteste Figur seiner Romane, wohnt viel weiter westlich in der **Keithstraße 1c**. Von Fontane sprechen wir im Modus der historischen Vergangenheit, weil er tatsächlich einmal dort gewohnt hat, und von Effi Briest im Modus des narrativen Präsens, weil sie dort immer wohnt, wenn Leser sich auf ihre imaginierte Gegenwart einlassen. Worin liegt nun, abgesehen von der topographischen Distanz auf dem Berliner Stadtplan, der Unterschied der beiden Berliner Adressen? Was bedeutet die gleiche postalische Identifizierung mit Straße und Hausnummer für den Unterschied von Fiktion und Wirklichkeit? Wie überzeugend ist der in der Adresse ausgedrückte Wirklichkeitsanspruch der literarischen Fiktion? Warum ist die **Keithstraße 1c** eine fiktionale, aber keine fiktive Adresse? Welche Rolle spielt die topographische Zuordnung der Romanfiguren für die Interpretation der fiktiven Handlung, in die sie verstrickt sind? Wie ließe sich aus der Relation fiktionaler Adressen, die nicht zufällig über den realen Stadtplan Berlins verstreut sind, eine literarische Urbanistik ableiten, die für ein besseres Verständnis auch des Berliner Romans hilfreich wäre, wie er sich ab 1885, als Folge der Reichsgründung von 1871, entwickelte? Und da es im heutigen Berlin immer mehr Stadtführungen gibt, die Spaziergänge auf den Spuren des einen oder anderen Literaten anbieten, und immer mehr Adressenlisten, die auch bei der eigenständigen Spurensuche helfen sollen,[1] stellt sich die aktuelle Frage, wie sich die soziale Topographie des urbanen Realismus, um die es im folgenden vor allem geht, zur literarischen Topographie des historischen Berlin verhält, deren Daten ein wichtiges Lockmittel des Berlin-Tourismus geworden sind.

Diese und ähnliche Fragen werden uns bei den folgenden Überlegungen und Untersuchungen begleiten, auch wenn nicht immer explizit von Adressen die Rede ist, wo es grundsätzlicher um die besondere Materialität des Wohnens und um die allgemeine Verortung von städtischer Kultur geht, die auf die Lektüre von Stadtplänen angewiesen ist. Stadtpläne sind zweidimensionale Repräsentationen eines urbanen Beziehungsnetzes von Straßen, in denen man sich mit Hilfe von Straßennamen und Hausnummern orientieren kann, um bestimmte Adressen ausfindig zu machen. Die Adressen von Geschäften, Büros, Werkstätten, Ämtern, Bahnhöfen, Haltestellen, Hotels, Restaurants, Theatern, Clubs und vor allem Wohnungen sind als Orte nicht nur virtueller Erreichbarkeit eingebunden in einen Verkehrsverbund, in dem Straßenbahnen, Stadtbahnen, Untergrundbahnen und Buslinien verschiedene Stadtteile so miteinander verbinden, daß wir nicht nur zu Fuß, sondern schneller mit mechanisierten Fahrzeugen an den gewünschten Ort gelangen können. Adressen sind zuverlässig fixierte Ziele physischer Mobilität und öffentlich zugängliche Merkmale kommunaler Identitätsbildung.

Im allgemeinen werden mit Adressen aus Politik, Werbung und Mode Macht und gesellschaftliches Ansehen assoziiert. *Downing Street 10* ist vermutlich die einzige weltweit bekannte Adresse, die, wiewohl Privatadresse der jeweiligen britischen Premierminister, ein öffentliches Amt bezeichnet. Schon *1600 Pennsylvania Avenue* ist nur innerhalb der USA die gelegentlich gebrauchte Kürzel für das Weiße Haus und die jeweiligen, spätestens nach acht Jahren abgelösten Präsidenten, wie der *Quai d'Orsay* seit 1855 das französische Außenministerium bezeichnet, ohne noch namentlich mit Amtsinhabern identifiziert zu werden. Hatte früher einmal die *Wilhelmstraße* für die Regierung des Deutschen Reiches gestanden, so ist dieser metonymische Gebrauch der Adresse in den Trümmern von Berlin untergegangen. An ihre Stelle traten die ebenfalls metonymischen

---

[1] Zum Beispiel, unter dem eingängigen Titel „Der *Dichter und Denker* Stadtplan", von einem dieser Stadtführer, Michael Bienert, *Literarisches Berlin. Dichter, Schriftsteller und Publizisten. Wohnorte, Wirken und Werke*, Berlin: Jena 1800 2001, und am besten immer noch Fred Oberhauser und Nicole Henneberg, *Literarischer Führer Berlin*, Frankfurt a. M. und Leipzig: Insel 1998. Unter dem Titel „Wo hat eigentlich Fontane gewohnt?" gibt es auch einen *Künstler-Literaten-Stadtplan von Berlin. Wohnhäuser, Geburtsstätten und Gräber von über 300 Schriftstellern, Künstlern und Wissenschaftlern*. Hrsg. v. Gerd O. Gauglitz, Berlin: Edition Gauglitz ²1998.

Hauptstadtnamen, die vor allem während des Kalten Krieges für die territoriale Konfrontation standen: ‚Washington' und ‚Moskau', ‚Bonn' und ‚Pankow'. Verschwunden sind, mit den Systemen der Unterdrückung, die gefürchteten Adressen *Prinz-Albrecht-Straße* (für die Gestapo-Zentrale) und *Normannenstraße* (für die Stasi-Zentrale). *T 4* hat sich nur als Schreckenskürzel für die Verwaltung des nazistischen Euthanasie-Programms in der **Tiergartenstraße 4** (wo jetzt etwa die Neue Philharmonie steht) erhalten. Während heute selbst in Deutschland niemand mehr die Postanschrift des Bundeskanzleramts in Berlin nennen könnte, mag älteren Bildungsbürgern der *Große Hirschgraben* als Frankfurter Adresse Goethes oder der *Frauenplan* als seine Weimarer Adresse einfallen, allerdings beide ohne Hausnummer (23 bzw. 1).

Vertrauter sind die kommerziellen Adressen *Fifth Avenue, Champs Elysées, Via Veneto, Kurfürstendamm, Prinzregentenstraße*, bekannt als exklusive Einkaufsstraßen, wo einkaufen, essen, trinken und schlafen möchte, wer, öffentlich sichtbar und ausgewiesen durch entsprechend adressierte *shopping bags*, dazugehören will. So versammelt sich auf kleinstem Raum, dem fälschlich nach Wildwest klingenden *Rodeo Drive* in Beverly Hills, was in der Mode Rang und Namen hat: Giorgio Armani, Gucci, Dolce & Gabbana, Ermenegildo Zegna, Prada, Valentino, Hugo Boss, Yves St. Laurent, Hermès, Luis Vuitton und noch einige andere. Unter dem in der Werbebranche eingebürgerten Prädikat ‚erste Adresse am Platz' wird meistens ein etabliertes Unternehmen angepriesen, sei es ein Hotel, ein Restaurant oder ein Laden in guter Geschäftslage, wo abzusteigen, einzukehren oder vorbeizuschauen den sozialen Status der betuchten Kunden reflektiert und, so wird suggeriert, anhebt. Die wichtigste Adresse in der Finanzwelt der Reichen ist natürlich die *Wall Street*, wie auch *Madison Avenue* synonym mit der Welt der Werbeagenturen ist, die das Modediktat der *designer labels* unter die Leute bringen. In der metonymischen Personifizierung der Adressen erhalten die dort angesiedelten Geschäftsbereiche der Finanz- bzw. der Werbewelt den Status eines handelnden Subjekts, als wäre die in Wahlkämpfen dämonisierte *Wall Street* ein anonymer Akteur, der Schicksal spielt.

Die soziale Ökonomisierung der Adresse gilt auch für den privaten Immobilienmarkt, auf dem für bestimmte Luxuswohnungen nicht nur mit dem Komfort der Ausstattung und der günstigen Verkehrsanbindung, sondern auch mit dem Renommee der Lage geworben wird. Der Mietspiegel ist einer der bevorzugten Indikatoren für die Einschätzung der Qualität von Adressen auf dem Wohnungsmarkt. Auf einer Berliner ‚Wohnlagenkarte' für 2015 kann man zum Beispiel sehen, daß die größte zusammenhängende „überwiegend gute Wohnlage" in Charlottenburg-Wilmersdorf und in Zehlendorf-Steglitz, also im tiefen Südwesten Berlins, zu finden ist und die größte „überwiegend einfache Wohnlage" im südlichen Teil von Marzahn-Hellersdorf, also im äußersten Osten der Stadt.[2] Da hat sich ein West-Ost-Gefälle verfestigt, das, wie wir sehen werden, schon zu Fontanes Zeiten eine wesentliche Rolle in der Stadtentwicklung gespielt hat.

Adressen sind metaphorisierte Visitenkarten, die man einst in den ‚guten Häusern' hinterlassen hat, um die eigene Erreichbarkeit ebenfalls mit einer guten Adresse zu signalisieren. Das dem Französischen entlehnte Wort ‚Adresse', das als erster Philipp von Zesen (1619–1689) 1645 in seinem autobiographischen Roman *Adriatische Rosamund* als ‚Anschrift' eingedeutscht hat,[3] geht auf eine Schrift- und Briefkultur zurück, die heute meistens nur noch metaphorisch erinnert wird, weil sich der auf feste Adressen angewiesene Postverkehr im Internet ‚virtualisiert', d.h. aus dem konkreten Raum eines erkundbaren Straßennetzes in die totale Anonymität des virtuellen Netzwerks zurückgezogen hat. Georg Simmel hat schon Anfang des 20. Jahrhunderts wiederholt auf die Anonymisierung der Kommunikation in der modernen Großstadt hingewiesen und in seiner *Soziologie des Raumes* (1903) an die ausgeprägte Individualität von Adressen in früheren Zeiten erinnert: Weil man im Mittelalter Stadthäuser mit eigenen Namen belegt hat, konnten noch um 1850 zum Beispiel die Bewohner des Faubourg St. Antoine in Paris stolz darauf sein, neben der Hausnummer auch den Eigennamen ihres Hauses nennen zu können (z.B. *Au roi de Siam, Etoile d'or*); sie hatten das Selbstbewußtsein der „Zugehörigkeit zu einem *qualitativ* festgelegten Raumpunkt",[4] wie es die bloße Nummerierung von Häusern und sogar Straßen (z.B. 59th St. in New York) nicht mehr leisten kann. Rankten sich einst um Adressen, die den Stolz mittelalterlicher Zünfte (*Krämergasse, Schusterstraße, Fischerhof*), die Farbe des Milieus, den Zierrat der Fassade, den Geruch des Hinterhofs, den Reiz der Namensschilder und den vertrauten Klang der Haustürklingel beschworen, Geschichten eines prallen Lebens, das sich an diesen Adressen abspielte, wird die Adresse im Techno-Lingo des Internet-Zeitalters nur noch definiert als „Datenbankschlüssel, der der eindeutigen Identifizierung und dem Auffinden eines (Daten-) Objekts dient".[5] Die meisten Internet-Benutzer unserer Zeit – inzwischen sind es weltweit 3,5 Milliarden – denken beim Wort ‚Adresse' nur an den *mouse click*, mit dem sie die Totalität aller Orte weltweit jederzeit

---

2 Vgl. http://www.stadtentwicklung.berlin.de/wohnen/mietspiegel/de/wohnlagenkarte.shtml (12.9.2016).
3 Vgl. Hugo Harbrecht, Verzeichnis der von Zesen verdeutschten Lehn- oder Fremdwörter, in: *Zeitschrift für deutsche Wortforschung*. Hrsg. v. Friedrich Kluge, 14 (1912–13), 71–81, S. 72.
4 Georg Simmel, Soziologie des Raumes, in: Simmel, *Aufsätze und Abhandlungen 1901–1908*, Bd. I (*Gesamtausgabe*. Hrsg. v. Otthein Rammstedt, Bd. 7). Hrsg. v. Rüdiger Kramme, Angela Rammstedt und Otthein Rammstedt, Frankfurt a. M.: Suhrkamp 1995, 132–181, S. 151.
5 https://de.wikipedia.org/wiki/Adresse (13.4.2016).

abrufen und sich überall mit jedermann vernetzen können. Nicht zu wissen, wo die Adresse geographisch anzusiedeln ist und um welchen Menschen es sich bei dem Adressaten handelt, macht für viele *users* gerade den Reiz globaler Vernetzung aus.

Während die kulturwissenschaftliche Analyse der technologischen Vernetzung von Adressen mit Friedrich Kittlers Buch *Aufschreibesysteme* (1985) begonnen hat, d. h. mit dem kritischen Blick auf „das Netzwerk von Techniken und Institutionen [...], die einer gegebenen Kultur die Adressierung, Speicherung und Verarbeitung relevanter Daten erlauben",[6] hat zur selben Zeit die eigentliche Revolutionierung des digitalen Adress-Systems eingesetzt, als der kalifornische Internet-Pionier Jon Postel (1943–1996) die Top-Level-Domains begründet hat, deren bekannteste *com*, *net* und *org* sind.[7] Unter den nach Ländern geordneten Mega-Adress-‚Büchern' verzeichnet allein die 1986 eingeführte *de*-Domain, die seit 1998 von DENIC (Deutsches Network Information Center) in Frankfurt am Main verwaltet wird, im Jahr 2016 über 16 Millionen in Deutschland registrierte Adressen. Insgesamt aber gibt es in Deutschland 56,1 Millionen Internet-Benutzer, wobei 50,4 Prozent der über 60-jährigen und 100 Prozent der 14- bis 19-jährigen dazugehören.[8] Bald wird es nur noch wenige Menschen geben, die sich nostalgisch an die Zeit vor der elektronischen Verflüchtigung schriftlicher Kommunikation erinnern, als man die Besuchsadressen von Freunden und Verwandten noch auswendig kannte oder in einem kleinen handgeschriebenen Adressbüchlein nachschlagen konnte.

Die postalische Adresse, die aus Anrede, Titel, Name, Straße mit Hausnummer und Stadt (ab 1993 mit fünfziffriger Postleitzahl) bestand, war ein handfester Anlaufpunkt für die Lokalisierung und Identifizierung der angeschriebenen Adressaten und ihrer bürgerlichen, d. h. aktenkundigen Existenz. Seitdem die Vergesellschaftung des einzelnen in erster Linie über die Fixierung seines Wohnorts erfolgt, dient die amtlich registrierte Seßhaftigkeit auch als Erfolgszeichen dafür, wie weit sich die Menschen evolutionär von ihrem Nomadentum entfernt haben. Wer sich in unserer Zeit nicht ausweisen kann und ‚ohne feste Adresse' angetroffen wird, gilt gemeinhin als polizeiverdächtiger Vagabund,

---

[6] Friedrich Kittler, *Aufschreibesysteme 1800/1900*, München: Wilhelm Fink 1985, S. 501.
[7] Vgl. zur umstrittenen amerikanischen Oberaufsicht der ICANN (Internet Corporation for Assigned Names and Numbers) den Artikel des emeritierten Professors für Internet-Politik, Wolfgang Kleinwächter, Wer regiert die virtuelle Welt, in: *Frankfurter Allgemeine Zeitung* Nr. 223, 23.9.2016, S. 15.
[8] Vgl. https://de.statista.com/statistik/daten/studie/168069/umfrage/taegliche-internetnutzung-durch-jugendliche (23.9.2016)

dessen Leben durchaus nicht so romantisch ist wie einst das der fahrenden Gesellen.

Es gehört zu unseren Alltagserfahrungen, daß Adressen als Symbole der Verortung von sozialer Identität, zusammen mit dem Namen der fraglichen Person, am Anfang eines Fragebogens stehen, auf dem wir uns amtlich ausweisen müssen. Schon Schüler üben sich in der Taxierung von ‚Neuen', die – wie im weiteren Leben immer wieder neue Nachbarn, Kollegen und Vereinsmitglieder, aber auch Gesprächspartner und Reisebekanntschaften – sozial eingeordnet werden müssen: Woher kommst du? Was machen deine Eltern? Welche Schule hast du besucht? Was ist dein Lieblingsfach? Was machst du in deiner Freizeit? Und – nicht zuletzt – wo wohnst du? Unter den Indikatoren sozialer Zuordnung spielt die Adresse eine so wichtige Rolle, weil sie unverfänglicher als die Frage nach dem Beruf des Vaters, nach dem Familienstand, nach der Religion oder gar nach dem Einkommen, nicht die persönliche Privatsphäre tangiert, sondern einen auf dem Stadtplan objektivierten, im Adress- und Telefonbuch veröffentlichten Zugang für jedermann bezeichnet. Die Adresse ist die öffentliche Kehrseite des privaten Rückzugs in die eigene Wohnung und garantiert unsere Erreichbarkeit auch dort, wo wir im Schein der Unerreichbarkeit unsere persönliche Freiheit ausleben. Außer wenn ein Hausdurchsuchungsbefehl auch uneingeladen Zutritt zur Privatsphäre unserer Wohnung erzwingt, ist die Wohnungstür die (im Internet-Zeitalter nicht mehr unüberwindliche) Scheidewand zwischen unserer öffentlichen Rolle und unserem privaten Leben. Die Unverletzbarkeit dieser mit der Adresse bezeichneten Grenze war eine wesentliche Errungenschaft bürgerlicher Emanzipation, weil sie, wie vor einem halben Jahrhundert Jürgen Habermas im *Strukturwandel der Öffentlichkeit* .(1962) dargelegt hat, die Autonomie des individuellen Bürgers gegen Herrschaftswillkür absichert.[9]

Auch wenn die Adresse ihre einstige Funktion als Postanschrift persönlicher Kommunikation inzwischen weitgehend an die virtuelle Email-Adresse abgeben mußte, bleibt sie für den Umgang mit Behörden, für Personalausweis, Führer-

---

9 Jürgen Habermas, *Strukturwandel der Öffentlichkeit. Untersuchungen zu einer Kategorie der bürgerlichen Gesellschaft* (1962), Neuwied und Berlin: Sammlung Luchterhand 1971. Allerdings hat Habermas schon damals vor der Aushöhlung des freien Privatraums durch den Rückzug auf die bloße Innerlichkeit gewarnt: „Die Einschrumpfung der privaten Sphäre auf die inneren Bezirke einer weitgehend funktionsentlasteten und autoritätsgeschwächten Kleinfamilie – das Glück im Winkel – ist nur dem Scheine nach eine Perfektion der Intimität; denn in dem Maße, in dem sich die Privatleute aus ihren verbindlichen Rollen als Eigentümer in die rein „persönlichen" ihres unverbindlichen Freizeitspielraums zurückziehen, geraten sie hier, ohne Abschirmung durch einen institutionell gesicherten Familieninnenraum, unter den Einfluß halböffentlicher Instanzen unmittelbar." (S. 192)

schein, Wahlschein, Rentenbescheide, Steuererfassung, Versicherungen und Bankkonten weiterhin eine wesentliche Projektion unserer zivilen Identität. Je virtueller unser Kaufverhalten geworden ist, desto wichtiger ist die postalische Adresse als Lieferungsanschrift (und als *billing address!*) für die *online* gekauften Waren. Ohne feste Wohnadresse wären wir auch heute noch fragwürdige Randerscheinungen der Gesellschaft, auf einer Stufe mit Obdachlosen, die im Verlust der ‚bürgerlichen', d. h. amtlich erfaßten Identität angeblich die Freiheit offizieller Unerreichbarkeit genießen.

Aber anders als Namen, die wir mit ganz wenigen Ausnahmen ein Leben lang behalten, wechseln unsere Adressen. So ist schon Fontane innerhalb Berlins so oft umgezogen, daß Bernd W. Seiler, der den Spuren Fontanes in Berlin kartographisch gefolgt ist, auf dem Stadtplan von 1875 13 verschiedene Wohn- und Ausbildungsstätten vor seinem Umzug nach London im Jahr 1855 und auf dem Stadtplan von 1889 noch einmal sechs verschiedene Wohnstätten nach seiner Rückkehr im Jahr 1859 eintragen konnte.[10] Der unstete Wanderer war seiner Zeit weit voraus. Eine Umzugsstatistik für 2009 hat gezeigt, daß jährlich fast 5 Millionen Haushalte in Deutschland umziehen und daß von solchen Umzügen jährlich 8,5 Millionen Menschen, also 10 Prozent der Gesamtbevölkerung, betroffen sind.[11] Weil immer mehr Menschen immer häufiger umziehen, spiegelt die geographische Mobilität eine wachsende soziale Dynamik, an der immer mehr Bevölkerungsgruppen teilhaben. *Upward mobility* vollzieht sich in einer eigenen sozialen Topographie, die man auf dem Stadtplan desto besser verfolgen kann, je homogener die Wohnbezirke wie Villengegenden und einst so genannte Arbeiterviertel sind, zu denen die Adressen gehören. Dabei spielt die – heute an Museumskassen abgefragte – Postleitzahl nur für statistische Erhebungen und vielleicht für Marketing-Zwecke eine Rolle.

In der Alltagswahrnehmung genügt es, so jedenfalls glauben viele, zu wissen, ob die Berliner Straßenanschrift in Friedrichshain, Prenzlauer Berg oder in Charlottenburg, ob sie in Reinickendorf, Wedding oder in Neukölln liegt. Der für Berlin, die nach allen Seiten ausfernde Stadt ohne eindeutiges Zentrum, charakteristische ‚Kiez' birgt im positiven wie im negativen Sinn ein soziales Stigma lokaler Zugehörigkeit. Als Kiez wird ein Stadtteil mit beträchtlichem, noch aus der Gründerzeit stammendem Altbaubestand bezeichnet, der seinen eigenen Charakter mit Wochenmarkt, Tante Emma-Läden, Straßenfesten und Kiez-Kneipen bewahrt hat und mit viel lokalem Engagement die bestehende soziale Infra-

---

[10] Bernd W. Seiler, *Fontanes Berlin. Die Hauptstadt in seinen Romanen*. Mit 279 Abbildungen. Berlin: vbb Verlag für Berlin-Brandenburg 2010.
[11] http://www.deutscher-umzugsmarkt.de/umzugsstatistik.html (9.8.2016).

struktur auch weiterhin zu bewahren versucht. Berliner, die sich exterritorial treffen und einander vorstellen, pflegen sich gegenseitig sofort mit der Frage zu taxieren, aus welchem Bezirk der als ‚Landsmann' nicht richtig bezeichnete Mit-Berliner kommt, weil die Kiez-Identität so viel wichtiger ist als die im Fall Hamburgs, Münchens, Frankfurts, Kölns oder Hannovers übliche gemeinsame Herkunft aus derselben Stadt.

Die Zuweisung sozialer Gruppen zu bestimmten Stadtteilen und zu bestimmten Straßenzügen hat ihre eigene, mit der Soziologie der Stadt verbundene Geschichte. So hat Ernst Dronke, der in seinem Berlin-Buch (*Berlin*, 1846) *avant la lettre* eine frühmarxistische Deutung der sozialen Gegensätze in der Physiognomie Berlins gibt, hervorgehoben, daß einerseits die Standesunterschiede in einer urbanen Welt verwischen, weil alle Stände gleichermaßen aus dem privaten Wohnbereich an die Öffentlichkeit streben, um sich auf den Boulevards zu zeigen, und daß andererseits die urbane Auflösung der Standesgrenzen haltmacht vor den noch ständisch unterschiedenen Wohngegenden, wo die demokratische Nivellierung der Stadtgesellschaft die soziale Differenzierung der Privatadressen noch nicht berührt:

> Das öffentliche Gesamtleben ist der Pulsschlag dieser Stadt. Auf den Straßen, in der Öffentlichkeit wogt und rauscht alles durcheinander, vornehm und gering, reich und arm: Keiner ist beschränkt durch den anderen. Nur in den häuslichen Umfriedungen machen sich die Verschiedenheiten des Kastenwesens noch geltend. Die hohe Aristokratie, die Crème, wie sie sich nennt, hat ihre Wohnsitze in einigen Teilen der **Friedrichstadt** aufgeschlagen. Ihr Hauptstandquartier ist **Unter den Linden** und in demjenigen Teil der **Wilhelmstraße**, welcher zunächst an die Linden stößt. Man kann sehen, wie klein das Häuflein dieser Kaste ist, wenn es sich in anderthalb Straßen ausbreiten kann, und doch gehören ihnen selbst diese anderthalb Straßen nicht ausschließlich. **Unter den Linden** hat sich die mächtige Bourgeoisie in ihre Reihen eingedrängt, und an dem entgegengesetzten Ende der **Wilhelmstraße**, dem **Halleschen Tor** zu, findet man bereits einzelne Höhlen des Proletariats. So berühren sich die Extreme, und bald vielleicht werden auch diese Schranken aufgelöst sein. Die mittlere Bourgeoisie, das Krämer- und Fabrikantentum, hat sich in der **Königsstadt** und weiter hinaus nach **Luisenstadt** ausgedehnt. Dieser Kaste folgt konsequent das Proletariat auf dem Fuße nach, und so findet man es sowohl in den Dachkammern und Kellern der Handelshäuser wie in den Hütten neben den Fabriken. Nur ein Teil des Proletariats und der düstersten Armut birgt sich wie ausgestoßen aus dieser Gesellschaft draußen vor den Toren des nordwestlichen Stadtteils. Dort ist das Elend in seiner letzten, furchtbarsten Gestalt.[12]

Bezogen noch auf das spätbiedermeierliche Berlin Mitte der vierziger Jahre, wohnt der Adel in der **Friedrichstadt**, während ihm das gehobene Bürgertum **Unter den**

---

12 Ernst Dronke, *Berlin* (1846). Hrsg. und mit einem Nachwort versehen von Rainer Nitsche. Mit 18 zeitgenössischen Abbildungen, Darmstadt und Neuwied: Luchterhand 1987, S. 32.

Linden schon auf den Fersen ist; das mittlere Bürgertum wohnt in der **Königsstadt**, dehnt sich in die **Luisenstadt** aus und weicht selber zurück vor dem besser gestellten Proletariat am **Halleschen Tor**. Gleichzeitig drängt das Bürgertum in die elende Proletariergegend vor, die vor dem **Hamburger Tor** liegt. Der Stadtplan der sozialen Topographie ist also in Bewegung; die Grenzen, die sich ständig verschieben, werden fließender, die generelle Zuweisung zu einem Stadtteil wird kleinräumiger.

Als reale Zeichen, die sich auf jedem Stadtplan finden, verweist das semiotische Beziehungsnetz der Adressen auf viel größere Bedeutungszusammenhänge, die auch den literarischen Raum strukturieren. Das als „Aderwerk" verstandene Straßennetz der Großstadt ist bekannt aus einem expressionistischen Gedicht Georg Heyms, *Die Stadt*, in dem es heißt: „Wie Aderwerk gehn Straßen durch die Stadt, / Unzählig Menschen schwemmen aus und ein." Noch nicht zur Metapher verkürzt, beschwört der Vergleich mit dem „Aderwerk" einen pulsierenden Blutkreislauf, der die Menschen mitreißt und sie zu eintöniger Dumpfheit abstumpfen läßt. Im Gegensatz etwa zu Theodor Storms „seitab" gelegener provinzieller Stadt (mit biographischem Bezug zu Husum, 1852), die als vertraute Heimat auch ganz vertraulich angesprochen wird („Du graue Stadt am Meer"),[13] ist Georg Heyms Großstadt (mit biographischem Bezug zu Berlin, 1911) ein Ort teilnahmsloser Anonymität, wo Menschen, unberührt von Geburt und Tod, durch die Straßen strömen, als würden sie wie Blutkörperchen durch die Adern ‚geschwemmt'. Es ist, als wollte Richard Sennett, der die Rede vom Stadtkörper als Blutkreislauf historisch verfolgt hat, die beiden Zeilen von Georg Heym paraphrasieren, wenn er den Gegenstand seiner Studien definiert als „a city of flowing arteries and veins through which people streamed like healthy blood corpuscles".[14]

Heyms Bild eines urbanen Aderwerks geht auf die wissenschaftsgeschichtlich bahnbrechende Entdeckung des Blutkreislaufs durch William Harvey (1578–1657, *De motu cordis*, 1628) zurück. Die Vorstellung des von kreisenden Blutbahnen durchzogenen Körpers war so wirkungsvoll, daß das Bild vom ‚Kreislauf' schon in Adam Smiths *Wealth of Nations* (1776) der Erklärung des kapitalistischen Warenverkehrs diente. Dabei verweist das Wort Warenverkehr als Metapher auf den Straßenverkehr, der mit fortschreitender Urbanisierung und Verdichtung der

---

13 Theodor Storm, Die Stadt, in: *Das deutsche Gedicht vom Mittelalter bis zum 20. Jahrhundert*. Auswahl und Einleitung von Edgar Hederer, Frankfurt a. M.: Fischer Bücherei 1977, S. 266: „Am grauen Strand, am grauen Meer / Und seitab liegt die Stadt; / Der Nebel drückt die Dächer schwer, / Und durch die Stille braust das Meer / Eintönig um die Stadt."
14 Richard Sennett, *Flesh and Stone: The Body and the City in Western Civilization*, New York: Norton 1996, S. 256.

Verkehrsteilnehmer immer mehr in den Körperbildern der ‚Arterien', der ‚pulsierenden' Verkehrs-‚Adern', des ‚fließenden' Verkehrs, der Verkehrs-‚Ströme' und der Verkehrs-‚Staus' vorgestellt wurde. Erst vor dem Hintergrund des Blutkreislaufs wird es sinnvoll, vom Stadtkörper zu sprechen, und verständlicher, warum die ideologische Physiologisierung des sozialen Lebens darauf zielte, aus dem ‚Volkskörper' – um ihn ‚rassehygienisch' ‚gesund' zu halten – alle ‚Fremdkörper' schließlich auch physisch auszuscheiden.

Das Bild des Blutkreislaufs liegt auch dem Wort *circulation* zugrunde, bei dem man heute weniger an die 1950 gegründete kardiologische Fachzeitschrift als an das Schlüssel-(und Mode-)wort jüngster Theoriebildung denkt,[15] etwa in dem Buchtitel *Transnational Politics as Cultural Circulation: Toward a Conceptual Understanding of Migrant Political Participation on the Move* (2015) von Paolo Boccagni, Jean-Michel Lafleur und Peggy Levitt. Begriffe und Konzepte ‚zirkulieren' überall, wo auf dem Marktplatz der Ideen ein Austausch stattfindet und sich intellektuelle Diskurse entwickeln, die zur Verbreitung von maßgeblichen Denk- und Redeweisen beitragen, ohne daß die Zirkulations-Vertreter sich des organologischen Ursprungs ihrer Rhetorik noch bewußt sind. Deshalb verkürzt die begriffliche Essentialisierung des Vorgangs den Spielraum freiheitlicher Entscheidungsprozesse, die den Kulturaustausch an persönliche Verantwortung binden.

Die Vorstellung der in der Großstadt ‚zirkulierenden' Energie als „Aderwerk" hat seine Fixpunkte in den Adressen gefunden, an denen der Fluß der ewigen Bewegung innehält, als könnten die Bewohner hier von dem immer laufenden Förderband getriebener Geschäftigkeit abspringen, um zur Ruhe und zu sich selbst zu kommen. Adressen sind Orte der Sammlung, Halteplätze der Verortung von sozialer Mobilität und deshalb, wie man neuerdings sagt, das ‚Alleinstellungsmerkmal' des Großstadtromans, ein Stilmittel topographischer Realistik, wie es für den Berliner Roman, aber nicht für die im deutschen Realismus vorherrschende Dorfgeschichte gilt. So wurden Adressen für den sich ab 1885 durchsetzenden Großstadtroman zu Orten der Organisation des Handlungsverlaufs. Das haben schon die Brüder Heinrich und Julius Hart gespürt, als sie 1889 ihren *Kritischen Waffengängen* (1882–1884) eine neue Zeitschrift *Kritisches Jahrbuch*

---

15 Vgl. Jan Assmann, *Das kulturelle Gedächtnis. Schrift, Erinnerung und kulturelle Identität in frühen Hochkulturen* (1992), München: C. H. Beck ⁵2005, S. 140: „Was durch solche Interaktion zirkuliert wird, ist der in gemeinsamer Sprache, gemeinsamem Wissen und gemeinsamer Erinnerung kodierte und artikulierte kulturelle Sinn, d. h. der Vorrat gemeinsamer Werte, Erfahrungen, Erwartungen und Deutungen, der die „symbolische Sinnwelt" bzw. das „Weltbild" einer Gesellschaft bildet. Durch Zirkulation gemeinsamen Sinns entsteht „Gemeinsinn". In jedem einzelnen Mitglied der Gruppe baut sich ein Wissen um die Vorrangigkeit des Ganzen auf, dem die Wünsche, Triebe und Ziele des Einzelnen unterzuordnen sind."

folgen ließen, die sie mit einem polemischen Hinweis auf den plötzlich populär gewordenen Berliner Roman eröffneten; denn nun lasse sich sogar mancher ältere Autor zu dem „Zugeständnis" hinreißen, „seinen Romanen künftighin als Schauplatz Berlin anzuweisen und das Adreßbuch mit seinem genauen Straßennachweis als wichtigstes literarisches Hilfsmittel anzuerkennen".[16] Adressen helfen, das Romangeschehen auf dem Stadtplan zu verankern und ihm nicht nur realistischen Halt, sondern auch eine symbolische Vernetzung zu geben; erst ihre literarische Funktionalisierung hebt sie über die Datenbank des Einwohnermeldeamts hinaus.

Berliner Adressen sind viel mehr als literarische Hilfsmittel, mit denen sich Schriftsteller in das Erfolgsgenre des Berliner Romans hineinschreiben. Während Dorfgeschichten trotz ihres Lokalkolorits überall spielen können und deshalb der Name ihres Handlungsorts entweder wie bei Gottfried Keller erfunden (Seldwyla) oder, um dem Eindruck der Erfindung gegenzusteuern, wie bei Annette von Droste-Hülshoff, in der *Judenbuche*, mit dem Anfangsbuchstaben B. verschlüsselt ist und zur Spurensuche aufruft, als käme es darauf an zu wissen, wo „es eigentlich gewesen" (Ranke), gibt es für den Großstadtroman kein Rätselraten und keine Alternative zu dem vielfach genannten und eindeutig identifizierten Berlin. Die Adressen der fiktiven Personen, z. B. Effi Briests **Keithstraße 1c,** finden sich auf dem realen Stadtplan Berlins. Als hybride Orte an der Grenze zwischen Fiktion und Realität sind sie einerseits fiktional, weil es Effi Briests Wohnung nicht wirklich gibt, und andererseits zugleich real, weil es unter diesem Namen ein im Straßenregister eingetragenes Haus tatsächlich gibt (oder, in den meisten Fällen, vor aller Zerstörung und Überbauung einmal gegeben hat). Deshalb verspricht eine Analyse der Berliner Adressen, wie wir sie in den Romanen von Fontane, Paul Lindau, Max Kretzer und Georg Hermann vorfinden, auch ein genaueres, topographisches Verständnis des urbanen Realismus.

Der soziale Aufstieg zeigt sich auch im Umzug, wie in Fontanes *Frau Jenny Treibel*, von einer Adresse (**Alte Jakobstraße**) zur anderen (**Köpenicker Straße**). Während die erste Adresse auf ein von Gontard, womöglich sogar von Knobelsdorff errichtetes Wohnhaus aus der Zeit des Berliner Spätbarock verweist, ist die zweite Adresse mitten im Gewerbegebiet, wo die Fabriken aus dem Boden sprießen, so auch Treibels Gründerzeitvilla auf dem Gelände seiner Blausalz-Fabrik, ein symbolischer Schritt in die Zukunft des Industriezeitalters. Dieser ökonomische Aufstieg aus der **Alten Jakobstraße** in Richtung Osten ist umso charakte-

---

[16] Heinrich und Julius Hart, Vorwort zu *Kritisches Jahrbuch,* Jg. 1, Heft 1 (1889), S. 3 f., in: *Die Berliner Moderne 1885–1914.* Hrsg. v. Jürgen Schutte und Peter Sprengel, Stuttgart: Reclam 1987, 188–191, S. 190.

ristischer, als Fontane selbst, der 1862/63 ebenfalls in der **Alten Jakobstraße 171** wohnte, sich durch Umzug in Richtung Westen, in die **Königgrätzer Straße 25** (heute **Stresemannstraße**), verbessert hat; hier blieb er von April 1863 bis Oktober 1872 wohnen, bis er einige Straßenzüge weiter westlich in die **Potsdamer Straße 134 c** zog.

Mit der in den Gründerjahren nach 1871 vorangetriebenen Industrialisierung des Berliner Ostens entsteht für die soziale Topographie Berlins ein West-Ost-Gefälle, das bis heute festgeschrieben ist: Je bürgerlicher der Berliner Westen wird, vor allem im Bezirk Tiergarten mit seinen gründerzeitlichen Villen und repräsentativen Mietshäusern, desto proletarischer wird der Berliner Osten jenseits des **Alexanderplatzes**, der die vorgeschobene Grenzscheide bildet. Darum wird „der Zug nach dem Westen", den Paul Lindau zum Titel seines Berliner Romans bestimmt hat, ein so wichtiges topographisches Symbol der sozialen Dynamik. Während die Arrivierten in den Berliner Westen ziehen (Paul Lindau) und im **Tiergartenviertel** den Berliner Osten ignorieren (Fontane), gehen die verdrängten Modernisierungsopfer im Osten zugrunde (Max Kretzer) und kehren die im Westen gescheiterten Parvenüs in den Osten zurück (Paul Lindau). In der noch mittelalterlichen Stadtmitte bleiben, mit westlichen Ambitionen auf die Sommerwohnung in **Charlottenburg**, erfolgreich assimilierte Juden, die sich von ihrer östlichen Verwandtschaft in Posen absetzen (Georg Hermann). Daß der Zug nach dem Westen sogar auf die Auswanderung nach Amerika zielen kann, zeigt sich in dem einzigen Roman mit Berlin-Bezug, der die Adresse seiner Handlung (in Stadt-Mitte) schon im Titel trägt, Wilhelm Raabes *Chronik der Sperlingsgasse* (1856), in der die Synchronie des Heterogenen, als Merkmal des Stadtlebens, auch die skizzenhafte Form seiner Darstellung bestimmt.

Im Berliner Roman ist die Gesellschaft der Gründerzeit in ständiger Bewegung zwischen Ost und West und insofern ein topographischer Spiegel der sozialen Verwerfungen an der Schwelle zum 20. Jahrhundert, lange bevor Westberlin und Ostberlin von 1945 bis 1990 zwei einander feindlichen Gesellschaftssystemen mit ähnlicher Entgegensetzung bürgerlicher bzw. proletarischer Lebens- und Denkformen zugeordnet wurden. Die Berliner Mauer von 1961 bis 1989 hat nur eine soziale Trennwand monumentalisiert, die der Berliner Roman schon gegen Ende des 19. Jahrhunderts vorausgesetzt hat.

Weil soziale Topographie ein zentraler Aspekt der raumorientierten Kulturkritik ist, soll uns ein kritischer Überblick über die ideologischen Implikationen in der Geschichte dieses Paradigmas vor Kurzschlüssen bewahren, zu denen die Dichotomie Zeit vs. Raum und innerhalb der Raumrelation Land/Dorf vs. Großstadt immer wieder verführt hat. Adressen sind ja in der raum-zeitlichen Vermessung der Welt, in der wir uns orientieren, die postalische Form der lokalen Platzierung, so wie Jahreszahlen, Monats- und Tagesdaten ihre historische Verankerung in dem als wirklich gedachten Kontinuum von Raum und Zeit sind. Während aber die Zeitlichkeit der Fiktion aus unserem Literaturverständnis nicht mehr wegzudenken ist, seitdem Lessing in *Laokoon oder über die Grenzen der Malerei und Poesie* (1766) die Dichtung vom räumlichen Primat der Malerei befreit und ihr das ‚Nacheinander' zugewiesen hat, hatte es die damit marginalisierte Räumlichkeit der literarischen Fiktion viel schwerer, ihr ‚Nebeneinander' als hermeneutische Kategorie zu behaupten. So mußte Karl Gutzkow, im Vorwort zu seinem Roman *Die Ritter vom Geiste* (1850), ausdrücklich für einen „Roman des Nebeneinander" plädieren, um die vieldimensionale, auch zeitlich vielsträngige Totalität der Gesellschaft zu erfassen.[17]

Wenn der Roman, mit Hegel, „eine bereits zur Prosa geordnete Wirklichkeit" voraussetzt,[18] so verlangt der strukturierte Handlungsverlauf sowohl eine temporale als auch besonders eine spatiale Anordnung der Wirklichkeit. Im Roman des urbanen Realismus entspricht der seit Lessings *Laokoon* privilegierten zeitlichen Organisation der Fiktion ein räumliches Organisationsprinzip, die Verankerung des Geschehens im relativ statischen Stadtplan der immer mehr vom Tempo getriebenen, durch immer schnelleren Verkehr gekennzeichneten Großstadt. Vor dem Hintergrund der immer mehr beschleunigten, nach der Einführung der Normalzeit in Fahrplänen regulierten Geschwindigkeit zeigt die relative Handlungsarmut der Berliner Romane, von denen hier die Rede sein wird, eine überraschende Verlangsamung der Handlung, bei gleichzeitiger Bedeutungszunahme einerseits des mit einer Adresse versehenen Orts und andererseits des als Interieur mit Objekten gefüllten Raums.

Von der Möglichkeit, daß der Geschichte der Literatur, die in Sequenzen, d. h. in meistens linearen Handlungsabläufen, organisiert ist, eine Geographie entsprechen könnte, die sich auf eine multiperspektivische Topik (im Sinne der von griech. *topos* abgeleiteten Ortsangabe) stützt, haben selbst Leser der sogenannten Berliner Romane, für die der Handlungsort Berlin gattungsbestimmend geworden ist, meistens keine klare Vorstellung. Ihnen genügt der soziale Gegensatz zwischen dem Gespensterhaus im provinziell-ländlichen Kessin und der herrschaftlichen Wohnung in Berlin, um sich mit Effi Briests späterem moralisch-sozialen Absturz zu identifizieren. Aber vor dem Hintergrund der auch räumlich zu verstehenden Verbannung Effi Briests aus der **Keithstraße** in die **Königgrätzer**

---

17 Karl Gutzkow, Vorwort (1850) zu *Die Ritter vom Geiste* (1850–51), in: *Romanpoetik in Deutschland. Von Hegel bis Fontane*. Hrsg. v. Hartmut Steinecke, Tübingen: Günter Narr 1984, 113–116, S. 113: „Der neue Roman ist der Roman des Nebeneinander. Da liegt die ganze Welt! Da ist die Zeit wie ein ausgespanntes Tuch!"
18 G. W. F. Hegel, *Vorlesungen über die Ästhetik* (1820/21–1828/29, gedruckt 1835), in: Hegel, *Werke in zwanzig Bänden*, Bd. 15, Frankfurt a.M.: Suhrkamp 1970, S. 392.

Straße verspricht der kritische Blick auf die Berliner Adressen, die in den Romanen von Theodor Fontane, Paul Lindau, Max Kretzer und Georg Hermann verzeichnet sind, doch ein neues Bild topographischer Strukturierung von Realitätsansprüchen.

Die kartographische Ausrichtung der sozialen Topographie hält Orte fest und setzt sie zueinander in Beziehung, namentliche Markierungen auf dem Stadtplan ohne Anspruch auf raumanthropologische Vertiefung.[19] Dabei können diese Orte, etwa durch die Implikation ihrer Benennung, durchaus symbolischen Charakter gewinnen. Es sind in der Realität verankerte fiktionale Orte, auf die die intendierte Wirklichkeit des Berliner Romans fixiert wird. So hat die verarmte Adelsfamilie der Poggenpuhls in Fontanes gleichnamigem Roman ihre bescheidene Wohnung in der **Großgörschenstraße** „nicht zum wenigsten um des kriegsgeschichtlichen Namens der Straße [...] willen" gewählt, als wäre die Schlacht von Großgörschen (bei Lützen) am 2. Mai 1813 nicht gegen den geschlagen aus Rußland heimkehrenden Napoleon verloren worden – eine ironische Pointe schon im zweiten Satz des Romans, ein erster impliziter Hinweis auf den letztlich verlorenen Kampf des Militäradels um seine gesellschaftliche Bedeutung.

Es ist bekannt, daß Fontane die topographische Konstruktion seiner Romane sehr ernst genommen und sie mit einem eingehenden Kartenstudium vorbereitet und abgesichert hat. So lernen die Leser von *L'Adultera* eine Straße an der Petrikirche kennen, von *Cécile* die Straße **Am Hafenplatz**, von *Stine* die **Invalidenstraße**, von *Irrungen, Wirrungen* die Gegend am **Zoologischen Garten** und die **Landgrafenstraße**, von *Frau Jenny Treibel* die **Köpenicker Straße** und die **Adlerstraße**, von *Effi Briest* die **Keithstraße** und die **Königgrätzer Straße** (heute **Stresemannstraße**), von *Der Stechlin* das **Kronprinzenufer** (heute **Ludwig-Erhard-Ufer** gegenüber dem Hauptbahnhof), von *Die Poggenpuhls* die **Großgörschenstraße** und von *Mathilde Möhring* die **Georgenstraße** (am **Bahnhof Friedrichstaße**). Bei Paul Lindau geht es um den sozialen Gegensatz zwischen **Koppenstraße** und **Tiergartenstraße**, bei Max Kretzer um eine Verdrängung aus der **Holzmarktstraße** und bei Georg Hermann um das Leben in der **Spandauer Straße**. Die Handlung aller Berliner Romane spielt an festen Adressen, bei Fontane bisweilen sogar mit Hausnummern versehen (**Hafenplatz 7a** in *Cécile*, **Invalidenstraße 98e** und **Tieckstraße 27a** in *Stine*, **Keithstraße 1c** in *Effi Briest*, **Georgenstraße 19** in *Mathilde Möhring*), so daß die Leser gewissermaßen hin-

---

19 In einem der wenigen hervorragenden Beiträge der Fontane-Forschung zur sozialen Topographie hat Klaus R. Scherpe (Ort oder Raum? Fontanes literarische Topographie, in: *Theodor Fontane am Ende des 19. Jahrhunderts*. Hrsg. v. Hanna Delf von Wolzogen in Zusammenarbeit mit Helmuth Nürnberger, Würzburg: Königshausen & Neumann 2000, 161–170) auf diesen grundsätzlichen Unterschied aufmerksam gemacht: „Ortskunde geht vor Raumphantasie." (S. 164)

gehen und den Ort der Handlung auskundschaften und am Haus der Treibels, der Innstettens, der Poggenpuhls, der Wilprechts, der Timpes und der Geberts klingeln könnten, als lebten hier die erfundenen Charaktere als wirkliche Menschen, als könnten ihnen die Leser auf offener Straße begegnen und sie nach weiteren Details ihrer Geschichte ausfragen und vielleicht sogar in den Gang der Handlung eingreifen. Als Angebot einer möglichen Interaktivität unterstreichen die Adressen wirkungsvoller als alle anderen Stilmittel den Realitätsanspruch einer nur simulierten Realität, verraten aber auch, wenn es die scheinbar exakte Adresse wie **Große Petristraße 4** in *L'Adultera* in der Berliner Wirklichkeit gar nicht gibt, ihre Fiktionalität.

Aber das naive Vergnügen der Wiedererkennung, wenn der Leser eine ihm bekannte Adresse in der fiktiven Realität des Berliner Romans entdeckt, als wäre sie aus seiner Erfahrungswelt in die Fiktion transponiert, ist nur für den Preis atmosphärischer Ausgestaltung des urbanen Orts möglich. Wir erfahren selten, bei Fontane fast nie, etwas über die Anlage und die Aufteilung des Hauses, über die Straße, in der es liegt, über Mitbewohner, Nachbarn, Einkaufsmöglichkeiten oder Verkehrsanbindungen. Wir erfahren nichts darüber, wie es in der **Keithstraße**, wo Effi Briest wohnt, aussieht, kaum nur, wie das Haus gebaut ist, auch nichts über Passanten oder Fahrverkehr in der Straße, ob es sich um eine reine Wohnstraße handelt und wie weit die Geschäfte entfernt sind, in denen man seinen täglichen Bedarf decken kann. Das ganze soziale Umfeld, das die Adresse mit realem Leben füllt, bleibt bei Fontane meistens ausgespart. Insofern konnte sich Fontane mit Recht über eine naive Leserin mokieren, die erfreut meinte: „Es ist so spannend; man kennt fast alle Straßennamen", als wären die fiktionalen Adressen reale Orte, die die Fiktionalität des Romans aufheben, und nicht nur literarische Signale sozialer Zuordnung: „Das ist nun also das gebildete Publikum, für das man schreibt."[20]

Die topographische Einmaligkeit der exakten Adresse bleibt, weil sie kein eigenes literarisches Leben gewinnt, abstrakt, nur eine Postanschrift, nur das allegorische Merkmal einer sozialen Gegend im vornehmen **Tiergartenviertel** (**Bellevuestraße** und **Landgrafenstraße** in *Irrungen Wirrungen*, **Keithstraße** in *Effi Briest*), im Industriegebiet (**Köpenicker Straße** in *Frau Jenny Treibel*), in der Kleinbürgerwelt im Norden (**Invalidenstraße** in *Stine*) und im Süden (**Großgörschenstaße** in den *Poggenpuhls*) oder jenseits der Bahngleise (**Königgrätzer Straße** in *Effi Briest*). Während bei Georg Hermann, vor dem Hintergrund beeng-

---

20 Theodor Fontane, Brief an seine Frau, 12.8.1884, zit. Albrecht Kloepfer, Fontanes Berlin. Funktion und Darstellung der Stadt in seinen Zeitromanen, in: *Germanisch-Romanische Monatsschrift* 42 (1992), 67–86, S. 83.

terer Wohnverhältnisse, die verkehrsreichste Straße in der Stadtmitte, die **Königstraße** (heute **Rathausstraße**), als Handlungsraum der wichtigsten Gespräche eine große Rolle spielt, gibt es bei Fontane, der für seine Causerien mehr Ruhe in den Innenräumen gepflegter Geselligkeit braucht, abgesehen von Landpartien zum Halensee im Grunewald und an die obere Spree keine Gesprächshandlung auf Berlins Straßen. Wichtiger als die Realistik der Straße ist ihm die soziale Symbolik ihrer Lage in einem bestimmten Viertel. Entscheidend für die soziale Topographie des Berliner Romans ist, daß sich die Handlung wie bei Kretzer im Handwerkermilieu der **Holzmarktstraße** hinter dem **Alexanderplatz** oder wie bei Lindau in einer der Villen im **Tiergartenviertel** oder wie bei Hermann in den engen Gassen des mittelalterlichen Stadtkerns abspielt. Der Vergleich der Berliner Romane ergibt eine soziale Typologie der Wohnorte, die die Enge und Abschottung des bevorzugten Viertels unterstreicht.

Als zentrale Chiffren des urbanen Realismus verdienen Berliner Adressen eine viel größere kritische Beachtung, als ihnen bisher zuteilwurde. Sehr allgemeine Fragen der Verortung von Literatur wurden zunächst, auf einem Nebenschauplatz der biographisch-positivistischen Methode, für die Herkunft der Autoren und die geographische Verteilung ihrer literarischen Produktion erörtert, zum Beispiel von dem in Wien ausgebildeten Gymnasiallehrer Siegfried Robert Nagel (1875–1945), der in seinem *Deutschen Literaturatlas* (1907) mit bis 1848 reichenden Literaturkarten und „Lebenskarten" einiger Autoren die „Wissenschaft der Literaturgeographie" begründet haben will.[21] Der Erkenntniswert ist jedoch nur gering, wenn man auf einer Karte überblicken kann, daß 1848 lebende Autoren z. B. in Ludwigsburg (Justinus Kerner 1786, Eduard Mörike 1804, F. T. Vischer 1807) oder in Berlin (Ludwig Tieck 1773, Karl Gutzkow 1811, Paul Lagarde 1827) geboren sind oder in welchen Zickzacklinien sich etwa Kleists „Lebenskarte" zwischen Paris im Westen, Königsberg im Osten und Mailand im Süden bewegt. Daß etwa E. T. A Hoffmann im Xenienjahr 1796 für seine Geburtsstadt Königsberg, aber nie, nicht einmal für das genannte Schlüsseljahr 1815, für die wichtigste Stätte seines Wirkens, Berlin, aufgeführt wird, zeigt die Unzuverlässigkeit dieses kartographisch-biographischen Ansatzes.

Fast ein Jahrhundert später hat es der italienische Literaturwissenschaftler Franco Moretti mit seinem *Atlante del romanzo europeo 1800 – 1900* (1997) noch

---

21 Siegfried Robert Nagel, *Deutscher Literaturatlas. Die geographische und politische Verteilung der deutschen Dichtung in ihrer Entwicklung nebst einem Anhang von Lebenskarten der bedeutendsten Dichter*, Wien und Leipzig: Hof-Verlagsbuchhandlung Carl Fromme 1907, S. 7. Der in diesem Zusammenhang gelegentlich genannte *Literary & Historical Atlas of Europe* (1910) von John G. Bartholomew nennt einige Orte zur englischen Literatur, verzeichnet aber für Deutschland nur geographische Karten (S. 74–77) ohne jeden Literaturbezug.

einmal versucht, die geographische Literaturbetrachtung neu anzukurbeln.[22] Dafür hat er der Literatur, speziell der englischen Dorfgeschichte des 19. Jahrhunderts, ein bestimmtes geographisches oder, wie er seinen Kritikern nachträglich zugestehen mußte,[23] eigentlich eher geometrisches Korsett übergestülpt, das in der Mitte seiner konzentrischen Kreise lebensnotwendige Funktionen, wie sie mit dem literarischen Dorf assoziiert werden, und in den äußeren Kreisen immer ‚frivolere' Funktionen angesiedelt sieht, die mit dem literarischen Stadtleben zusammenhängen. Die geometrische Symbolik sieht Bauern und Handwerker in der Mitte und Tuchhändler und Modisten am Rande des Lebens. Wenn aber die Marginalisierung der aus der Mitte Verdrängten, die eigentlich um ihre existentielle Mitte Gebrachte sind, den sozialen Kern des moralischen Verfalls und das Thema der großen Gesellschaftsromane ausmacht, dann gerät die gute Absicht, der weit verbreiteten Diskriminierung der Provinz mit dem Anspruch auf größere Authentizität zu begegnen, in die Nähe einer antizivilisatorischen Ideologie, die das Stadtleben schon immer mit dem Vorwurf des Authentizitätsverlusts belegt hat. Der Preis des frivolen Stadtlebens war, wenn man einer eher ‚linken' Erklärung zuneigte, *Entfremdung* durch Arbeit und, mit einer eher ‚rechten' Erklärung, *Entwurzelung* durch Heimatlosigkeit. Die sozial Entfremdeten und die ethnisch Entwurzelten wurden als Opfer eines urbanen Fortschritts angesehen, zu dem die Industrialisierung genauso gehört wie die Proletarisierung der Gesellschaft. Aber gerade diese Bedingungen und Konsequenzen der Modernisierung bleiben in den meisten Berliner Romanen verdeckt, weil das (auf den Westen fixierte) arrivierte Bürgertum der Illusion eines glanzvollen Lebens verfällt, das es den Aristokraten abgeguckt hat, ohne zu verraten, mit welcher Arbeit es seinen Wohlstand verdient hat.

Das bedeutendste, auch für die Berliner Romanciers einflußreiche Muster dieser Selbsttäuschung, die Luxus mit Glück verwechselt und deshalb aus der Provinz in die Hauptstadt strebt, ist Gustave Flauberts Geschichte eines ehrgeizigen „Stadtfräuleins" in dem Roman *Madame Bovary* aus dem Jahr 1857. Überaus beeindruckt von einer Soiree des Marquis d'Andervilliers, sucht Emma Bovary ihr Glück in der Nachahmung des glanzvollen Lebens, wie es ihre literarische Phantasie vor allem mit Paris verbindet. Mit Hilfe eines Stadtplans unternimmt sie

---

22 Franco Moretti, *Atlante del romanzo europeo 1800–1900*, Turin 1997, in deutscher Übersetzung: *Atlas des europäischen Romans 1800–1900*, Köln: DuMont 1999.
23 Franco Moretti, Karten, in: Moretti, *Kurven, Karten, Stammbäume. Abstrakte Modelle für die Literaturgeschichte*. Mit einem Nachwort von Alberto Piazza. Aus dem Englischen von Florian Kessler, Frankfurt a. M.: Suhrkamp 2009, 47–81.

„mit dem Finger auf der Karte Streifzüge durch die Hauptstadt",[24] und anhand von Zeitschriftenabonnements und Romanlektüre (Eugène Sue, Balzac, Georges Sand) träumt sie sich in die (nie erreichte) Stadt ihrer Sehnsucht, Paris als utopischer Glücksort des Luxus, der Eleganz und der Libertinage: „in der Ferne lockte Paris mit seiner Fanfare der Maskenbälle und dem Lachen seiner Grisetten."[25] Gemessen an diesem hauptstädtischen Lockruf, mußte ihr das biedere Leben in der Provinz als Gefängnis erscheinen:

> Alles was sie unmittelbar umgab, langweilige Dorflandschaft, beschränkte Kleinbürger, dürftige Verhältnisse, schien ihr eine Ausnahme in der Welt darzustellen, ein besonderer Zufall zu sein, in dem sie sich gefangen fand, während sich dahinter, so weit das Auge reichte, das unermeßliche Land der Glückseligkeiten und Leidenschaften erstreckte. In ihrer Sehnsucht verwechselte sie die Sinnenreize des Luxus mit den Freuden des Herzens, die Eleganz der Manieren mit den Feinheiten des Gefühls.[26]

So wird sie in ihrer Selbsttäuschung das Muster einer Verführung durch urbane Verlockungen, die ihren bescheidenen sozialen Status als Frau eines Kleinstadtdoktors und, schlimmer noch, ihren moralischen Kern zerstört. Ihre charakteristische Verschuldung bei dem Modisten L'Heureux, der als zwielichtige Schlüsselfigur für Emmas Selbstmord verantwortlich ist und deutlich jüdische Züge trägt, verbindet die monetäre Schuld mit der moralischen Schuld. Es muß gar nicht Paris sein, das sich ihr ohnehin nur virtuell auf einem Stadtplan erschließt; es genügt schon das 130 km von Paris entfernte Yonville bei Rouen, um die ‚frivolen' Folgen der Verstädterung als Entessentialisierung zu brandmarken, die die Menschen zugrunderichtet.

Wichtig für den vorliegenden Zusammenhang ist die Tatsache, daß Emma Bovary ihre Stadtvisionen an einem Pariser Stadtplan orientiert, der, weil sie nie nach Paris kommt, ebenso fiktional bleibt wie die Romane, aus denen sie sich ihre Gefühle borgt. Wer nur „mit dem Finger auf der Karte Streifzüge" durch die Stadt unternimmt, ist ein virtueller Flaneur, der die kartographisch abgebildete Stadt durchzieht, als wäre sie ein geschriebener Text, in semiotischer Terminologie: ein Zeichen ohne Bezeichnetes, weil dem Phantasiegang auf dem Stadtplan kein wirklicher Streifzug durch die reale Stadt entspricht. Der Stadtplan bleibt, sofern die auf ihm abgebildete Stadt nicht erfahren wird, so irreal wie jede literarische Fiktion. Deshalb kann *Madame Bovary* auch als Metakritik einer kartographischen Literaturgeographie gelesen werden, die wie Emma Bovary einen Gegen-

---

24 Gustave Flaubert, *Madame Bovary. Sitten aus der Provinz* (1857). Aus dem Französischen von Maria Dessauer, Frankfurt a. M. und Leipzig: Insel 1997, S. 71.
25 Flaubert, *Madame Bovary*, S. 143.
26 Flaubert, *Madame Bovary*, S. 72 f.

satz zwischen Stadt und Land konstruiert, um damit den städtischen Verlust an Authentizität zu geißeln.

Während frühere raumanthropologische Ansätze bei Ludwig Binswanger, Gaston Bachelard und Otto Friedrich Bollnow für die Literaturwissenschaft weitgehend folgenlos geblieben waren,[27] begann in den neunziger Jahren des letzten Jahrhunderts vor allem in der amerikanischen Kulturtheorie *the mapping of culture* als modische Metapher zu zirkulieren,[28] die den Theorie-Diskurs lange bestimmt hat, bevor das Konzept von Kulturmanagern vereinnahmt wurde.[29] Ursprünglich war es ein wichtiger Beitrag zum *spatial turn*, wobei es sowohl um regionale als auch um körperliche Determinanten der Identitätsbildung ging. Vor allem das daraus abgeleitete Konzept der *positionality*, der selbstkritischen Standortgebundenheit jeder kulturkritischen Erörterung, hat entscheidend zur Relativierung apodiktischer Standpunkte und zur postkolonialen Kritik eurozentrischer Ansichten beigetragen, die früher als selbstverständliche Norm vorausgesetzt wurden. War Lessings Entdeckung der Zeit als Modus der Dichtung gegenüber dem Raum als Modus der bildenden Kunst ein sensationeller Durchbruch der Poetik, weil es die Dichtung von dem horazischen Diktat *ut pictura poesis* befreite, so war die Rückbindung der Kulturstudien an den Raum zwei Jahrhunderte später ein sensationeller Durchbruch anthropologisch bestimmter, interdisziplinär und interkulturell ausgerichteter Verbindungen von Literatur, Geographie, Soziologie, Anthropologie und Architektur. Im postnationalen Diskurs hat dann die Kategorie der Regionalität eine Staatsgrenzen übergreifende Kulturtradition wiederbelebt, die zum Beispiel im alemannischen Kulturraum das ältere Gemeinsame stärker als das neuere Trennende betont.

---

27 Vgl. Ludwig Binswanger, Das Raumproblem in der Psychopathologie, in: *Zeitschrift für Neurologie* 145 (1933); auch in: Binswanger, *Ausgewählte Vorträge und Aufsätze*, Bd. 2, 1955, 174 ff.; Gaston Bachelard, *La poétique de l'espace*, Paris 1957; deutsch *Poetik des Raumes*, übers. Kurt Leonhard, München: Hanser 1975; Otto Friedrich Bollnow, *Mensch und Raum*, Stuttgart: W. Kohlhammer 1963.

28 Vgl. Arthur H. Robinson und Barbara Bartz Petchenik, *The Nature of Maps: Essays toward Understanding Maps and Mapping*, University of Chicago Press 1976; Denis Cosgrove and Stephen Daniels, eds., *The Iconography of Landscape: Essays on the Symbolic Representation, Design and Use of Past Environments*, New York, Cambridge: Cambridge University Press 1988; Trevor J. Barnes and James S. Duncan, eds., *Writing Worlds: Discourses, Texts, and Metaphors in the Representation of Landscapes*, London: Routledge 1992. Für die deutsche Diskussion sind vor allem Sigrid Weigels Beiträge zu nennen, z. B. *Topographien der Geschlechter. Kulturgeschichtliche Studien zur Literatur*. Reinbek: Rowohlt 1990.

29 Den Wandel von der akademischen zur kommerziellen Motivation demonstrieren, nur als Beispiele, folgende Websites: eine Konferenz-Ankündigung „Mapping Culture" 2014 (http://www.ces.uc.pt/eventos/mappingculture/ 13.9.2016) und ein Werbespot für „Cultural Mapping Toolkit" (https://www.creativecity.ca/database/files/library/cultural_mapping_toolkit.pdf 13.9.2016).

Wenn nun der Heterogenität einer Großstadt so viel Aufmerksamkeit wie der Homogenität einer Landschaft gewidmet würde, dann könnte für die kartographische Erfassung kultureller Räume (*mapping of culture*) die Stadtlektüre mit Hilfe eines Stadtplans (*city map*) in Konkurrenz mit der Landkarte (*road map*) treten und den noch ungenügend erschlossenen Raum städtischer Literaturgeographie erkunden.[30] Dann könnte man auf dem Stadtplan reale Orte für fiktive Handlungen aufsuchen und so die literarische Phantasie da topographisch fixieren, wo sie am modernsten ist: in der urbanen Realität. Im Vergleich zu Hofmannsthals Wien und Kafkas Prag, diesen eher unstrukturierten Stimmungsräumen, die man auch ohne Hilfe eines Stadtplans erleben kann, bietet Berlin eine viel kantigere Topographie historischer Widersprüche, ein Strickmuster einander überlagernder horizontaler und vertikaler Linien von realen und imaginierten, angelesenen und literarisch simulierten Realitätsbezügen, die zu realisieren es Stadtpläne verschiedener Zeitepochen bedarf.

Die Strahlkraft des kartographischen Diskurses, der neuerdings wieder geopolitische Bestseller hervorbringt,[31] hat sich in einem symptomatischen Beispiel der Metaphorisierung erwiesen, als im Jahr 2014 sogar der Nobelpreis für Physiologie-Medizin an John O'Keefe (London) und das Ehepaar Edward I. und May-Britt Moser (Trondheim) vergeben wurde, weil, in der Begründung des Komitees, ersterer schon 1971 und letztere 2005 eine Antwort auf die Frage gefunden hätten: „how does the brain create a map of the space surrounding us and how can we navigate our way through a complex environment?" Diese Frage, wie das Gehirn eine virtuelle ‚Landkarte' des uns umgebenden Raums entwirft und wie wir uns in komplexer Umgebung orientieren können, ist, unabhängig von ihrer neurophysiologischen Beantwortung, ein Grundthema raumorientierter Literaturbetrachtung, sofern sie in der literarischen Fiktion auch ein Übungsfeld lebensnotwen-

---

30 Hier ergeben sich, im Rahmen der *Digital Humanities*, ganz neue Felder und Methoden der Erforschung des Stadtphänomens. Vgl. Todd Presner, David Shepard and Yoh Kawano, *HyperCities: Thick Mapping in the Digital Humanities*, Harvard University Press 2014, S. 5: „A HyperCity is a real city overlaid with thick information networks that not only catalyze the present but also go back in time to document the past and go forward to project future possibilities." Das Projekt einer solchen zukunftsorientierten Analyse historischer Stadtschichten ist hervorgegangen aus einem Berlin-orientierten Experiment u.d.T. *Hypermedia Berlin* (2004) an der UCLA zur digitalen Erkundung temporaler Topographie (vgl. S. 27 ff.).

31 Zum Beispiel Tim Marshall, *Die Macht der Geographie. Wie sich Weltpolitik anhand von 10 Karten erklären lässt*. Aus dem Englischen von Birgit Brandau, München: dtv 2015. Erklärt wird in diesem Buch u. a., warum der Himalaja einen Krieg zwischen Indien und China verhindert und warum Vladimir Putin Grund hat, das ukrainische Flachland als aggressives Aufmarschgebiet zu fürchten.

diger Kulturtechniken sieht – als Orientierung in einem Möglichkeitsraum, der uns in Alternativen denken, leben und damit spielen lehrt.

Aber von solcher anthropologisch-existentiellen Aufgabenstellung scheint die gängige Literaturgeographie noch weit entfernt zu sein. Dazu ist sie, jedenfalls im deutschen Kontext, historisch zu sehr belastet durch die raumgreifende Ideologie nationaler Identitätsbildung im 19. Jahrhundert, als die Frage „Was ist des Deutschen Vaterland?" von Ernst Moritz Arndt 1813 sprachlich („so weit die deutsche Zunge klingt"),[32] von August Heinrich Hoffmann von Fallersleben 1841 geographisch („von der Maas bis an die Memel, von der Etsch bis an den Belt")[33] und schließlich ethnisch dadurch beantwortet wurde, daß ein rechter Deutscher biologisch durch ‚Blut und Boden' ausgewiesen sein mußte.[34] Bei allen drei Antworten war die territoriale Definition der deutschen Identität im Sinne geopolitischer Ideologie einerseits, in Hinblick auf den Siedlungsraum, expansiv und andererseits, in Hinblick auf die ethnische Legitimation, exklusiv gemeint und von vornherein gegen alle gerichtet, die nicht ‚bodenständig' waren, also gegen alle moderner Mobilität verdächtige ‚Nomaden', zu denen in erster Linie Juden und in zweiter Linie Großstädter gezählt wurden.

Dieser räumlich verstandenen Ethnisierung der deutschen Identität diente auch die lokalhistorische Fixierung der germanischen Gründungsmythen um Siegfried und Hermann,[35] ob es nun um den (erst 1884 neugefaßten) Lindelbrunnen bei Hüttenhalden im Odenwald ging, wo der gern mit jüdischen Zügen ausgestattete Hagen den Helden Siegfried hinterrücks erschlagen haben soll, oder um den genauen Ort, wo der erst in der Reformation zu Hermann mutierte Arminius die Römer (und damit stellvertretend zuerst die römische Kirche und dann die Franzosen) geschlagen hat. Entsprechend hat August Zeune (1778–1853),

---

32 Ernst Moritz Arndt, *Des Deutschen Vaterland* (1813), in: Arndt, *Gedichte*. Vollständige Sammlung, Berlin: Weidmannsche Buchhandlung ²1865, 233–235.

33 August Heinrich Hoffmann von Fallersleben, *Das Lied der Deutschen*, in: *Um Einheit und Freiheit 1815–1848 (Vom Wiener Kongress bis zur Märzrevolution)*. Bearbeitet von Ernst Volkmann (Deutsche Literatur in Entwicklungsreihen. Hrsg. v. Ernst Kindermann, Reihe Politische Dichtung, Bd. 3). Unveränderter reprografischer Nachdruck der Ausgabe Leipzig 1936, Darmstadt: Wissenschaftliche Buchgesellschaft 1973, 148–149.

34 Als einer der ersten hat Max Wundt „die natürlichen Wurzeln unseres Volkstums in Blut und Boden" eingeklagt (Wundt, *Was heißt völkisch?*, Langensalza: Hermann Beyer und Söhne 1924, S. 32), die dann in der 1928 gegründeten Zeitschrift *Blut und Boden. Monatsschrift für wurzelstarkes Bauerntum, für deutsche Wesensart und nationale Freiheit* nazistisches Programm wurden. Wundts Schrift von 1924 erschien 1927 in 4. Auflage u.d.T. *Volk, Volkstum, Volkheit*.

35 Vgl. Richard Kuehnemund, *Arminius or the Rise of a National Symbol in Literature (From Hutten to Grabbe)*, Chapel Hill: The University of North Carolina 1953 und Herfried Münkler/Wolfgang Storch, *Siegfrieden. Politik mit einem deutschen Mythos*, Berlin: Rotbuch 1988.

Professor der Geographie an der 1810 gegründeten Berliner Universität, wo er auch germanistische Kurse unterrichtete, im Vorwort seiner 1814, nach Napoleons Niederlage in der Völkerschlacht von Leipzig, herausgegebenen neudeutschen Fassung des *Nibelungenlieds* kein Hehl aus dem xenophobischen Raumanspruch des Siegfried-Mythos gemacht: „Der mächtige Schlangentöder hat sich erhoben, und unser heiliger deutscher Boden ist wieder rein und frei von dem fremden Gewürme."[36] Und der Archivar im Fürstentum Lippe, Christian Gottlieb Clostermeier (1752–1829), hat mit seiner Schrift *Wo Hermann den Varus schlug* (1822) die lokale Heimatforschung zwischen Lemgo und Detmold in Gang gebracht und einerseits seinen Schwiegersohn Christian Friedrich Grabbe zu seinem Drama *Die Hermannsschlacht* (1838) und andererseits Ernst von Bandel zu seinem 1875 eingeweihten Hermannsdenkmal bei Hiddesen im Teutoburger Wald angeregt.[37] Die geographische Ortsbestimmung sollte der historischen Legitimation eines Mythos dienen, dessen Monumentalisierung auf gegenwärtige Interessen zielt: Hermanns gewaltige Drohgebärde mit dem erhobenen Schwert ist nicht nach Süden ausgerichtet, wo die Römer zu vermuten wären, sondern nach Südwesten, wo der französische Erbfeind lauert.

Wenn in Karl Immermanns satirischem Zeitroman *Münchhausen* (1838/39) einer dieser um die nationale Topographie bemühten Lokalhistoriker stolz behauptet, er habe „nun wahr und wahrhaftig den Ort gefunden, wo Hermann den Varus schlug",[38] will auch diese Geste historistischer Akribie nur beweisen, daß auf der Hermannsschlacht „das gesamte deutsche Wesen" beruht.[39] Trotz der Anleihe bei Leopold von Ranke – nicht *wie*, sondern *wo* „es eigentlich gewesen" – geht es in der Verortung des Germanen-Mythos um die pseudohistorische Rechtfertigung geographischer Identitätsbildung in der Gegenwart. Für eine Topographie des deutschen Wesens mußten, so scheint es, symbolische Orte seines Ursprungs gefunden werden, die auf der Landkarte der kollektiven Phantasie markiert werden konnten. Ob bei Hiddesen südlich von Detmold oder, wie seit

---

36 August Zeune, (Vorwort zu) *Das Nibelungenlied ins Neudeutsche übertragen*, Berlin: Maurersche Buchhandlung 1814, S. III. Solche rhetorische Animalisierung der Unerwünschten, die im Antisemitismus vorherrschte, hat bis in die Gegenwart überlebt. So hat ein Berliner Abgeordneter der rechtspopulistischen Partei Alternative für Deutschland (AfD) die syrischen Flüchtlinge von 2015/16 „einfach widerliches Gewürm" genannt (*Berliner Zeitung* 216, 23.9.2016, S. 11).
37 Christian Gottlieb Clostermeier, *Wo Hermann den Varus schlug*, Lemgo: Meyer 1822. Vgl. Hinrich C. Seeba, Hermanns Kampf für Deutschlands Not. Zur Topographie der nationalen Identität, in: Seeba, *Denkbilder. Detmolder Vorträge zur Kulturgeschichte der Literatur*, Bielefeld: Aisthesis 2011, 11–28.
38 Karl Immermann, *Münchhausen. Eine Geschichte in Arabesken*, in: Immermann, *Werke in fünf Bänden*. Hrsg. v. Benno von Wiese, Bd. 3, Frankfurt a. M.: Athenäum 1972, 5–812, S. 148.
39 Immermann, *Münchhausen*, S. 150.

archäologischen Funden im Jahr 1987 angenommen wird, am Kalkrieser Berg im Norden von Osnabrück: Für die Kritik deutscher Identitätsbildung ist „der Ort der Hermannsschlacht", stellvertretend für viele andere Orte der deutschen Geschichte, kein primär geographisches, sondern als Ideologem ein kulturkritisches Problem.

Literaturgeographische Ambitionen dienten also vorwiegend der territorialen Absicherung einer homogen gedachten ‚Kulturnation', die ihren politischen Anspruch, solange es keinen deutschen Nationalstaat gab, auf Sprache und Literatur gründete: „was haben wir denn gemeinsames als unsere sprache und literatur?"[40] Jacob Grimms rhetorische Frage – im Vorwort (1854) seines *Deutschen Wörterbuchs* – beschwor die integrative und zugleich antizipatorische Kraft verbaler Phantasie, die über den fiktionalen Sprachraum den realen Raum eines Nationalstaats beschwören und territorial markieren sollte. So sehr diese Hochschätzung von Sprache und Literatur der noch im Entstehen begriffenen Germanistik zugutekam, an der Radikalisierung des gedachten Sprachraums im 20. Jahrhundert sollte sich schließlich zeigen, daß es von Hans Grimms Roman *Volk ohne Raum* (1926) zum völkischen Kampf um den deutschen ‚Lebensraum' nur ein kleiner Schritt war.[41]

Vor dem Hintergrund solcher Ideologisierung des Raums datiert der eigentliche, immer noch nachwirkende Sündenfall früher Literaturgeographie von Josef Nadlers völkischer ‚Stammesgeschichte' her, die er zuerst von 1912 bis 1918 in einer vierbändigen *Literaturgeschichte der deutschen Stämme und Landschaften* vorgestellt und nach dem Anschluß Österreichs in 4. Auflage von 1938 bis 1941 den Bedürfnissen des Dritten Reichs mit antisemitischen Ausfällen angepaßt hat. Schon im Vorwort zur ersten Auflage plädiert Nadler recht unverhohlen für „eine Literaturgeographie, die die Erde nach unsern Bedürfnissen suchend abgeht",[42] um zu zeigen, daß „Volkstum", „Sippe" und „Heimat" die eigentlichen Kreativkräfte der deutschen Kultur sind: „Mit dem ererbten Blute rollt eine Fülle erblicher Güter von Geschlecht zu Geschlecht. Neben den Einzelnen tritt Fluch und Segen der Sippe. [...] Raum und Zeit! Zum zweiten auch das erste! Nicht eine Landschaft als Tummelplatz zufällig zusammengewürfelter Einzelner, sondern als Nährboden, als Materielles, als Trägerin eines ganz bestimmten Menschenschlages, von

---

40 Jacob Grimm, Vorwort zu: *Deutsches Wörterbuch* von Jacob und Wilhelm Grimm, Bd. 1, Leipzig: S. Hirzel 1854, Sp. III.
41 Vgl. Heinz Kindermann, *Die deutsche Gegenwartsdichtung im Kampf um die deutsche Lebensform*, Wien: Wiener Verlagsgesellschaft 1942.
42 Josef Nadler, Vorwort zur 1. Auflage seiner *Literaturgeschichte der deutschen Stämme und Landschaften*, Bd. 1, Regensburg 1912, abgedruckt in: Viktor Žmegač, Hrsg., *Methoden der deutschen Literaturwissenschaft*, Frankfurt a. M.: Athenäum 1971, 33–36, S. 36.

der aus beidem, aus Blut und Erde, das Feinste, das Geistigste wie in goldenen Dämpfen aufsteigt."[43] Die Eroberung des Raums gegenüber der enthistorisierten Zeit, später zugespitzt im chiliastischen Gedanken des tausendjährigen Reichs, wird als Sieg der „Sippe" über den „Einzelnen" gefeiert, weil die Vereinzelung des Individuums nur seine historische Überholbarkeit signalisiert, die bedrohlich am Ewigkeitsanspruch der Raum-Ideologen nagt.

Nadlers stammesgeschichtliche Literaturgeographie kann, auch in der gereinigten Fassung von 1960, nicht als zukunftsfähiges Modell des topographischen Paradigmas dienen. So modisch *spatial configurations* im Theoriediskurs der letzten Jahrzehnte geworden sein mögen, vor allem im Anschluß an Gaston Bachelard, Gérard Genette, Jurij Lotman, Michail Bachtin, Michel Foucault und Michel de Certeau,[44] so wenig können sie, zumindest in der deutschen Diskussion, den Schatten ihres früheren ideologischen Mißbrauchs abwerfen und die heute in Berlin ausgestellte *Topographie des Terrors* vergessen lassen, in die die völkischen Ursprungsmythen umgeschlagen sind. Problematisch ist damit auch die ungleiche Gewichtung von Landschaft und Stadt, Natur und Zivilisation, Gemüt und Intellekt, Dorf und Großstadt geworden, lauter Dichotomien, die in der konservativen Kulturkritik des 19. Jahrhunderts und, schlimmer noch, in der faschistischen Ideologie des 20. Jahrhunderts eine verhängnisvolle Rolle gespielt haben.

Der antiurbane Diskurs wurde schon im 19. Jahrhundert im Namen bodenständiger Authentizität geführt, im Namen einer nur mit dem Dorfleben identifizierten ‚Gesundheit', die das kranke, krankmachende Stadtleben verscherzt hat. So hat schon der gelegentlich zum Stammvater der deutschen Soziologie erklärte Wilhelm Heinrich Riehl mit seiner *Naturgeschichte des Volkes als Grundlage einer deutschen Sozialpolitik* (1851–54) die antifranzösischen, antizivilisatorischen Ressentiments des nationalistisch gesinnten Bürgertums bedient und zu diesem Zweck im ersten Band seines *opus magnum* (*Land und Leute*, 1853) erklärt: „Europa wird krank an der Größe seiner Großstädte. Die gesunde Eigenart Altenglands wird in London begraben. Paris ist das ewig eiternde Geschwür Frankreichs."[45] In der biblischen Bildtradition der Hure Babylon (Offenbarung des

---

43 Nadler, Vorwort, S. 35.
44 Vgl. Wolfgang Hallet, Hrsg., *Raum und Bewegung in der Literatur. Die Literaturwissenschaften und der Spatial Turn*, Bielefeld: Transcript 2009.
45 Wilhelm Heinrich Riehl, *Naturgeschichte des Volkes als Grundlage einer deutschen Sozialpolitik*, Bd. 1: *Land und Leute* (1853), Bd. 2: *Die bürgerliche Gesellschaft* (1851), Bd. 3: *Die Familie* (1854), zitiert aus *Land und Leute* nach Peter Wruck, Fontanes Berlin. Durchlebte, erfahrene und dargestellte Wirklichkeit, in: Peter Wruck, Hrsg., *Literarisches Leben in Berlin 1871–1933*, Berlin: Akademie 1987, 22–87, S. 54.

Johannes, Kap. 17 und 18) wurde die Großstadt als Sündenbabel zum Moloch dämonisiert, der wie Saturn seine eigenen Kinder verschlingt. Selbst wenn Berlin zu dieser Zeit schon auf der europäischen Bühne der urbanen Ungeheuer hätte mitspielen können, ist es vielleicht verschont worden, weil die nationalistische Kultur-Polemik England und vor allem Frankreich treffen wollte.

Auch für Oswald Spengler gab es keinen Zweifel, wo der Grund für den erwarteten Untergang des Abendlandes auszumachen ist: „Der Steinkoloß ‚Weltstadt' steht am Ende des Lebenslaufes einer jeden großen Kultur."[46] Für Spengler ist das Ende der Kultur überhaupt in der Verwüstung des Landes abzusehen, die die Großstadt hinterlassen wird: „Das Bauerntum gebar einst den Markt, die Landstadt, und nährte sie mit seinem besten Blute. Nun saugt die Riesenstadt das Land aus, unersättlich, immer neue Ströme von Menschen fordernd und verschlingend, bis sie inmitten einer kaum noch bevölkerten Wüste ermattet und stirbt."[47] Fritz Lang hat die Schreckensvision der unmenschlichen Riesenstadt in seinem legendären Film *Metropolis* (1927) ins Bild gesetzt und im Schlußbild, da im Gleichschritt marschierende Massen zur Volksgemeinschaft finden, wie Joseph Goebbels in seinem Tagebuch vom 25. März 1927, also sechs Jahre vor der Machtergreifung, festgehalten hat, „nationalsozialistische Gedankengänge" antizipiert.[48]

Schließlich hat auch Julius Langbehn, der dritte Stichwortgeber im völkischen Bunde, seine Polemik gegen die Großstadt ganz spezifisch auf Berlin gemünzt, weil er es der Berliner Aufklärung nicht verzeihen konnte, daß der satirische Goethe-Kritiker Friedrich Nicolai (zusammen mit dem Juden Moses Mendelssohn!) deren Kopf war. Hier konnte die „Furcht vor Berlin", die laut Karl-Heinz Bohrer den deutschen Provinzialismus charakterisiert,[49] die Rhetorik des Ressentiments finden, in der sich die von der Moderne Ausgeschlossenen eingeigelt haben. Der sogenannte Rembrandt-Deutsche, der dem behaupteten städtischen, an jüdischer Intellektualität kränkelnden Ungeist Berlins „Rembrandt, diese von innerer Gesundheit strotzende Persönlichkeit, als ein Heilmittel verschreibt"[50],

---

[46] Oswald Spengler, *Der Untergang des Abendlandes. Umrisse einer Morphologie der Weltgeschichte* (2 Bde., München 1918–22, $^{33-47}$1923), hier zitiert nach der Vollständigen Ausgabe in einem Band, München: C. H. Beck 1963, S. 673.
[47] Spengler, *Der Untergang des Abendlandes*, S. 676.
[48] Zur Volksgemeinschaft der Schlußszene vgl. Jürgen Müller, Metropolis, Babylon und Babelsberg, in: *Frankfurter Allgemeine Zeitung* 221, 21.9.2016, S. N 3.
[49] Karl Heinz Bohrer, *Provinzialismus. Ein physiognomisches Panorama*, München: Carl Hanser 2000, S. 81.
[50] [Julius Langbehn], *Rembrandt als Erzieher. Von einem Deutschen*, Leipzig: C. L. Hirschfeld ^{42}1893, S. 120.

schüttet seinen ganzen Haß auf die „spezifisch Berliner Bildung" aus,[51] wobei er es ähnlich wie Riehl fertigbringt, die antiintellektuellen und antisemitischen Ressentiments mit grotesken Ausfällen gegen Amerika zu verbinden: „Rastloser Geschäftsgeist charakterisirt den Anwohner der Spree wie den des Hudson. [...] Diese gleichmäßige Entwickelung geht bis zu Aeußerlichkeiten: das Kapitol [...] zu Washington ist nur eine etwas vergrößerte und vergröberte Auflage der Kirche am Gensdarmenmarkt. [...] Berlin ist auch darin nordamerikanisch, daß ein bedeutender Bruchtheil seiner Einwohnerschaft stets aus Zugewanderten besteht."[52] Weil er für den **Französischen Dom** am **Gendarmenmarkt** blind ist, vergrößert Langbehn dessen architektonischen Zwilling, den **Deutschen Dom**, um ihn anstelle der ignorierten Peterskirche in Rom zum wahren Vorbild für das Capitol Building in Washington D.C. zu erklären. Auch indem er Berlin zum quasi-amerikanischen Schmelztiegel zugewanderter Fremdlinge abstempelt, glaubt Langbehn selbst den Leitspruch zu praktizieren, mit dem er das Buch eröffnet hat: „Der Deutsche soll dem Deutschthum dienen."[53]

Zukunftsträchtiger als eine geopolitisch getönte Literaturgeographie, die in konservativ-völkischer Tradition die Territorialisierung der nationalen Identitätsbildung nachvollzieht, ist die eher feuilletonistisch gehaltene Schule der Flaneure. Sie hat unter dem gesellschaftskritischen Vorzeichen impressionistischer Zeitlichkeit, um eine bessere Orientierung im Labyrinth der Großstadt zu erreichen, die Stadtlektüre entwickelt und dem Stadtraum seine zeitliche Dimension und damit seine Geschichtlichkeit zurückgegeben. Lange bevor Madame Bovary den Stadtplan von Paris durchstreift hat, als wäre er eine literarische Fiktion, von der man sich inspirieren läßt, ist Ludwig Börne durch die Straßen von Paris geschlendert, als wäre es ein Buch, in dessen Lektüre man sich zugleich verlieren und wiederfinden kann: „Ein aufgeschlagenes Buch ist Paris zu nennen, durch seine Straßen wandern heißt *lesen*. In diesem lehrreichen und ergötzlichen Werke, mit naturtreuen Abbildungen so reichlich ausgestattet, blättre ich täglich einige Stunden lang."[54] Ebenfalls mit Bezug auf Paris war Heinrich Heine einer der ersten, der in *Lutetia* (1855) den Begriff des Flaneurs eingeführt hat, um die Impressionen des ziellosen Stadtwanderers mit kritischen, tendenziell sogar revolutionären Schlußfolgerungen zu verbinden. So identifiziert er sich mit einem Flaneur, der beobachtet, wie sich Arme an den Schaufenstern die Nase nach dem für sie unerreichbaren Luxus plattdrücken, und der sich deshalb wünscht, „diese

---

51 Langbehn, *Rembrandt als Erzieher*, S. 113.
52 Langbehn, *Rembrandt als Erzieher*, S. 117 f.
53 Langbehn, *Rembrandt als Erzieher*, S. 5.
54 Ludwig Börne, *Der Greve-Platz*, in: *Schilderungen aus Paris* (1822–24), in Börne, *Sämtliche Schriften*. Hrsg. v. Inge und Peter Rippmann, Bd. 2, Düsseldorf: Joseph Melzer 1964, 34–39, S. 34.

Menschen möchten einmal mit ihren geballten Fäusten plötzlich dreinschlagen, und all das bunte, klirrende Spielzeug der vornehmen Welt mitsamt dieser vornehmen Welt selbst gar jämmerlich zertrümmern".[55]

Flaneure sind also keine harmlosen Spaziergänger, die sich von ihren Stadtwanderungen auf der Parkbank dösend ausruhen, sondern Unruhestifter und deshalb von denen gefürchtet und verachtet, die sich nicht verunsichern lassen wollen. Nicht in völkischem ‚Blut und Boden' verwurzelt und deshalb als meistens jüdische, heimatlos-nomadische ‚Zivilisationsliteraten' geächtet, haben die leichtfüßigen Flaneure, die sich ziellos treiben lassen, die Großstadt als literarischen Raum für das Feuilleton erobert und dafür eine eigene „kartographische Rhetorik" entwickelt,[56] die die Zeichen gesellschaftlichen Wandels nicht in den touristischen Sehenswürdigkeiten, sondern in den scheinbar abgelegenen, unberühmten Ecken des Stadtplans erfaßt. In seiner Absichtslosigkeit ist der hellhörige und hellsichtige Flaneur, der sensibel auf Stimmungswechsel reagiert, das subjektive Gegenbild des Geographen, der seine zielgerichtete Beobachtung scheinbar objektiv in den Dienst eines vorgezeichneten Plans stellt. Der Lehrmeister des gekonnten Flanierens, Franz Hessel, hat das Flanieren „eine Art Lektüre der Straße" genannt[57] und damit einem topographisches Lesen den Weg geebnet, dem die Suche nach der literarischen Bedeutung von Adressen verpflichtet ist.

Auch Franz Hessel hat es in Paris gelernt, aber auf Berlin übertragen und vor allem hier praktiziert. Das memorierende Schlendern ohne Ziel erregt, wie er in seinem ersten Kapitel („Der Verdächtige") des wegweisenden Buchs *Spazieren in Berlin* (1929) gesteht, das Mißtrauen derjenigen, die es nicht gewohnt sind, auf ihrer hektischen Zielgeraden, wo jeder Einsatz nur um des angestrebten Erfolges willen erfolgt, lässig beobachtet zu werden: „Ich bekomme immer mißtrauische Blicke ab, wenn ich versuche, zwischen den Geschäftigen zu flanieren. Ich glaube, man hält mich für einen Taschendieb."[58] Hessel sucht die Unbefangenheit und die Unvoreingenommenheit des ersten Blicks und will gewissermaßen „die Primizien der Kunst zu schauen" lernen, auf die schon E. T. A. Hoffmann 1822, als er aus

---

55 Heinrich Heine, *Lutetia* (1855), in: Heine, *Sämtliche Schriften*. Hrsg. v. Klaus Briegleb, Bd. 5, München: Carl Hanser 1974, 217–548, S. 375f.
56 Karl Schlögel, *Im Raume lesen wir die Zeit. Über Zivilisationsgeschichte und Geopolitik*, München: Carl Hanser 2003, S. 13. Weil es Schlögel um die Erfassung der realen, nicht der literarisch imaginierten Stadt geht, ist für ihn der Baedeker, nicht der Stadtroman „die Grundform des räumlichen Narrativs" (S. 264).
57 Franz Hessel, *Spazieren in Berlin* (Leipzig, Wien: Hans Epstein 1929), Neuausgabe u.d.T. *Ein Flaneur in Berlin*, Berlin: Das Arsenal 1984, S. 145.
58 Hessel, *Ein Flaneur in Berlin*, S. 7.

seinem Eckfenster auf den Berliner Gendarmenmarkt blickte, eine Kunstlehre des urbanen Blicks gründen wollte:[59] „Ich möchte beim Ersten Blick verweilen. Ich möchte den Ersten Blick auf die Stadt, in der ich lebe, gewinnen oder wiederfinden..."[60] Weil Ziellosigkeit das Zeichen eines Tunichtguts ist, macht sich Hessel als bloßer Zuschauer, der sich von den Zwängen der Zielstrebigkeit befreit hat, verdächtig: „Hierzulande muß man müssen, sonst darf man nicht. Hier geht man nicht wo, sondern wohin. Es ist nicht leicht für unsereinen."[61] Franz Hessel hat seine peripatetische Topographie Berlins auf den Begriff gebracht, als er wie Ludwig Börne ein Jahrhundert vorher eine Stadtlektüre empfahl: „Flanieren ist eine Art Lektüre der Straße, wobei Menschengesichter, Auslagen, Schaufenster, Café-Terrassen, Bahnen, Autos, Bäume zu lauter gleichberechtigten Buchstaben werden, die zusammen Worte, Sätze und Seiten eines immer neuen Buches ergeben. Um richtig zu flanieren, darf man nichts allzu Bestimmtes vorhaben."[62] Man muß sich richtig Zeit nehmen, um in der Stadt auf Entdeckungsreise zu gehen. Die Suspendierung der Zeit im Raum bedeutet aber keine Stillegung seiner sich immer verändernden Bedeutung – ohne bestimmte Absichten und ohne bestimmte Deutungen. Weil die urbanen Schriftzeichen immer neue Sätze bilden und sich zu neuen Aussagen verbinden, veranschaulicht die Buchmetapher eine dynamische Kombinatorik, die sich jeder eindeutigen Festlegung eines Sinns entzieht. Die Wahrnehmung dieses ständigen Wandels in der Stadt erlaubt nun auch einen historischen Blick auf die Transparenz des Gegenwärtigen, um darin Spuren des Vergangenen und vielleicht auch Zeichen des Kommenden zu entdecken: „Das gäbe einen hübschen bibliographischen Spaziergang und würde uns immer neue Vergangenheiten der Stadt bildhaft nahebringen und im noch Sichtbaren Verschwundenes genießen lehren."[63]

Für diesen bei Hessel noch verhalten melancholischen Zeitaspekt der räumlichen Stadterkundung hatte Walter Benjamin, schon in Hinblick auf sein eigenes, viel späteres Projekt zum *Passagenwerk* und zur *Berliner Kindheit*, ein besonderes Gespür. Im Bund mit Siegfried Kracauer, der in seinem charakteristisch betitelten Essay *Abschied von der Lindenpassage* (1930) den historischen Passagencharakter seiner Zeit im Umbruch herausarbeiten wollte,[64] hat Benjamin in seiner kurz

---

59 E. T. A. Hoffmann, *Des Vetters Eckfenster*, in: Hoffmann, *Späte Werke*, Stuttgart-Zürich-Salzburg: Europäischer Buchklub o. J., 597–622, S. 600.
60 Hessel, *Ein Flaneur in Berlin*, S. 7.
61 Hessel, *Ein Flaneur in Berlin*, S. 9.
62 Hessel, *Ein Flaneur in Berlin*, S. 145.
63 Hessel, *Ein Flaneur in Berlin*, S. 275.
64 Siegfried Kracauer, *Abschied von der Lindenpassage* (zuerst in: *Frankfurter Zeitung*, 21.12. 1930), in: Siegfried Kracauer, *Der verbotene Blick. Beobachtungen, Analysen, Kritiken*. Hrsg. v.

vorher geschriebenen Rezension zu Hessels *Spazieren in Berlin* das melancholische Potential programmatisch zugespitzt:

> Ein ganz und gar episches Buch, ein Memorieren im Schlendern, ein Buch, für das Erinnerung nicht die Quelle, sondern die Muse war. Sie geht die Straßen voran, und eine jede ist ihr abschüssig. Sie führt hinab, wenn nicht zu den Müttern, so doch in eine Vergangenheit, die um so bannender sein kann, als sie nicht nur des Autors eigne, private ist. Im Asphalt, über den er hingeht, wecken seine Schritte eine erstaunliche Resonanz. Das Gaslicht, das auf das Pflaster herunterscheint, wirft ein zweideutiges Licht über diesen doppelten Boden. Die Stadt als mnemotechnischer Behelf des einsam Spazierenden, sie ruft mehr herauf als dessen Kindheit und Jugend, mehr als ihre eigene Geschichte.[65]

Entsprechend dieser Akzentverschiebung, die das Persönliche als Chiffre des Gesellschaftlichen nimmt, hat Benjamin in seiner eigenen Stadterkundung Berlins, *Berliner Kindheit um neunzehnhundert* (1938), der Erinnerung an Berlin ein Denkmal gesetzt, in dem, mit der eigenen Emigration nach Paris, die künftige Geschichte präformiert war. Damit dieser kritische Blick *ex post* die Erinnerung transparent macht für die kommende Katastrophe, geht es ihm um die zur Gesellschaftskritik führende „Einsicht, nicht in die zufällige biographische sondern in die notwendige gesellschaftliche Unwiederbringlichkeit des Vergangenen".[66] Das spätere Exil ist die immer mitgedachte Voraussetzung dieses melancholischen Rückblicks, der den Berlin-Bildern der Vergangenheit ihre historische Zukünftigkeit und, wichtiger noch, ihre gesellschaftliche Relevanz für das künftige historische Verständnis abgewinnt: als Rückblick auf das Ende der Kindheit, auf den Verlust des städtischen Zuhause und auf den Niedergang der Bürgerklasse: „Ich hauste wie ein Weichtier in der Muschel des neunzehnten Jahrhunderts, das nun hohl wie eine leere Muschel vor mir liegt."[67] Das soziale West-Ost-Gefälle, das wir schon für den Berliner Roman vor der Jahrhundertwende vermerkt haben, bildet auch bei Benjamin den Hintergrund für die schließlich politische Auflehnung gegen seine Gefangenschaft im privilegierten Westen von Berlin – mit den

---

Johanna Rosenberg, Leipzig: Reclam 1992, 49–55, S. 50: „Die Zeit der Passagen ist abgelaufen. Ihre Eigentümlichkeit war, Durchgänge zu sein, Gänge durchs bürgerliche Leben, das vor ihren Mündungen und über ihnen wohnte." Vgl. Gerwin Zohlen, Text-Straßen. Zur Theorie der Stadtlektüre bei Siegfried Kracauer, in: *Text + Kritik* 68 (1980), 62–72.

65 Walter Benjamin, Die Wiederkehr des Flaneurs [zuerst in: *Die literarische Welt*, 4. Oktober 1929 (Jg. 5, Nr. 40), S. 5f.], in: Benjamin, *Gesammelte Schriften*. Hrsg. v. Rolf Tiedemann und Hermann Schweppenhäuser, Bd. III: *Kritiken und Rezensionen*. Hrsg. v. Hella Tiedemann-Bartels, Frankfurt a. M.: Suhrkamp 1991, 194–199, S. 194.

66 Walter Benjamin, *Berliner Kindheit um neunzehnhundert*. Fassung letzter Hand. Mit einem Nachwort von Theodor W. Adorno, Frankfurt a. M.: Suhrkamp 1987 (⁷1996), S. 9.

67 Benjamin, *Berliner Kindheit*, S. 59.

elterlichen Adressen **Kurfürstenstraße 154** (1893–1900), **Carmerstraße 3** (1900–1912), **Delbrückstraße 42** (1912–1930):

> In meiner Kindheit war ich ein Gefangener des alten und neuen Westens. Mein Clan bewohnte diese beiden Viertel damals in einer Haltung, die gemischt war aus Verbissenheit und Selbstgefühl und die aus ihnen ein Ghetto machte, das es als sein Leben betrachtete. In dies Quartier Besitzender blieb ich geschlossen, ohne um ein anderes zu wissen. Die Armen – für die reichen Kinder meines Alters gab es sie nur als Bettler. [...] Schon damals aber als noch meine Mutter mein Brödeln und verschlafenes Schlendern schalt, spürte ich dumpf die Möglichkeit, im Bund mit diesen Straßen, in denen ich mich scheinbar nicht zurechtfand, mich später ihrer Herrschaft zu entziehn. Kein Zweifel jedenfalls, daß ein Gefühl – ein trügerisches leider – ihr und ihrer und meiner eignen Klasse abzusagen, Schuld an dem beispiellosen Anreiz trug, auf offener Straße eine Hure anzusprechen.[68]

Die soziale Rebellion im Bündnis mit der Straße macht aus dem verwöhnten Großbürgersohn den marxistischen Revolutionär, der schon als Kind gelernt hat, sich im Labyrinth der Stadt nicht zu verirren, weil für den topographisch geschulten Stadtindianer das Geflecht der Straßennamen ein Spielfeld der Orientierung war:

> Sich in einer Stadt nicht zurechtfinden heißt nicht viel. In einer Stadt sich aber zu verirren, wie man in einem Walde sich verirrt, braucht Schulung. Da müssen Straßennamen zu dem Irrenden so sprechen wie das Knacken trockner Reiser und kleine Straßen im Stadtinnern ihm die Tageszeiten so deutlich wie eine Bergmulde widerspiegeln. Diese Kunst habe ich spät erlernt; sie hat den Traum erfüllt, von dem die ersten Spuren Labyrinthe auf den Löschblättern meiner Hefte waren.[69]

Wem dabei das Wort von der ‚Stadtlandschaft' einfällt,[70] hinter dem man nostalgische Liebe zu Resten dörflicher Lebensformen innerhalb der Stadtgrenzen vermuten könnte, wird hier klar an den metaphorischen Spielcharakter urbaner Orientierung verwiesen. Für Benjamin gibt es keine andere Heimat als das Labyrinth der Straßen, in denen er aufgewachsen ist, noch ohne die sozialen Konflikte zu ahnen, die sein weiteres Leben theoretisch und praktisch bestimmen würden.

Wie im Fall Benjamins hat oft erst die Erfahrung des Exils auf die Bedeutung von Adressen aufmerksam gemacht, weil die alten Adressbücher nicht mehr gültig

---

68 Benjamin, *Berliner Kindheit*, S. 92f.
69 Benjamin, *Berliner Kindheit*, S. 23.
70 Vgl. Felix Escher, *Berlin und sein Umland. Zur Genese der Berliner Stadtlandschaft bis zum Beginn des 20. Jahrhunderts*. Berlin (Einzelveröffentlichungen der Historischen Kommission zu Berlin, Bd. 47) 1985.

sind und die darin verzeichneten Menschen verstorben, vertrieben oder vernichtet sind. Zur Erinnerung an die verfolgten, aus ihren Wohnungen vertriebenen, in die KZs verschleppten und dort meistens ermordeten jüdischen Menschen hat der Künstler Gunter Demnig 1996 das Projekt der Stolpersteine gestartet, durch die der Verfolgten an ihrer letzten freiwillig gewählten Adresse gedacht wird. Mit diesen in den Gehweg eingelassenen Steinen, auf denen eine Metallplatte mit den Lebensdaten, soweit sie bekannt sind, befestigt ist, wurde ein in der ganzen Stadt Berlin ausgelegtes topographisches Adressbuch erstellt, das sich immer noch erweitert. Nach dem Stand vom Mai 2016 gibt es in Berlin insgesamt 7201 solcher Stolpersteine, davon allein im Bezirk Mitte 1237 und im Bezirk Charlottenburg-Wilmersdorf sogar 2947. Von oben, aus der Vogelperspektive, gesehen, würde sich so ein eindrucksvoller Stadtplan verlorener Adressen und in den Tod getriebener Menschen ergeben.

Waren Adressen einst vor allem lokale Fixpunkte der Kommunikation, über die man Freunde, Verwandte und Bekannte erreichen konnte, das postalische Äquivalent von Telefonnummern, die man auswendig kannte oder im dafür bestimmten Adressbuch nachschlagen konnte, so sind Adressbücher inzwischen so sehr aus der Mode gekommen, daß sie bisweilen schon als kulturgeschichtliche Preziosen gehandelt werden. Vor kurzem erschien das kommentierte letzte Adressbuch Stefan Zweigs mit 158 Einträgen, die den schließlich verzweifelten Versuch einer Orientierung zwischen der *Welt von gestern* und dem *Land der Zukunft*, mit den Titeln zweier seiner Bücher, zwischen Wien und dem brasilianischen Exil dokumentieren.[71] Weil wie so viele Häuser und Menschen, die darin lebten, auch die Adressen inzwischen unwiederbringlich verschwunden sind, eignet den Geschichten, die sich an bestimmte Adressen heften, der Reiz der Melancholie, als bewegte man sich, mit dem genannten Buch-Titel des Wiener Emigranten Stefan Zweig, wirklich in der „Welt von gestern" oder, mit dem Buch-Titel des Berliner Emigranten Walter Benjamin, in der längst verlorenen „Berliner Kindheit". Wenn auch hier von dieser narrativen Erfassung sozialer Topographie in der literarisch imaginierten Welt, die einmal war und auch nur so war, wie sie hätte sein können, die Rede ist, so ist es gut, sich daran zu erinnern, daß Benjamin aus der Melancholie, d.h. aus der Trauer über die Unwiederbringlichkeit des Vergangenen, eine sozialkritische Energie abzuleiten versucht hat, die die Gründe des Verlusts in der Geschichte findet, vor allem im gewalttätigen Wechsel einander bekämpfender politischer Systeme.

---

[71] *Stefan Zweig und sein Freundeskreis. Sein letztes Adressbuch 1940–1942.* Hrsg. und kommentiert von Alberto Dines, Israel Beloch und Kristina Michahelles. Mit Beiträgen von Alberto Dines und Klemens Renoldner. Aus dem brasilianischen Portugiesisch von Stephan Krier, Berlin: Hentrich & Hentrich 2016.

Wie sehr die urbane Topographie auch eine kartographische Darstellung der historischen Umbrüche ist, die der melancholischen Verlusterfahrung erst einen Grund geben, kann man von der wechselvollen Geschichte der Umbenennung von Berliner Straßen ablesen. Kaum eine andere Stadt hat einen so flexiblen, schon von Siegfried Kracauer mit einem „Schnittmusterbogen" verglichenen Stadtplan, in dessen nachzuzeichnende Linien und Flächen sich einander ablösende Schichten der deutschen Geschichte ablagern:[72] Zum Beispiel hieß ein und dieselbe Straße, die heutige **Stresemannstraße**, im frühen 19. Jahrhundert zunächst **Potsdamer Communication** und in der südlichen Verlängerung **Anhaltinische Communication**, dann, ab 1831, nach einem angrenzenden Grundbesitzer **Hirschelstraße** und nach dem Sieg der Preußen über Österreich von 1867, als sie mit der zum Brandenburger Tor führenden **Schulgartenstraße** vereinigt wurde, die bis 1845 **Brandenburger Communication** hieß, bis 1914 **Königgrätzer Straße** (in deren Nr. 25 von 1863 bis 1872 Fontane wohnte wie aber auch, mit einer nicht genannten anderen Hausnummer, seine aus der großbürgerlichen **Keithstraße** verbannte Effi Briest); sie wurde 1914, als die Erinnerung an Königgrätz nicht mehr opportun war, weil die deutsch-österreichische Waffenbrüderschaft den ersten Weltkrieg bestreiten sollte, im nördlichen Abschnitt (zwischen **Brandenburger Tor** und **Potsdamer Platz**) in **Budapester Straße**, nach dem Tod des ersten Reichspräsidenten 1925 in **Friedrich-Ebert-Straße** und 1933, als die Nationalsozialisten die Sozialdemokraten auch symbolisch verdrängten, in **Hermann-Göring-Straße** umbenannt, während der südliche Abschnitt ab 1930 nach dem gerade gestorbenen Außenminister **Stresemannstraße** und im Dritten Reich, als auf die Rückkehr des im Versailler Vertrag französischer Verwaltung unterstellten Gebiets gedrängt wurde, ab 1935 **Saarlandstraße** hieß. Nach dem letzten Weltkrieg, der den inzwischen mythologisierten (Potsdamer) Platz der Weimarer Republik in eine Trümmerwüste verwandelt hatte, wurde 1947 der Namenszustand von 1930 wiederhergestellt.

„Mein Stadtplan ist ein Lesebuch," meint Heinz Knobloch, der einen „Stadtplan der Geschichte" gefordert und auf die gedrängte Geschichte der Umbenennungen aufmerksam gemacht hat. Aber weil er 1985 noch in der DDR schrieb, hat er zwar an die historische Stadtmauer erinnert, die einst in der Mitte der späteren **Königgrätzer Straße** stand, aber die eigentliche Pointe verschwie-

---

72 Es gibt einen – für unsere Zwecke sehr hilfreichen – 99 x 70 cm großen Berliner Stadtplan, der die Geschichte der Namenswechsel (allerdings ohne Drittes Reich) wie auch die Themengruppen der Benennung verzeichnet und dabei wie ein bunter Schnittmusterbogen aussieht: Gerd Gauglitz, *Berliner Straßennamen. Themenstadtplan*, Berlin: edition Gauglitz ²2015/16.

gen:⁷³ Seit 1961 verlief an derselben Stelle, auf der (nördlichen) **Friedrich-Ebert-Straße** wie auf einem Teil der zerbombten (südlichen) **Stresemannstraße** die Berliner Mauer mit dem sogenannten Todesstreifen. Ihr Verlauf wird heute, über fünfundzwanzig Jahre nach ihrem Fall, nur noch durch einen in die Fahrbahn eingelassenen Mauerstreifen markiert. So wird Geschichte immer wieder vergessen, verdrängt, umbenannt und totgeschwiegen. Der Stadtplan Berlins ist wirklich ein Geschichtsbuch, in dem man anschaulich lesen kann, wie sich diese Stadt, selbst wo sie nur partiell oder parteilich erinnert wird, aus den Gegensätzen der deutschen Geschichte entwickelt und zusammengerauft hat.

Weil dieselbe Straße – wie ein historischer oder literarischer Text – entsprechend verschiedenen politischen Interessen und ideologischen Systemen immer wieder anders ‚interpretiert' werden kann, ließe sich auf die Ambivalenz ihrer Bedeutung das berühmte Dictum von der *Gleichzeitigkeit des Ungleichzeitigen* anwenden: Die Straße repräsentiert gleichzeitig viele verschiedene Bedeutungen, die sich, weil sie von verschiedenen Zeitstufen herrühren, durchaus nicht zur Eindeutigkeit homogenisieren lassen. Ernst Bloch hat den Begriff 1935, in der Schrift *Erbschaft dieser Zeit*, geprägt, um in der Auseinandersetzung mit dem Nationalsozialismus die Asymmetrie von fortschrittlichen und reaktionären Ausprägungen der Moderne zu erfassen.⁷⁴ Unter Blochs griffiger Formel kann, wie es der Konstanzer Historiker Rudolf Schlögl getan hat, „das Nebeneinander von tiefgreifender gesellschaftlicher Modernisierung und traditionalen sozialen Formen und Argumentationsmustern" als „Kennzeichnen einer Transformationsgesellschaft" verstanden werden, die ihre Modernität begrifflich erst noch fassen muß.⁷⁵ Dabei verweist der Begriff des *Nebeneinander*, wie schon in Lessings poetologischer Unterscheidung, auf eine *horizontale Differenz* der auf derselben Zeitebene vergleichbaren Gegensätze, während es uns hier auf die *vertikale Differenz* der übereinander liegenden Schichten an ein und demselben Ort ankommt, auf die topographische Identität im *Nacheinander*.

Dafür wollen wir den Begriff der *Gleichräumigkeit des Ungleichzeitigen* einführen, um mit einem ortsspezifischen Tiefschnitt die Erinnerung an die historischen Gegensätze und Widersprüche an ein und demselben Ort wachzuhalten. Derselbe Stadtraum – dieselbe Straße in ihren verschiedenen Benennungen und dasselbe Gebäude in seinen verschiedenen Nutzungen – legt gewissermaßen archäologisch Zeugnis von den historischen Schichten ab, die an diesem einen

---

73 Heinz Knobloch, *Meine geliebte Mathilde. Geschichte – zum Berühren*, Berlin: Buchverlag der Morgen ³1988, S. 7 f.
74 Ernst Bloch, *Erbschaft dieser Zeit*, Frankfurt a. M.; Suhrkamp 1973, S. 104.
75 Rudolf Schlögl, *Alter Glaube und moderne Welt. Europäisches Christentum im Umbruch (1750–1850)*, Frankfurt a. M.: S. Fischer 2013, S. 158.

Punkt greifbar anschaulich werden. Über die Historizität der unterschiedlichen und oft diametral entgegengesetzten Bedeutungsschichten kehrt der Modus der Zeitlichkeit in den Raumdiskurs zurück.

War die **Stresemannstraße** das kartographische Beispiel, so gibt es auch zwei verblüffende architektonische Beispiele für die vertikale Signifikanz desselben Ortes. Im ersten Fall geht es darum, daß auf dem Gelände der einstigen **Adlerstraße**, aus der, in Fontanes Roman von 1892, Frau Jenny Treibel née Bürstenbinder stammt und in der noch heute Professor Wilibald Schmidt mit seiner emanzipierten Tochter Corinna wohnt, ein von Heinrich Wolff entworfenes Gebäude steht, der erste Monumentalbau des Dritten Reichs, in dem zuerst die Reichsbank – ihr Präsident Hjalmar Schacht hatte Hitler zur Macht verholfen – und nach dem Krieg zunächst das Finanzministerium der DDR und nach 1959 das Zentralkomitee der SED untergebracht war, dessen Erster Sekretär erst Walter Ulbricht und dann Erich Honecker war. Ab 1999 dient dasselbe Gebäude, inzwischen erweitert, als Sitz des Bundesaußenministeriums. Wo sich so viel Geschichte im selben Raum konzentriert, können eigentlich nur Geschichten, die diese Gebäude erzählen, die Explosivkraft solcher Widerprüche bannen und das Prinzip historischer Gleichräumigkeit veranschaulichen.

Das geschieht in dem zweiten, noch eklatanteren Fall des ehemaligen Reichsluftfahrtministeriums in der **Wilhelmstraße/Ecke Leipziger Straße**. Das 1934–36 von Ernst Sagebiel auf dem Gelände des kaiserlichen Kriegsministeriums in der **Wilhelmstraße** errichtete Gebäude diente sowohl den Nazis als Görings Reichsluftfahrtministerium als auch den Kommunisten, die hier am 7. Oktober 1949, als die Provisorische Volkskammer zusammentrat, die DDR gegründet haben, als *Haus der Ministerien*. Nach der Vereinigung 1990 diente es zunächst den Abwicklern der DDR als Sitz der Treuhandgesellschaft und dann, ab 1999, dem vereinten Deutschland als Sitz des Bundesfinanzministeriums. Hinzu kommt, daß nach Kriegsende die Sowjetische Militäradministration von diesem Gebäude aus wirkte und daß vor allem hier der Volksaufstand vom 17. Juni 1953 von sowjetischen Panzern niedergeschlagen wurde. Es gibt wohl keine andere Adresse, die die Extreme der deutschen Geschichte so symbolisch auf einen einzigen Ort konzentriert wie diese **Wilhelmstraße 97**.

Wie wichtig solche Gleichräumigkeit des Ungleichzeitigen gerade für das Verständnis Fontanes ist, hat Günter Grass in seinem Fontane-Roman *Ein weites Feld* (1995) vorgeführt, der im 10. Kapitel den Reigen der Berliner Romane beschließt. Der „Fonty" genannte Wiederläufer (*revenant*) Fontanes dient, zum Zeichen erzwungener Anpassungsfähigkeit, in demselben Gebäude in der **Wilhelmstraße 97** verschiedenen Herren, zuerst Göring und Hitler, dann vor allem Ulbricht und Honecker, schließlich auch noch Rohwedder und Kohl. Der Bürohelfer Theo Wuttke repräsentiert – wie in Grass' Deutung auch sein Held Theodor

Fontane – den wetterwendischen deutschen Charakter, der sich, um die Systemwechsel zu überleben, zu arrangieren gelernt hat.

Kaum eine andere Stadt kann den Begriff dialektischer Kulturkritik ‚Identität der Differenz' so extrem an der wechselnden Nutzung derselben Straße und derselben Gebäude festmachen wie Berlin. Angesichts der diametral entgegengesetzten Herausforderungen bedarf es einer besonders intensiven Lektüre, einer besonderen Interpretationskunst, um in solchen Beispielen den kaum zu überbietenden Inbegriff der Gleichräumigkeit des Ungleichzeitigen zu erkennen und die räumliche Präsenz der zeitlich immer schon entschwundenen, sich gegenseitig aufhebenden Vergangenheiten zu verstehen, die nur in der ortsgebundenen Phantasie neu konstruiert und damit dialektisch ‚aufgehoben' werden können. Die Fähigkeit, nicht nur wie Emma Bovary einen Stadtplan, sondern wie Ludwig Börne und die Flaneure Hessel und Benjamin die Stadt selbst zu ‚lesen', setzt eine räumliche Orientierung voraus, die unseren Platz in der historischen Wirklichkeit sowohl geographisch als auch existentiell bestimmt. Die Wirklichkeit zu lesen, als wäre sie ein fiktionaler Text, und der Ästhetik ihrer Konstruktion eine Bedeutung zu entlocken, die dem ungeordneten Leben Struktur und vielleicht sogar einen zielgerichteten Sinn gibt, ist eine lange praktizierte Überlebensstrategie von vielen Menschen. Religion, Philosophie und Kunst sind nur die Namen einiger solcher Deutungssysteme, wie die Stadtlektüre nur eine und natürlich nicht die einzige Kulturpraxis ihrer Anwendung ist.

Die Fähigkeit zu solcher globalen Hermeneutik verdient, weil sie die philologische Interpretation tendenziell auf die ganze Existenz ausdehnt, die Bewunderung, die Hugo von Hofmannsthal am Ende seines frühen Dramoletts *Der Tor und der Tod* (1893) dem Tod, dieser allegorischen Figur rückblickender Lebensdeutung, in den Mund gelegt hat:

> Wie wundervoll sind diese Wesen,
> Die, was nicht deutbar, dennoch lesen,
> Was nie geschrieben wurde, lesen,
> Verworrenes beherrschend binden
> Und Wege noch im Ewig-Dunklen finden.[76]

Die Gestalt des Todes preist die wunderbare Fähigkeit des Menschen, im Unbedeutend-Undeutbaren Bedeutung zu finden, aus dem Chaos einen geordneten Zusammenhang zu schaffen, Ungeschriebenes wie einen Text zu lesen und aus

---

[76] Hugo von Hofmannsthal, *Der Tor und der Tod*, in: Hofmannsthal, *Gedichte und lyrische Dramen*. Hrsg. v. Herbert Steiner, Frankfurt a. M.: S. Fischer ²1963, 199–220, S. 220 (v. 538–543). Vgl. Hinrich C. Seeba, *Kritik des ästhetischen Menschen. Hermeneutik und Moral in Hofmannsthals 'Der Tor und der Tod'*, Bad Homburg–Berlin–Zürich: Gehlen 1970.

dem Labyrinth des Lebens den rettenden Ausweg zu finden. Leben ist, so die säkulare Botschaft, Sinngebung des Sinnlosen nach den Regeln der Textinterpretation und entsprechend Lesen das wichtigste Medium der Orientierung und Existenzbewältigung.

Wer Landkarten und Stadtpläne lesen kann, als wären sie geschriebene Anweisungen zur Auffindung eines vom jeweiligen Leser angestrebten Ziels, beherrscht die hermeneutische, einst vom Gott der Wege (Hermes) inspirierte Fähigkeit der Interpretation als Orientierung bis hin zur Sinndeutung und sogar Sinngebung. Wer den Stadtplan als realistische, aber bildlich-fiktionale Repräsentation eines realen Straßennetzes versteht, kann sich in diesem verwirrenden Straßengewirr nur zurechtfinden, wenn er sich, während er sich auf dem Boden bewegt, in die Vogelperspektive des Stadtplans versetzt und gewissermaßen aus gottgleicher Höhe seine eigenen Schritte lenkt. Diese räumliche, nicht einmal quasi-religiöse ‚Weltanschauung' hatte Gutzkow im Sinn, als er den Überblick im „Roman des Nebeneinander" beschrieb: „Er sieht aus der Perspective des in den Lüften schwebenden Adlers herab. Da ist ein endloser Teppich ausgebreitet, eine Weltanschauung."[77] Die Anschauung der unter ihm ausgebreiteten Welt ist ein topographischer Blick von oben auf das Gewebe der Lebensfülle, in das der eigene Lebensfaden verwoben ist.

Auch Fontane hat in seinen Berichten der Kriegsschauplätze, die er besucht, und der Mark Brandenburg, die er durchwandert hat, zur besseren Übersicht über das geschilderte Terrain gerne höhere Standorte gewählt, um die Landschaft reliefartig besser gliedern zu können. Darauf hat als einer der wenigen, die sich überhaupt mit *Örtlichkeit und Schauplatz in Fontanes Werken* gründlich beschäftigt haben, Wolfgang E. Rost in seiner 1931 gedruckten Dissertation aufmerksam gemacht. Im Gefolge seines Lehrers Julius Petersen, der trotz aller editorischen Verdienste Fontane einem „nordisch-bodenständigen Realismus" und einer „geschichtlichen Heimatkunst" zuordnen wollte,[78] hat auch Rost, noch ohne dem völkischen Geist der Zeit offen zu huldigen, Fontanes „bodenständigfrische Kunst der Lokalschilderung" mehr an den Landschaften und märkischen Dörfern als an Berlin vorgeführt.[79] Deshalb ist ihm auch die Relevanz des höheren Standorts für die Topographie des urbanen Realismus entgangen; denn Fontane geht mit der Vogelperspektive sogar so weit, daß er sich in einer – von Rost zitierten, aber nicht

---

77 Karl Gutzkow, Vorwort (1850) zu *Die Ritter vom Geiste*, S. 113.
78 Julius Petersen in der Einleitung zu der von ihm hrsg. Briefsammlung *Theodor Fontane und Bernhard von Lepel. Ein Freundschafts-Briefwechsel*, München: C. H. Beck 1940, S. XII.
79 Wolfgang E. Rost, *Örtlichkeit und Schauplatz in Fontanes Werken*, Berlin und Leipzig: Walter de Gruyter 1931, S. 144.

kommentierten – Zukunftsvision vom Fliegen die Hausfassaden aus der Vertikalen in die Horizontale des Dachs verschoben vorstellt:

> Unsere Bauten nehmen, wie billig, noch Rücksicht auf den Menschen, der geht. Wenn wir erst fliegen werden, dann wird das Zeitalter der Dächer gekommen sein; aller Schmuck der Façaden: Reliefs und Bildsäulen (natürlich alle liegend wie auf Grabmälern) werden ihren Platz dann auf dem Dach, der neuen Front des Hauses, einnehmen, und der Reisende mag *dann* Türme erklettern oder wenigstens auf ihnen – rasten![80]

Die dreidimensionale ‚Weltanschauung' (im Sinne Gutzkows) unterstreicht auf skurrile Weise, die von fern an Marc Chagalls Dächer denken läßt, die zentrale Funktion der Perspektive: Die architektonische Schauseite muß dem fliegenden Betrachter so zugewendet werden, daß das Dach zum nur noch zweidimensionalen Relief der in die Horizontale gerückten Hausfront wird, so wie eine Stadt ihren ‚planen' Grundriß dem Betrachter eines Stadtplans zeigt. Erst aus solcher Vogelperspektive, aus der sich die Gliederung der Stadt wie einer Landschaft auf der Karte erschließt, ist es möglich, ein Phantasiebild zu entwerfen, das die Stadt neu konstruiert:

> Gewiß ist das Bild, das wir uns von ihr [der Stadt] machen, ein vielfach falsches; aber es sind dieselben Fehler nur, wie wenn wir uns mit Hülfe eines Plans, eine Stadt im Geiste aufbauen. Die Dinge selbst sind nicht richtig. Aber *wir geben den Dingen ihren richtigen Platz.*[81]

Erst die topographische Zuordnung gibt den ‚falschen' Dingen ihre Richtigkeit, oder anders gesagt: Erst die Topographie verleiht der Fiktion die Wahrheit, die sie für sich beansprucht. Zu diesem Zweck realistischer Darstellung hat Fontane Generalstabskarten herangezogen und selbst immer wieder Grundrisse und Situationspläne gezeichnet, um die topographische Konstruktion der fiktiven Wirklichkeit wirklich ‚lesbar' zu machen. Fontane setzt mit seinen Anweisungen Berlin-kundige Leser voraus, die von oben auf den Berliner Stadtplan schauen und die fiktionalen Adressen einordnen und einander zuordnen können.

Diese hohe, von einem höheren Standpunkt aus geübte Kunst räumlicher Orientierung droht dem dafür von Hofmannsthals Todesfigur bewunderten Menschen, so meinen Kulturkritiker der Virtualisierung unseres Lebens, abhandenzukommen, wenn er sich im Zeitalter digitaler Kommunikation nur noch auf sein im (nicht umsonst *Auto* genannten) Wagen eingebautes GPS- oder Navi-

---

80 Theodor Fontane, *Ein Sommer in London*, in Fontane, *Werke, Schriften und Briefe*. Hrsg. v. Walter Keitel und Helmuth Nürnberger, Abt. III, Bd. 3,1, München: Carl Hanser 1975, 7–178, S. 20.
81 Zit. nach Wolfgang E. Rost, *Örtlichkeit und Schauplatz in Fontanes Werken*, Berlin und Leipzig: Walter de Gruyter 1931, S. 19.

System verläßt. Eine bestimmte Adresse zu finden, ist nun kein hermeneutisches Abenteuer mehr, das alle seine Sinne aktiviert, sondern die an eine *automatisierte* Stimme delegierte Anweisung, der er wirklich ‚blind' vertraut, ohne sich noch seines sehenden Verstandes zu bedienen.

Im verabsolutierten *Hic et Nunc*, im Hier und Jetzt der *instant gratification* entspricht der Enthistorisierung unserer Lebenswelt deren Enttopisierung. Verloren in Zeit und Raum, so meinen Kulturkritiker, könnte eine neue, mit dem i-Phone aufgewachsene Generation, die auf die alten, mit der Evolution allmählich ausgebildeten Kulturtechniken freiwillig verzichtet, ihre Autonomie an Steuerungssysteme überschreiben, über die sie keine Kontrolle mehr hat. Mit einem Navi kann man zwar von Fontanes Wohnung in der **Potsdamer Straße**, wenn es das Haus denn noch gäbe, zu der Stelle in der **Keithstraße** fahren, wo wir uns Effi Briests Wohnung vorstellen sollen, aber man kann nicht den Fiktionsbruch ausloten, der mit dieser Fahrt in die literarische Phantasie verbunden ist. Wenn eine literarische Topographie, die aus der Vogelperspektive der Stadtplan-Lektüre die soziale Relevanz räumlicher Relationen erkennen hilft, damit wirklich das Bewußtsein für die Freiheit selbstbestimmter Orientierung zwischen Fiktion und Realität schärfen könnte, wäre mehr erreicht, als weder der einstige Heimatkult der völkischen Literaturgeographie noch die heute drohende Entmündigung durch globale Digitalisierung je erlauben würden.

2 Individualisierung der Masse
Zur Begründung des urbanen Realismus

Soziale Topographie von Wohnadressen in Berlin ist, wie wir an Ernst Dronkes gesellschaftskritischer Analyse von 1846 sehen konnten, mit den Anfängen der Soziologie eng verbunden. Für manche war Wilhelm Heinrich Riehl, ursprünglich Journalist und ab 1859 Ordinarius für Kulturgeschichte und Statistik an der Universität München, mit seinem dreibändigen Werk *Naturgeschichte des Volkes als Grundlage einer deutschen Sozialpolitik* (1851–54) der Gründungsvater der deutschen Soziologie.[1] Als populärer Stichwortgeber des zunehmend nationalistischen Bürgertums, das begeistert seine öffentlichen Vorlesungen besuchte, hat Riehl, wie im vorigen Kapitel erwähnt, die Großstädte London und Paris verdammt und als Allheilmittel für die deutsche, vor allem bäuerliche Familie, die ihm besonders am Herzen lag, die Rückkehr in die gemütliche ‚Spinnstube der Hausfrau' empfohlen und damit einer antizivilisatorischen Ideologie zugearbeitet, deren urbanes Feindbild Berlin war.

Als eigentlicher Begründer der Soziologie, der sich mit der Großstadt ernsthaft auseinandergesetzt hat, muß – zusammen mit Ferdinand Tönnies – der ab 1900 an der Universität Berlin lehrende Georg Simmel angesehen werden. Er hat mit seiner frühen Schrift *Über sociale Differenzierung* (1890) die Entwicklung der Individualität aus der zunehmenden Differenzierung der Gesellschaft im Dorf-Stadt-Gegensatz abgeleitet und in den beiden im Jahr 1903 publizierten Studien *Soziologie des Raumes* und, bis heute maßgebend, *Die Großstädte und das Geistesleben* den Blick für die räumliche Großstadterfahrung geschärft und auf den Begriff gebracht. Charakteristisch für den Großstädter, wie ihn Simmel nun, zwei Jahre nach Fontanes Tod, in Berlin selbst zu studieren beginnen konnte, war für ihn ein mit der Verdichtung der Bevölkerung begründeter Schutzmechanismus: die bis zur Blasiertheit gesteigerte „Abstumpfung gegen die Unterschiede der Dinge",[2] eine Gleichgültigkeit gegenüber der immer komplexeren Differenzierung der Realität, die das Nervensystem des Großstädters überreizen würde, wenn er

---

[1] So heißt es in einem repräsentativen Porträt Riehls von 1907, er habe „die Sociologie bei uns recht eigentlich als selbständiges Fach neben den Staatswissenschaften begründet" (H. Simonsfeld, *Wilhelm Heinrich Riehl*, in: *Allgemeine Deutsche Bibliothek*, Bd. 53, Leipzig: Duncker & Humblot 1907, 362–383, S. 376).

[2] Georg Simmel, *Die Großstädte und das Geistesleben*, in: Simmel, *Aufsätze und Abhandlungen 1901–1908*, Bd. I (*Gesamtausgabe*. Hrsg. v. Otthein Rammstedt, Bd. 7). Hrsg. v. Rüdiger Kramme, Angela Rammstedt und Otthein Rammstedt, Frankfurt a. M.: Suhrkamp 1995, 116–131, S. 121.

die Flut der Sinnenreize nicht in die intellektuelle Distanz des unengagierten Beobachters rücken könnte:

> Denn die gegenseitige Reserve und Indifferenz, die geistigen Lebensbedingungen großer Kreise, werden in ihrem Erfolg für die Unabhängigkeit des Individuums nie stärker gefühlt, als in dem dichtesten Gewühl der Großstadt, weil die körperliche Nähe und Enge die geistige Distanz erst recht anschaulich macht; es ist offenbar nur der Revers dieser Freiheit, wenn man sich unter Umständen nirgends so einsam und verlassen fühlt, als eben in dem großstädtischen Gewühl; denn hier wie sonst ist es keineswegs notwendig, daß die Freiheit des Menschen sich in seinem Gefühlsleben als Wohlbefinden spiegele.³

Das „Gewühl" ist ein so vorherrschender Eindruck der hektischen, von der in Deutschland 1893 eingeführten Normalzeit getriebenen Großstadt, daß es im selben Satz gleich zweimal vorkommt. Das Individuum fühlt sich angesichts der unübersichtlichen, sich in immer schnellerer Bewegung ständig verändernden amorphen Menschenmasse, in der es gesichtslos unterzugehen droht, herausgefordert, seine Freiheit neu zu artikulieren und dafür eine distanzierte Beobachterposition am ruhigeren Rande einzunehmen.

Die Reizüberflutung in der Großstadt ist auch eine Folge der ungeheuren Bevölkerungsverschiebung, die Deutschland in der zweiten Hälfte des 19. Jahrhunderts erfahren hat, und der daraus resultierenden Verdichtung der Einwohnerzahlen in der Großstadt. Zwischen 1850 und 1910 ist die Zahl der Arbeiter in Deutschland von 800 000 auf 8 Millionen, also auf das Zehnfache, angestiegen. Viele von ihnen waren, wie Max Kretzer in seinem Berliner Roman *Meister Timpe* (1888) am Beispiel eines Herstellers von Spazierstockknäufen dargestellt hat, in die Lohnarbeit abgedrängte Handwerker, die sich gegen die Konkurrenz industriell produzierter Massenwaren nicht mehr behaupten konnten. Aber die meisten von ihnen kamen aus den gar nicht mehr so idyllischen, sondern oft verelendeten ländlichen Gebieten, um in den Fabriken der Industrieregionen wie Ruhrgebiet und Berlin ein Auskommen zu suchen. Flohen die einen – allein zwischen 1865 und 1874 immerhin 1,2 Millionen Deutsche⁴ – vor Hunger, Arbeitslosigkeit und Verfolgung vor allem ins Ausland, meistens nach Amerika, zogen die anderen vom Land in die Stadt, wo sie sich ein besseres, leichteres Leben versprachen. Zu Recht hat der Popularphilosoph Peter Sloterdijk vor kurzem die im 19. Jahrhundert gewaltig einsetzende Landflucht zum „Megathema

---

3 Simmel, *Die Großstädte und das Geistesleben*, S. 126.
4 Vgl. Peter Marschalck, *Deutsche Überseewanderung im 19. Jahrhundert*, Stuttgart: Klett 1973, S. 35–48. Nach anderen Quellen sollen zwischen 1821 und 1912 allein nach den USA 5,45 Millionen Deutsche ausgewandert sein.

unserer Zeit" erklärt.⁵ Die Landflucht, die ganze dörfliche Regionen entvölkert hat, folgte dem trügerischen Sog der schnell wachsenden Industriestädte, allen voran Berlin, das 1871 Hauptstadt des gerade vereinten Deutschen Reichs geworden war und in der Gründerzeit einen unvergleichlichen Wirtschafts- und Bau-Boom erlebte. Vor allem der Maschinenbau, für den der Name August Borsig als Produzent der ab 1840 mit England konkurrierenden Dampflokomotiven steht, hat die Industrialisierung vorangetrieben und durch den schnellen Ausbau des Eisenbahnsystems die Mobilität der Bevölkerung beschleunigt, deren Folge eine rasante Übervölkerung der Großstädte war. Weil die Städte diesem Ansturm nicht gewachsen waren, entstand eine bedrohliche Verdichtung der Stadtbevölkerung mit allen bekannten Symptomen der Verelendung, wie sie schon Charles Dickens in seinem Roman *Oliver Twist* (1838) für London angeklagt hatte.

Wenn in Berlin die Bevölkerung zwischen 1850 und 1900 von 430 000 auf fast 1,9 Millionen Einwohner anstieg und, in einem besonders eklatanten Beispiel, in Köln im Jahr 1880 fast 36 000 Einwohner auf nur einem Quadratkilometer lebten (zum Vergleich Berlin im Jahr 2015: 3 920 Einwohner pro Quadratkilometer),⁶ kann man sich vorstellen, wie in solchem großstädtischen Gedränge die enttäuschten Landflüchtigen, für die man sicher Heimweh nach der zerstörten Idylle annehmen darf, auf die von Simmel diagnostizierte Blasiertheit der Indifferenz stießen, mit der die auf engstem Raum zusammengedrängten Menschen ihre Freiheit vor der Anonymität zu schützen versuchen:

---

5 Peter Sloterdijk im Gespräch mit Michael Hesse u. d. T. *Wählerwanderungen, Völkerwanderungen*, in: Berliner Zeitung Nr. 126, 1. Juni 2016, S. 21: „Man muss sich erinnern: Europa hat sich zwischen 1800 und 1950 in einer permanenten Revolution der De-Agrarisierung befunden. Landflucht war das Megathema der vergangenen Epoche bei uns, das Parallelthema hieß Urbanisierung. Diese Beobachtung gilt heute und für die kommenden 100 Jahre in globalen Maßstäben. Sie trifft auf alle Schwellenländer und Länder mit beginnender Modernisierung zu. Weltweit finden riesige Binnenwanderungen vom ländlichen in den städtischen Raum statt."
6 Vgl. http://www.uni-muenster.de/Staedtegeschichte/portal/einfuehrung/geschichte/industrialisierung.html (1.6.2016): „Die Binnenwanderung und das Bevölkerungswachstum – zwischen 1871 und 1914 wuchs die deutsche Bevölkerung um 58% von 41 Mio. auf 65 Mio. Menschen – bewirkten im Vergleich zu ländlichen Regionen ein überproportionales Städtewachstum, das sich v. a. auf die Industrie- und Handelszentren fokussierte. Der Anteil der Deutschen, die in Städten mit weniger als 2.000 Menschen lebten, sank von 64% auf 40%, während die Einwohnerzahlen der größeren Orte wuchsen. Der Anteil der Bevölkerung, der in Städten von mehr als 10.000 Einwohnern lebte, verdreifachte sich beinahe von 1871 bis 1910, während der Bevölkerungsanteil in Städten von mehr als 100.000 Einwohnern um mehr als das Siebenfache wuchs. In dieser Zeit überschritten 48 deutsche Städte die Großstadtgrenze von 100.000 Einwohnern (z. B. Frankfurt a. M., Dortmund, Düsseldorf, Danzig, Kiel, Kassel, Mannheim oder Nürnberg)."

> Daraus wird vor allem der intellektualistische Charakter des großstädtischen Seelenlebens begreiflich, gegenüber dem kleinstädtischen, das vielmehr auf das Gemüt und gefühlsmäßige Beziehungen gestellt ist. [...] So schafft der Typus des Großstädters, – der natürlich von tausend individuellen Modifikationen umspielt ist – sich ein Schutzorgan gegen die Entwurzelung, mit der die Strömungen und Diskrepanzen seines äußeren Milieus ihn bedrohen: statt mit dem Gemüt reagiert er auf diese im wesentlichen mit dem Verstande [...].[7]

Wenn Simmel sein Argument auf die klischeehafte Entgegensetzung von ländlichem ‚Gemüt' und städtischer ‚Intellektualität' stützt und dabei sogar der „Entwurzelung" des Städters das Wort redet, kann es nicht mehr überraschen, wenn Modernisierungsgegner mit der Frustration der Migranten Ressentiments gegen die erbarmungslose Großstadt schüren und statt von Ausbeutung lieber von ‚Entfremdung' und ‚Entwurzelung' sprechen. Die Erfahrung der Proletarisierung in Elendsquartieren erklärt nicht nur den – ebenfalls von Kretzer behandelten – Zulauf zu den Sozialdemokraten, sondern auf der politischen Gegenseite auch ein Anschwellen der antizivilisatorischen, antiintellektuellen und schließlich antisemitischen Rhetorik, die, oft im Namen Nietzsches,[8] von Wilhelm Heinrich Riehl über Julius Langbehn bis Oswald Spengler reicht.

Fontanes Verhältnis zur Vermassung in der Großstadt, wie er sie zuerst in London und erst viel später auch in Berlin erlebte, schwankt zwischen Begeisterung und Schrecken. War er zunächst, in London, fasziniert von der Masse, so muß ihm der in diesen Jahren einsetzende Bevölkerungszuwachs auch in Berlin zu denken gegeben haben. Als er seinen Reisebericht *Ein Sommer in London* (1854) veröffentlichte, kann man aus seiner Bewunderung noch das Staunen des Touristen aus der Provinz heraushören, der sich glücklich schätzte, vom April bis September 1852 in die Weltstadt eintauchen zu können: „Der Zauber Londons ist – seine *Massenhaftigkeit*. [...] Die überschwengliche Fülle, die unerschöpfliche Masse – das ist die eigentliche Wesenheit, der Charakter Londons. [...] – überall ist es die *Zahl*, die *Menge*, die uns Staunen abzwingt."[9] Fontane war verzaubert und zugleich überwältigt von dem allein schon zahlenmäßigen Unterschied. Tatsächlich muß Berlin im Jahr 1852, als Fontane den Sommer in London verbrachte, mit seinen 438 000 Einwohnern im Vergleich mit Londons 2,6 Millionen noch geradezu provinziell gewirkt haben. Während London die Millionengrenze schon

---

7 Simmel, *Die Großstädte und das Geistesleben*, S. 117.
8 Als Beispiel möge nur folgendes Zitat aus dem dritten Teil von *Also sprach Zarathustra* (1883) stehen: „Wehe dieser großen Stadt! – Und ich wollte, ich sähe schon die Feuersäule, in der sie verbrannt wird!" (*Werke in drei Bänden*. Hrsg. v. Karl Schlechta, Bd. 2, München: Carl Hanser ⁵1966, 275–561, S. 427)
9 Theodor Fontane, *Ein Sommer in London*, in Fontane, *Werke, Schriften und Briefe*. Hrsg. v. Walter Keitel und Helmuth Nürnberger, Abt. III, Bd. 3,1, München: Carl Hanser 1975, 7–178, S. 9f.

1801 überschritten hatte, geschah dies in Berlin, nach 1871 allerdings mit wachsender Geschwindigkeit, erst 1877.

Aber nach der anfänglichen Verzauberung, die Fontane der „Massenhaftigkeit" zu verdanken glaubte, hat sich bald Ernüchterung eingestellt. Kurze Zeit später, als er von 1855 bis 1859 in London lebte, hat sich Fontane in einem Gedicht von der in London erlebten Großstadtvision der Millionen, vom „Zauber der bloßen Masse", wieder verabschiedet:

> Wohl hab' ich geschwelgt – bis doch zuletzt
> Ein Grauen mich überkommen,
> Und ich mich vor der Masse entsetzt,
> Die einst mich gefangen genommen;
> Da lag sie, wie vor dem Vergrößerungsglas
> Ein Stück infusorischer Erde,
> Und es fehlte jenes unnennbare *Was*,
> Daß die Masse zur *Schönheit* werde.[10]

Das ist eine erstaunliche Selbstkorrektur, ein auf die spätere Poetik des Realismus vorausweisender Versuch einer Erklärung für den Stimmungswandel vom Schwelgen zum Grauen und Entsetzen. Die Masse erscheint nun als im Vergrößerungsglas aufgeschwemmte Erde, als diffuser Stoff, dem das unbeschreibliche, „unnennbare" Element der Schönheit fehlt. Sie ist formlose Materie, die, weil sie keine Struktur hat, weder theoretisch erkannt noch ästhetisch wahrgenommen werden kann. Ihre vorher in der bewunderten „Zahl" vorgefundene quantitative Definition ist in eine qualitative Bestimmung umgeschlagen, die erst noch zu leisten ist. In der mitgedachten Aufgabe, der zahlenmäßig überwältigenden, aber defizitären Masse („Und es fehlte jenes unnennbare *Was*") eine deiktisch schon gegenwärtige („jenes") Schönheit zu entlocken und diese, so schwer es sein mag, auch zu ‚benennen', kündigt sich das für den Realismus zentrale Problem an: Wie kann man für die Darstellung der großstädtischen Realität eine Sprache finden, die, semiotisch gesprochen, das Bezeichnete nicht nur repräsentiert, also in gewissermaßen schon naturalistischer Abbildung vergegenwärtigt, sondern dafür ein sprachliches Zeichen setzt, das die Wirklichkeit charakterisierend überhöht? Wir werden später, im Zusammenhang mit Fontanes ästhetischer Begründung des urbanen Realismus, auf diese Herausforderung zurückkommen.

Fontane hätte sich bei seinem Gesinnungswandel von dem inzwischen klassischen literarischen Topos des Massen-Begriffs leiten lassen können, von

---

[10] Theodor Fontane, *An Franz Kugler (Aus London, zum 19. Januar 1856)*, in: Fontane, *Werke, Schriften und Briefe*. Hrsg. v. Walter Keitel und Helmuth Nürnberger, Abt. I, Bd. 6, München: Carl Hanser ²1978, S. 456 f.

Edgar Allan Poes kleiner Erzählung *The Man of the Crowd* (1845), mit der Walter Benjamin die literarische Darstellung des urbanen Massenmenschen hat beginnen lassen.[11] Der Leser blickt mit dem Erzähler aus dem Fenster eines Cafés mitten in London und sieht auf der überfüllten Straße eine Masse („throng") von geschäftig eilenden Passanten („passengers in masses"), deren Vielfalt in Aufzug, Haltung und Verhalten („innumerable varieties of figures, dress, air, gait, visage, and expressions of countenance") so überwältigend ist, daß der Beobachter die ständig wechselnde „scene" einer sozialen Analyse unterzieht.[12] Dazu greift er sich, wie in einem Experiment, einen einzelnen Mann heraus, der durch sein heruntergekommenes Aussehen und seinen wilden Gesichtsausdruck besonders auffällt. Er folgt ihm durch die ganze Nacht, um dem mysteriösen ‚Mann in der Menge', der der Erzählung den Titel gegeben hat, auf die Spur zu kommen, bis beide am nächsten Morgen unverrichteter Dinge wieder im selben Café landen. Der Erzähler hat über den Mann nichts anderes herausgefunden, als daß er der Typus des neuen, womöglich kriminellen Massenmenschen ohne Eigenschaften ist: „*He is the man of the crowd*. It will be in vain to follow; for I shall learn no more of him, nor of his deeds."[13] Von dem *man of the crowd* gibt es nichts zu erfahren und nichts zu berichten, die Individualität ist in der Masse verschwunden. Das abschließende Urteil des enttäuschten Erzählers besteht in einer überraschenden, auch im englischen Original in fehlerhaftem Deutsch zitierten Aussage: „er lasst sich nicht lesen."[14] Der Mann in der Menge, der sich dem individualisierenden Zugriff seines Verfolgers entzieht, bleibt unlesbar, unverständlich und anonym in einer Metropole, die die kritischen Beobachter wie einen Text zu „lesen", d. h. sich anzueignen versuchen, ohne indes – so die Botschaft Edgar Allan Poes – der eigentümlichen Geschichte und der womöglich kriminellen Energie des neuen Massenmenschen habhaft werden zu können. Im Unterschied zu den ähnlich detektivischen Versuchen der Flaneure Franz Hessel und Walter Benjamin, die wir im vorigen Kapitel kennengelernt haben, ist diese auf den Massenmenschen zielende Stadt-Lektüre gründlich mißlungen, ihr Scheitern eine Herausforderung für die späteren massenpsychologischen Erkundungen bei Gustave Le Bon (*Psychologie der Massen*, 1911), Sigmund Freud (*Massenpsychologie und Ich-Analyse*, 1921), José Ortega y Gasset (*Der Aufstand der Massen*, 1929) und Elias Canetti

---

11 Vgl. Walter Benjamin, Über einige Motive bei Baudelaire, in: Benjamin, *Schriften*, Bd. 1, Frankfurt a. M.: Suhrkamp 1955, S. 446.
12 Edgar Allan Poe, *The Man of the Crowd*, in: Poe, *The Works of Edgar Allan Poe*, 4 vols., New York: Redfield 1857, vol. 2: *Poems and Tales*, 398–407, S. 399.
13 E. A. Poe, S. 407.
14 E. A. Poe, S. 407.

(*Masse und Macht*, 1960), für die die literarische Darstellung der Masse allerdings kein Anliegen mehr war.

Die Kritik des Massenphänomens, wie es sich für Fontane als ästhetisches Problem darstellt, berührt auch die Raum-Zeit-Achse, die für einen „Stadtplan der Geschichte" (Knobloch)[15] so wichtig ist. Der Verräumlichung des Individuums in der Masse, seinem Verschwinden im horizontalen „Nebeneinander", entspricht eine Entzeitlichung seiner historisch gewordenen Eigentümlichkeit, die als Geschichtsverlust erfahrene Auflösung des vertikalen „Nacheinander". Der moderne *Mann ohne Eigenschaften* ist, wie Robert Musils ab 1930 erschienenes Roman-Fragment betitelt ist, vor allem ein Mann ohne Geschichte. Damit stellt sich die historische Frage nach der Geschichte seiner Bedrohung und des Widerstands, den er seiner Entindividualisierung entgegenzusetzen versucht hat. Ob für den modernen *man of the crowd* eine solche ‚Geschichte' gefunden werden kann, deren Wortsinn sowohl historisch als Ereigniszusammenhang als auch literarisch als Darstellungszusammenhang zu verstehen wäre, ist denn auch eine ästhetische Frage, die impliziert, daß ‚Geschichte' (*history*) erst in ‚Geschichten' (*stories*) darstellbar wird.[16] Anders als Edgar Allan Poe wollte es Fontane mit der Konstatierung nicht lesbarer und deshalb unbeschreiblicher Massenhaftigkeit in der Metropole nicht bewenden lassen. Für ihn bestand das Problem darin, wie man Masse so darstellen kann, daß man sie ‚lesen', d. h. wie einen Text wahrnehmen und verstehen und darin vielleicht sogar „Schönheit" finden kann.

Für die experimentelle Lösung dieser ästhetischen Aufgabe hatte Fontane zwei Vorläufer, die auf die diffuse Masse den von ihm suggerierten teleskopischen Blick gerichtet haben.[17] Anders als Poe sind sie dieser großstädtischen Masse nur dadurch ästhetisch Herr geworden, daß sie den aus der Masse herausgelösten einzelnen Gliedern, um sie zu individualisieren, Geschichten im eigentlichen Wortsinn ‚angedichtet' haben. Die Zuschreibung von solchen Geschichten, die dem Massenmenschen die verlorene Individualität zurückgeben, ist ein ästhetischer Akt, der für den literarischen Stadt-Diskurs von zentraler Bedeutung ist. In diesem Sinn sind Heinrich Heines *Briefe aus Berlin* (1822) und E. T. A. Hoffmanns letzte Erzählung *Des Vetters Eckfenster* (1822), beide aus demselben Jahr und auf

---

15 Heinz Knobloch, *Meine geliebte Mathilde. Geschichte – zum Berühren*, Berlin: Buchverlag der Morgen ³1988, S. 7f..
16 Vgl. Hinrich C. Seeba, Geschichte und Geschichten. Zur Poetik historischen Verstehens, in: *Grabbe-Jahrbuch* 22 (2003), 9–28, auch in Seeba, *Denkbilder. Detmolder Vorträge zur Kulturgeschichte der Literatur*, Bielefeld: Aisthesis 2011, 135–154.
17 Vgl. Karl Riha, Menschen in Massen. Ein spezifisches Großstadtsujet und seine Herausforderung an die Literatur, in: Tilo Schabert, Hrsg., *Die Welt der Stadt*, München, Zürich: Piper 1990, 117–143.

vergleichbare Berliner Stadtszenen bezogen, gute Anwärter auf die literarhistorische Begründung des urbanen Realismus. Die mit Berliner Adressen versehene Ortsgebundenheit ihrer narrativen Perspektivierung entspricht dabei der von Simmel selbstreflexiv beobachteten Distanz der Beobachtung, von der aus das Diffuse erst Konturen anzunehmen beginnt.

Tatsächlich wären Heine und Hoffmann beinahe Hausnachbarn gewesen, als sie sich zur selben Zeit dem Massenphänomen in Berlin ästhetisch näherten. Während letzterer von 1815 bis zu seinem Tod am 25. Juni 1822 just in dem Haus **Taubenstraße 32 (Ecke Charlottenstraße 56)** wohnte, in dessen fiktionalisierter Wohnung der gelähmte Vetter aus dem Eckfenster auf den **Gendarmenmarkt** blickt, wohnte ersterer, laut Studentenverzeichnis der Universität für das Wintersemester 1822/23, in der **Taubenstraße 31**. Aber das war nur eine von mehreren Adressen Heines in Berlin, vorher **Behrenstraße 71** und nachher – eine weitere literarhistorische Pointe – **Mauerstraße 51**, in unmittelbarer Nachbarschaft von **Mauerstraße 53**, wo Heinrich von Kleist vom Februar 1810 bis zu seinem Selbstmord am 21. November 1811 gewohnt hat. Bedenkt man außerdem, daß in der **Taubenstraße** bis heute das Pfarrhaus Friedrich Schleiermachers steht und daß Karl Gutzkow von 1821 bis 1831 seine Kinder- und Jugendjahre in der **Mauerstraße 16** verbracht hat, wird es umso leichter, in Berliner Adressen, selbst in zeitlicher Nachbarschaft, einen Beleg für die im vorigen Kapitel behauptete Gleichräumigkeit des Ungleichzeitigen zu sehen. Während Heine seinen ambulanten Blick auf die Berliner Szene nur kurz auf das Fenster der Universität projiziert, als wäre er der drinnen gelangweilte Student, der sich gerne von der Welt da draußen ablenken läßt, ist Hoffmanns fixierter Blick, wie der gelähmte Beobachter selbst, an das Fenster seiner eigenen, Hoffmanns, Wohnung auf der Rückseite des Schauspielhauses (**Taubenstraße 32/Ecke Charlottenstraße 56**) gebunden.

Beide, Heine und Hoffmann, werfen einen Fensterblick auf das bunte Treiben der Stadt und entwerfen damit ein gerahmtes Bild, das sich der Ästhetisierung der beobachteten Stadtszene anbietet. Bei Heine ist es – nur als Teil seiner Stadtführung – der Blick aus dem großen Hörsaalfenster auf das „pitoreske Schauspiel der leuchtenden Equipagen, der vorüberziehenden Soldaten, der dahinhüpfenden Nymphen, und der bunten Menschenwoge, die sich nach dem **Opernhaus** wälzt",[18] und bei Hoffmann – die ganze Erzählung füllend – der Blick aus dem kleinen Mansardenfenster auf „das bunte Leben [...] mit seinem niemals rasten-

---

18 Heinrich Heine, *Briefe aus Berlin*, in: Heine, *Sämtliche Schriften*. Hrsg. v. Klaus Briegleb, Bd. 2, München: Carl Hanser 1969, 7–68, S. 14.

den Treiben".[19] Während wir im ersten Beispiel mit dem Erzähler auf die Selbstinszenierung des offiziellen Berlin in Kutschen, Paraden und Spaziergängen **Unter den Linden** vor dem repräsentativen **Opernhaus** blicken, das von 1741 bis 1743 von Knobelsdorff im Stil des friderizianischen Rokoko errichtet wurde, sehen wir im zweiten Beispiel mit dem Erzähler auf das gewerbliche Markttreiben des Volkes auf dem **Gendarmenmarkt**, den das gerade erst, im Jahr 1821, eingeweihte, von Karl Friedrich Schinkel im Stil des Klassizismus entworfene **Schauspielhaus** beherrscht. In beiden Fällen handelt es sich, vor der Kulisse der beiden Theater, um einen Akt visueller Stadterziehung, um eine Lehrstunde in der Wahrnehmung des verwirrenden Stadtlebens und der darin aufscheinenden sozialen Gegensätze, als wäre das Schauspiel auf der Bühne inszeniert. Der Leser der *Briefe aus Berlin* muß sich genauso wie der Erzähler von *Des Vetters Eckfenster* belehren lassen, daß man in der Stadt nicht bloß ‚sehen', sondern ‚schauen', d. h. notfalls mit einem Fernglas genauer hinsehen muß, um das bunte Treiben zu verstehen. Der urbane Blick verlangt

> ein Auge, welches wirklich schaut. Jener Markt bietet dir nichts dar, als den Anblick eines scheckichten, sinnverwirrenden Gewühls des in bedeutungsloser Tätigkeit bewegten Volks. Hoho, mein Freund! mir entwickelt sich daraus die mannigfachste Szenerie des bürgerlichen Lebens, und mein Geist, ein wackerer Callot, oder moderner Chodowiecki, entwirft eine Skizze nach der andern, deren Umrisse oft keck genug sind. Auf Vetter! ich will sehen, ob ich dir nicht wenigstens die Primizien der Kunst zu schauen beibringen kann.[20]

Die Bedeutung des Auges, das differenzierend wirklich schauen und aus dem Geschauten Erkenntnisse ableiten kann, ist beiden Erzählern so wichtig, daß sie einen didaktischen Ton anschlagen und ihre als Zuschauer gedachten Leser in den Anfangsgründen der „Kunst zu schauen" geradezu lehrerhaft unterweisen, weil diese ausdrücklich „Kunst" genannte Fähigkeit schon die Kunst der Darstellung antizipiert, auf die es eigentlich ankommt.

So geht es Heinrich Heine durchaus nicht nur darum, als Stadtführer seinem Begleiter mit strikten Anweisungen („Betrachten Sie", „Schauen Sie jetzt mal auf", „Sehen Sie") das urbane Schauen beizubringen.[21] Er will auf dem virtuellen

---

19 E. T. A. Hoffmann, *Des Vetters Eckfenster*, in: Hoffmann, *Späte Werke*, Stuttgart-Zürich-Salzburg: Europäischer Buchklub o. J., 597–622, S. 599, auch in der Reclam-Ausgabe E. T. A. Hoffmann, *Des Vetters Eckfenster*. Nachwort und Anmerkungen von Gerard Kozielek, Stuttgart: Philipp Reclam jun. 1980, S. 6.
20 Hoffmann, *Des Vetters Eckfenster*, S. 600, Reclam S. 7.
21 Vgl. zum urbanen Blick bei Heine Hinrich C. Seeba, ‚Keine Systematie': Heine in Berlin and the Origin of the Urban Gaze, in: *Heinrich Heine's Contested Identities: Politics, Religion and Nationalism in Nineteenth-Century Germany*. Hrsg. v. Jost Hermand & Robert C. Holub. New York et al.:

Lehrspaziergang vom **Stadtschloß** zum **Brandenburger Tor** den Blick seiner Leser für die gesellschaftlichen Widersprüche schärfen, indem er scheinbar harmlos darauf aufmerksam macht, daß die Post nicht auf der **Poststraße** und der Schwarze Adler (das Wahrzeichen der preußischen Dynastie) nicht auf der **Königstraße**, daß die **Lange Brücke** nicht lang und der **Lustgarten** kein Garten ist. Nichts ist so, wie es erscheint oder wie es logischerweise sein müßte. Die Paradoxien, die Heine „Ironie" nennt, ausdrücklich ohne erklären zu wollen, worin sie liegt,[22] gipfeln darin, daß die Menschenmasse, die sich ausgerechnet neben dem Dom drängelt, nicht etwa aus gemeinem Volk, sondern aus Bankiers und Aktionären besteht:

> Betrachten Sie lieber gleich rechts, neben dem **Dom**, die vielbewegte Menschenmasse, die sich in einem viereckigen, eisenumgitterten Platz herumtreibt. Das ist die **Börse**. Dort schachern die Bekenner des alten und des neuen Testaments. Wir wollen ihnen nicht zu nahe kommen. O Gott, welche Gesichter! Habsucht in jeder Muskel.[23]

Der Stadtführer hält auf Distanz zu dieser Art von Masse, den jüdischen und christlichen Börsianern, die an die Stelle des Volks getreten sind. Heine hat die eigentlich auf der anderen Spreeseite gelegene **Börse** unmittelbar neben den **Dom** gerückt, um anzudeuten, daß der Gottesdienst der Gläubigen abgelöst ist durch den Götzendienst der Gläubiger.[24] Er läßt nur versteckt durchblicken, daß aus dem unerwarteten Gegensatz zwischen der noch biedermeierlich gemütlichen Volksmenge, die sich auf dem Boulevard verlustiert („Wie das **unter den Linden** wogt!"),[25] und der habgierig auf Börsengeschäfte fixierten „Menschenmasse" irgendwann einmal die politische Energie zur Korrektur der falschen Verhältnisse hervorgehen könnte. Schon in diesen frühen Korrespondenzbriefen beginnt Heine, in der gespielten Reflexion auf den Zweck seines Schreibens, sich selbst als

---

Peter Lang 1999 (German Life and Civilization vol. 26), 89–108; in deutscher Fassung: Ironie des Unsystematischen: Heinrich Heine in Berlin und der urbane Blick des Flaneurs, in: *forum deutsch. Revista Brasileira de Estudos Germanicos* vol. IV (2000), no. 1, 5–25.
22 Heine, *Briefe aus Berlin*, S. 10: „Ein andermal beantworte ich diese Frage [...]. Es ist Ironie, mein Lieber."
23 Heine, *Briefe aus Berlin*, S. 12.
24 Die ‚ironische' Nachbarschaft von Dom und Börse nimmt einen in *Ideen. Das Buch Le Grand* (1827) erinnerten Sprachwitz vorweg: wie einst der Schüler Heine von seinem Französisch-Lehrer dafür verprügelt wurde, daß er auf die wiederholte Frage, wie der Glaube auf Französisch heiße, statt ‚la religion' sechsmal antwortete: „Das heißt le crédit." (Heinrich Heine, Ideen. Das Buch Le Grand, in: Heine, *Sämtliche Schriften*. Hrsg. v. Klaus Briegleb, Bd. 2, München: Carl Hanser 1969, 245–308, S. 270). Heines ironisches Credo ist die Austauschbarkeit von Glauben und Kredit.
25 Heine, *Briefe aus Berlin*, S. 19.

literarischen Propheten einer noch unerlaubten Entwicklung zu etablieren: „Was soll ich *nicht* schreiben? d. h., was weiß das Publikum schon längst, was ist demselben ganz gleichgültig, und was darf es nicht wissen?"[26] Heines Kunst des Schreibens liegt darin, daß er im Nichtgesagten den Zündstoff seiner Gedanken versteckt.

Festzuhalten ist, daß in dieser gesellschaftskritischen Zuspitzung, deren ironische Schärfe sich noch hinter der charmanten Geste des dienstbaren Cicerone verbirgt, der Begriff der ‚Masse' zum erstenmal auftaucht – immerhin über 20 Jahre vor Edgar Allan Poe, dem Walter Benjamin das begriffsgeschichtliche Erstlingsrecht zugesprochen hatte. Nur wenige Monate später im Jahr 1822 publiziert, hat auch E. T. A. Hoffmanns letzte Erzählung *Des Vetters Eckfenster* den neuen Begriff der Masse, nun ohne semantische Vertauschung, in einer Lehrstunde des urbanen Blicks veranschaulicht und der „Szenerie des bürgerlichen Lebens" Struktur zu geben versucht, um deren gesellschaftliche Bedeutung sichtbar zu machen.

Auch hier ist Ironie am Werk, um einen höheren Zweck zu erreichen. Hoffmanns Inszenierung der Lehrsituation entbehrt nicht komischer Züge, wenn der Lahme den Blinden führt: Der gehbehinderte Vetter, ein Schriftsteller, der nicht mehr schreiben kann, muß seinem gewissermaßen sehbehinderten Besucher, dem Erzähler, die Kunst der realistischen Beobachtung beibringen, die das schon allein physisch unmöglich gewordene Schreiben aus der Phantasie ersetzt. Wo der ungeübte, vielleicht auch von sozialem Hochmut getrübte Blick unten auf dem Marktplatz nur „eine einzige, dichtzusammengedrängte Volksmasse" sieht,[27] die so amorph zusammenklebt, „daß man glauben mußte, ein dazwischengeworfener Apfel könne niemals zur Erde gelangen",[28] kann der in der Beobachtung geschulte Schriftsteller „in dem bunten Gewühl der wogenden Menge"[29] einzelne Gestalten ausmachen, die sich von dem „Gedränge",[30] dem „dicken Haufen",[31] dem „dicksten Gedränge des Volkes"[32] und dem „Gewühl des Marktes" absondern.[33] Der erfahrene Beobachter kann von Aspekten der scheinbar ungegliederten Wirklichkeit einen „malerischen Anblick" ablesen, „weil sie dem Auge ein

---

26 Heine, *Briefe aus Berlin*, S. 9.
27 Hoffmann, *Des Vetters Eckfenster*, S. 599, Reclam S. 6.
28 Hoffmann, *Des Vetters Eckfenster*, S. 599, Reclam S. 6.
29 Hoffmann, *Des Vetters Eckfenster*, S. 603, Reclam S. 12.
30 Hoffmann, *Des Vetters Eckfenster*, S. 604, Reclam S. 13.
31 Hoffmann, *Des Vetters Eckfenster*, S. 605, Reclam S. 15.
32 Hoffmann, *Des Vetters Eckfenster*, S. 612, Reclam S. 25.
33 Hoffmann, *Des Vetters Eckfenster*, S. 613, Reclam S. 25.

Stützpunkt sind, um den sich die bunte Masse zu deutlichen Gruppen bildet".[34] Mit Hilfe eines Fernglases gelingt schließlich auch dem naiven Besucher eine Fokussierung auf Details, auf Gruppenbildungen, die der Masse Kontur geben, und schließlich gar auf einzelne Figuren, die, als wären sie Erfindungen des Schriftstellers, ein eigenes Leben gewinnen, von dem er erzählen und das er ihnen andichten kann, so daß die Grenze zwischen Realität und Fiktion zu verschwimmen beginnt. Die Quintessenz dieser Lehrstunde ist: Wer eine eigene Geschichte hat, also im Sinne von E. A. Poe „gelesen" werden kann, geht nicht mehr in der Masse unter. Und wer den kreativen Blick hat, in der Realität vorgefundenen Menschen Geschichten anzudichten, die den Einzelnen (*the man of the crowd*) glaubwürdig charakterisieren, kann aus der ästhetischen Distanz über eine urbane Realität verfügen, die ihn sonst als überwältigende Masse nur bedrängen würde.

Den sozialen Umbruch, der der Masse bei dem jungen Heine noch bevorsteht, hat die Masse bei dem alten Hoffmann als kollektive Bildungsleistung bereits hinter sich. Wo sich Heine als Prophet der künftigen Revolution versteht, erscheint Hoffmann als narrativer Beschwörer einer bereits vollzogenen Humanisierung. An die Stelle der einstigen Bedrohung, die von ihm ausging, bietet das Volk nunmehr, nachdem es die Herausforderung durch Napoleon bestanden hat, „das anmutige Bild der Wohlbehaglichkeit und des sittlichen Friedens",[35] als wäre auch dieses utopische Bild einer befriedeten Gesellschaft nur einer harmonisierenden Geschichte zu verdanken, die dem ganzen Volk wie vorher seinen einzelnen Gliedern zugeschrieben wurde, bevor es sich wie das Markttreiben selbst in Nichts auflöst:

> „Dieser Markt", sprach der Vetter, „ist auch jetzt ein treues Abbild des ewig wechselnden Lebens. Rege Tätigkeit, das Bedürfnis des Augenblicks trieb die Menschenmasse zusammen; in wenigen Augenblicken ist alles verödet, die Stimmen, welche im wirren Getöse durcheinanderströmten, sind verklungen, und jede verlassene Stelle spricht das schauerliche ‚Es war!' nur zu lebhaft aus."[36]

Die Selbstauflösung der einst bedrohlichen Masse ist, wenn die narrative Individualisierung gelingt, die rückwärts gewandte Utopie ihrer Historisierung, als hätte sich das Problem mit dem Donnerruf „Es war!" erledigt. Der poetische Widerstand gegen die schon für überwunden erklärte Gefahr der heraufziehenden Anonymisierung des Einzelnen in der Masse ist der tatsächlichen Anonymisierung schon vorausgeeilt.

---

34 Hoffmann, *Des Vetters Eckfenster*, S. 616, Reclam S. 30.
35 Hoffmann, *Des Vetters Eckfenster*, S. 620, Reclam S. 36.
36 Hoffmann, *Des Vetters Eckfenster*, S. 621, Reclam S. 37.

Fontane hatte also für die Lösung seiner Aufgabe, wie man der Masse die Schönheit des Individuellen entlocken könne, schon 1822 in Heinrich Heine und E. T. A. Hoffmannn zwei Vorläufer gefunden, die aus der Beobachtung der Berliner Stadt-Szenen zwar gleichzeitig, aber ganz unterschiedliche Schlußfolgerungen gezogen haben. Hätte er bewußt zwischen der eher kritischen Vormärz-Vision Heines und der eher affirmativen Biedermeier-Vision Hoffmanns wählen können, wäre seine Lösung, bezogen auf die Gründerzeit mit ihren ganz anderen Dimensionen dramatischer Massenentwicklung, auf einen ästhetischen Kompromiß hinausgelaufen, der der zunehmenden Komplexität der sozialen Spannungen entspricht. Festgehalten hätte er aber sicher an der gemeinsamen Zielsetzung der optischen Lehrstunde: Was Heine angesichts des **Opernhauses** „das pitoreske Schauspiel" und Hoffmann angesichts des **Schauspielhauses** „die mannigfachste Szenerie des bürgerlichen Lebens", nennt, ist ein urbanes Spektakel, das angeschaut werden kann, als wäre es eine theatralische Inszenierung, die ihrer kritischen Interpretation harrt.

Auch Fontane, der von 1870 bis 1890 als Theaterkritiker der *Vossischen Zeitung* seinen Stammplatz (Parkett Nr. 23) im **Schauspielhaus** hatte, lebt angesichts der rasanten Stadtentwicklung auf und spürt, als säße er immer noch im Theater, im Anblick des spektakulären Großstadtlebens einen kreativen Schub, dem wir seine Berliner Romane zu verdanken haben:

> Seit kurzem – sonderbar bei meinen hohen Semestern – fange ich überhaupt wieder an, auf das großstädtische Leben und den eignen Reiz, den es äußert, Gewicht zu legen. Nicht, als ob ich dies Leben direkt mitleben möchte, das geht nicht, das widerstreitet meinem Können und meinem Geschmack, aber dies Leben wie aus einer Theaterloge mit *ankucken* zu können, das hat doch wirklich was für sich.[37]

Als wäre er im Theater, beobachtet Fontane das großstädtische Leben, an dem er keinen unmittelbaren Anteil hat, wie eine Inszenierung des Urbanen, die seinem Beruf als Schriftsteller entgegenkommt. Bei dieser Fähigkeit, „dies Leben wie aus einer Theaterloge mit *ankucken* zu können", geht es um Kunst („Können") und Ästhetik („Geschmack"), um die von E. T. A. Hoffmanns *alter ego*, dem gelähmten Schriftsteller, geübte und anderen beigebrachte „Kunst zu schauen". So hat auch der alte Fontane das großstädtische Leben, das er nicht „direkt mitleben" will, im eigentlichen Wortsinn ‚anschaulich', d. h. realistisch zu beschreiben und für seine exemplarischen Stadtgeschichten individuelle Charaktere zu erfinden gelernt. Wie später der aus Schlesien angereiste Onkel in den *Poggenpuhls* (1896), der sich

---

[37] Theodor Fontane, Brief an Georg Friedländer, 9.12.1890, zit. Hans-Heinrich Reuter, *Fontane*, 2 Bände, Berlin: Verlag der Nation 1968, Bd. 2, S. 725.

am Leben auf dem **Potsdamer Platz** nicht sattsehen kann, preist auch Fontane an der Modernisierung Berlins vor allem die Verkehrsentwicklung: „Berlin hat sich ganz außerordentlich verändert und ist jetzt eine schöne und vornehme Stadt. Wir verdanken das allem möglichen, aber doch weitaus am meisten dem Asphalt und den Pferdebahnen..."[38] Er entdeckt das Großstadtleben als Elixir des Schriftstellers, schützt sich aber gegen die Gefahr, von der urbanen Energie verschluckt zu werden, indem er für sich einen distanzierten Beobachtungsposten beansprucht:

> Einige wenige Personen brauchen ihrem Berufe nach die große Stadt. Das ist zuzugeben; aber sie sind *doch* verloren, speziell für ihren Beruf verloren, wenn sie nicht die schwere Kunst verstehn, in der großen Stadt zu leben und wiederum auch *nicht* zu leben. [...] Als Regel steht es mir fest: die große Stadt macht quick, flink, gewandt, aber sie verflacht und nimmt jedem, der nicht in Zurückgezogenheit in ihr lebt, jede höhere Produktionsfähigkeit.[39]

Der gerahmte Fensterblick auf die Stadt, wie ihn Fontane seinen Onkel Poggenpuhl wählen läßt, schafft den Abstand, der nötig ist, den Wirbel und den Schwung der Großstadt kritisch zu beobachten, das Beobachtete zu ordnen und dieser Ordnung eine ästhetische Bedeutung abzugewinnen. Damit reiht sich Fontane erneut in die Tradition des distanzierten urbanen Blicks ein, den Heinrich Heine und E. T. A. Hoffmann angesichts des Berliner Stadtlebens entwickelt haben.

Die exemplarischen Stadtgeschichten des Berliner Romans dienen vor allem der Veranschaulichung des ungeheuren sozialen Wandels, der sich nach der Reichsgründung in Berlin vollzieht. Als Deutschland, besonders nach der Reichsgründung 1871, von der Industrialisierung erfaßt wurde und sich durch zunehmende Urbanisierung die traditionellen Lebensformen der Agrarstruktur radikal wandelten, ‚urbanisierte' sich auch die Literatur des deutschen Realismus. Hatten bislang Dorfgeschichten so sehr die deutsche Literatur beherrscht, daß ihr ein gewisser Provinzialismus nachgesagt werden konnte, wurde mit der rasanten Entwicklung Berlins zur Reichshauptstadt in den sogenannten Gründerjahren ein ganz neuer Erfahrungsbereich zugänglich, so daß sich die ‚Landflucht' auch literarisch durchsetzte.

Allerdings hat dieser urbane Realismus des Berliner Romans, der seine Blüte in den Jahrzehnten nach der Reichsgründung bis zur Jahrhundertwende hatte, nicht etwa die Probleme der urbanen Integration der in die Stadt gezogenen Landbevölkerung zum Gegenstand, sondern ein aufstrebendes Bürgertum, das

---

38 Theodor Fontane, Brief an Hermann Wichmann, 2. Juni 1881, zit. Peter Wruck, Fontanes Berlin. Durchlebte, erfahrene und dargestellte Wirklichkeit, in: Peter Wruck, Hrsg., *Literarisches Leben in Berlin 1871–1933*, Berlin: Akademie 1987, 22–87, S. 60f.
39 Theodor Fontane, Brief an Georg Friedländer, 21.12.1884, zit. Hans-Heinrich Reuter, *Fontane*, 2 Bände, Berlin: Verlag der Nation 1968, Bd. 1, S. 500.

auch schon vor der Reichsgründung in Berlin lebte, nun aber sich den Herausforderungen eines radikalen Strukturwandels der Gesellschaft stellen muß. Das Bürgertum beansprucht zunehmend auch im politischen Bereich die Stellung des als Führungskraft abtretenden Adels und tritt entsprechend ambitiös auf, während gleichzeitig die explodierende Klasse der Lohnabhängigen nach sozialer Anerkennung drängt und damit zur Politisierung der sozialen Gegensätze beiträgt. So ist denn auch die Prätention der einen, die den Verlust ihrer Vormachtstellung mit leicht zu karikierendem Gehabe kompensieren, und der anderen, die ihren Anspruch auf gesellschaftliche Gleichstellung durch Arroganz unterstreichen, ein dankbares Thema des sozialkritischen Berliner Romans, sofern er sich der Darstellung dieses Mentalitätswandels verschrieben hat. Vor diesem Hintergrund der Problematisierung von Menschlichkeit läßt sich der Authentizitätsschwund, der von den Betroffenen erfahren und oft reflektiert wird, an der Bescheidenheit und Natürlichkeit von Neben- und Gegenfiguren zeigen, die die oft übersehenen Verdrängungsopfer der Industrialisierung sind.

Den drei genannten Schriftstellern des urbanen Blicks – E. T. A. Hoffmann, Heine und Fontane – geht es um die Lesbarkeit der in Berlin lokalisierten Welt – im negativen Sinne Edgar Allan Poes, der resigniert, weil der Mann in der Menge sich nicht lesen läßt, und im positiven Sinne Hofmannsthals, der jene Menschen bewundert, „die, was nicht deutbar, dennoch deuten, / Was nie geschrieben wurde, lesen".

Diesem im einen Fall verweigerten und im anderen Fall erfüllten Wunsch hat der Philosoph Hans Blumenberg sein Buch *Die Lesbarkeit der Welt* (1981) gewidmet und darin die metaphorische Lektüre zwischen bloßer Wahrnehmung und sinngebender Gestaltung der Realität festgehalten:

> Der Wunsch, die Welt möge sich in anderer Weise als der der bloßen Wahrnehmung und sogar der exakten Vorhersagbarkeit ihrer Erscheinungen zugänglich erweisen: im Aggregatzustand der ‚Lesbarkeit' als ein Ganzes von Natur, Leben und Geschichte sinnspendend sich erschließen, ist gewiß kein naturwüchsiges Bedürfnis, wie es das der Magie ist, über unbeherrschte Gewalten Macht zu gewinnen. Dennoch gehört dieser Wunsch zum Inbegriff des Sinnverlangens an die Realität, gerichtet auf ihre vollkommenste und nicht mehr gewaltsame Verfügbarkeit.[40]

Hier also sehen wir den eigentlichen Grund der Ästhetisierung der Realität selbst unter denen, die sich der großstädtischen Realität und ihrer realistischen Darstellung verschrieben haben. Hinter der Lesbarmachung der Welt steckt der Ver-

---

40 Hans Blumenberg, *Die Lesbarkeit der Welt*, Frankfurt a. M.: Suhrkamp 1981, ²1983: als Taschenbuch stw 592 Frankfurt a. M.: Suhrkamp 1986, S. 10.

such, ihr den Sinn zuzusprechen, der sich, wenn es ihn denn gäbe, nicht von selbst anbietet.

Jedenfalls hat sich Fontane eine solche ästhetische Sinngebung des ‚Nicht-Deutbaren', vielleicht gar des Sinnlosen, zum Programm des urbanen Realismus erkoren, als er seine Ansichten über Zweck und Stil realistischer Darstellung allmählich entwickelte. Ein früher Klärungsversuch fällt genau in die Zeit nach dem Sommer in London, als sich seine Faszination der Masse in ihr Gegenteil zu verkehren beginnt, weil Fontane ihr eine „Schönheit" abgewinnen wollte, die benannt, d.h. mit sprach-künstlerischen Mitteln dargestellt werden kann. Nachdem er in seinem Essay *Über lyrische und epische Poesie seit 1848* (1853) programmatisch erklärt hat: „Was unsere Zeit nach allen Seiten hin charakterisiert, das ist ihr Realismus.",[41] nennt er für die Signatur seiner Zeit zwei negative Definitionen dessen, was der Realismus nicht ist, um aus ihnen das positive Kriterium zu gewinnen, das seine Realismus-Konzeption ein Leben lang bestimmen wird. Erstens: „der Realismus ist der geschworene Feind aller Phrase und Überschwenglichkeit".[42] Zweitens: Er ist nicht „das nackte Wiedergeben alltäglichen Lebens, am wenigsten seines Elends und seiner Schattenseiten".[43] Einerseits richtet sich die sprachkritische Definition gegen die Pseudo-Idealisten, die, wie er an einer anderen Stelle sagt, vom Schönen, Guten und Wahren „quasseln", in Wirklichkeit aber vor dem goldenen Kalb „knixen",[44] also gegen die, Berlinerisch gesprochen, ‚falschen Fuffzger', die schöngeistig von hehren Idealen reden und dabei nur an ihre Bankkonten denken. Diese Gruppe von Phrasendreschern bildet ein von Fontane bevorzugtes Figuren-Arsenal, aus dem er, manchmal bis hin zur satirischen Verzerrung in der Karikatur, seine prätentiösen Romangestalten schöpft, um davon sein menschliches Idealbild der „Einfachheit, Wahrheit und Unredensartlichkeit"[45] abzusetzen, so wie sich Lene in *Irrungen, Wirrungen* von Frau Jenny Treibel unterscheidet. Andererseits richtet sich die sozialkritische Definition gegen die Proto-Naturalisten, die „*Misere* mit Realismus (verwech-

---

41 Theodor Fontane, *Unsere lyrische und epische Poesie seit 1848* (1853) in: Fontane, *Sämtliche Werke*. Hrsg. v. Walter Keitel, Abt. III, Bd. 1: *Aufsätze und Aufzeichnungen*. Hrsg. v. Jürgen Kolbe, München: Carl Hanser 1969, 236–260, S. 236.
42 Fontane, *Unsere lyrische und epische Poesie seit 1848*, S. 239.
43 Fontane, *Unsere lyrische und epische Poesie seit 1848*, S. 240.
44 Theodor Fontane, *Von Zwanzig bis Dreißig* (1898), in: Fontane, *Werke, Schriften und Briefe*. Hrsg. v. Walter Keitel und Helmuth Nürnberger, Abt. 3, Bd. 4, München: Carl Hanser 1972, 181–539, S. 187.
45 Theodor Fontane, *Irrungen, Wirrungen* (1888), in: Fontane, *Werke, Schriften und Briefe*. Hrsg. v. Walter Keitel und Helmuth Nürnberger, Abt. I, Bd. 2, Darmstadt: Wissenschaftliche Buchgesellschaft 1971, 319–475, S. 419. auch in der Reclam-Ausgabe von 1965 (2010) mit Anmerkungen von Frederick Betz (1994), S. 117.

seln)" und die „Darstellung eines sterbenden Proletariers, den hungernde Kinder umstehen,"[46] für den Gipfel der neuen Kunstrichtung halten. Fontane lehnt den nur im Stofflichen gegründeten Anspruch ab, das Elend der Wirklichkeit bloß abzubilden, nur weil es da ist, und fordert die Form künstlerischer Gestaltung, durch die auch die Darstellung des Elends ästhetisch sinnvoll wird:

> Diese Richtung verhält sich zum echten Realismus wie das rohe Erz zum Metall: Die Läuterung fehlt. Wohl ist das Motto des Realismus der Goethesche Zuruf: Greif nur hinein ins volle Menschenleben / Wo du es packst, da ist's interessant, aber freilich, die Hand, die diesen Griff tut, muß eine künstlerische sein. Das Leben ist doch immer nur der Marmorsteinbruch, der den Stoff zu unendlichen Bildwerken in sich trägt; sie schlummern darin, aber nur dem Auge des Geweihten sichtbar und nur durch seine Hand zu erwecken. Der Block an sich, nur herausgerissen aus einem größern Ganzen, ist noch kein Kunstwerk, und dennoch haben wir die Erkenntnis als einen unbedingten Fortschritt zu begrüßen, daß es zunächst des Stoffes, oder sagen wir lieber des Wirklichen, zu allem künstlerischen Schaffen bedarf.[47]

Erst Auge und Hand des Künstlers geben dem sorgfältig ausgewählten Stoff die nötige Prägung. Fontane wählt für die metaphorische Verwandlung von Erz zu Metall den geologisch, nicht moralisch verstandenen Begriff der „Läuterung". Wenn er diese Läuterung noch mit einer weiteren Metapher beschwört, weil die Bearbeitung eines Marmorblocks, der, weil er „den Stoff zu unendlichen Bildwerken in sich trägt", aus sich formvollendete Gestalten hervorbringt, dann wird deutlich, welcher Tradition diese Vorstellung künstlerischer Gestaltung verpflichtet ist. Bei einem Realisten wie Fontane, der für seine Konzeption noch ein programmatisches Bild sucht, muß es überraschen, wenn er damit auf die Bildgeschichte des Bildungsbegriffs zurückgreift, auf das für den platonischen Idealismus wichtigste „Gleichnis", wie es der Mystiker Meister Eckehart schon um 1300 formuliert hat:

> wenn nämlich ein Künstler ein Bild macht von Holz oder Stein. Er trägt das Bild nicht in das Holz hinein, er schneidet nur die Späne fort, die das Bild verborgen und verdeckt hielten, er gibt dem Holze nicht, er benimmt ihm, gräbt aus, was zu dick, nimmt ab, was überschüssig, und dann endlich leuchtet auf, was darunter verborgen war.[48]

Das künstlerische Verfahren legt also die im Stoff selbst schon angelegte Gestalt nur frei. Das Aufleuchten der Gestalt im Stoff ist die Läuterung, durch die sich der

---
46 Fontane, *Unsere lyrische und epische Poesie seit 1848*, S. 240 f.
47 Fontane, *Unsere lyrische und epische Poesie seit 1848*, S. 241.
48 Meister Eckehart, *Schriften und Predigten*. Hrsg. v. H. Büttner, Bd. 2, Jena: Eugen Diederichs 1923, S. 92 f.

realistische Schriftsteller, der Fontane sein will, über den Reporter erhebt, der er selber einmal war.

Weil er als Journalist im Literaturbetrieb gewissermaßen ein Quereinsteiger war, mußte sich Fontane umso entschiedener gegen „Feuilletonismus" und „Reportertum" abgrenzen, deren er auf keinen Fall bezichtigt werden wollte. Deshalb hat er sich in einer Rezension von 1882 gegen Emile Zola gestellt, weil der „das Reportertum zum Literaturbeherrscher gemacht" habe:

> Ich erkenne in dem Heranziehen des exakten Berichtes einen ungeheuren Literaturfortschritt, der uns auf einen Schlag aus dem öden Geschwätz zurückliegender Jahrzehnte befreit hat, wo von mittleren und mitunter auch von guten Schriftstellern beständig „aus der Tiefe des sittlichen Bewußtseins heraus" Dinge geschrieben wurden, die sie nie gesehen hatten. Von dieser unwahren Weise, die sich nur die wenigen erlauben durften, die so geartet waren, daß sie eine erträumte Welt an die Stelle der wirklichen setzen konnten, hat uns das Reportertum in der Literatur auf einen Schlag befreit, aber all dies bedeutet nur den ersten Schritt zum Besseren. Will dieser erste Schritt auch schon das Ziel sein, soll die Berichterstattung die Krönung des Gebäudes statt das Fundament sein oder wenn es hochkommt seine Rustika, so hört alle Kunst auf, und der Polizeibericht wird der Weisheit letzter Schluß.[49]

Der erste Schritt ist die nüchterne Überwindung des pseudo-idealistischen Geredes, die er, wie wir gesehen haben, zur wichtigsten Aufgabe des Realismus bestimmt hat, aber der zweite, entscheidende Schritt ist die nicht genannte, aber wie bei Heine („was soll ich *nicht* schreiben?") durch Auslassung betonte poetische Überhöhung der Berichterstattung. Ohne sie zu nennen, beschwört Fontane auch hier die „Läuterung", damit der Polizeibericht, der die Wirklichkeit nur paraphrasiert, nicht als höchste Kunstleistung gefeiert wird. Schon kurz vorher hatte Fontane 1881 in einem Brief an seine Frau Emilie erklärt, daß ihn Turgenjews Werke langweilten, weil sie die Wirklichkeit „so grenzenlos prosaisch, so ganz unverklärt" wiedergeben, und er schließt sein Urteil mit der apodiktischen Wiederholung der früheren Läuterungs-These ab: „Ohne diese Verklärung gibt es aber keine eigentliche Kunst, auch dann nicht, wenn der Bildner in seinem bildnerischen Geschick ein wirklicher Künstler ist."[50]

Die Verklärung der Wirklichkeit kann so weit gehen, daß sich die Grenze zwischen realen und erfundenen Gestalten auflöst. Das hat Fontane, in einer Rezension zu Paul Lindaus Roman *Der Zug nach dem Westen* (1886), wieder apodiktisch verfügt:

---

[49] Theodor Fontane, Alexander Kielland (um 1882), in: Fontane, *Sämtliche Werke*. Hrsg. v. Walter Keitel, Abt. III, Bd. 1: *Aufsätze und Aufzeichnungen*. Hrsg. v. Jürgen Kolbe, München: Carl Hanser 1969, 527–532, S. 528.
[50] Theodor Fontane, Brief an seine Frau Emilie, 24. Juni 1881.

> Aufgabe des modernen Romans scheint mir die zu sein, ein Leben, eine Gesellschaft, einen Kreis von Menschen zu schildern, der ein unverzerrtes Wiederspiel *des* Lebens ist, das wir führen. Das wird der beste Roman sein, dessen Gestalten sich in die Gestalten des wirklichen Lebens einreihen, so daß wir in Erinnerung an eine bestimmte Lebensepoche nicht mehr genau wissen, ob es gelebte oder gelesene Figuren waren, ähnlich wie manche Träume sich unserer mit gleicher Gewalt bemächtigen, wie die Wirklichkeit.[51]

Der Unterschied „gelebte oder gelesene Figuren" verschwindet, wenn die wirklichen Figuren so wahr werden wie die erfundenen und die erfundenen so echt wie die wirklichen. Die einleitend am Massenphänomen vermißte Kategorie der Schönheit ergibt sich aus der dialektischen Verbindung des Echten mit dem Wahren, bis der Irrealis, daß die Wirklichkeit gelesen werden könnte, als wäre sie geschrieben, der Realis des Realismus wird: Die geschriebene Wirklichkeit *ist* wirklich und wahrhaftig die Wahrheit der ungeschriebenen.

Die beiden Aspekte des urbanen Realismus, wie Fontane ihn unter dem Leitbild von Läuterung und Verklärung versteht, sind also einerseits Abgrenzung gegen das Reportertum, so sehr er den nüchternen Berichtstil gegen schwärmerische Redensartlichkeit begrüßt, und andererseits die Lesbarkeit des Individuums in der Menge, wenn Geschichte zugänglich wird über die Geschichten, die von ihr erzählt werden können. Der mißverständliche Begriff der Verklärung ist, wie sich denken läßt, in der Fontane-Forschung reichlich und kontrovers diskutiert worden.[52] Hier soll, statt der naheliegenden Auslegung einerseits der ideologischen Beschönigung und andererseits der menschlichen Vertiefung sozialer Verhältnisse, nur die poetologische Bedeutung des Begriffs betont werden: als ästhetische Konstruktion der intendierten Wirklichkeit.[53]

Wie nach ihm Franz Hessel und Walter Benjamin, die dem Berliner Flaneur einen Namen gegeben haben, war auch schon Fontane ein zielloser Stadtgänger, der sich treiben ließ, der sich als aufmerksamer Beobachter lieber am Rande des Verkehrstrubels hielt und der, auch wenn er sich im Gewühl der Großstadt verlieren konnte, nie den Überblick verlor. Einen solchen Überblick über das Groß-

---

51 Theodor Fontane, Rezension zu Paul Lindaus Berlin-Roman *Der Zug nach Westen* (zuerst in *Vossische Zeitung*, 27.12.1886), in: Fontane, *Sämtliche Werke.* Hrsg. v. Walter Keitel, Abt. III, Bd. 1: *Aufsätze und Aufzeichnungen.* Hrsg. v. Jürgen Kolbe, München: Carl Hanser 1969, 561–570, S. 568.
52 Einen kritischen Überblick bietet, in einem gewaltigen Anmerkungsapparat, Rudolf Helmstetter, *Die Geburt des Realismus aus dem Dunst des Familienblattes. Fontane und die öffentlichkeitsgeschichtlichen Rahmenbedingungen des Poetischen Realismus*, München: Wilhelm Fink 1998, S. 240 ff.
53 Vgl. dazu Wolfgang Preisendanz, *Humor als dichterische Einbildungskraft. Studien zur Erzählkunst des poetischen Realismus*, München: Wilhelm Fink 1963 (³1985), S. 216: „Der Anspruch auf „Verklärung" gründet nicht im Ethischen oder Weltanschaulichen, er bezieht sich vor allem auf die spezifisch poetische Struktur der dargestellten Wirklichkeit."

stadtleben hat Fontane stellvertretend einer seiner Romangestalten, dem aus der schlesischen Provinz angereisten Onkel in den *Poggenpuhls* gegönnt (vgl. hier das 8. Kapitel), als dieser statt in der beengten Wohnung seiner Schwägerin lieber im Hotel Fürstenhof am **Potsdamer Platz** wohnt, um aus dem Hotelfenster, gemächlich auf Kissen gestützt, das bunte Verkehrsgetriebe zu beobachten, „weil da das meiste Leben ist".[54] Nirgendwo sonst ist ja das Großstadtleben so konzentriert wie am Potsdamer Platz.

Wie sehr sich Fontane in die Figur des Onkel Poggenpuhl mit seiner urbanen Schaulust hineinprojiziert haben könnte, wird aus einem ikonographischen Erinnerungsbild des Literaturkritikers Franz Servaes (1862–1947) deutlich, in dem der Beobachter Fontane selbst beobachtet wurde, wie er kurz vor seinem Tod staunend und zugleich dem Alltäglichen schon entrückt im Verkehrstrubel des Potsdamer Platzes steht:

> Als ich ihn das letzte Mal sah, etwa zwei Monate vor seinem Tode, war das mitten im tosenden Lärm der Weltstadt, und doch ein wenig abseits: in der **Königgrätzer Straße**, ganz nahe beim **Potsdamer Platz**. Da stand er vor dem Palast-Hotel, den blaugrünen schottischen Shawl locker um die Schulter, stand allein und blickte halb über das Gewühl hinweg, mehr in der Stellung eines Lauschenden als eines Schauenden. Fast erschrak ich ein wenig, als ich ihn sah: so alt schien er mir plötzlich geworden, so nahe dem Verfall. Aber dennoch lag etwas ungemein Ehrwürdiges in der ganzen Erscheinung. Er schien völlig in Sinnen verloren, beinahe der Welt schon entrückt. Etwas wie ein kindliches, seliges Staunen, wie dankesfrohes Mitgenießen lag auf seinen Gesichtszügen, in denen die Augen einen eigenen, gleichsam verklärten Glanz hatten. Was mochte in ihm vorgehen in dieser Minute? Sah er noch einmal alles in sich, das er so gut kannte und so treu liebte? Wogte in ihm ein Erinnerungsbild an jene Zeiten, die er gleichfalls kannte und miterlebt hatte, wo dieses alles so ganz anders war, so vorortlich-primitiv, mit simplen Volksgärten und bedächtig vorüberrumpelnden Kremsern, mit sich dehnenden Blachflächen und fern aufragenden Fabrikschloten? Gedachte er längst verlebter Stunden mit Freunden, witzreichen und schwärmenden, die nun bereits die Erde deckte? Schwanke Träume schienen ihn leise zu bewegen...[55]

Fontanes statuarische Erscheinung ist eine biographische Antwort auf die Herausforderung durch die Masse, die er fast ein halbes Jahrhundert früher in London zuerst bewundert und dann abhorresziert hat. Der schon entrückte Stadtgänger Fontane ist als ruhender Pol am Verkehrsknotenpunkt **Potsdamer Platz** die Ikone

---

54 Theodor Fontane, *Die Poggenpuhls*, in: Fontane, *Werke, Schriften und Briefe*. Hrsg. v. Walter Keitel und Helmuth Nürnberger, Abt. I, Bd. 4, Darmstadt: Wissenschaftliche Buchgesellschaft 1973, 479–576, S. 512.
55 Franz Servaes, *Theodor Fontane. Ein litterarisches Porträt* (1899), zit. Hans-Heinrich Reuter, *Fontane*, 2 Bände, Berlin: Verlag der Nation 1969, Bd. 2, S. 868 f.

eines Erinnerungsbildes, das den rasanten Wandel Berlins von der noch fast ländlich-frühindustriellen Idylle zum hektischen Getriebe der Metropole festhält. In Servaes' Skizze ist der urbane Zuschauer Fontane das eindrucksvolle Standbild seiner selbst geworden, der von Thomas Mann gefeierte „alte Fontane", dessen vermuteter Lebenszweck das letzte Jahrzehnt mit den Berliner Romanen war: „Er war geboren, um der ‚alte Fontane' zu werden, der leben wird; die ersten sechs Jahrzehnte seines Lebens waren, beinahe bewußt, nur eine Vorbereitung auf die zwei späten, gütevoll skeptisch im wachsenden Schatten des letzten Rätsels verbrachten; und sein Leben scheint zu lehren, daß erst Todesreife wahre Lebensreife ist."[56]

Es war ein Glücksfall der deutschen Literatur, daß diese, wie Thomas Mann nahelegt, dem Tod abgerungene „Lebensreife", dieser aus dem Trubel des Lebens herausgehobene und gleichwohl auf ihn fixierte urbane Blick, zusammenfiel mit der rasanten Entwicklung der Reichshauptstadt Berlin zur Metropole und zur Millionenstadt – wie sie auch für Wilhelm Dilthey 1887 die Voraussetzung für die Entstehung eines literarischen Genres war, das diese Entwicklung reflektiert: „Seitdem wir Deutsche eine Hauptstadt haben, ist dem deutschen Roman eine neue Aufgabe erwachsen, und wer sie löst, wird der gelesenste Schriftsteller unseres Volkes werden."[57] Aber offenbar gab es zunächst Widerstände gegen die Thematisierung Berlins im Roman; Max Kretzer hat berichtet, wie ihm sein Verleger noch Anfang der achtziger Jahre von jedem Hinweis auf Berlin abgeraten hat.[58] Der alte Fontane, der seine Berliner Romane im letzten Jahrzehnt seines langen Lebens schrieb, wurde dieser gefeierte Vertreter des neuen Genres, das sich ab 1885 durchzusetzen begann. Er wird immer noch oder, richtiger, wieder als der wichtigste Vertreter jener produktiven Literaturphase gelesen – ganz im Gegensatz zu Paul Lindau, Max Kretzer und dem Nachzügler Georg Hermann, die allenfalls noch namentlich bekannt sind, und anderen Autoren des Berliner Romans nach 1885, die schon lange nicht mehr gelesen werden:[59] Theophil Zolling

---

56 Thomas Mann, *Der alte Fontane* (zuerst in: *Die Zukunft*, 19. Jg., Heft 1, 1. Oktober 1910), in: Mann, *Das essayistische Werk*. Taschenbuchausgabe in acht Bänden. Hrsg. v. Hans Bürgin, Bd. 1, Frankfurt a. M.: Fischer 1968, 36–55, S. 55.
57 Wilhelm Dilthey, *Die Einbildungskraft des Dichters. Bausteine für eine Poetik* (1887), in: Dilthey, *Gesammelte Schriften*, Bd. VI, Stuttgart: Teubner und Göttingen: Vandenhoeck & Ruprecht ⁴1962, S. 240.
58 Max Kretzer, Zur Entwicklung und Charakteristik des ‚Berliner Romans', in: *Magazin für die Litteratur des In- und Auslandes* 1885, 669–671, S. 670.
59 Für einen knappen Abriß von Namen und Titeln vgl. Gerhard Fischer, Theodor Fontane und die Tradition des ‚Berliner Romans', in: *Berlinische Monatsschrift* Nr. 8 (1998), 12–16, außerdem – ausführlicher zu Alberti, Mauthner, Kretzer und Connradi – Christof Forderer, *Die Großstadt im Roman. Berliner Großstadtdarstellungen zwischen Naturalismus und Moderne*, Wiesbaden:

(1849–1901, *Der Klatsch*, 1885), Fritz Mauthner (1849–1823, Romantrilogie *Berlin W*, 1886/90: *Quartett, Die Fanfare, Der Villenhof*), Friedrich Dernburg (1833–1911, *Der Oberstolze*, 1889, und *In den Fesseln der Schuld*, 1894), Karl Frenzel (1827–1914, *Des Lebens Überdruß. Eine Berliner Geschichte*, 1886), Julius Rodenberg (1831–1914, *Bilder aus dem Berliner Leben*, 1885/88), Hermann Conradi (1862–1890, *Adam Mensch*, 1889), Conrad Alberti (1862–1918, *Wer ist der Stärkere?* und *Die Alten und die Jungen*, beide als Teile der Romanreihe *Der Kampf ums Dasein*, 1888/95), Wolfgang Kirchbach (1857–1906, *Das Leben auf der Walze*, 1892), Clara Viebig (1860–1952, *Die vor den Toren*, 1910).

Mit diesen Namen und Titeln schien auch die Gattung des Berliner Romans vergessen zu sein, als Berlin, von Hitler mit Hilfe Albert Speers noch zur künftigen Welthauptstadt Germania bestimmt, im Bombenkrieg und schließlich im Straßenkampf völlig zerstört wurde. Die Trümmerstadt Berlin, von der Wolfgang Staudtes Film *Die Mörder sind unter uns* (1947) mit Hildegard Knef ein bedrückendes Zeugnis ablegt, war in den Windschatten der Geschichte getreten und Jahrzehnte lang zu sehr mit Nahrungsbeschaffung, Trümmerbeseitigung, Wiederaufbau und seinem zwischen Ost und West umstrittenen Status beschäftigt, um Überlebenskraft aus der nostalgischen Erinnerung an die Kaiserzeit zu ziehen. Berlin, der in zwei Teile zerrissene Zankapfel ideologischer Weltmächte, verschwand immer mehr nicht nur aus der täglichen Lebenserfahrung der Westdeutschen, sondern auch aus ihrem literarischen Gedächtnis.

Die dezentralisierte Nachkriegsliteratur brach mit der im Dritten Reich mißbrauchten Tradition und begann, vertreten durch Heinrich Böll, Günter Grass, Martin Walser, Siegfried Lenz u. a., in der ‚Stunde Null' von 1945 völlig neu. Die literarische Phantasie richtete sich auf Köln, Danzig, den Bodensee und die Nordseeküste und knüpfte damit, nun durch die Auseinandersetzung mit dem Dritten Reich politisiert, gleichwohl an einen Provinzialismus des Regionalrealismus an, der im 19. Jahrhunderts die Dorfgeschichte favorisiert hatte, wie sie etwa westfälisch durch die *Judenbuche* (1842) von Annette von Droste-Hülshoff, holsteinisch durch den *Schimmelreiter* (1888) von Theodor Storm und vor allem schweizerisch durch *Romeo und Julia auf dem Dorfe* (1876) von Gottfried Keller vertreten wird. Charakteristisch für diese lokale Ausrichtung ist schon der Titel der *Schwarzwälder Dorfgeschichten* (1843–1854) von Berthold Auerbach. Für einen urbanen Realismus, der den Anschluß an Charles Dickens in London, Leo Tolstoj in Moskau und Emile Zola in Paris versucht hätte, gab es ohne Berlin, das die

---

Springer Fachmedien 1992 (urspr. Diss. FU Berlin 1991). Zur Vorgeschichte des Berliner Romans vgl. René Trautmann, *Die Stadt in der deutschen Erzählungskunst des 19. Jahrhunderts (1830–1880)*, Winterthur: Keller 1957 (ursprünglich Diss. Basel).

Weltbühne ohnehin nur als protziger Nachzügler betreten hatte, kein urbanes Umfeld mehr.

Erst der Fall der Mauer und die danach erfolgte Wiedervereinigung veränderten die Blickrichtung in so radikaler Weise, daß Berlin, im Hauptstadtbeschluß vom 20. Juni 1991 zur neuen Hauptstadt des vereinigten Deutschland erklärt, wieder zum zentralen Orientierungspunkt aller politischen, sozialen, ökonomischen und kulturellen Bewegung wurde, eine Stadt, die sich im Bewußtsein ihrer problematischen Geschichte neu erfinden mußte und dafür auch literarische Vorbilder in der unbelasteten Vergangenheit brauchte.[60] Die Einheit markierte einen kulturellen Umbruch, der schon mitten im Geschehen als „Abschied von der Literatur der Bundesrepublik" verkündet wurde. Unter diesem programmatischen Titel hat der (2014 gestorbene) Feuilletonchef der *Frankfurter Allgemeinen Zeitung*, Frank Schirrmacher, am Vortag der am 3. Oktober 1990 vollzogenen deutschen Einigung in einem maßgeblichen Artikel die Wiederanknüpfung der fortan gesamtdeutschen Literatur an die mit Fontane beginnende Tradition gefordert. Dabei erinnerte Schirrmacher an die „Linie von Fontane über Grass zu Bodo Kirchhoff", die noch nicht einmal hundert Jahre lang war, um zu folgern: „Hier zeigt sich der Raum, der sich, gleichsam im Rücken der Gegenwart, öffnen könnte, der Umfang eines produktiven Gedächtnisses."[61]

Weil mit der deutschen Einheit gleichzeitig die Literatur, die in Ost und West ein Bewußtsein literarischer Gemeinsamkeit wachgehalten hatte, ihre grenzüberschreitende gesellschaftliche Funktion verloren hat, wurde selbst die nun einsetzende Fontane-Renaissance vor allem von der bald auch touristisch genutzten Popkultur adoptiert. Ein wichtiger Wegweiser zur Popularisierung Fontanes war F. C. Delius' 70-seitiger Monolog *Die Birnen von Ribbeck* (1990), der als erstes Wendebuch gilt. Diese an Fontanes beliebteste Ballade anknüpfende Geschichte des Bauern Manfred Klawitter hat den Fontane-Tourismus eingeleitet, der vor allem dem legendären Birnbaum galt.[62] Da der von Fontane besungene Birnbaum schon 1911 von einem Sturm gefällt wurde, findet sich sein Originalstumpf wie ein Heiligtum in der Dorfkirche von Ribbeck, das seit 2003 zu Nauen in Brandenburg gehört. Auch Fontanes *Wanderungen durch die Mark Brandenburg* wurden schnell ein beliebter literarischer Reiseführer für alle, die sich das un-

---

60 Vgl. Hinrich C. Seeba, Interdisziplinäre Praxis der German Studies: Zum Beispiel Berlin, in: *Über Grenzen: Neue Wege in Wissenschaft und Politik. Beiträge für Evelies Mayer*. Hrsg. v. Bettina Schmitt, Karin Hartmann, Beate Krais, Frankfurt a. M.: Campus 1998, 59–71.
61 Frank Schirrmacher, Abschied von der Literatur der Bundesrepublik. Neue Pässe, neue Identitäten, neue Lebensläufe: Über die Kündigung einiger Mythen des westdeutschen Bewußtseins, in: *Frankfurter Allgemeine Zeitung* Nr. 229, 2.10.1990, Literaturbeilage S. 1.
62 Vgl. dazu Torsten Hampel, Fontanes Früchtchen, in: *Tagesspiegel* Nr. 22903, 9.10.2016, S. S7.

bekannte Land der nun untergegangenen DDR erschließen wollten. Zu diesem Zweck bietet noch heute die Website *Fontanewege.de* „Wandern auf Fontanewegen" an. Nur langsam wird das populäre Bild des wandernden Heimatdichters, der mit *Unterm Birnbaum* (1886) auch eine im Oderbruch spielende dörfliche Kriminalgeschichte geliefert hat, mit dem eines Stadtführers durch Berlin verbunden. Als mit der Verlegung der Hauptstadt vom provinziellen Bonn nach Berlin die im Gegensatz zur ‚Weimarer Republik' sogenannte ‚Berliner Republik' begann, wurde Fontane geradezu zur Pop-Ikone der wie hundert Jahre vorher auf Berlin konzentrierten deutschen Einheit:

> Fontane ist über die rein literarische Rezeption hinaus tief in unser gesellschaftliches Leben eingedrungen. Nach ihm sind Straßen, Plätze und Schulen benannt, Freizeitheime und Gaststätten, Schiffe und Reiseunternehmen. Seine Geburtsstadt Neuruppin schmückt sich heute stolz mit dem Zusatz ‚Fontanestadt'. Mit Fontane wird gewandert, gekocht, gegessen und getrunken. Es gibt nicht nur mehrere Denkmäler, Gedenkstätten und Erinnerungstafeln im Stadtbild verschiedener Städte, sein Bild findet sich auch auf mehreren Briefmarken, Münzen und Zahlungsmitteln. Fontanes Name schwebt buchstäblich zwischen Himmel und Erde: 1998 wurde ein Asteroid, ein Kleinstplanet im Asteroidengürtel zwischen Mars und Jupiter, nach ihm benannt und 2003 eine in den Tiefen des Stechlinsees neu entdeckte Fischart, Coregonus fontanae, die Fontanemaräne.[63]

Offensichtlich geht es bei solchem Fontane-Rummel mehr um die kommerzielle und kommunalpolitische Instrumentalisierung des Namens ‚Fontane' als um die Kenntnis seiner Werke. Als Berlin in den 1990er Jahren eine einzige Baugrube war, diente die mit Fontanes Namen verbundene sentimentale Erinnerung an die vergoldete Vergangenheit vor genau hundert Jahren, als die Berliner die Vorzüge des kurz vorher vereinten Deutschen Reiches und das Angebot der schnell wachsenden Weltstadt Berlin genießen konnten, als Versprechen auf ein ganz neues Berlin, das sich innerhalb von weniger als zwanzig Jahren tatsächlich zu einer der beliebtesten Weltstädte entwickeln sollte.[64] Dabei genießt Fontane in Berlin, wo man mit Kaiser Wilhelm nicht so viel Staat machen kann, einen sentimentalen *celebrity status*, wie er sonst, etwa im Vergleich zu Wien, nur dem Kaiser Franz Joseph zugestanden wurde, den man in Andenkenläden auf jeder goldgeränderten Tasse finden kann. Das schnauzbärtige Konterfei Fontanes kann, weil es überall auftaucht, auch von literaturfernen Berolina-Kunden leicht na-

---

[63] Wolfgang Rasch, *Theodor Fontane. Bibliographie, Werk und Forschung*, 3 Bde., Berlin: Walter de Gruyter 2006, S. XVI f.)
[64] 2016 erzielte Berlin auf der Weltrangliste der beliebstesten Städte den siebenten Platz. Vgl. https://www.welt.de/vermischtes/article151209248/Berlin-auf-Platz-sieben-der-attraktivsten-Staedte.html (14. 2. 2017)

mentlich identifiziert werden, ohne daß sie je eine Zeile von ihm hätten lesen müssen. Fontane ist für Berlin geworden, was Goethe immer schon für Weimar war. Wie so oft ist auch die Rezeptionsgeschichte Fontanes ein Spiegel der jeweiligen Zeit, die das Verständnis des Geschichte gewordenen Autors bestimmt.

Schon vor über hundert Jahren hat der damals einflußreiche Journalist Ernst Heilborn, der von 1912 bis 1933 leitender Redakteur der Zeitschrift *Das literarische Echo* war, Berlin „Fontanopolis" genannt[65] und so dem literarischen Repräsentanten des zur Weltstadt aufsteigenden Berlin ein schönes Denkmal gesetzt. Er hat damit an die antike Polis angeknüpft, wie es uns von der Akropolis bekannt ist, aber auch von Alexandropolis in Ägypten, Konstantinopel in der Türkei, Florianopolis in Brasilien, Indianopolis in den USA und Tripoli in Libyen, also eine an die athenische Demokratie erinnernde Stadtgemeinde beschworen, der Fontane mit seinen Berliner Romanen den literarischen Stempel aufgedrückt hat. Weniger zeit- als ortsgebunden ist Fontanes Rezeption mit dieser global gemeinten, deutschen Polis, mit dem wechselvollen Schicksal der Stadt Berlin, eng verknüpft.

So wurde Fontane, schon früh zum Garanten demokratischer Urbanität erhoben, als spezifisch Berliner Autor zur literarischen Leitfigur der Kulturwende von der sympathisch idyllischen Provinzhauptstadt der alten Bundesrepublik zur multikulturell aufregenden Metropole eines vereinigten Deutschland, das auf der europäischen Bühne der Politik den ihm abverlangten Platz nur zögernd einnimmt und für diese neue globale Rolle ein international anerkanntes Zentrum braucht. Für die internationale Anerkennung Berlins spricht auch die Tatsache, daß die von den Flaneuren Hessel und Benjamin gelernte, aber von Heine und E. T. A. Hoffmann antizipierte Stadtlektüre als *Reading Berlin* eine beliebte Diskursform wurde.[66] Mit der topographischen Aufwertung der neuen alten Hauptstadt bot Fontane sowohl den west- als auch den ostdeutschen Advokaten einer literarischen Integration die besten Anschlußmöglichkeiten, auf die sich die gegenwartsmüden Gegner von einst in Ost und West mühelos einigen konnten. Diesem in der deutschen Literaturgeschichte wohl berühmtesten Berliner wurde zugetraut, daß er über alle Zerstörung hinweg ein Bild des historischen Berlin wachhalten konnte, das sicher nicht wie eine Disneyland-Phantasie einfach nachgebaut, aber doch, nun in moderner Weltoffenheit, wiederbelebt werden sollte.

Die Fontane-Renaissance ab 1990 hat also eine politische Dimension, die nicht einfach übergangen werden kann, wenn man sich heute den Berliner Romanen Fontanes und einiger Zeitgenossen erneut zuwendet. Da die wichtigste

---

65 Ernst Heilborn, Fontanopolis, in: *Velhagen & Klasings Monatshefte* Jg. 23, (1908/09), Heft 2, S. 580.
66 Peter Fritsch, *Reading Berlin 1900*, Cambridge: Harvard University Press 1996.

Forschung zum Realismus und zu Fontane, die bereits vor der politisch motivierten Aktualisierung dieser Periode ab 1990 vorlag,[67] zu ihrem an die Vergangenheit verlorenen Gegenstand einen oft nur antiquarischen Zugang hatte, muß jeder Versuch wie der vorliegende, Fontanes soziale Topographie im Berliner Roman zu erfassen, diese Aktualität im Auge behalten. Er kann nicht mehr so tun, als handelte es sich nur um einen weiteren Beitrag zur literarhistorischen Erfassung einer vergangenen Periode. Für die Verortung eines fiktiven Geschehens in einer Stadt, in der sich – wie in keiner anderen – viele Stadtpläne überlagern, und in einer Zeit, wo der Begriff der Adresse eine neue, virtuelle Bedeutung erlangt hat, muß man den antiquarischen durch einen archäologischen Zugang ablösen, um in der Gegenwärtigkeit des Stadtraums die Geschichtlichkeit seiner fiktionalen Bewohner zu entdecken. Nur so können wir besser verstehen, wie die Bedeutung der urbanen Fiktion topographisch konstruiert wurde. Vor dem Hintergrund der Urbanisierung vorwiegend provinziellen Denkens gewinnt die soziale Topographie in der Gattung des Berliner Romans eine ganz neue Aktualität.[68]

Wurde in der früheren Literaturwissenschaft Fontane meistens als von anderen isolierter Autor dargestellt, als wichtigster Vertreter des deutschen Realismus und nicht nur als Beiträger zur Gattung des Berliner Romans, so zwingt seine Berlin-bezogene Aktualisierung ab 1990 zur ortsgebundenen Analyse der literarischen Erkundung des Stadtraums. Daß die Adressen, die im Berliner Roman nicht nur Fontanes, sondern auch Paul Lindaus, Max Kretzers und Georg Hermanns eine so zentrale Rolle spielen, von der germanistischen Fachforschung so gut wie unbeachtet geblieben sind,[69] liegt offenbar daran, daß der topographische

---

67 Um nur einige zu nennen: Richard Brinkmann, *Wirklichkeit und Illusion. Studien über Gehalt und Grenzen des Begriffs Realismus für die erzählende Dichtung des 19. Jahrhunderts*, Tübingen: Max Niemeyer 1957; Richard Brinkmann, *Theodor Fontane. Über die Verbindlichkeit des Unverbindlichen*, München: R. Piper & Co Verlag 1967; Peter Demetz, *Formen des Realismus: Theodor Fontane. Kritische Untersuchungen*, (zuerst München: Carl Hanser Verlag 1964), Frankfurt/M.-Berlin-Wien: Ullstein 1973; Georg Lukács, *Deutsche Realisten des 19. Jahrhunderts*, Bern: Francke 1951; Fritz Martini, *Deutsche Literatur im bürgerlichen Realismus*, Stuttgart 1962; Walter Müller-Seidel, *Theodor Fontane. Soziale Romankunst in Deutschland*, Stuttgart: Metzler 1975; Hans-Heinrich Reuter, *Fontane*, 2 Bände, Berlin: Verlag der Nation 1968; J. Peter Stern, *On Realism*, London: Routledge & Kegan Paul 1973.
68 Eine ausgezeichnete kartographische und fotografische Visualisierung dieser Aktualität findet sich bei Bernd W. Seiler, *Fontanes Berlin. Die Hauptstadt in seinen Romanen. Mit 279 Abbildungen*. Berlin: vbb Verlag für Berlin-Brandenburg 2010. Hingegen geht es in dem lexikalischen Kompendium von Otto Drude (*Fontane und sein Berlin. Personen, Häuser, Straßen*, Frankfurt a. M.: Insel 1998) vor allem um Personen, die in Fontanes Biographie eine Rolle gespielt haben.
69 Vgl. Albrecht Kloepfer, Fontanes Berlin. Funktion und Darstellung der Stadt in seinen Zeitromanen, in: *GRM* 42 (1992), 67–86, S. 67: „Über die merkwürdige Tatsache, daß wir von allen Berliner Romanfiguren Fontanes die präzise Adresse oder zumindest nähere Angaben zu Straße

Berlin-Bezug bis zum Mauerfall in der Gegenwart der Leser nicht nachvollziehbar war. Erst nach Überwindung der politischen West-Ost-Spaltung kann das soziale West-Ost-Gefälle als topographisches Grundschema des Berliner Romans beiderseits der ehemaligen Mauer wahrgenommen werden, ohne daß überholte ideologische Feindbilder darin nur eine Konfrontation des bürgerlichen Westens und des proletarischen Ostens sehen. Erst aus der komparativen Zusammenstellung der vier Autoren wird deutlich, wie Lindau und Kretzer den bei Fontane, mit einer von ihm selbst thematisierten Ausnahme, ausgeblendeten Osten der kleinen Leute mit Leben füllen und wie Hermann das Leben einer assimilierten jüdischen Familie in der – von Fontane ebenfalls übergangenen – historischen Stadtmitte entwirft. Erst im kritischen Vergleich vermitteln diese Romane das volle Panorama einer Stadt und das Bild einer ganzen Gesellschaft im Umbruch. Berlins soziale Topographie, gesehen mit dem urbanen Blick ihrer literarischen Beobachter, entwirft für gegenwärtige Berlin-Besucher einen historischen Rahmen, der ihrer Spurensuche auf dem Stadtplan die gewünschte gesellschaftskritische Tiefe gibt.

Die folgenden Analysen sind deshalb nicht gedacht als Beitrag zum akademischen Dialog unter Fontane-Experten, sondern als kritische Lesehilfen für die Erkundung eines primär kulturkritischen Themas, das erst in zweiter Linie auch für literaturwissenschaftliche Einsichten und ihren wissenschaftsgeschichtlichen Zusammenhang interessant sein mag. Aus den bekannten ideologischen Gründen, die im 1. Kapitel behandelt wurden, hat sich die Germanistik so lange um das Thema literarischer Topographie gedrückt, daß die für Berlin-Touristen bestimmten Handbücher zu Adressen prominenter Berlin-Bewohner in Geschichte und Gegenwart die Lücke zu füllen versuchten, ohne indes einen Sinn für die Fiktionalität eines literarischen Stadtplans zu haben. Jüngere, auf den Theorie-Überschuß ihres Beitrags bedachte Germanisten haben vielleicht aus Furcht vor dem Positivismus-Verdacht weitgehend darauf verzichtet, fiktionale Adressen als reale oder erfundene Orte fiktiver Handlung in Berlin-Romanen zu untersuchen.

---

und Lage ihrer Wohnungen kennen, haben sich die zahllosen Interpreten seines Werkes bislang keine sonderlichen Gedanken gemacht." Daran scheint sich auch in den letzten mehr als zwei Jahrzehnten wenig geändert zu haben. Außer einer wichtigen Begriffsunterscheidung von Klaus Scherpe zwischen ‚Ort' und ‚Raum' ist kaum etwas Neues hinzugekommen. Vgl. Klaus R. Scherpe, Ort oder Raum? Fontanes literarische Topographie, in: Hanna Delf von Wolzogen in Zusammenarbeit mit Helmuth Nürnberger, Hrsg., *Theodor Fontane am Ende des 19. Jahrhunderts*, Würzburg: Königshausen & Neumann 2000, 161–170. Daß das Kartographische als Ordnungsprinzip des Fontaneschen Erzählens „nicht sonderlich aussagekräftig" sei, wie Scherpe meint (S. 162), verlangt immer noch nach einer umfassenderen Korrektur, als er sie selbst mit seiner Unterscheidung geleistet hat. Vgl. zum Unterschied von *space* (Raum) und *place* (Ort) auch John B. Lyon, *Out of Place. German Realism, Displacement, and Modernity*, London, New York: Bloomsbury Academic 2013.

Weil es ja keineswegs um reale Adressen der Wohnorte von Prominenten geht, wäre es sicher zu riskant, sich in ungewollter Konkurrenz mit topographischen Wegweisern für Berlin-Touristen zu finden. So sind die für die Organisation und Bedeutung der Handlung so wichtigen Ortsangaben in den meisten Fällen nicht genügend berücksichtigt worden.

Die Einsicht, daß die topographische Interpretation der Texte, wenn sie sich denn von Tour Guides unterscheiden will, auf ein Reflexionsniveau gehoben werden müsse, das sich durch theoretische Abstraktion abhebt von positivistischer Konkretion, hat innerhalb des kleinen Kreises von Interpreten, die sich das Thema der Adressen überhaupt vorgenommen haben, oft zu einem Theorie-Eifer geführt, der vor lauter ‚Chronotopie' (Bachtin) und ‚Heterotopie' (Foucault) die konkreten Orte der literarischen Fiktion aus den Augen verloren hat.[70] Es ist gelegentlich über das sogenannte Theorie-Defizit der für konventionell befundenen Werkinterpretation geklagt worden,[71] als wäre diese nur eine – bei Fontane naheliegende, aber nicht ausreichende – einfühlsame Paraphrase des poetischen Inhalts. Während die damit angestrebte deduktive Kritik die Richtigkeit theoretischer Prämissen mit ausgewählten Textstellen zu illustrieren versucht, schlagen die hier vorgelegten Interpretationen den umgekehrten Weg induktiver, vom Text ausgehender Konzeptionalisierung ein, um die in den Romanen enthaltene Bildlichkeit des Realitätsanspruchs begrifflich zu fassen. Ein solcher Versuch, wieder den Texten selbst den konzeptionellen Gedanken abzugewinnen, der das Verständnis organisieren könnte, braucht keine Anleihen bei der Begrifflichkeit so wichtiger Stichwortgeber wie Marx, Bachtin, Adorno, Gadamer, Foucault, Derrida oder de Certeau zu machen. Bei der vorliegenden problemorientierten Analyse, die anders als die ‚immanente Werkinterpretation' auf einen historischen und theoretischen Horizont zusteuert, geht es vielmehr darum, das Begriffspotential des Textes selbst in textnaher und verständlich formulierter Analyse zu erschließen und, über einen womöglich exklusiven Experten-Diskurs hinaus, eine konkrete Verständigung zu erreichen, die auch den kultur-interessierten und literatur-begeisterten ‚Laien' ins Gespräch zieht.

---

70 Vgl. Katrin Scheiding, *Raumordnungen bei Theodor Fontane*, Marburg: Tectum 2012.
71 Vgl. Claudia Liebrand, *Das Ich und die andern. Fontanes Figuren und ihre Selbstbilder*, Freiburg i.Br.: Rombach 1990.

3 Mobilität der Arrivierten in der Regentenstraße

Paul Lindaus *Der Zug nach dem Westen* (1886)

Nicht nur aus chronologischen Gründen sollte die topographische Analyse der Berliner Romane mit Paul Lindau beginnen. Tatsächlich liegt er vor den wichtigeren Berliner Romanen, die gemeinhin nur mit Fontane verbunden werden, aber wichtiger ist noch, daß Lindau topographisch nicht nur ausführlicher, sondern auch viel programmatischer ist als Fontane. Der Titel seines bekanntesten (und gleichwohl nicht mehr neu aufgelegten) Romans *Der Zug nach dem Westen* (1886) macht sich das soziale West-Ost-Gefälle zunutze, von dem wir ausführlich im 1. Kapitel gehört haben. Wer auf sich hält und wer es sich leisten kann, zieht in den Westen, weil der Zug in den Westen einen sozialen Status signalisiert, auf den die im Osten Zurückgebliebenen neidisch sind. Lindau verfolgt diesen ‚Zug' der Zeit nicht nur als eine allgemeine gesellschaftliche Tendenz, sondern er schreibt den Zug nach dem Westen mit vielen Adressen so genau in den Stadtplan von Berlin ein, daß noch heutige Leser versucht sein könnten, die erwähnten Straßenzüge und die Häuserkomplexe in der nicht kriegszerstörten Wirklichkeit aufzusuchen. Nirgends sonst in den hier behandelten Berliner Romanen gibt es so viele Straßenverweise wie in diesem Roman von Paul Lindau: **Ackerstraße, Behrenstraße, Bellevuestraße, Bernburger Straße, Brandenburger Straße, Breslauer Straße, Dönhoffplatz, Engelbecken, Friedrichstraße, Händelstraße, Hafenplatz, Kaiserin-Augusta-Straße, Königgrätzer Straße, Koppenstraße, Lennéstraße, Lützowplatz, Potsdamer Straße, Regentenstraße, Schumannstraße, Stülerstraße, Tiergartenstraße, Unter den Linden.** Zusammen ergeben die Straßenverweise ein kleines Adressbuch, das im Stadtplan von Berlin das engmaschige Straßennetz seiner fiktiven Bewohner suggeriert.

Paul Lindau war für Berlin, was Hermann Bahr wenig später für Wien war, der Pfadfinder erfolgversprechender Trends, aber auch ein umstrittener Modekritiker, der vor allem wegen seiner jüdischen Herkunft von dem zwischen 1874 und 1890 als Hof- und Domprediger wirkenden, bis heute als antisemitisch berüchtigten Adolf Stoecker angegriffen wurde. Wenn überhaupt, wird er heute weniger als Romancier denn allenfalls als ein gewitzter und amüsant schreibender Literatur- und Theaterkritiker erinnert, der sich mit den von ihm gegründeten Zeitschriften *Die Gegenwart* (ab 1872) und *Nord und Süd* (ab 1878) in die erste Riege des Großstadt-Journalismus hochgearbeitet hat.[1] Aber weil er in den Jahren deutsch-nationaler

---

[1] Charakteristisch für diese ungleiche Wertung der Leistung Paul Lindaus ist der Aufsatz von Roland Berbig, Paul Lindau – eine Literatenkarriere, in: *Literarisches Leben in Berlin 1871–1933*.

Selbstvergewisserung dem deutschen Theater als literarisches Vorbild ausgerechnet das französische Konversationsstück zumutete, formierten sich auch seine Gegner im Namen des gerade beginnenden Naturalismus, allen voran die Brüder Heinrich und Julius Hart in den *Kritischen Waffengängen* (1882), und machten ihm die Stellung eines einflußreichen kritischen Matadors streitig. Sie konnten schließlich einen Skandal nutzen, den Franz Mehrings Schrift *Der Fall Lindau* (1890) an die Öffentlichkeit gebracht hatte, um den bloßgestellten Kritiker zu Fall zu bringen.[2] Als sich Lindau an einer früheren Geliebten, einer Schauspielerin, rächen wollte, indem er sie von allen Berliner Bühnen zu verbannen versuchte, gelang es umgekehrt seinen Kritikern, Paul Lindau für einige Jahre aus Berlin zu vertreiben. Die Berliner Romane sind eher nur ein Nebenprodukt des in seiner Karriere unterbrochenen Theatermannes, bevor er als Direktor erst des Berliner Theaters und dann des Deutschen Theaters nach Berlin zurückgekehrt ist.

Karte 1: Tiergartenstraße, Regentenstraße (heutige Hitzigallee), Stülerstraße.

Paul Lindaus erprobtes Gespür für die Tendenzen seiner Zeit hat sich auch bei der Wahl des Titels für seinen bekanntesten Roman, *Der Zug nach dem Westen*, bewährt. Nach der Reichsgründung 1871 verlangte der plötzliche Reichtum der aufstrebenden Bürgerklasse eine entsprechend renommierte Behausung, die idealerweise nur in den neuen Gründerzeitvierteln vor dem **Potsdamer Platz**,

---

Hrsg. v. Peter Wruck, Berlin: Akademie 1987, 88–125. Darin wird der Romancier mit einem einzigen Satz abgespeist: „Gleichzeitig knüpfte Lindau an die Mode der Berlin-Romane an und bediente den für ihn offenstehenden Markt mit Novellen." (S. 112)

2 Vgl. Franz Mehring, *Der Fall Lindau. Dargestellt und erläutert*, Berlin 1890.

3 Mobilität der Arrivierten in der Regentenstraße

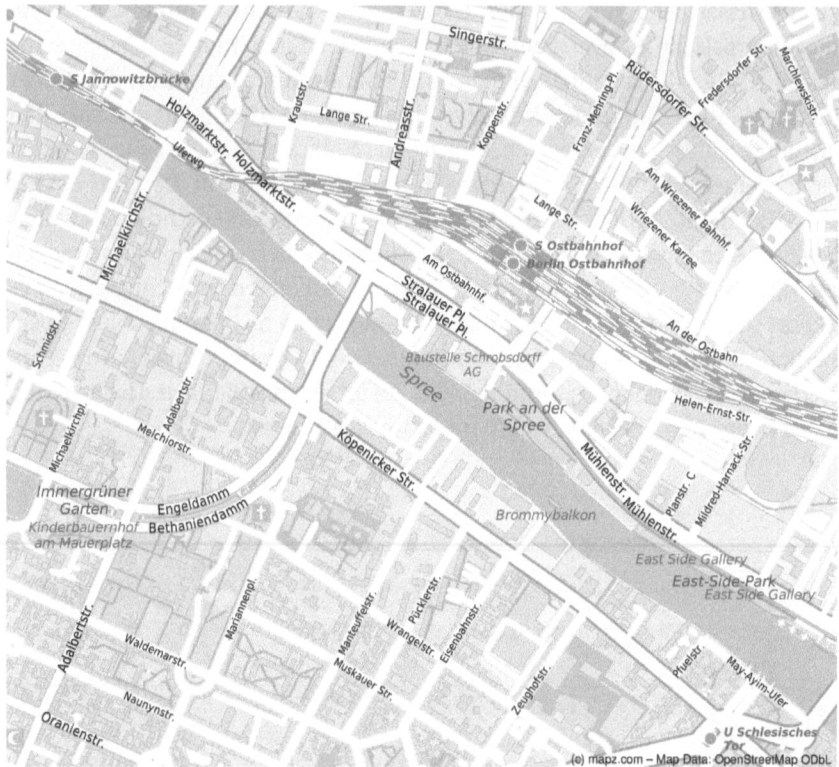

Karte 2: Koppenstraße.

also zunächst im **Tiergartenviertel**, zu finden waren. Hier sprangen die eleganten Villen und die herrschaftlichen Wohnungen, die dem Renommiergehabe der Erfolgreichen genügend Platz zur eleganten Ausbreitung boten, nur so aus dem Boden. Der Titel legt eine Migration nahe, als ginge es um einen naturgemäßen Vogelzug oder eine frühgeschichtliche Völkerwanderung. Gemeint ist allerdings nicht eine klimatisch motivierte Wanderung wie etwa zwischen *Nord und Süd*, wie sie der Titel der von Paul Lindau 1878 gegründeten literarischen Zeitschrift nahelegt, sondern eine Ost-West-Wanderung, die Lindau, Sohn eines getauften Juden, sicher in erster Linie an die Migration vor allem jüdischer Osteuropäer in den Westen, meistens über Berlin nach Amerika hat denken lassen. Anlaß dieser gegen Ende des 19. Jahrhunderts und besonders nach 1905 immer häufigeren Flucht vor russischen Pogromen war die Hoffnung auf ein besseres, freieres Leben im Westen. Der Titel suggeriert eine soziale Bewegung, den *Zuzug* nach dem Westen, den *Wegzug* vom Osten und den *Umzug*, der an Möbelwagen und neue, bessere Wohnadressen denken läßt. Vor dem Hintergrund dieser europäischen ‚Völkerwanderung' hat sich Lindau für seinen von November 1878 bis August 1880 spielenden Roman einen urbanen Ausschnitt vorgenommen und sich dabei auf den Umzug von Ost nach West innerhalb des gerade Hauptstadt gewordenen Berlin konzentriert. In keinem anderen der (hier behandelten) Berliner Romane spielen deshalb Adressen eine so wichtige, vom Erzähler selbst für wichtig erklärte Rolle wie in Paul Lindaus *Der Zug nach dem Westen*. Dabei ist sein Blick gerichtet auf zwei miteinander verwandte Familien, die aus der **Koppenstraße** am heutigen Ostbahnhof stammen und sich im **Tiergartenviertel**, in der **Tiergartenstraße** (Wilprechts) und in der davon abzweigenden **Regentenstraße** (Ehrikes), eingerichtet haben.

Am Ende des 5. Kapitels legt Lindau das topographische Programm seines Romans dem Theaterkritiker Dr. Martin Strelitz in den Mund:

> Sie sehen auch an diesen echten Berliner Familien: die großstädtische Gesellschaft folgt demselben Zuge, der schon seit den Tagen der Völkerwanderung der gesetzmäßige geworden ist, und den die Kulturmenschen dem scheinbaren Laufe der Sonne abgelernt zu haben scheinen: dem großen Zuge nach dem Westen. Das eigentümliche Berlin, das unser Geschlecht zu einer Millionenstadt hat entstehen sehen, hat sich fast ausschließlich durch den Zuzug vom Osten her gebildet. Fast all die Berliner, mit denen wir verkehren, sind an den märkischen Sand gespülte Provinziale aus dem Osten, aus Preußen, Posen, Schlesien; und die große Flutung bewahrt ihre Richtung auch innerhalb der Stadt selbst. Auch da ist derselbe Zug nach dem Westen der charakteristische: von dem arbeitsamen und erwerbenden nach dem genießenden und ausgebenden Berlin, von der Koppenstraße nach dem Tiergarten. In der Beziehung könnten die Wilprechts und Ehrikes beinahe prototypisch genannt werden. (70)³

Diese „echten" Berliner Familien, wie man sie im nicht-fiktionalen Berlin der Gründerzeit überall im Westen hätte treffen können, sind Prototypen eines sozialen Phänomens, das an ihnen exemplifiziert wird. Sie folgen einem ‚Zuge' der Zeit, einer Tendenz der großstädtischen Gesellschaft, wenn sie sich nicht – wie etwa die Italien-Reisenden auf Goethes Spuren – am Höchststand der Sonne orientieren und nach Süden, sondern, „dem scheinbaren Laufe der Sonne" folgend, von Osten nach Westen ziehen, in den Berlin W. genannten Bezirk Tiergarten, wo weniger produziert als konsumiert, wo wenig gearbeitet und viel genossen wird. Diese typologische Entgegensetzung der Handwerker- und Industriellenwelt im Osten und der davon profitierenden ‚guten Gesellschaft' im Westen Berlins wird durch Lindau als Maßstab sozialer Orientierung auch für die späteren Berliner Romane nachhaltig fixiert.

---

3 Paul Lindau, *Der Zug nach dem Westen*, Stuttgart und Berlin: J. G. Cotta'sche Nachfolger [10]1903, S. 74. Im folgenden wird nach dieser Ausgabe mit der jeweiligen Seitenzahl zitiert.

Der Zug nach dem Westen entspricht der tatsächlichen Stadtentwicklung, weil es für den 1871 einsetzenden Bauboom die besten Grundstücke in der westlichen Vorstadt, im Umfeld des begehrten Tiergartens, gab. Nach der Reichsgründung war durch den notwendigen Aufbau einer deutschen Zentralverwaltung und durch den Ausbau Berlins zur Hauptstadt als Zentrum der politischen und sozialen Institutionen, der deutschen Wissenschaft, Industrie und Kultur ein ungeheurer Zuzug nach Berlin zu verzeichnen: Zwischen 1861 und 1880 verdoppelte sich die Einwohnerzahl Berlins auf 1,2 Millionen; in Lindaus Roman spricht Dr. Strelitz mit Stolz von der „Millionenstadt", die Berlin im vorausgegangenen Jahr 1877 geworden war. Der ökonomische Aufschwung, dem die französischen Reparationszahlungen in Höhe von fünf Milliarden Goldfranken zugutekamen, führte zum steigenden Bedarf an repräsentativen, eleganten und gutgelegenen Wohnungen.

In Lindaus Roman sind die am Südrand des Tiergartens verlaufende **Tiergartenstraße**, die später das Zentrum des Botschaftsviertels wurde, ihre westliche Verlängerung jenseits der **Hofjägerallee** in der **Stülerstraße** und ihre nach Süden führende Seitenstraße, die **Regentenstraße** (heute verkürzt unter dem Namen **Hitzigallee**) die begehrten und immer wieder dramaturgisch miteinander verknüpften Adressen der im Westen spielenden Handlung. Nachdem sich in der **Tiergartenstraße** als einer der ersten der Theaterdirektor August Wilhelm Iffland im Jahr 1800 eine Villa von Carl Gotthard Langhans (von dem das Brandenburger Tor stammt) hatte errichten lassen, zeichnete der Bebauungsplan von 1828 dieses (erst 1841 in Berlin eingemeindete) Gebiet als bevorzugte Villengegend aus, in der die berühmtesten klassizistischen Architekten der Zeit konkurrierten, unter ihnen Friedrich Hitzig (von dem die Berliner Börse von 1864 in der **Burgstraße** und die Reichsbank von 1878 in der **Jägerstraße** stammen), Eduard Knoblauch (Neue Synagoge von 1860 in der **Oranienburger Straße**), Ludwig Persius (Heilandskirche von 1844 in Potsdam-Sacrow) und der Schinkel-Nachfolger Friedrich August Stüler (Neues Museum von 1855, Friedenskirche von 1854 in Potsdam, Belvedere von 1863 auf dem Pfingstberg in Potsdam, Alte Nationalgalerie von 1878). Der Villen- und Wohnungsbau im **Tiergartenviertel** war auch stilistisch ein später Ableger der öffentlichen Repräsentationsbauten, die das klassizistische Berlin der Schinkelzeit geprägt hatten, mit Giebelportalen und in den parkartigen Garten führenden Freitreppen, mit kunstvoll verzierten Architraven, die auf dorischen oder ionischen Säulen-Kapitelen ruhten, mit ausmodellierten Atlanten, die Neorenaissance-Erker tragen mußten, und mit vielen Gips-Medaillons, die mythologische Szenen nachstellten.

Das einzige bis heute erhaltene Beispiel dieser Villenkultur ist die 1866 von Hermann Ende (1829–1907) für den Bankier (und Minister in Bismarcks letztem preußischen Kabinett vor der Reichsgründung) August Freiherr von der Heydt

(1801–1874) errichtete und am 7. November 1863 eingeweihte Villa von der Heydt (**Von-der-Heydt-Straße 16–18**), in der seit 1980 die Stiftung Preußischer Kulturbesitz ihren Sitz hat. Paul Lindau, der in unmittelbarer Nachbarschaft in der **Von-der-Heydt-Straße 1** wohnte,[4] wußte also von täglichem Augenschein, wovon er sprach, wenn er das Ziel des „Zugs nach dem Westen" auch architektonisch ausmalte. In diesen geschmackvollen Renommier-Palais, die sich gegenseitig zu übertrumpfen suchten, lebten Menschen, die es sich angewöhnt hatten, ihren Reichtum, wenn nicht ihren Geschmack, zur Schau zu stellen, weil viele von ihnen wie Stephanie Wilprecht (eine Hauptfigur in Lindaus Roman) immer noch höher strebten.

Es ist deshalb ein zeittypischer Hinweis auf diese Entwicklung, wenn Lindaus Roman mit der Einweihungsfeier für die gerade fertiggestellte neue Villa des Kommerzienrats Maximilian Wilprecht in der **Tiergartenstraße** einsetzt. Während bei Fontane so manche Berliner Neubauwohnung im Westen der Stadt billiger vermietet wird, weil sie – zum Beispiel in *Effi Briest* und in *Die Poggenpuhls* – erst ‚trockengewohnt' werden muß, läßt Lindau die von November bis April dauernde Gesellschaftssaison, in der man, wenn man dazugehören will, die Spitzen der Gesellschaft einlädt und von ihnen eingeladen wird, „in dem neuerbauten Haus in der **Tiergartenstraße**" (1) beginnen. Der Neubau ist ein „Prachtgebäude" (2) und wird entsprechend als Zeichen des zunehmenden Wohlstands und der verbesserten Stellung auf der Rangliste der Gesellschaft von allen Gästen gewürdigt und bewundert: „Die Räumlichkeiten des neuen Hauses waren von wahrhaft fürstlicher Pracht. Darüber herrschte nur eine Stimme. Die Unbeteiligten, denen es die Verhältnisse von vornherein verboten, mit dem Wilprechtschen Vermögen und Aufwande gleichen Schritt zu halten, sprachen ihre unumwundene Bewunderung über die Großartigkeit der Anlage und den Geschmack in der Durchführung aus." (3) Die auch neidvolle Bewunderung für die fürstliche Pracht der inszenierten Wohnung ist der intendierte Zweck dieser topographischen Zurschaustellung im Westen, wobei gleichzeitig die Verdrängung der bescheidenen Herkunft aus dem Holzhandelsbetrieb in der **Koppenstraße** im tiefen Osten der Stadt dem Erzähler Anlaß zu ironischen Hinweisen darauf gibt, wie unangemessen die Prätention der Arrivierten ist. Die Gründerzeit, die den historischen Hintergrund der meisten Berliner Romane abgibt, ist wie ihre prächtigen Neubauten im Neorenaissancestil vor allem eine schöne Fassade, hinter die uns der Erzähler mit dem vergnüglichen Gestus eines Enthüllungsjournalisten führt, damit wir statt Neid die Überlegenheit authentischer Be-

---

4 Heute ist „Heydt Eins – Wohnen in Berlins 1 A Lage" ein großes Immobilienprojekt, das 2013 für den gehobenen Wohnkomfort eröffnet wurde.

scheidenheit empfinden. Die Ironie des Erzählers – und die analytische Struktur des Handlungsaufbaus, mit ihrer als Bloßstellung des schönen Scheins gedachten Rückblende – läßt den Leser nie vergessen, daß diese ganze gründerzeitliche Fassadenkultur auf der Diskrepanz von Schein und Sein beruht. Wer den Glanz des **Tiergartenviertels** im Westen Berlins bewundert, soll nicht vergessen, daß der industrielle Osten dazu eine ernüchternde Kontrastfolie abgibt.

So dient dem Erzähler, der sich mit seinen Urteilen in das Geschehen mehr einmischt, als es zunächst den Anschein hat, die Vorführung der neuen Villa auch der Kritik des sozialen Ehrgeizes, der hinter ihrem Bau gestanden hat: „Mit diesem neuen und prächtigen Heim hatte Stephanie eine weitere und entscheidende Staffel, die sie zu der erträumten Höhe führen sollte, erklommen. Sie hatte schon viel erreicht, aber sie war noch weit von dem Ziele entfernt, das ihr Ehrgeiz sich gesteckt hatte." (5) Dabei wird klargestellt, daß im Kampf um gesellschaftliche Anerkennung durch Ministerialräte, Aristokraten, Ordensträger sowie Koryphäen der Wissenschaft und Kunst alte Jugendfreunde abgestoßen werden mußten, weil sie auf dem Weg zur angestrebten Adelskrone und zur Hoffähigkeit nur stören würden. Und selbst wenn der umworbene Botschafter, ein Graf Pracks, absagen muß, wird seine Visitenkarte auf der „Cloisonnéschale, aus der die Visitenkarten der bürgerlichen Hausfreunde schnell zu verschwinden pflegten" (8), für alle sichtbar obenauf gelegt.

Wie falsch der Gesellschaftston ist, mit dem die Gäste hofiert werden, zeigt sich an Stephanies Begrüßung ihrer um zehn Jahre jüngeren Konkurrentin, Lolo (Charlotte) Ehrike: „Am herzlichsten war sie zu Herrn und Frau Ehrike, die sie aus tiefster Seele haßte, und deren Einladung der Kommerzienrat erst nach unsäglichen Mühen endlich errungen hatte." (10 f.) Da die Ehrikes, die ihre eigene Gründerzeitwohnung in der nahen **Regentenstraße** haben, ebenso wie die Wilprechts ihre Wurzeln in der **Koppenstraße** hatten und deshalb, in der Projektion des eigenen Minderwertigkeitskomplexes, nicht für gesellschaftsfähig erachtet werden, dient der ehrgeizigen Kommerzienrätin Stephanie die widerstrebend ausgesprochene Einladung nur dem Zweck der Übertrumpfung: „Hatte bis zu dieser Stunde das Haus Ehrike durch den Reichtum und Geschmack seiner Einrichtung als das erste in diesen Kreisen gegolten, so war es jetzt durch den neuen Wilprechtschen Prachtbau in der **Tiergartenstraße**, der ein Vermögen verschlungen hatte, in den Schatten gerückt." (12) Der Hinweis auf die beträchtlichen Baukosten verrät die materialistischen Motive einer sozialen Konkurrenz, die sich die topographische Selbstinszenierung etwas kosten läßt, auch wenn die sensibleren Mitglieder dieser Gesellschaft wie Lolo Ehrike dabei nicht auf ihre Kosten kommen: „Unter zehn Gesellschaften ist doch höchstens eine, die der Mühe verlohnt. Die neun anderen sind langweilig und thöricht. Bald ist es ein Wettlauf um die Excellenz, bald wird eine Berühmtheit vorgeführt, bald ist es eine erzwungene Zahlung gesellschaftlicher Verbindlichkeiten, bald die Zurschaustellung einer neuen Erwerbung, einer glänzenden Toilette – immer mit der deutlich ausgesprochenen Absicht, daß darüber gesprochen, daß der Neid der lieben Nächsten erweckt werde!" (32f.) Lolo ist ehrlicher als die anderen, weil sie zugeben kann, daß sie Urberlinerin und zwar aus dem in ihren Kreisen gemiedenen Osten ist:

> Ich gehöre ja zu den wenigen Berlinerinnen, die aus einer Berliner Familie stammen. Ich möchte wetten, daß Sie in der ganzen Gesellschaft hier kaum ein Dutzend meinesgleichen finden. Wilprechts und wir – wir kommen aus dem Osten der Stadt, wie vielleicht noch drei oder vier andere. Alle übrigen sind Zuzügler der letzten zwanzig Jahre. Erkundigen Sie sich einmal, ob unter den hundertundfünfzig Gästen, die hier zusammen sind, auch nur ein halbes Dutzend Personen aufzutreiben sind, die innerhalb der letzten zehn Jahre eine Einladung von jenseits des **Dönhoffplatzes** erhalten und angenommen haben. (30)

Der 1734 angelegte, nach einem Kommandanten Berlins benannte **Dönhoffplatz** an der **Leipziger Straße**, an dem einst auch der Staatskanzler Karl August von Hardenberg von 1804 bis zu seinem Tod 1822 in einem später als Preußischer Landtag und als Herrenhaus genutzten Palais wohnte, markierte für die neue Elite die Grenze zum alten, mittelständischen und kleinbürgerlichen, schließlich sogar proletarischen Osten von Berlin, mit dem man gesellschaftlich nichts mehr zu tun haben wollte.

Eine gefeierte Zierde dieser nur oberflächlich kultivierten Gesellschaft ist der noch junge und sogar von Johannes Brahms geförderte Komponist Georg Nortstetten, der selber der Sohn eines gutgestellten Elberfelder Chemiefabrikanten, des Geheimrats und früheren Reichstagsabgeordneten Friedrich Wilhelm Nortstetten, ist. Von seinem Vater zur Promotion in einem Fach gezwungen, das ihn nicht interessiert, ist er als Künstler aus der Art geschlagen. Die erfolgreiche Premiere seiner Oper *Bath-Seba* im **Opernhaus** am 15. Januar 1879 ist ein gesellschaftlicher Höhepunkt der Saison, zumal er sich mit einem Ball in der Residenz des Botschafters Graf Pracks überschneidet. Als er 1875 siebenundzwanzigjährig nach Berlin kam, wurde er von der vier Jahre älteren Stephanie Wilprecht gefördert, deren Vater Gotthilf Deecken Prokurist in der Firma Nortstetten ist. Sie hatte sich wohl auch amouröse Hoffnungen auf den charmanten Künstler gemacht, bevor sie sich, ihrem gesellschaftlichen Ehrgeiz viel besser entsprechend, mit dem (wie sie verheirateten) Grafen Pracks zu trösten scheint. Denn Georg Nortstetten, der „in der stillen und entlegenen **Stülerstraße**" (22) wohnt, also in der westlichen Verlängerung der **Tiergartenstraße** (wo heute die Skandinavischen Botschaften liegen), hat sich auf der Wilprechtschen Hauseinweihung in Lolo Ehrike verliebt und damit nun auch im Westen einen familiären Balanceakt erneuert, der schon im Osten zu Komplikationen geführt hatte.

Die vom Erzähler nachgereichte Vorgeschichte des gegenwärtigen Geschehens führt in den Osten der Stadt, dessen sich die Zuzügler im Westen zu schämen scheinen, weil die Herkunft verrät, woher das Geld kommt, mit dem man im Westen angibt:

> Im Osten der Stadt, noch hinter dem heutigen Wallnertheater, befanden sich in den dreißiger Jahren umfangreiche unbebaute Strecken, die zu Holz-, Torf- und Kohlenlagerstätten benutzt und allgemein die „Wilprechtschen Grundstücke" genannt wurden. Da war auch in der Nähe, an der Ecke der **Langen- und Koppenstraße**, das Wilprechtsche Geschäft, der größte Holzhandel nicht bloß Berlins, sondern vielleicht des ganzen nordwestlichen Preußens. Das Haus, das schon im vorigen Jahrhundert begründet, wurde jetzt im dritten Geschlechte von Thaddäus Wilprecht geführt. (52)

Wieder topographisch genau bezeichnet, liegt dieser Holzhandel auf der Nordseite der Spree, am Schnittpunkt der **Langenstraße** und der **Koppenstraße**, in unmittelbarer Nähe des 1882 eingeweihten heutigen Ostbahnhofs, der aus dem alten Frankfurter Bahnhof (bis 1881) bzw. Schlesischen Bahnhof (bis 1950) hervorgegangen ist, in derselben Gegend der **Holzmarktstraße**, wo Max Kretzers Berliner Roman *Meister Timpe* (1888) spielt, und gegenüber dem Holzhandelshof, den in Fontanes Berliner Roman *Frau Jenny Treibel* (1892) der älteste Sohn Otto Treibel auf der Südseite der Spree am Ostende der **Köpenicker Straße** betreibt. Weil Maximilian Wilprecht in seiner Jugend für die Übernahme des väterlichen Betriebs zu jung und auch nicht daran interessiert war, hat seine zehn Jahre ältere Schwester Adelheid die Geschäftsleitung übernommen und dafür am 2. September 1847 den zwei Jahre jüngeren Gustav Ehrike geheiratet, der als dreizehnjähriges Waisenkind bei dem Vater Thaddäus Wilprecht als Laufbursche angefangen hatte, siebzehnjährig (1843) zum Commis befördert und 1851, im Alter von 25 Jahren, zum Teilhaber der in „Wilprecht & Ehrike" umbenannten Firma bestimmt wurde:

> Er wohnte behaglich, arbeitete behaglich, aß viel und gut, wetteiferte mit seiner Frau in der stetigen Zunahme des Körpergewichts und vermißte die Freiheit ebensowenig, wie der im Bauer aus dem Ei gekrochene Kanarienvogel. Er blieb mit seiner braven Ehehälfte in der **Koppenstraße** wohnen, und Berlin hörte für ihn am **Schlosse** auf. Wenn die beiden Ehrikes einmal in das **Schauspielhaus** oder nach dem Tiergarten fuhren, so war das für sie eine Reise ins Ausland. (56)

Der schwerfällig-gutmütige Spießer hat sich in seiner engen Welt behaglich eingerichtet und strebt nach keiner Freiheit jenseits der enggezogenen Grenzen. So wie für die einen Berlin östlich des **Dönhoffplatzes** nicht zu existieren scheint, so hört für die anderen Berlin westlich des **Schlosses** auf. Auf demselben Längengrad durchzieht eine unsichtbare Mauer, eine Vorläuferin der 90 Jahre später, ab

13. August 1961 errichteten Berliner Mauer, Berlin von Nord nach Süd und macht die jeweils jenseits der Grenze lebenden ‚Anderen' zu Ausländern und Fremden.

Deshalb waren Adelheid und Gustav entrüstet, als Maximilian, der flott lebende jüngere Bruder, der inzwischen „den fernen Osten verlassen und eine mit Luxus ausgestattete Wohnung am **Dönhoffplatz** gemietet" (56), also sich schon bis zur Grenzscheide vorgewagt hatte, 1866 Stephanie Deecken heiratete und „sich immer weiter in westlicher Richtung von seiner Geburtsstätte entfernend, mit seiner jungen Frau eine Wohnung in der **Potsdamerstraße** bezog" (57). Die beiden Abtrünnigen, die deshalb ausdrücklich zur Silberhochzeit am 2. September 1872, dem Sedanstag, nicht eingeladen worden waren, wurden sogar in der Festrede eines Stadtverordneten und Bezirksvorstehers für ihren lange zurückliegenden Verrat gegeißelt:

> Es fehlte auch nicht an einem Seitenhiebe auf solche, die andere Wege eingeschlagen – damit war Maximilian gemeint – die sich von den Ueberlieferungen des alten arbeitsamen Berlin losgesagt, den Götzen des Tages, der eiteln Genußsucht und dem nichtigen Luxus frönten. (59)

Damit sind, zumindest in der beschränkten Vorstellung der östlichen Variante, die Fronten endgültig gezogen. Wie Herkules am Scheidewege müssen sich die Berliner zwischen dem tugendhaften Leben im Osten, für Arbeitsamkeit, oder für das sündhafte Leben im Westen, für Genußsucht, entscheiden.

Die Moralisierung der immer wieder an Adressen festgemachten sozialen Topographie scheint keine Alternativen zu erlauben. Aber je eindeutiger die Entscheidung vorgezeichnet ist, desto größer ist der Reiz, die Durchlässigkeit der Scheidewand zu erproben. Nachdem ihm Maximilian vorangegangen und vom **Dönhoffplatz** noch etwas weiter westlich in die **Potsdamer Straße** gezogen war, entdeckte auch Gustav Ehrike gleich nach dem plötzlichen Tod seiner arbeitsamen Frau, die Vorzüge des besseren, sorgenfreien Lebens im Westen: „Auf Maximilians Rat mietete er ein Stockwerk in einem sehr eleganten Hause des Tiergartens." (61) Gustav Ehrike verkaufte seinen Firmenanteil an Maximilian und konnte sich von dem Erlös in der noblen **Regentenstraße** die eleganteste Ausstattung und Einrichtung der neuen Wohnung durch die besten Künstler Berlins leisten:

> Man konnte sich nichts Wohnlicheres, Eleganteres, Geschmackvolleres, Kostbareres und zugleich Anspruchsloseres denken als die Ehrikesche Wohnung, die bald im ganzen Westen von Berlin eine gewisse Berühmtheit erlangte. Sie war eine Art von Sehenswürdigkeit. [...] Sein neues schönes Heim, das fertig gestellt war, noch ehe er sein züchtig Trauerjahr vollendet hatte, machte ihm wirklich Freude. Er hatte sich nie in seinem Leben glücklicher und freier gefühlt. (63)

Das Glück der neu gewonnenen Freiheit ist offenbar an die Qualität und, nicht zu vergessen, an die renommierte Lage der Neubau-Wohnung in der **Regentenstraße** gebunden, weil die Superlative ihrer Einschätzung das Ergebnis ihres Ansehens in ähnlich privilegierten Kreisen des **Tiergartenviertels** sind. Für die topographische Verdinglichung seines Selbstbewußtseins braucht der willensschwache Gustav, der bisher immer nur von anderen geführt wurde, Menschen, die ihm sein Glück bestätigen:

> Ein besonderes Vergnügen gewährte es ihm in seinen schönen Räumen Leute um sich zu sehen. Im westlichen Teile der Stadt kannte er aber fast keinen Menschen. Und mit den Spießbürgern des Ostens, die seinen früheren Umgang gebildet hatten, hatte er die Fühlung schnell verloren. (64)

Die doppelte Entfremdung, daß er zu den Menschen im Westen eine nur verdinglichte, über die Bewunderung seines Reichtums vermittelte Beziehung hat und, nun sozial arriviert, mit den Spießbürgern seiner Herkunft im Osten nichts mehr anfangen kann, führte zu seiner Vereinsamung, die sich noch vergrößerte, als sein Schwager Maximilian Wilprecht, „von der Börse und dem Bankgeschäfte angelockt, den Holzhandel mit allen Liegenschaften in der **Koppenstraße** zu einem unverhältnismäßig hohen Preise in den heißesten Tagen des ‚wirtschaftlichen Aufschwungs' an eine Kommanditgesellschaft auf Aktien, die zugleich verschiedene Sägemühlen erworben hatte, verkauft" (65). Als Glücksritter der überhitzten Konjunktur hat Maximilian kurz vor dem Börseneinbruch 1873 den in der vierten Generation bestehenden Familienbetrieb versilbert und damit nicht nur sich, sondern auch seinem Schwager Gustav den emotionalen Erinnerungsort ihrer Herkunft entzogen. Die Entwurzelung wurde gemildert, als der in der **Breslauerstraße** (1964 in die Straße **Am Ostbahnhof** einbezogen) wohnende Prokurist des Familienbetriebs, Ludwig Pauly, seinen ehemaligen Chef darum bat, die prächtige Wohnung in der **Regentenstraße** seinen beiden 19-jährigen Zwillingstöchtern Charlotte (Lolo) und Elisabeth (Lilo) zeigen zu dürfen, und sich der gutmütig-sentimentale Gustav erinnerte, daß er zehn Jahre zuvor „die hübschen zarten Dinger auf dem Holzplatze hatte herumspringen sehen" (66).

Die der Wohnungsbesichtigung bald folgende Hochzeit des 47-jährigen fettleibigen Spießers und der 19-jährigen Schönheit ist für den, wie man meinen könnte, davon besessenen Erzähler ein neuer Anlaß, die Ost-West-Kluft zu konstatieren:

> Lolos Vermählung mit Gustav Ehrike ging von der Berliner Gesellschaft völlig unbemerkt vorüber. Sie interessierte nur den kleinen Kreis der Ehrikeschen Bekannten aus früherer Zeit im Osten der Stadt, die mit dem Westen gar nicht in Verbindung kamen. Die Bewohner des Tiergartens und der anstoßenden Viertel wußten ja von Gustav Ehrike nichts weiter, als was

sie gelegentlich gehört hatten: daß er sich eine der schönsten Wohnungen in der **Regentenstraße** eingerichtet habe und ein steinreicher Mann sei. (70 f.)

Der Reichtum allein verschafft dem einstigen Holzhofbesitzer noch keinen Zugang zur besseren Gesellschaft, und selbst der Ruf seiner Wohnkultur in der **Regentenstraße**, der ihm vorauseilt, eignet sich zum Entréebillet erst, als Lolo Ehrike um sich einen kleinen Kreis von kunstbegeisterten Damen und Herren schart, so daß ihr Salon – in der Tradition von Henriette Herz und Rahel Varnhagen zwei Generationen früher – als „einer der besten und unterhaltendsten der vornehmen Stadt" (73) galt. Während die beiden Ehemänner, die eigentlich verschwägert sind, aus dem tiefen Osten, aus demselben Holzbetrieb in der **Koppenstraße**, stammen, widersprechen ihre Gattinnen dem topographischen Grundschema: Die ebenfalls in der **Koppenstraße**, wo ihr Vater arbeitete, aufgewachsene Lolo erweist sich als feiner, gebildeter und echter als ihre aus Elberfeld stammende ältere Konkurrentin Stephanie, die sich ihr überlegen dünkt. Der Gegensatz der beiden Damen wird im Mund des einzigen Intellektuellen dieser Gesellschaft, des Zeitungsredakteurs Dr. Martin Strelitz, dem Paul Lindau auch die Vorgeschichte des Ost-West-Gegensatzes zugewiesen hatte, auf eine verräterische Geste zugespitzt: „Haben Sie beobachtet, wie die beiden lachen? Lolo lacht bis zum letzten Backzahn, Frau Stephanie bis zur ersten Plombe. Das erklärt alles!" (75) Der Gegensatz zwischen dem echten, unbefangenen und dem falschen, versteckten Lachen ist paradigmatisch für den topographisch interpretierten Gegensatz zweier Lebenshaltungen. Damit ist, auf Seite 75 des 396 Seiten langen Romans, die Grundkonstellation des Romans historisch und soziologisch eindeutig „erklärt"!

Nach dieser programmatischen Zäsur können die Verwicklungen des Ost-West-Gegensatzes in der Gegenwart vorgeführt werden, als narrative Explikation eines vorgegebenen Grundschemas, in dem die Charaktere ihre moralischen Qualitäten entsprechend ihrer topographischen Zuweisung entwickeln. Nicht zufällig wird der Knoten der Handlung in einem Café, dem von Hermann Ende (dem Architekten der Villa von der Heydt) entworfenen und erst im vorausgegangenen Jahr, am 13. Oktober 1877, eröffneten Café Bauer (**Unter den Linden 26/ Ecke Friedrichstraße**), geschürzt. Hier, an der verkehrsreichsten Straßenkreuzung Berlins, hatten Dr. Strelitz und Georg schon öfter einen gemeinsamen Schlaftrunk genommen, um die Ereignisse und die Gespräche des Abends noch einmal durchzugehen und die Flut von Eindrücken und Informationen zu entwirren. Solche Nachgespräche, in denen gesellige Ereignisse noch einmal kritisch rekapituliert werden, sollten ein Stilmerkmal in der Gesprächsführung Fontanescher Romane werden.

Für die Großstadt der zweiten Jahrhunderthälfte gab es, abgesehen von den exklusiveren Salons und Offiziersklubs, kaum einen urbaneren öffentlichen Ort als das aus Wien importierte Kaffeehaus, diesen lebendigsten Ort der Zirkulation von Information, sei es im Gespräch kleiner Gruppen oder in der Lektüre der ausliegenden Zeitungen und Magazine. Berühmt waren das aus einer Zuckerbäckerei der Schweizer Brüder Josty hervorgegangene, seit 1812 am Stadtschloß (**An der Stechbahn 1**) bestehende und 1880 an den **Potsdamer Platz** verlegte Café Josty, in dem viele Schriftsteller von Heinrich Heine bis Theodor Fontane verkehrten, das 1820 von den rätoromanischen Schweizern Johann Stehely und Giachem Bunom Stoppany gegründete Café Stehely (**Charlottenstraße 53/Ecke Jägerstraße**), wo sich die Jungdeutschen und die Junghegelianer trafen, das auf der Nordseite von **Unter den Linden** gelegene Café Spargnapani, in dem Charles Dickens unter russischen und polnischen Spionen incognito untertauchte, das 1825 eröffnete Café Kranzler (**Unter den Linden 25**), auf dessen „Walhalla der Gardeleutnants" genannter „Rampe", dem eingezäunten ersten Straßencafé Berlins, die blasierte Bohème die Passanten taxieren konnte, und das jüngste, von dem Wiener Konditor Mathias Bauer gegründete Café Bauer, das zusammen mit dem gegenüberliegenden Café Kranzler den urbanen Mittelpunkt Berlins bildete. Mit 800 europäischen Tageszeitungen war es die zentrale Berliner Informationsbörse, deren Wände mit Bildzyklen des führenden wilhelminischen Historienmalers, Anton von Werner, und anderer Maler der Berliner Schule, des Architekturmalers Christian Wilberg und des Landschaftsmalers Adolf Hertel, geschmückt waren. Weil fast ausschließlich Männer solche Kaffeehäuser aufsuchten, haftete ihrem Besuch durch Damen etwas Anrüchiges an, das zu erwähnen Paul Lindau genauso wenig wie Fontane unterlassen konnte. Dieses verrauchte und noch nach Mitternacht überfüllte Kaffeehaus, in dem Dr. Martin Strelitz seinem Begleiter Dr. Georg Nortstetten die ganze Vorgeschichte der Wilprechts und Ehrikes erklärt, ist ein so zentraler großstädtischer Ort, daß das genüßlich ausgebreitete Milieu wichtiger ist als der davon abgelöste Inhalt des Gesprächs:

> Das schmauchte und schwatzte und trank den Kaffee und aß den altbackenen Blätterteig mit vollem Behagen. Gäste kamen und gingen. Der eine blieb plaudernd am Tische eines Bekannten stehen, der andere verweilte an der Säule vor den neuesten Depeschen des Wolffschen Bureaus mit den Kursen der Abendbörsen. Dazwischen liefen die Kellner hin und wieder, die einen den Präsentierteller mit gefüllten Kaffeeschalen geschickt an den Köpfen der Sitzenden vorüberschwenkend, andere die Tische abräumend, wieder andere den Gehenden beim Anlegen der Ueberzieher Hilfe leistend oder Kommenden Platz anweisend. Es war ein unruhiges Hin und Her, ein allgemeines Stimmengewirr, aus dem sich das Aufklappen auf den Marmor der Tische, der Ruf: „Kellner, zahlen!" und der Anschlag der Glocke auf dem Büffett deutlicher abhoben, – ein Treiben, wie es zu dieser Stunde selbst dem Großstädter auffallen mußte. (76 f.)

In dieser vielstimmigen Betriebsamkeit findet man einen Querschnitt der Gesellschaft: „jüngere Offiziere in Uniform und Zivil, Abgeordnete, Künstler, Studenten, Journalisten, ehrbare Provinziale – alles durcheinander – daneben und dazwischen aber auch eine böse Gesellschaft von stellungslosen Individuen, von dunklen und anrüchigen Existenzen bis zu offenbarem, gutgekleidetem Gesindel und Frauenzimmern von unzweifelhaftem Wandel hinab." (78) Als nun der Kellner zwei neue Gäste, die sonst keinen Platz finden konnten, zu Dr. Strelitz und Georg an den kleinen Marmortisch setzt, kann die Abspulung der komplizierten Geschichte beginnen.

Wie die Leser mit den Ohren der beiden Gesprächspartner schnell mitbekommen, handelt es sich bei der weiblichen Begleitung des älteren Herrn, der sich als fragwürdiger Theateragent Roderich Halmanski herausstellt, um die überschminkte Bühnenelevin Julie Lessen, mit der Gustav Ehrike in der ohnehin verkürzten Trauerzeit zwischen seinen beiden Ehen eine Affäre gehabt hat. Im selben Moment, da Georg seinem für den nächsten Tag verabredeten Antrittsbesuch bei Lolo Ehrike in der **Regentenstraße** entgegenfiebert, spekuliert der Theateragent auf die finanzielle Unterstützung seiner Elevin durch ihren einstigen Galan: „Das wäre eine Idee! Der aus der **Regentenstraße**!" (84) Wie so oft, ersetzt die topographische Zuordnung einer Person an eine bestimmte Adresse die namentliche Identifizierung. „Der aus der Regentenstraße" bedeutet so viel wie ‚Gustav Ehrike'. Die Leser, die hier die Handlungsfäden verknüpfen können, wissen auf einmal so gut bescheid wie Dr. Strelitz und Georg, die sich, unausgesprochen peinlichst berührt, „mit dem kargsten Aufwande von Höflichkeit" (84) schnell entfernen, um auf einer genau bezeichneten Stadtplanroute nach Hause zu gehen, über die **Friedrichstraße**, vorbei am Café National (**Friedrichstraße/ Ecke Jägerstraße**), aus dem lärmend gerade „uninteressante junge Männer und geschminkte Frauenzimmer in auffälliger Toilette" (84) kommen, und über die **Leipziger Straße** zum **Potsdamer Platz**, wo sich ihre Wege trennen. Während Dr. Strelitz zu seiner Wohnung in der **Bernburgerstraße** abbiegt, geht Georg über die **Bellevuestraße** zur **Tiergartenstraße**, wo vor dem Wilprechtschen Haus gerade der Empfang ausklingt, mit dem der Roman begonnen hatte.

Mit der topographischen Identifizierung des Liebhabers von Julie Lessen kann nun die eigentliche Kolportagehandlung des Romans einsetzen, und zwar, was nunmehr kaum noch überraschen kann, über die Adressen der involvierten Personen; denn bevor Georg in seine in der **Stülerstraße** gelegene Wohnung zurückkehrt, biegt er, nachdem er das Wilprechtsche Haus in der **Tiergartenstraße** passiert hat, nach Süden in die **Regentenstraße** ab, um hier, lange nach Mitternacht, von der gegenüberliegenden Straßenseite aus wie ein verliebter Pennäler auf die Wohnung seiner Angebeteten zu starren. Dabei wird er nicht nur mißtrauisch von dem Revierwächter beäugt, sondern klopfenden Herzens auch von Lolo selbst, die, hinter einer Gardine versteckt, ihren nun zunehmend begehrten Verehrer im Schimmer einer Gaslaterne erkannt hat. Gerechtfertigt durch die zufällig aufgedeckte Verbindung Gustav Ehrikes mit einem Flittchen, das er bald in ihrer Wohnung in der **Schumannstraße** regelmäßig besuchen und die er schließlich mit einer 12-Zimmer-Wohnung in seiner alten **Koppenstraße** im Osten der Stadt ausstatten wird, um ihre Dienste mit dem Theateragenten zu teilen, steht dem zur edlen Liebesgeschichte verklärten Ehebruch nichts mehr im Wege.

Nachdem Gustav Ehrike für den Leser bereits moralisch in Frage gestellt ist, beginnt sich auch seine schöne junge Frau von ihm emotional zu lösen. Noch bevor sie Georg zum ersten Stelldichein empfängt, steigert sich Lolo, zur Rechtfertigung ihres kühnen Schritts, gegenüber der Banalität des bloß materiellen Genusses in das Gefühl der Verachtung hinein, „der Verachtung dieser seelischen Unfähigkeit, dieser schaudererregenden Nüchternheit, dieses völligen Unverständnisses alles dessen, was über die Fragen des Essens und Trinkens, der Wohnung und Kleidung, des oberflächlichen Genusses und der Zerstreuung hinausging" (91). Das sind, wie wir uns erinnern, gerade die mit den Adressen im Westen Berlins identifizierten Untugenden, die nun durch den im Westen nicht assimilierten und deshalb mit einer Diseuse fremdgehenden Mann aus dem Osten personifiziert werden. Mit dieser rhetorischen Verkehrung des Ost-West-Gegensatzes wird, auf der Ebene argumentativer Dramaturgie, grünes Licht gegeben für die nun einsetzende Liebesbeziehung zwischen Lolo und Georg, die in den Augen der Gesellschaft, auf beiden Seiten der unsichtbaren Mauer zwischen West- und Ostberlin, als Liaison moralisch geächtet wird. Allerdings wird die Ächtung dadurch lächerlich gemacht, daß in diesem heiklen Balanceakt der Hauptankläger ausgerechnet Maximilian Wilprecht ist, der sich selbst Hoffnungen auf Lolo gemacht hat und in immer verrückterer Eifersucht alle Contenance verliert und dabei noch hintertrieben genug ist, seine ungezügelte Empörung als „tiefe sittliche Entrüstung" (101) damit zu rechtfertigen, daß Georg die seiner Frau Stephanie geschuldete Dankbarkeit verletzt, wenn er nicht ihr, sondern Lolo den Hof macht. Je unterminierter das Heiligtum der Ehe ist, weil alle vier Mitspieler der verschwägerten Ehepaare ihre beschworene Pflicht zu verletzen bereit sind – Stephanie Wilprecht am liebsten mit Georg und später mit dem Botschafter Graf Pracks, Maximilian Wilprecht am liebsten mit Lolo Ehrike, wie diese mit Georg sowie Gustav Ehrike mit Julie Jessen –, desto reiner, moralisch gerechtfertigter erscheint die einzige gelungene Liebesbeziehung dieses Romans, die zwischen Lolo und Georg.

Es ist deshalb wohl kein Zufall, daß sich die gesamte Gesellschaft, die wir anfangs bei Wilprechts kennengelernt haben, wie verabredet in derselben Zirkus-Veranstaltung wiederfindet, Maximilian und Stephanie Wilprecht, Dr. Martin Strelitz, der Boschafter Graf Pracks mit seiner Gattin Leonie, Georg Nortstetten mit

Lolo Ehrike, wobei sich verspätet, weil er erst noch Julie Lessen in der **Schumannstraße 32** aufsuchen mußte, auch Gustav Ehrike dazugesellt und das billige Parfum seiner wiedergefundenen Geliebten verströmt – „alle waren da!" (114) Der narrativ ausgesparte Zirkusakt ist nur ein Vorwand für das gesellschaftliche Manövrieren zwischen den Zuschauerlogen, für den Austausch von Artigkeiten, falschen Komplimenten und Einladungen zum nächsten Ball. Wie sehr dieser Zirkus der allegorische Querschnitt der Gesellschaft ist, aus dem sich die einander zuflüsternden Liebenden zu entfernen beginnen, zeigt sich während der Pause wieder in einer topographischen Interpretation des Ost-West-Gegensatzes, mit der Dr. Strelitz, ausdrücklich an seine frühere programmatische Erklärung des Romantitels anknüpfend, Georgs Sonnenbahn umgekehrt sieht:

> „Ich sprach gestern von dem Zuge nach dem Westen," sagte Martin lächelnd. „Es stimmt doch nicht immer.... Aber Sie interessieren sich wohl nicht für Himmelsgegenden?"
>
> „Nicht über die Maßen," antwortete Georg. „Wie kommen Sie auf die Frage?"
>
> „Bei Ihnen bemerke ich eher eine östliche Tendenz. Es ist mir nämlich aufgefallen, daß unsere Loge, die Loge der Frau Stephanie nach dem Abend zu liegt, die Ihrige, die Loge der Frau Lolo nach dem Morgen ... Da drüben ist Sonnenaufgang, hier Sonnenuntergang ... Kommen Sie mit ans Büffett? (122)

Die Himmelskoordinaten stimmen nicht mehr so, wie sie eingangs in der moralisch eindeutigen Entgegensetzung von Ost und West, im Zug „von dem arbeitsamen und erwerbenden nach dem genießenden und ausgebenden Berlin, von der **Koppenstraße** nach dem Tiergarten", vorgegeben waren. Wenn die topographische Kennzeichnung sozialer und moralischer Identitäten nunmehr vom Stadtplan auf die Lage der Zirkuslogen ausgedehnt und zugespitzt wird, reagiert Georg mit Recht so verdutzt, als hätte er für seine Lagebestimmung einen Kompaß bei sich führen müssen. Offensichtlich ist die ziemlich gezwungen wirkende Interpretationshilfe mehr auf den Leser berechnet. Gegen alle Naturbeobachtung folgt Georg dem Zug von der untergehenden ‚Sonne' Stephanie Wilprecht, die aus dem westdeutschen Elberfeld stammt und in der **Tiergartenstraße** wohnt, zur aufgehenden ‚Sonne' Lolo Ehrike, die aus der Ostberliner **Koppenstraße** stammt und um die Ecke in der **Regentenstraße** wohnt. Ist dieser suggerierte Zug nach dem Osten nun eine Bekräftigung der im Osten vermuteten schlichteren und deshalb authentischeren Lebensform, als Abkehr von dem gesellschaftlichen Glanz und der moralischen Heuchelei im **Tiergartenviertel**?

Der über 250 Seiten ausgedehnte weitere Handlungsverlauf gibt eine überraschende Antwort, die wieder einmal topographisch zugespitzt wird: Nachdem der düpierte Ehebrecher Gustav Ehrike in die Scheidung einwilligen mußte, löst er die Wohnung in der **Regentenstraße** auf und zieht sich in die **Koppenstraße** im

Osten Berlins zurück, wo er sich viel mehr zu Hause und von Julie Lessen verstanden fühlt: „Was hatte er auch im **Tiergartenviertel** noch zu suchen? Wenn er es sich ehrlich gestand, hatte er sich ja nie recht heimisch da gefühlt. Es war immer etwas Künstliches gewesen." (363) Tatsächlich hatte er sich schon lange vorher in das mit den alten Plüschmöbeln seiner ersten Ehe vollgestopfte Hinterzimmer der sonst so eleganten Wohnung in der **Regentenstraße** verkrochen, „froh, der ewigen Spät- und Frührenaissance und dem Rokoko der Vorderzimmer einmal entrinnen und sich hierher an die biedere Alltäglichkeit der **Koppenstraße** flüchten zu können" (160). Andererseits ziehen Lolo und Georg, als von der alten Gesellschaft geächtete Neuvermählte, sogar noch weiter nach Westen, vom Südosten zum Nordwesten des Tiergartens, wo der gefeierte Komponist fern der ihm gleichgültigen Gesellschaft arbeiten und mit Lolo glücklich sein kann:

> Mit Rücksicht darauf hatte er auch die Lage der neuen Wohnung gewählt, die er noch vor Jahresschluß mit seiner jungen Frau beziehen wollte: im fernsten Nordwesten des Tiergartens, in der **Händelstraße**. [...] Auf den Gedanken, ihren Wohnsitz nach dem Osten zu verlegen, kamen sie gar nicht. Nur der westliche Teil der Stadt galt ihnen als der Inbegriff von Berlin. (369)

Wie auch sonst ist die Wahl der Wohnungslage eine bewußte Entscheidung für die soziale Signifikanz einer Adresse. Weitab im Westen gilt in der schwer zugänglichen **Händelstraße** (heute **Händelallee** im 1957 errichteten **Hansa-Viertel** mit Häusern von Walter Gropius, Arne Jacobsen, Sep Ruf u. a.), auf die die heuchlerische Gesellschaft des **Tiergartenviertels** keinen Zugriff hat, die östliche Tugend kreativer Arbeit. Topographisch objektiviert, könnten sich die einstigen Eheleute Gustav und Lolo auch moralisch kaum weiter auseinanderentwickelt haben, Gustav in der zweideutigen Spießeridylle des fernen Ostens, wo er in der **Koppenstraße** die von ihm bezahlte Zwölfzimmerwohnung mit dem ‚Theateragenten' Roderich Halmanski und der zu dessen ‚Nichte' avancierten Schmierenkünstlerin Julie Lessen teilt, und Lolo im Künstlerexil des fernen Westens, wo sie in der **Händelstraße** die Triumphe, die Georg mit seiner Oper *Bath-Seba* in Berlin, Wien, München, Dresden, Leipzig und Hamburg errungen hat, im kleinen Kreis wirklicher Freunde feiert: „Es wurde geschwatzt, musiziert, und vor zwei Uhr verließen selten die Gäste das gemütliche Künstlerhaus, in dem der lustigste und zwangloseste Ton, oft der ausgelassenste Uebermut herrschte." (378)

Aber das mit Anstand sanktionierte Glück des Westens hat seinen melodramatischen Preis: Gerade Mutter eines Mädchens geworden, stirbt Lolo am Kindbettfieber, das eine unvorsichtige Wärterin eingeschleppt hatte. Lolos sich über Seiten hinziehendes Sterben, vom Erzähler mitgefühlt aus der Perspektive Georgs, der in besinnungslosem Schmerz vergeht, ist eine emotionale *tour de force*, die die Realität des Sterbens über die Irrealität einer endlich glücklichen, gegen alle

Widerstände durchgesetzten Liebe stellt. Nach der Beisetzung, dem letzten, „traurigen Zug nach dem Westen" (393), ist man sich einig: „sie sind zu glücklich gewesen!" (396) Für das utopische Glück innig Liebender gibt es auch auf dem Stadtplan von Berlin letztlich keinen bleibenden Ort. Die Ortlosigkeit (als Übersetzung des von griech. ‚ou topos' = 'kein Ort' hergeleiteten Begriffs der Utopie), diese wörtlich genommene Unmöglichkeit der Realisierung eines ‚utopischen' Liebestraums, ist die abschließende Kehrseite eines topographischen Realismus, der den fiktionalen Realitätsanspruch ganz auf reale Berliner Adressen gestützt hat. Der aller realen Lokalisierung enthobene „Zug nach dem Westen" ist, in den Abschiedsworten des mit Alzheimer diagnostizierten ehemaligen U.S.-Präsidenten Ronald Reagan am 5. November 1994, „the journey into the sunset of my life".

Zwischen all den realen Adressen der sozialen Topographie von Berlin gibt es einen beinahe transzendenten Nicht-Ort, der von Raum und Zeit losgelöst zu sein scheint. Als Georg wegen des moralischen Dilemmas, in das er mit Lolo gestürzt ist, mit sich ins Gericht geht, findet er für diese Gewissensprüfung einen besonderen urbanen Ort, wo er mitten in der Weltstadt ganz allein sein kann. Der idyllische Ruheplatz in der Nähe des **Stadtschlosses**, „dieses entlegene Fleckchen im Mittelpunkte des großstädtischen Lebens" (284), wird mit dem für Lindau charakteristischen Gespür für die Bedeutung der Plätze, an denen sich Handlung vollzieht, ausgemalt und doch in einem nicht auf dem Stadtplan auszumachenden Nirgendwo angesiedelt. Hier, in der unwirklich stillen Mitte des Sturms, findet Georg in dem vergessenen Winkel des mittelalterlichen Berlin „diese steinernen Zeugen aus der kurfürstlichen Zeit, die zu jenem Neu-Berlin, in dem Georg lebte und dessen durch und durch moderne Physiognomie sich seinem Auge scharf eingeprägt hatte, durchaus nicht passen wollten" (284); hier findet er die aus der Gegenwart herausgehobene und Stein gewordene Geschichte eines Alt-Berlin, das sich von der modernen Millionenstadt auch akustisch abhebt, abgesondert von der nächtlich von fernher brummenden Großstadt mit ihrem unaufhörlichen gedämpften Brausen, „das alles Rollen und Rasseln der Wagen und alles Lärmen und Toben der Hunderttausende verschlang" (285). In dieser äußersten Stillegung der Handlung, der Person und des Platzes ist sowohl eine überraschende Geschichtsvergessenheit als auch eine existentielle Vertiefung zu ahnen, die allem gesellschaftlichen Ehrgeiz, allem prätentiösen Geflimmer, aller zwischen Ost und West hin- und herziehenden Betriebsamkeit vorausliegt. Aber in einem Text, dem so sehr an der topographischen Typologie Berlins liegt, bleibt solche Suspendierung des Urbanen die Ausnahme.

Paul Lindaus Roman *Der Zug nach dem Westen* ist ein Berliner Roman, dessen Beitrag zum urbanen Realismus offensichtlich in der oft überdeutlichen Beschwörung der lokalen Szenerie liegt, in der kontrastierenden Zusammenstellung der für die Charakterisierung der Figuren wie für die Entwicklung der Handlung symptomatischen Wohnadressen: **Koppenstraße, Breslauer Straße, Engelufer, Schumannstraße, Dönhoffplatz, Potsdamer Straße, Bernburger Straße, Tiergartenstraße, Regentenstraße, Stülerstraße, Händelstraße.** Dabei ist der titelgebende Ost-West-Gegensatz von **Koppenstraße** und **Tiergartenstraße** so überbetont, daß die realistisch individualisierende Darstellung unter der typologischen Entgegensetzung leidet und das moralische Schema des authentischer erinnerten Ostens und des prätentiöser erlebten Westens eine differenziertere Beurteilung der Komplexität dieser gründerzeitlichen Gesellschaft erschwert.

Hinter der oft leserfreundlich amüsanten, auf leichte Unterhaltung angelegten Charakterisierung der Typen tritt, auch weil es kaum Hinweise auf den zeitgeschichtlichen Hintergrund der siebziger Jahre gibt, die Gesellschaftskritik zurück. Keine der Personen erinnert sich an den nur sieben Jahre zurückliegenden Deutsch-Französischen Krieg. Die Reichsgründung von 1871 bleibt unerwähnt. Von der technischen Modernisierung der neuen Hauptstadt ist, abgesehen von häufig gewechselten Depeschen und Eisenbahnfahrten nach und von Elberfeld, nichts zu spüren: Niemand spricht über die umstrittene Politik Bismarcks oder gar über die 1879 von Heinrich von Treitschke ausgelöste Antisemitismus-Debatte. Weil die Personen eher Typen eines Boulevardstückes als Individuen eines realistischen Romans sind, kann man von ihnen auch keine substantiellen Meinungskonflikte erwarten. So hat der Roman von 1886 teil an der vergnüglichen Oberflächlichkeit der Berliner Gesellschaft um 1878, die er kritisch zu beleuchten beansprucht.

Die einzige Figur, der ein kritischer Durchblick zugemutet werden kann und der anfangs sogar die Rolle eines immanenten Interpreten zugeschrieben wird, versickert im Laufe des Romans zu einem unbedeutenden Mitläufer. Aber weil dieser Dr. Martin Strelitz, der seinem Begleiter auf dem Weg ins Café Bauer das Titel-Programm des „Zugs nach dem Westen" erklärt, ausdrücklich als „Feuilletonredakteur des angesehensten Blattes" und als „ungewöhnlich geistvoller und unterrichteter Schriftsteller" (44) vorgestellt wird, kann der Leser nicht umhin, dabei an Theodor Fontane zu denken, der von 1870 bis 1890 der Theaterkritiker des angesehensten Blattes in Berlin, der *Vossischen Zeitung*, war und dessen Name mit dem des Autors, mit diesem Roman und mit der Entstehung der Gattung des Berliner Romans so eng verbunden ist.

Fontane hatte schon 1878 in einem Brief an Paul Lindau den Dichter Theodor Storm gepriesen, der für ihn als Realist der Husumer Provinz ein sehr geschätztes Kontrastbild der Provinz zu seinem eigenen urbanen Realismus war, und 1886 in Lindaus Zeitschrift *Das Neue Berlin* einen Aufsatz über „Cafés von heute und Konditoreien von ehemals" veröffentlicht. Und als im selben Jahr Lindaus Roman im Vorabdruck der Zeitschrift *Vom Fels zum Meer* erschien, war Fontane, dem gerade die Korrektur des eigenen ersten Berliner Romans, *Irrungen Wirrungen*, vorlag, sofort zur Stelle, um offiziell eine wohlwollende Rezension zu schreiben, sich gleichzeitig aber auch kritischere Notizen darüber zu machen, die für die grundsätzliche Betrachtung des neuen Genres wichtig geworden sind, weil sie, in den Worten des Fontane-Forscher Hans-Heinrich Reuter, nichts weniger als ein „Postulat des Realismus" sind.[5]

Nachdem er auch angesichts von Kretzer, Mauthner und Lindau bemängelt hatte: „Es fehlt uns noch ein großer Berliner Roman, der die Gesamtheit unseres Lebens schildert",[6] kommt Fontane zu einer positiven Forderung: „Aufgabe des modernen Romans scheint mir die zu sein, ein Leben, eine Gesellschaft, einen Kreis von Menschen zu schildern, der ein unverzerrtes Widerspiel des Lebens ist, das wir führen. Das wird der beste Roman sein, dessen Gestalt sich in die Gestalten des wirklichen Lebens einreihen, so daß wir in Erinnerung an eine bestimmte Lebensepoche nicht mehr genau wissen, ob es gelebte oder gelesene Figuren waren, ähnlich wie manche Träume sich unserer mit gleicher Gewalt bemächtigen wie die Wirklichkeit."[7] Abschließend verweist er auf die „Gefühlsintensität, die die verklärende Aufgabe der Kunst ist".[8] Liegt für Fontane in der Darstellung des Typischen „die verklärende Aufgabe" des Realismus, so dürfen wir uns darunter keine Beschönigung der Wirklichkeit vorstellen, sondern, wenn man von spezifischen Varianten in der literarischen Ausführung absieht, die Wiedererkennbarkeit einer fiktionalen Wirklichkeit, die Nachvollziehbarkeit einer Fiktion, die mit der Realität so viel gemeinsam hat, daß man das eine für das andere halten kann.

Hatte Ernst Bloch einst von der „Gleichzeitigkeit des Ungleichzeitigen" gesprochen, so kommt durch die topographische Verortung des Geschehens im Berliner Roman eine Gleichräumigkeit des Ungleichzeitigen auf, die die Fiktion im außerhalb der Fiktion identifizierbaren Erfahrungsraum lokalisiert. Wer in Berlin lebt oder Berlin besucht hat oder sich wenigstens den Stadtplan von Berlin vor Augen stellt, kann im Berliner Roman ganz anders mit den Figuren durch bestimmte Straßen laufen und mit der Droschke zu bestimmten Adressen fahren als der Leser einer realistischen Dorfgeschichte, deren Spielorte Plätze der Phantasie sind und ohne bestimmte Verankerung auf der Landkarte ganz im Ungefähren schweben. Während exakte Zeitangaben in realistischer Prosa eine historische Differenz zwischen der Zeit der Handlung und der jeweiligen Zeit der Leser schaffen – zum Beispiel in der *Judenbuche* (1842) von Annette von Droste-Hülshoff: „Dieß hat sich nach allen Hauptumständen wirklich so begeben im Sep-

---

5 Hans-Heinrich Reuter, *Fontane*, 2. Bde., Berlin: Verlag der Nation 1968, Bd. 2, S. 627.
6 Fontane, zit. Reuter, II, S. 627.
7 Fontane, zit. Reuter, II, S. 628.
8 Fontane, zit. Reuter, II, S. 628.

tember des Jahres 1789."⁹ –, sorgen die exakten Ortsangaben des Berliner Romans, vorzüglich die zum Zweck der Bedeutungssteigerung gewählten Adressen, umgekehrt für eine Aufhebung der Differenz, als könnte sich dies nach allen Hauptumständen wirklich so begeben in der **Regentenstraße**, in der **Koppenstraße**, in der **Holzmarktstraße**, in der **Invalidenstraße**, in der **Keithstraße**, in der **Köpenicker Straße** oder in der **Großgörschenstraße**, überall dort, wo die Leser jederzeit hingehen und sich von der fiktionalen Realität des Straßenmilieus überzeugen können. Sie simulieren Entsprechungen zwischen Fiktion und Realität und dienen somit der topographischen Grundierung des Realitätsanspruchs, indem sie zur Unterhaltung eine gesellschaftliche Tendenz (Lindau), zur politischen Mobilisierung einen ökonomischen Umbruch (Kretzer) oder zur kritischen Reflexion eine soziale Mentalität (Fontane) vorführen. Paul Lindau hat mit dem „Zug nach dem Westen" ein topographisches Programm vorgelegt, das seine Nachfolger mit verschiedenen Graden psychologischer Vertiefung und literarischer Ausformung mehr oder weniger kritisch variieren.

---

9 Annette von Droste-Hülshoff, *Die Judenbuche*, in: Droste-Hülshoff, *Historisch-Kritische Ausgabe*. Hrsg. v. Walter Huge, 13 Bde., Tübingen: Max Niemeyer 1978–1988, Bd. 5, 1, S. 42.

4 Verdrängungsopfer des Fortschritts in der Holzmarktstraße

Max Kretzers *Meister Timpe* (1888)

Während Paul Lindau den „Zug nach dem Westen" dargestellt und den prätentiösen Westen gegen den solideren Osten ausgespielt hat, ist Max Kretzer mit seinem Berliner Roman ganz im Osten geblieben. Während Lindaus Roman, jedenfalls in den kritischen Augen Fontanes, Gefühlsintensität lebendiger Menschen und die Kritik zeitgenössischer Gesellschaftszustände vermissen läßt, geht es bei Kretzer um sehr konkrete, zwischen Industrie und Handwerk ausgetragene Sozialkonflikte, an denen Menschen nachfühlbar leiden und zugrundegehen. Während Fontanes Kritik an Lindaus Berliner Roman wesentliche Defizite richtig getroffen hat, versagt sein kritisches Instrumentarium gegenüber einem Autor, der mit der Welt des **Tiergartenviertels** nichts im Sinn hat und statt des Aufstiegswillens der im Westen lebenden Bourgeoisie den auf den Osten beschränkten sozialen Abstieg durch Proletarisierung des Handwerkerstandes vorführt. Während Lindau den Osten nur als Kontrastfolie für seine Kritik am Westen vorbringt und Fontane den Osten, außer wenn es sich einmal um die deplatzierte Villa eines Industriellen in der **Köpenicker Straße** handelt, ganz ignoriert, hat Kretzer als einziger der hier behandelten Berliner Romanciers den Osten Berlins, sogar dieselbe Gegend wie bei Lindau, um seiner selbst willen zum ausschließlichen Handlungsort seines Romans bestimmt. Geht es Fontane um die Entmoralisierung der Bourgeoisie, die in Verwaltung, Militär und Industrie der Gründerzeit eine immer wichtigere, sich immer gewichtiger aufspielende Rolle spielt, so Kretzer um die Proletarisierung des bürgerlichen Mittelstands, der das beklagenswerte Verdrängungsopfer der Modernisierung ist, weil Industrialisierung und Stadterweiterung zu einer unmenschlichen Grundstücksspekulation führen.

Wenn Paul Lindau seinen Kritiker Dr. Strelitz programmatisch verkünden läßt, daß die meisten Berliner „an den märkischen Sand gespülte Provinziale aus dem Osten, aus Preußen, Posen, Schlesien"[1] seien und sich dieser „Zug nach dem Westen" innerhalb Berlins noch einmal wiederhole, könnte man meinen, die äußeren Daten von Max Kretzers Biographie seien der intendierte Beleg dieser These gewesen: In Posen 1854 geboren, ist Kretzer dreizehnjährig 1867 nach Berlin gezogen, um wie sein als Hotelier gescheiterter Vater sein Glück hier zu versuchen,

---

[1] Paul Lindau, *Der Zug nach dem Westen*, Stuttgart und Berlin: J. G. Cotta'sche Nachfolger [10]1903, S. 74.

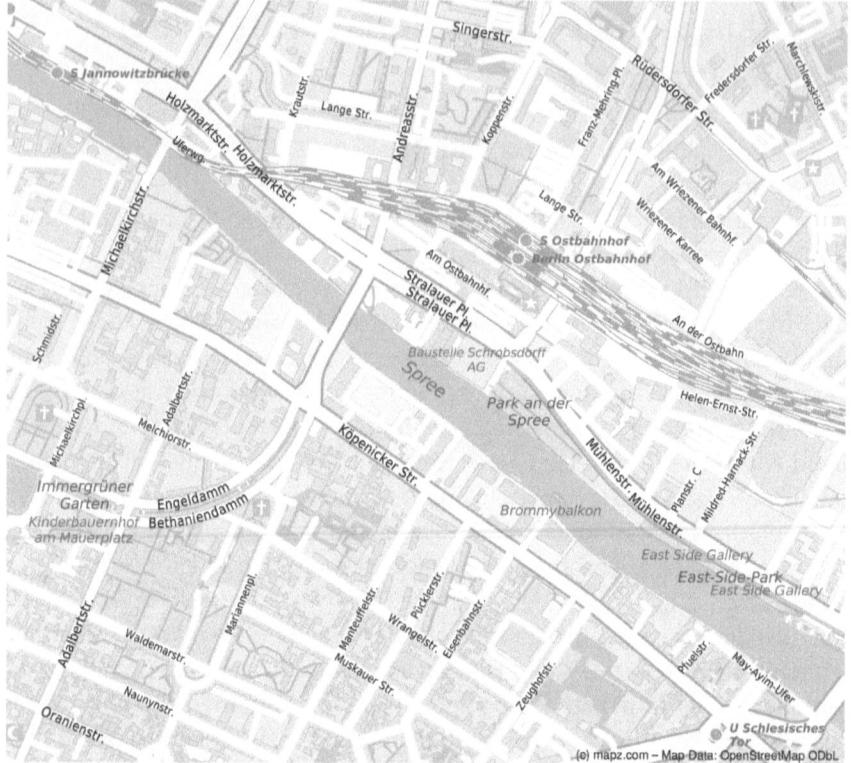

Karte 3: Holzmarktstraße.

und er ist 1941 in der 1920 eingemeindeten westlichen Vorstadt Charlottenburg gestorben, wo er von 1930 bis zu seinem Tod in demselben Haus **Mommsenstraße 60** gewohnt hat wie vor 1914 schon der expressionistische Maler Erich Heckel.[2] Kretzer mußte, nach dem Bankrott seines Vaters als Hotelpächter in Posen, die Realschule abbrechen und in Berlin zunächst als Arbeiter einer Lampenfabrik und dann als Porzellan- und Schildermalergehilfe sein Auskommen verdienen. So hat er von früh an, bis ihn 1879 ein Arbeitsunfall zwang, sich als freier Schriftsteller zu versuchen, die Erfahrungen sammeln können, die er in vielen Romanen, darunter viel Unterhaltungsliteratur mit Kolportagecharakter, sozialkritisch verarbeitet hat. Kretzer hat kein Hehl aus seinem Engagement für die Außenseiter der Gesellschaft, *Die Betrogenen* (1882) und *Die Verkommenen*

---

[2] Eine der früheren Wohnungen Kretzers (um 1915) lag noch viel weiter westlich, westlich vom heutigen **Theodor-Heuss-Platz** in der **Bayernallee 43**.

(1883), so die programmatischen Titel zweier Romane in jeweils zwei Bänden, gemacht. Und es mag kein Zufall gewesen sein, daß Johannes Timpe, die Hauptfigur des Romans *Meister Timpe* (1888), der von seinem treuen Gesellen Thomas Beyer den Sozialdemokraten zugeführt werden soll, wie August Bebel (1840–1913), der zusammen mit Wilhelm Liebknecht (1826–1900) 1869 die Sozialdemokratische Partei gegründet hat, ein Drechslermeister mit verblüffend ähnlicher Spezialisierung ist: Während Bebels Spezialität Fenster- und Türknäufe aus Büffelhorn waren, spezialisiert sich Meister Timpe auf die Knäufe von Spazierstöcken.

Kretzer, der auch einen Aufsatz zum Berliner Roman (vor Fontane) veröffentlicht hat,[3] war zu seiner Zeit ein vielgelesener und in der Literaturkritik heftig umstrittener Autor in der Gattung des an Emile Zola orientierten Sozialromans. Für Carl Bleibtreu, einen seiner begeistertsten Anhänger, war er sogar der „ebenbürtige Jünger Zola's".[4] Wegen seines sozialkritischen Eintretens für die Randgestalten der Gesellschaft ist Max Kretzer in kurzlebigem Überschwang sogar „der Bahnbrecher des Berliner Romans" (Carl Bleibtreu), „ein Berliner Zola" (Hermann Bahr) und ‚der Romancier des Proletariats' genannt worden. Noch 1927 jubelte Johannes Schönherr, der Herausgeber des neuaufgelegten Romans *Meister Timpe*, in seiner Einleitung: „Mit diesem Meisterwerk war der lang ersehnte Berliner Roman geschaffen."[5]

In seinem Erfolgsroman *Meister Timpe*, der heute weniger vergessen ist als Lindaus *Zug nach dem Westen* (1886) und der ab 1976, als unkonventionelle ‚Arbeiterliteratur' im Schwange war, sogar in einer Reclam-Ausgabe nachgedruckt wurde,[6] hat sich Max Kretzer als zuverlässiger Anwalt der Opfer kapitalistischer Ausbeutung erwiesen, auch wenn sein Engagement für die Sozialdemokratie nur von kurzer Dauer war. Er hat sich bald nationalistischen und antisemitischen Strömungen geöffnet und sich schließlich, schon in hohem Alter, sogar noch dem Nationalsozialismus angedient. Weil er aber den vierten Stand in sein literarisches

---

3 Max Kretzer, Zur Entwicklung und Charakteristik des ‚Berliner Romans', in: *Magazin für die Litteratur des In- und Auslandes* 1885, 669–671. Kretzer berichtet (S. 670), daß er noch Anfang der 80er Jahre von seinem Verleger angehalten wurde, auf alle Berlin-Bezüge zu verzichten.
4 Carl Bleibtreu, *Revolution der Literatur*. Neue verbesserte und vermehrte Auflage, Leipzig W. Friedrich 1887. Mit erläuternden Anmerkungen und einem Nachwort neu hrsg. v. Johannes J. Braakenburg, Tübingen: Max Niemeyer 1973, S. 36. Zu Zola und Kretzer vgl. Norbert Bachleitner, *Der englische und französische Sozialroman des 19. Jahrhunderts und seine Rezeption in Deutschland*, Amsterdam: Rodopi 1993.
5 Johannes Schönherr, Vorwort zu Max Kretzer, *Meister Timpe*, Berlin: Büchergilde Gutenberg 1927, S. 10.
6 Der volle Text von Max Kretzers *Meister Timpe* findet sich online bei http://gutenberg.spiegel.de/buch/meister-timpe-6423/1 (21.4.2016)

Personal aufgenommen und sich auf den von Fontane ausgesparten Osten Berlins konzentriert hat, ist er gelegentlich einem nur über das Sujet definierten Frühnaturalismus zugeschrieben worden, der von Gerhart Hauptmann in den Dramen *Vor Sonnenaufgang* (1889) und *Die Weber* (1892) popularisierten sozialkritischen Variante des Realismus, die dem schnellen Verdikt Fontanes verfiel, weil sie nicht sein genrespezifisches Postulat der poetischen ‚Verklärung' erfüllte. Tatsächlich zeichnet sich der Autor des *Meister Timpe* durch den realistischen Stil genauer Beschreibung von Alltagssituationen aus, wie wir es von Realisten gewohnt sind, und zugleich durch die exemplarische Überhöhung des Einzelfalls, die im Konkreten das (gesellschaftlich vermittelte) Allgemeinmenschliche erkennen läßt, wie es Fontane von Realisten erwartet hat.

Aber anstatt den Sozialfall der Verarmung durch poetische Milieuschilderung zu ‚verklären', wie es Fontane am deutlichsten in seinem letzten zu Lebzeiten erschienenen Roman *Die Poggenpuhls* (1896) unternommen hat, beklagt Max Kretzer gerade die aller Verklärung vorausliegende Verdrängung der poetischen Realität, wenn „aus reiner Spekulation alle Poesie verschwinden soll" (54).[7] Anders als Fontane, der die Psychologie der Folgen von Verarmung schildert, zielt Kretzers Kritik, ebenfalls im Namen der Poesie, auf deren Verursachung. Im gewaltigen Umbruch des gründerzeitlichen Berlin muß das gemütlich Alte dem unmenschlich Neuen nur aus finanziellen Erwägungen weichen; das Profitstreben der Reichen verdrängt die Ärmeren aus ihrem angestammten Habitat und zerstört eine ganze Lebensform: „Was dort fiel, war das alte Berlin, der stete Anblick seiner Kindheit, der Märchenduft seiner Knabenjahre. Und jeder Spatenstich, jeder Axthieb und Hammerschlag bereitete seinem Herzen eine Wunde, die ihm brennende Schmerzen verursachte." (64 f.) Die Trauer um den Verlust dieser Berliner Kindheit ist noch nicht kulturphilosophisch geprägt wie fünfzig Jahre später Walter Benjamins *Berliner Kindheit um Neunzehnhundert* (1938), aber sie steht letzterem nicht nach an topographischer Präzisierung der Gesellschaftskritik. Die scheinbar distanzlose Sentimentalität, die Kretzer von Benjamins nostalgischem Rückblick unterscheidet, dient vor allem der Brandmarkung gefühlloser Spekulation. Wer heutzutage über ‚Immobilienhaie' klagt, weil sie die Sanierung von Altbauten nur als Vorwand für rücksichtslose Gentrifizierung betreiben,[8] wird die schmerzliche Melancholie, die Kretzers Roman durchzieht, zu

---

7 Max Kretzer, *Meister Timpe. Sozialer Roman*, Nachwort von Götz Müller, Stuttgart: Reclam 1991, S. 54. Im folgenden wird nach dieser Ausgabe mit der Seitenzahl in Klammern zitiert.

8 Vgl. als Beispiel gegenwärtiger Spannungen den Zeitungsbericht von Verena Friederike Hasel, Investoren gegen Mieter: Da ist die Tür, in: *Der Tagesspiegel*, 7.10.2013, online nachzulesen bei http://www.tagesspiegel.de/berlin/gentrifizierung-in-berlin-natuerlich-kann-man-in-mir-den-boesen-immobilienhai-sehen-wenn-man-moechte/8895732-6.html (21.4.2016)

schätzen wissen und sich schnell von der Aktualität seiner literarischen Probe aufs Exempel mehr politisch als literarisch überzeugen.

Umso mehr muß überraschen, daß Fontane, der selbst das Opfer solcher Mietspekulation war, nicht mehr Verständnis für diese Schilderung eines Verdrängungsprozesses aufgebracht hat. Die Umquartierung ganzer Bevölkerungsschichten hat seit den Gründerjahren die Modernisierung der neuen Hauptstadt Berlin entscheidend geprägt und wirkt heute, seitdem Berlin wieder die deutsche Hauptstadt geworden ist, in ganz anderen Dimensionen fort. Fontane mußte schon 1872, inmitten der überhitzten Wirtschaftskonjunktur der frühen Gründerjahre, eine bequeme Fünfzimmer-Wohnung in der Beletage der **Königgrätzer Straße 25** (bis 1867 **Hirschelstraße 14**, heute **Stresemannstraße/Ecke Dessauer Straße**) aufgeben,[9] weil im Rahmen der 1871 einsetzenden Mietpreisspekulation das Haus verkauft und saniert werden sollte, um die Mieteinnahmen zu verdoppeln. Für die gleiche Miete (70 Taler im Quartal) hat Fontane daraufhin von 1872 bis zu seinem Tod 1898 in der nahen **Potsdamer Straße 134 c** in einer 140 qm großen Wohnung, allerdings nun im weniger begehrten zweiten Stock, gewohnt. Nicht einmal in seinem Sammeltagebuch für 1872 nennt er den Grund des Umzugs: „Oktober: Umzug in die neue Wohnung. Mög es **Potsdammerstraße 134 c.** nicht schlechter uns ergehn als **Hirschelstraße 14**, das sich später, zu Ehren von anno 66, in **Königgrätzer-Straße 25** verwandelte. Die Neu-Einrichtung dauert sehr lange; kaum zu Weihnachten sind wir in Ordnung."[10] Wo Wohnqualität an die Rendite anonymer Aktionäre gekoppelt ist, sollte auch die Ökonomisierung des großstädtischen Alltags, wie sie Kretzer beschreibt und Fontane verschweigt, ein modernes Anliegen des gesellschaftskritischen Realismus sein.

Die Schilderung einer solchen Erfahrung, wie sie Fontane theoretisch vom Realismus gefordert, aber als Kritiker abgelehnt hat, weil ihm die daraus gezogenen Konsequenzen vermutlich als zu ideologisch erschienen sind, bestimmt den melancholischen Grundton dieses Berliner Romans. Was Fontane, nach der Lektüre des Romans in seinem schlesischen Ferienort Krummhübel im Juli 1888, mit einem einzigen lakonischen Satz von obenhin einfach abgetan hat („Max

---

9 An der Stelle des Hauses, von dessen vier Straßenfenstern aus Fontane 1871 den Triumphzug der aus dem Deutsch-Französischen Krieg als Sieger heimkehrenden Truppen beobachten konnte, steht heute ein markanter Bau der irakischen Architektin Zaha Hadid (1950–2016).
10 Theodor Fontane, Aus den Tagebüchern 1866–1898: 1872, in: Fontane, *Sämtliche Werke*, Abt. III, Bd. 3: *Reiseberichte und Tagebücher*, Zweiter Teilband: *Tagebücher*. Hrsg. v. Helmuth Nürnberger und Bernhard Zand, München: Carl Hanser 1997, 1114–1115, S. 1114. Die heute **Stresemannstraße** genannte einstige **Hirschelstraße** war zu Ehren des preußischen Sieges über Österreich in Königgrätz in **Königgrätzer Straße** umbenannt worden.

Kretzers „Meister Timpe" langweilte mich."),[11] ist in Wirklichkeit so sehr aus dem realen Leben gegriffen, daß es sich sogar mit Fontanes eigener Erfahrung deckt. Die Menschlichkeit des Nebensächlichen, die Fontane als Darstellungsziel des Realismus vorschwebt, erscheint in Kretzers zur Anklage geratener Klage über die Verdrängung der menschlichen Solidarität, dieses bedrohten Grundwerts, den die Poesie kleinbürgerlicher Lebensräume hochhält. Von dem gelegentlich zu sentimental formulierten Verlustschmerz rührt eine emotionale Energie, die diesen „sozialen Roman", wie er im Untertitel heißt, trotz seiner politisch zwiespältigen Verbeugung vor der Partei durchaus nicht auf die parteiliche Ebene eines ‚sozialdemokratischen Romans' drückt. Dieser soziale Roman will nicht wie Charles Dickens, der Begründer des Genres, das Elend als Folge der industriellen Revolution darstellen, sondern den gesellschaftlichen Prozeß exemplifizieren, der die ökonomische und menschliche Verelendung zur Folge hatte. Vor allem geht es, in der Kleinräumigkeit des zunehmend industrialisierten Ostens von Berlin, um die menschlichen Konsequenzen der rasanten Stadtentwicklung in der Gründerzeit, um die menschlichen Folgen der städtebaulichen und verkehrstechnischen Erschließung des Berliner Ostens. Insofern könnte man sogar meinen, daß der eigentliche Gegenstand des Romans weniger die Menschen, an denen das Problem mit großer Empathie nur exemplifiziert wird, als ein ganzer Stadtteil ist, der im Zuge der Urbanisierung seinen ursprünglich teilweise noch agrarischen Charakter verliert. Die Menschen, die es sich leisten können, ziehen, wie wir in Lindaus Roman gesehen haben, immer mehr in den Westen Berlins, während viele Menschen, die im Osten bleiben, mit ihrer Selbständigkeit auch ihre Identität verlieren und als Lohnarbeiter in den Mietskasernen enden, die auf den Grundstücken einst selbständiger Handwerkerbetriebe errichtet werden und eine schnellere Verkehrsanbindung an das Stadtzentrum brauchen.

Bezeichnete in Lindaus Roman *Der Zug nach dem Westen* die **Koppenstraße** im Osten Berlins nur die Adresse einer Herkunft, die man auf dem Weg zum sozialen Aufstieg in die bessere, reiche Gesellschaft hinter sich lassen wollte, ist in Kretzers Roman dieselbe Gegend zwischen der **Koppenstraße** und der parallel verlaufenden und in die größere **Holzmarktstraße** mündenden **Andreasstraße** der repräsentative Ort des Geschehens, das symbolische Zentrum der sozialen Konflikte, in denen der Handwerksmeister Timpe aufgerieben wird. Weil es bei Verdrängungsprozessen um Raumkämpfe geht, kommt dem in *Meister Timpe* von Anfang bis Ende umkämpften Grundstück und seiner Geschichte als urbaner

---

[11] Theodor Fontane, Aus den Tagebüchern 1866–1898: Vom 8. Juli bis 15. Juli (1888), in: Fontane, *Sämtliche Werke*, Abt. III, Bd. 3: *Reiseberichte und Tagebücher*, Zweiter Teilband: *Tagebücher*. Hrsg. v. Helmuth Nürnberger und Bernhard Zand, München: Carl Hanser 1997, 1196–1197, S. 1197.

Mikrokosmos eine ganz besondere topographische Bedeutung zu. Die Ortsbeschreibungen des architektonischen Umbruchs, der diese Gegend und ihre Bewohner erfaßt, nehmen deshalb einen entsprechend großen Raum ein:

> Er befand sich in jenem Gewirr enger Straßen des Ostens von Berlin, die sich wie ein Überbleibsel aus alter Zeit bis heute noch erhalten haben. Altehrwürdige Giebeldächer mit Mansardenfenstern blickten auf ihn herab. Unregelmäßig standen die Gebäude am schmalen Trottoir, hier eines von schiefer Haltung, wie von der Last der Jahre vornübergebeugt, dort eines weit hinter die Front gerückt, geziert mit einem kleinen Vorgarten, dessen Efeu die schmalen Fenster umrankte und bis zum Dach hinauflief. Nur vereinzelt überragte ein vierstöckiger Steinkasten, wie ein schlank gewachsener Jüngling zusammengeschrumpfte Greise, die vorväterlichen Wohnstätten, um, einem stummen Wahrzeichen gleich, den Segen der neuen Zeit zu verkünden. (5)

Unter der gemütlichen Anthropomorphisierung der wie Jünglinge und Greise einverträglich koexistierenden Gebäude kleiner und großer Ausmaße lauert schon die Verdrängung der alten durch die neue Zeit, wenn die „Mietskasernen" (62), die nichts als „Steinkasten" sind, die „vorväterlichen Wohnstätten" ganz und endgültig ersetzen werden.

Für diese schmucklosen vierstöckigen Zweckbauten, in denen möglichst viele Menschen auf engstem Raum untergebracht wurden, kam das Wort ‚Mietskaserne' um 1870 auf, als immer mehr straßenseitige Vorderhäuser zunächst durch Seitenflügel ergänzt und schließlich die hinter dem Haus liegenden Gärten durch einen bis heute euphemistisch ‚Gartenflügel' genannten rückseitigen Querbau zum lichtarmen, unhygienischen Hinterhof verengt wurden, der mit Mülltonnen, Teppichstangen und Wäscheleinen, mit spielenden Kindern und dem gelegentlichen Leierkastenmann seine eigene Stadtkultur entwickelte. Der Hinterhof mußte laut Baupolizeiordnung mindestens 5,34 Meter im Quadrat groß sein, damit eine von Pferden gezogene Feuerwehrspritze darin wenden konnte. So viele Mieter wie möglich auf ein kleines Grundstück zu zwängen, war das erklärte Spekulationsziel der Investoren, die selber eher in Villen des Berliner Westens wohnen oder wie der Industrielle Urban in *Meister Timpe* „eine sehr schöne Villa, zu der ein prächtiger Garten gehört" (59), in Steglitz besitzen.

Das berüchtigste Beispiel einer Berliner Mietskaserne war Meyers Hof, der, 1871 in der **Ackerstraße 132** errichtet, eine Flucht von sechs durch Tordurchfahrten miteinander verbundenen Hinterhöfen aufwies und in 257 Wohnungen (mit jeweils einer Wohnküche und einer Schlafkammer) etwa 2000 Menschen beherbergte.[12] Solche für die Großunternehmer, die diese Behausungen errichten

---

12 Vgl. die beschönigende Beschreibung (1884) von Meyers Hof durch Julius Rodenberg, den Gründer und Herausgeber der *Deutschen Rundschau:* „Endlich bietet sich mir auch in der

ließen, profitablen und für die so ‚kasernierten' Bewohner gesundheitsschädlichen Behausungen schoben sich immer mehr in die noch ländlichen Vorstädte vor, als der von Landflucht und Industrialisierung bestimmte explosionsartige Bevölkerungzuwachs Berlins von 172 000 (1800) auf 1,7 Millionen (1900) aufgefangen werden mußte. Allein zwischen 1877, als Berlin Millionenstadt wurde, und 1905 hat sich die Bevölkerung auf 2 Millionen verdoppelt. Während der Anteil der Selbständigen, in der Mehrheit Kleinbauern und Handwerker, im 19. Jahrhundert von 50 Prozent auf 20 Prozent sank, wuchs die Zahl der Arbeiter in Deutschland im gleichen Zeitraum von 80 000 auf 8 Millionen, die auf Kosten des schrumpfenden Handwerkerstands untergebracht werden mußten. Der Verelendung der Wohnverhältnisse auf der einen Seite unter den Fabrikarbeitern entsprach die gegen alle Widerstände erzwungene Vertreibung aus den „vorväterlichen Wohnstätten" auf der anderen Seite unter den Handwerkern. Weil er fürchten muß, „daß sein Gärtchen eines Tages einem jener dunklen Höfe gleichen könne, über welche die Sonnenstrahlen nur auf Minuten dahinhuschen, ohne jemals ganz die Tiefe zu erreichen" (27), ist auch Meister Timpe, der nun schon in der dritten Generation gegen die Urbanisierung ankämpft und, weil der Gegner

---

Ackerstraße noch ein Anblick, welcher allein genügen würde, den ungeheuren Abstand zwischen Einst und Jetzt darzuthun, oder gewissermaßen in einem Bilde zu zeigen: Ich meine die Meyer'schen Familienhäuser, welche den Platz einnehmen, wo früher die Baracken des Voigtlandes gestanden haben. Auch damals gab es hier schon Familienhäuser. Aber wie es darin ausgesehen, das ist in dem Buche Bettina von Arnim beschrieben. Wenn man mit solchen Zuständen die gegenwärtigen Familienhäuser vergleicht, dann begreift man, welche Fortschritte wir seitdem gemacht haben. Colossal in ihrem Umfange, geben sie dem Verhältniß sichtbaren Ausdruck, in welchem mit sparsamster Ausnutzung des vorhandenen Raumes zugleich für das häusliche Wohlbefinden und die sanitäre Zukömmlichkeit großer, dicht zusammen wohnender Menschenmengen gesorgt werden kann. Diese Familienhäuser sind Miethäuser mit etwa fünfhundert Einwohnern. Sie gleichen einer kleinen Stadt, wimmelnd von Menschen und mit jeder Art von Hantierung. Die Front des Hauptgebäudes, mit zwei mächtigen Portalen, flankiert die **Ackerstraße**; dahinter öffnen sich fünf Höfe, jeder mit zwei vierstöckigen Quergebäuden, durch welche ein gewölbter Durchgang führt, mit zwei Seiteneingängen für die Häuser selbst.
In den Höfen herrscht das Leben einer Straße: Kinder spielen fröhlich umher, Werkstätten von jeglicher Beschaffenheit sind in vollem Betrieb, und Frauen, welche Grünkram und Obst feilhalten, sitzen an den Ecken. Den Hintergrund des letzten Hofs bildet eine Badeanstalt mit einer großen Uhr, welche die Zeit in diesem Gebäudecomplex regelt, und vorn, am Straßenportal, hängt eine fast die ganze Wand bedeckende Tafel mit den Namen der Einwohner, daneben allerlei sonstigen Benachtigungen [sic!]. Ich muß sagen, daß dies Alles einen guten Eindruck machte, wie ich bei Zwielicht die Höfe durchschritt, in welchen so viele Hunderte dicht zusammen leben und dennoch einander nicht im Wege sind. Die Luft in den angemessen geräumigen Höfen war nicht schlecht, und als ich sie verließ, fingen eben die Gaslaternen an, ihr reichliches Licht in denselben zu verbrennen." (zit. http://www.berlinstreet.de/5563 2.5.2016)

mächtiger und kapitalkräftiger geworden ist, den Kampf schließlich verliert, nur ein Einzelfall unter vielen tausenden.

Die Realistik der räumlichen Darstellung von Gegenden, Grundstücken und Häusern hat also immer exemplarischen Charakter. Die kartographisch nachvollziehbare Lokalisierung versucht in der Einzelbeschreibung immer das Allgemeingültige zu treffen. So hat auch das von der neuen Zeit bedrohte Haus des Drechslermeisters Johannes Timpe einen für das traditionelle Handwerk typischen Grundriß, auf den der perspektivische Blick wie auf ein flämisches Gemälde häuslicher Interieurs fällt:

> Durch die geöffnete Hoftür fiel ein fahler Schein auf die roten Steinfliesen des Flurs, der sich schmal und lang, gleich einer Kegelbahn, durch das altertümliche Haus zog. Links befand sich die Werkstatt des Vaters, rechts die Wohnung der Eltern. Auf dieser Seite führte eine schmale, gebrechliche Stiege zum einzigen Stockwerk des Hauses empor, in dem zwei kleine, bewohnbare Stuben sich befanden. In der einen schlief Franz, in der anderen Gottfried Timpe, der Großvater. (9)

Nicht nur leben drei Generationen beengt unter einem Dach, vor allem aber sind Arbeitsplatz und Wohnung noch vereint im selben Haus; die räumliche Entfremdung der Arbeit von dem Lebenskreis der Familie, die für die bürgerliche Kultur so folgenreich war, hat hier noch nicht stattgefunden. Jürgen Habermas hat in seinem Buch *Strukturwandel der Öffentlichkeit* (1962) auf die Folgen der immer mehr in Großbetrieben, fern der Wohnstätte organisierten Arbeit hingewiesen und vor allem die „Einschrumpfung der privaten Sphäre auf die inneren Bezirke einer weitgehend funktionsentlasteten und autoritätsgeschwächten Kleinfamilie – das Glück im Winkel" betont.[13] Ganz abgesehen von dem Wandel der Familienstruktur, hat die drohende Auslagerung der Arbeit in entfernte Werkstätten und schließlich in Fabriken die vielstöckige Bauweise der großen Mietshäuser ermöglicht, die sich, als bloße Wohnstätte vor allem für Fabrikarbeiter, immer mehr in die östlichen Stadtrandgebiete vorschoben. Eine Etagenwohnung zieht eine undurchdringlicher gedachte Mauer um den nun ‚exklusiven' Wohnbereich als ein Zaun oder eine Mauer, die benachbarte Grundstücke gegeneinander abgrenzt. Auf dem immer kleiner werdenden Areal wird die Sicherung dieser Grenze ein evolutionär vorgeschriebener Prozeß der Identitätsbildung im ständigen Kampf gegen Übergriffe, die bei der Verdichtung der Raumnutzung immer häufiger und schließlich gewalttätig werden.

---

13 Vgl. Jürgen Habermas, *Strukturwandel der Öffentlichkeit. Untersuchungen zu einer Kategorie der bürgerlichen Gesellschaft*, Neuwied und Berlin: Sammlung Luchterhand 1971, S. 192.

Die unheimliche Großstadt dringt noch nur akustisch in die Beschaulichkeit des idyllischen Privatraums ein: „Nur wie ein leises Brausen drang das Branden und Wogen des Berliner Lebens über die Dächer hinweg in diese abgeschlossene Idylle hinein." (25) Kretzers Thema ist die Zerstörung der poetischen Idylle, in der die Kleinbürger ihr ganz privates Glück im Winkel gefunden hatten, als lebten sie in einem Gemälde von Carl Spitzweg. Kretzer teilt die Empörung seiner Figuren, die „erleben, daß aus reiner Spekulation alle Poesie verschwinden soll. Das ist wirklich abscheulich! Weil die Bäume nicht rechnen können, sollen sie fallen!" (54) Weil die Verdrängung natürlicher Lebensformen durch Industrie und Technik im Interesse der Grundstücksspekulation erfolgt, muß ihre kritische Darstellung so entschieden topographisch verankert werden, daß die Geschichte eines exemplarischen Grundstücks die seines Bewohners spiegelt. Die Verräumlichung des historischen Prozesses ist die selbstgestellte Aufgabe dieser sozialkritischen „Poesie".

Als der Großvater des jetzigen Meister Timpe im Jahre 1820 hier in der Spreenahen Gegend der **Holzmarktstraße** das kleine Haus gebaut hat, „war von dem großen Stadtteile, der sich heute von der **Frankfurter Straße** bis zur Spree hinzieht, noch wenig zu sehen. Vereinzelt standen die Häuser zwischen Gärten, Baustellen und Getreidefeldern. [...] Die Straßen glichen ländlichen Fahrwegen, auf denen man hin und wieder tief im Sande versank; und die ein- und zweistöckigen Häuser, welche sich mit der Zeit zu Straßenzügen aneinandergekettet hatten, waren zum größten Teil von armen Handwerkern bevölkert, die notdürftig ihr Dasein fristeten." (12f.) Aber trotz Armut und Elend war „die ganze ungeheure Hälfte Berlins, die sich von dem **Schlesischen** bis zum **Rosenthaler Tor** hinzog" (13), also vom tiefsten Osten am Ostende der **Köpenicker Straße** nahe der **Oberbaumbrücke** vor allem auf der Nordseite der Spree bis zum heutigen **Rosenthaler Platz** im Norden die Wohn- und Arbeitsgegend arbeitsamer Kleinbürger, die stolz auf ihre Erwerbstätigkeit waren, nicht über ihre Verhältnisse lebten und so die alten Handwerkertugenden Fleiß und Bescheidenheit pflegten. Aber das Grundstück, das einst „ein einsamer Vorposten an der Peripherie der Stadt" (12) war, wird nun, da sich verschiedene Interessenten darauf konzentrieren, immer mehr zum Schlachtort, an dem der Konflikt der Interessen auf Kosten seiner Bewohner ausgetragen wird.

Der zwischen Ende April 1872 und Februar 1882 spielende Roman zeigt einen mit dem wirtschaftlichen Aufschwung und der technischen Modernisierung Berlins einsetzenden Mentalitätswandel, der die Familie Timpe schnell auseinanderreißt und den zwischen Großvater Gottfried Timpe und Sohn Franz Timpe zerrissenen Meister Johannes Timpe schließlich zugrunderichtet. Wie in Paul Lindaus Roman die Familien Wilprecht und Ehrike, die aus dem mächtigen Holzhandel der bis heute danach benannten Gegend um die **Holzmarktstraße** stammen und sich vom Verkauf des Familienbetriebs in der **Koppenstraße** ein gutes Leben in Berlin W. leisten, ist auch Meister Timpe von dem Geist der neuen Zeit schon so sehr angefressen, daß er seine Werkstatt zur kleinen Fabrik ausbauen und „das Geschäft kaufmännisch betreiben" (19) will, ohne daß er die dafür nötige betriebswirtschaftliche Erfahrung oder gar das Eigenkapital hätte. Deshalb projiziert er die aussichtslose Expansion auf seinen verwöhnten Sohn Franz, damit es ihm stellvertretend gelingen möge, „eine bessere soziale Stellung einzunehmen und sich mit weniger saurem Schweiß durchs Leben zu schlagen" (15). Der „inmitten der Weltstadt" (17) großgewordene und immer leichtsinniger lebende Sohn, den der mürrische Großvater mit wachsendem Unmut beobachtet, weil er die traditionellen Tugenden verachtet, und den der Vater mit blindem Auge immer noch mehr verzieht, ist „von dem brennenden Ehrgeiz beseelt, in eine andere Sphäre der Gesellschaft hineinzukommen" (17). Tatsächlich schafft es der schnell avancierte Lehrling des Fabrikanten Ferdinand Friedrich Urban, dessen Stieftochter Emma Kirchberg zu ehelichen, damit zum arroganten Juniorchef des Großbetriebs aufzusteigen und seine Eltern, deren er sich inzwischen schämt, aus seinem nun geselligen Leben der Wohlhabenden auszuschließen.

Der konventionelle Vater-Sohn-Konflikt wird hier sozial ausgeweitet und moralisch dadurch zugespitzt, daß der ökonomische Aufstieg des Sohnes dem existentiellen Niedergang des Vaters nicht nur umgekehrt entspricht, sondern daß er sowohl der kriminelle Grund als auch die intendierte Folge der Vernichtung des eigenen Vaters ist. Um sich bei seinem Chef und künftigen Schwiegervater einzuschmeicheln, scheut sich Franz nicht, von seinem Vater kunstvoll handgearbeitete Modelle für Spazierstockknäufe für die billigere industrielle Massenproduktion zu entwenden und ihm damit die Grundlage seiner gewerblichen Existenz zu rauben. Zu spät, nachdem erst sein Vater und dann auch seine Frau Karoline gestorben sind, sieht der vereinsamte Johannes Timpe ein, daß er, indem er das alte Handwerksideal aufgegeben hat und seinem Sohn eine bessere, leichtere Zukunft bereiten wollte, sich selbst das Grab geschaufelt hat.

In schematischer Zuspitzung bilden Großvater, Vater und Sohn „den Typus dreier Generationen", der erste die überholte naive Sittlichkeit des deutschen Bürgers, der zweite den selbstbewußten, aber immer noch bescheidenen „Bürger als vornehmste Stütze des Staates" und der dritte „die neue Generation der beginnenden Gründerjahre", in denen „die große Lüge unserer Zeit [...] den Schein über das Sein stellt" (20 f.). In der Scheinkultur auftrumpfender Großmannssucht ist Franz Timpe der Phänotyp eines autoritär-arroganten, gefühllos-prätentiösen Herrenmenschen, dem die Zukunft gehört.

Damit könnte die Geschichte vom mörderischen Sohn Franz, für dessen negativ überzeichnete Figur Kretzer in Schillers Franz Moor ein deutliches Vorbild gefunden hat, als moralische Parabel enden, als würde alles gut, wenn man nur den Rat des Großvaters für die jüngere Generation beherzigen würde: „Mach den Jungen zu einem ordentlichen Handwerker, erziehe ihn zu harter Arbeit, dann wird er auch stets sein Brot finden und euch nicht über die Köpfe wachsen." (16) Aber Kretzer ist nicht an einer moralischen Lösung interessiert, solange das Problem, das dem Familienkonflikt zugrundeliegt, ein gesellschaftlicher Strukturwandel von viel größeren Ausmaßen ist, der eine kritische, aber emotional nachvollziehbare Darstellung verdient. Die Familie Timpe ist, so sehr sie selbst dazu neigt, das gesellschaftspolitische Problem durch persönliche Moralisierung kleinzureden, das exemplarische Opfer eines Modernisierungsschubs, der mit der Industrialisierung des Arbeitsprozesses, mit der Monetarisierung menschlicher Beziehungen und vor allem mit der Urbanisierung noch weitgehend kleinstädtischer Lebensformen zusammenhängt. Dieser Zusammenhang wird ganz auf der räumlichen Ebene sozialer Topographie ausgeleuchtet, wie sie in keinem anderen der hier behandelten Romane so deutlich in Erscheinung tritt.

Es geht in dem ganzen Roman eigentlich um nichts anderes als um die projektierte Umnutzung eines einzigen Grundstücks, das kleine, nun schon in dritter Generation bewohnte Familienanwesen von 1820, das als altertümlicher Fremdkörper der städtebaulichen Modernisierung im Wege steht und deshalb die symbolische Bedeutung einer privaten Festung annimmt:.

> Was dem Hause als ein besonderes Merkmal anhaftete, war seine außergewöhnliche Lage. Es stand mit der Front schräg hinter der Straße, so daß vor seinen Fenstern zwischen der Flucht des Trottoirs und der Seitenwand des Nachbarhauses ein spitzwinkliger Vorderhof entstanden war, der von der Straße durch ein Holzgitter getrennt war. Dieser absonderliche Umstand hatte auch an der Schmalseite des Gebäudes, an deren äußerster Ecke das andere Nachbarhaus hervorragte, einen zweiten, kleineren Winkel geschaffen, der durch eine Bretterwand bis zur Höhe der Giebelfenster den Blicken verdeckt war. Man hätte das ganze Häuschen wie einen steinernen, nach Fertigstellung der Straße in dieselbe hineingetriebenen Keil betrachten können, wenn nicht sein Alter dem widersprochen haben würde. In Wahrheit war es bereits vorhanden gewesen, als vor einem halben Jahrhundert die Notwendigkeit zur Anlage einer Straße an dieser Stelle sich geltend gemacht hatte und man das Häuschen rechts und links zu umbauen pflegte, weil sein bisheriger Besitzer, Ulrich Gottfried Timpe, nicht die geringste Neigung zeigte, seine Rechte zu veräußern. (12)

Weil die namenlos bleibende Straße erst später angelegt wurde, hat das Grundstück, an dem ein typischer Fall statuiert wird, keine bestimmte Adresse. Wichtiger als die genaue Postanschrift ist die Positionierung in der zunehmend industrialisierten Gegend um die **Holzmarktstraße,** die ein Teil der **Stralauer Vorstadt** ist. Wir können uns das Grundstück, in dessen Garten der Lindenbaum mit seiner Aussichtswarte steht, in dem Areal denken, das im Westen von der **Krautstraße,** im Osten von der **Koppenstraße,** im Norden von der **Langen Straße** und im Süden von der **Holzmarktsraße** begrenzt ist:

Über die Dächer der niedrigen Häuser hinweg konnte der Meister seinen Blick in die Ferne schweifen lassen. Wendete er den Rücken, so schaute er in das Treiben der **Holzmarktstraße** hinein, die sich längs der Spree hinzog. Rechts am diesseitigen Ufer tauchte das langgestreckte, schwarze Gebäude einer Eisengießerei auf, links davon in einiger Entfernung die Riesengasometer einer Gasanstalt, die sich wie Festungsbollwerke ausnehmen; und hinter ausgedehnten Holzplätzen eine Zementfabrik, deren ewig aufwirbelnde weiß-gelbe Staubwolken die Luft durchzogen und einen scharfen Kontrast zu den sich auftürmenden Kohlenbergen der Gasanstalt bildeten. Und gerade gegenüber, jenseits des Wassers, zeigt sich ein großes Mörtelwerk, im Hintergrunde begrenzt von den Rückseiten hoher Mietskasernen, die, aus der Entfernung betrachtet, den Eindruck riesiger Bauklötze machten, an denen schwarzgemalte Fenster prangen. Das ganze Bett der Spree aufwärts lag zwischen einem bunten Panorama aneinandergeketteter Bilder: Lange Reihen Wohnhäuser, deren Gärten bis zur Spree hinunterliefen und kleine Oasen bildeten, wechselten mit Zimmer- und Holzplätzen, Abladestellen der Flußkähne und Färbereien ab, deren Waschkasten wie schwimmende Holzhäuser im Wasser lagen. Hin und wieder zeigte sich eine Schiffswerft, die langgestreckte Halle einer Badeanstalt und eine auf Pfählen gebaute, in den Fluß ragende Landungsbrücke. Dann die Stätteplätze der Ziegeleibesitzer, mit ihrem rotgefärbten Boden, der wie blutgetränkt erschien, die Trockenplätze mit ihren frisch gefallenem Schnee gleichenden Bleichen und die alles überragenden Schornsteine der Fabriken, die den Rauch immer schwächer und schwächer entsteigen ließen, bis sie gleich „Obelisken der Arbeit" dunkel und schweigsam zum Himmel starrten. (S. 62f.)

Die Poesie eines realistischen Stadtpanoramas ist hier besonders eindringlich eingefangen worden. Fast aus der Vogelperspektive („Über die Dächer der niedrigen Häuser hinweg") wird der Stadtplan des Berliner Ostens zum Lebensbild urbaner Funktionen konkretisiert, impressionistisch ausgemalt in den Farben des „bunten Panoramas aneinandergeketteter Bilder", von dem „schwarzen Gebäude" der Eisengießerei über die „weiß-gelben Staubwolken" der Zementfabrik zum „rotgefärbten Boden" der Ziegelei, „der wie blutgetränkt erschien," bis hin zu den „frisch gefallenem Schnee gleichenden Bleichen" der Großwäschereien, so daß sich das Bild der Schornsteine als „Obeliske der Arbeit" in einen orientalischen Traum verwandelt. Der Traum, gesehen von einer zwischen **Holzmarktstraße**, **Krautstraße** und **Koppenstraße** gelegenen Aussichtswarte, ist auch in seiner industriellen Realität immer noch so behaglich gezeichnet, daß man sich kaum vorstellen kann, wie Lindaus Romanfiguren, wenn sie ebenso verwurzelt wären wie Meister Timpe, aus dieser Gegend in den prätentiösen Berliner Westen haben fliehen wollen.

Im krassen Gegensatz zum eleganten Villenviertel im Tiergarten sieht man hier nur Industrieanlagen, eine Eisengießerei, eine Gasanstalt, eine Zementfabrik, ein Mörtelwerk, unzählige Holzmärkte, in der Ferne einige Mietskasernen und eine von Industrieabwässern so verschmutzte Spree, daß Friedrich Rückert, der ab 1841 Professor der Altorientalischen Sprachen an der Berliner Universität war, schon 1845 klagen konnte: „Der Spree / Ist's weh, / Sie kann sich nicht entschließen, / In Berlin hineinzufließen, / Wo die Gossen sich ergießen, / Wer mag es ihr verdenken? / Sie möchte' lieber, wenn sie dürft', umlenken. / Hindurch doch muss sie schwer beklommen; / Sie kommt beim Oberbaum herein, / Rein wie ein Schwan, / Um wie ein Schwein, / Beim Unterbaum herauszukommen."[14] Zu dieser Wasserverschmutzung, die sich von der **Oberbaumbrücke** bis zur 1879 errichteten und 1993 mit einem markanten Entwurf von Santiago Calatrava ersetzten **Kronprinzenbrücke** an der damaligen Westgrenze der Stadt erstreckt, haben sicherlich die Abwässer der vielen Fabriken beigetragen, darunter die Görlitzer Maschinenbau-Anstalt und Eisengießerei in der **Holzmarktstraße 59**,[15] die 1847 mit zwei riesigen Gasometern errichtete erste Berliner Städtische Gasanstalt am (dem heutigen Ostbahnhof vorgelagerten) **Stralauer Platz 33/34**, die vielen zur Lagerung von Baumaterialien verpachteten Holzplätze, wobei nach einem kommunalen Finanzierungsplan von 1853 zehn solcher Lagerplätze allein in der **Holzmarktstraße 22–33** lagen.[16] Und auf der südlichen Spreeseite, wo in der **Köpenicker Straße** Fontanes Familie Treibel ihre Villa mitten auf dem Fabrikgelände ihrer Blausalz-Produktion bewohnt, befinden sich noch einmal so viele Holzplätze, deren einer von Treibels ältestem Sohn Otto geführt wird, außerdem wichtige Firmen der Berliner Industriegeschichte wie die am 1. Oktober 1874 von Otto Bergmann und Adolph Franz gegründete und bis heute existierende Bleirohrfabrik und Röhrengroßhandlung Bergmann & Franz (**Köpenicker Straße 50, Ecke Michaelkirchstraße**), die bei der Anlage der Berliner Kanalisation eine wichtige Rolle gespielt hat, oder die Maschinenfabrik des Flugpioniers Otto Lilienthal (1848–1896), der auf seinem Gelände die erste Serienproduktion von

---

14 Friedrich Rückert, Der Spree ist's weh, zitiert nach dem Motto des Einleitungskapitels von Karin Winklhöfer, *Die Wasserqualität der Berliner Spree zwischen Reichsgründung und Erstem Weltkrieg*, Diss. FU Berlin 2014 –http://www.diss.fu-berlin.de/diss/servlets/MCRFileNodeServlet/ FUDISS_derivate_000000016870/Karin_Winklhoefer-diss-apr-15-1.pdf (3.5.2016)
15 Erschlossen über den *Offiziellen Katalog der Allgemeinen Deutschen Ausstellung auf dem Gebiet der Hygiene und des Rettungswesens* (Berlin 1883).
16 Die ganze Gegend war eine Ansammlung von Holzplätzen, die nach der Auflösung des Holzhandlungs-Instituts 1816 von der Kommune verpachtet, aber für die Verbreiterung der Holzmarktstraße und für die Anlage des **Stralauer Platzes** vor dem heutigen Ostbahnhof immer mehr beschnitten wurden. Vgl. für die genannten Holzplätze in der **Holzmarktstraße 22–33** den *Bericht über die Verwaltung der Stadt Berlin in den Jahren 1829 bis inc. 1840*. Hrsg. v. den Städtischen Behörden, Berlin: Gedruckt bei A. W. Hayn 1842, S. 120: „Von den 4 Plätzen zwischen der **Koppens- und Fruchtstraße** sub Nr. 31, 32, 33 und 34, wurde der erste Platz Nr. 32 [...] zur Aufstellung der Holzvorräthe für die städtischen Rathhäuser etc. benutzt, und im Jahre 1824 darauf ein Spritzen- und Wärterhaus von 2 Etagen Höhe für 2,520 Rthlr. erbaut, dessen 2te Etage zu Dienstwohnungen für die Holzwärter und den Stadt-Bauschreiber eingerichtet ist." Die **Fruchtstraße** (seit 1971 **Straße der Pariser Kommune**) verläuft parallel zur **Koppenstraße**, östlich des heutigen Ostbahnhofs.

Gleitflugzeugen begonnen hat (**Köpenicker Straße 113**), bevor er am 9. August 1896 am Gallenberg bei Stölln in Nordwesten von Berlin tödlich abstürzte, oder die 1872 von Carl Bolle gegründete Eisfabrik (**Köpenicker Straße 40/41**). Außerdem fand sich am Südufer der Spree aufwärts, gegenüber der Altstadt von Köpenick, die schon 1832 von Wilhelm Spindler in der **Burgstraße 3** gegründete und 1873 an die Oberspree verlegte Großwäscherei und Färberei W. Spindler, die größte Wäscherei und erste chemische Reinigung Deutschlands, an die heute der Ortsname **Spindlersfeld** erinnert. Bevor er selbst dem *Zug nach dem Westen* gefolgt ist, hat Max Kretzer in den 1880er Jahren, als er auch *Meister Timpe* schrieb, in der **Adalbertstraße 17**, in einer südlichen Querstraße der **Köpenicker Straße** gewohnt; er kannte sich in dieser von Kleingewerbe und Großindustrie geprägten Gegend südlich und nördlich der Spree also gut aus.

Wenn in Kretzers Roman der Fabrikant Urban eine kleine Gesellschaft gibt, findet sich unter den „schlichtbürgerlichen Familien" aus dem Berliner Osten, über die Urbans „kleiner gesellschaftlicher Größenwahn" (95) eigentlich schon hinausstrebt, neben dem vermögenden Weinhändler Rosé und dem reichen Tuchhändler Häberlein aus der **Königsstadt** (einer ab 1873 so genannten Vorstadt im Nordwesten der **Stralauer Vorstadt**) auch der Dachpappenfabrikant Ramm aus der **Köpenicker Straße**, alle mit ihren Gattinnen und Töchtern und Söhnen im heiratsfähigen Alter. Wie die Bourgeois im **Tiergartenviertel** sind auch die Unternehmer und Fabrikanten dieses ausgedehnten Gewerbegebiets beiderseits der östlichen Spree unter sich und tuschelnd beschäftigt mit Verkupplungsintrigen, die stets auf „eine glänzende Partie" (99) lauern. Auch die Kollegen vom wöchentlichen Stammtisch, „die ersten Weißbierkenner des östlichen Stadtteils" (119), mit denen Meister Timpe in Jamraths Kneipe Umgang pflegt, sind Kiezbewohner, der Kürschnermeister Wipperlich aus der **Langen Straße** (die, parallel zur **Holzmarktstraße** verlaufend, die **Andreasstraße** und die **Koppenstraße** verbindet), der Schornsteinfegermeister Baldrun aus der **Holzmarktstraße**, der Klempnermeister Anton Nölte und der Handschuhmachermeister Brümmer, der, typisch für die Seßhaftigkeit dieser Ost-Berliner, „seit zehn Jahren [...] aus seinem Viertel nicht herausgekommen" (119) ist. Auch der weit in die Provinz liefernde Stock- und Schirmfabrikant Deppler aus der **Alexanderstraße** (die die **Holzmarktstraße** mit dem **Alexanderplatz** verbindet), der inzwischen die modische Viktoriakrücke statt von Timpe von Urban „um fünfundzwanzig Prozent billiger" bezieht („das machen der Dampf und die neuen Maschinenvorrichtungen" 124), gehört zu der Runde und beweist damit, daß die sozialen Grenzen zwischen den beiden Gesellschaftskreisen, anders als im dünkelhaften Westen bei Lindau und Fontane, noch fließend sind.

Eine wahre Industrielandschaft tut sich vor Meister Timpes Auge auf, wenn er – vielleicht aus der Perspektive der von der **Holzmarktstraße** abzweigenden

Breslauer Straße (die 1964 in die **Straße Am Ostbahnhof** einbezogen wurde), in die die Stadtbahn in Richtung **Ostbahnhof** abknickt – das ganze „Panorama" überblickt, das mit so viel mitgedachter, von zeitgenössischen Lesern leicht identifizierter Realität aufgeladen ist, daß gar kein Zweifel mehr an der Realistik von Kretzers sozialer Topographie aufkommen kann. Am Rand dieser Gegend, in Timpes Panoramablick links von den Riesengasometern der Gasanstalt, befand sich am östlichen Ende der **Holzmarktstraße**, am **Stralauer Platz 32**, die 1857 errichtete und 1944 zerstörte **St. Andreaskirche**, in der Franz Timpe und Emma Kirchberg am 5. Januar getraut werden und in der Meister Timpe zwei Tage vor seinem traurigen Ende Trost sucht. Weil Meister Timpe weder die Tatsache, daß er mit seiner Frau Karoline nur heimlich die Trauung seines Sohnes von einer hinteren Bank der Kirche aus verfolgt hat, noch seinen wirtschaftlichen Ruin zugeben kann, spinnt er sich immer mehr in die Illusion des steigenden Wohlstands ein und widerspricht auch nicht, als ihm von anderen zugetragen wird, sein reich gewordener Sohn habe für seine Eltern „in **Friedrichshagen** eine Villa, direkt am See gelegen, gekauft" (195). In Timpes Phantasie wird die Sommerwohnung, die Franz nur für sich in **Friedrichshagen** bauen läßt, während sein Vater auf Betteltour durch Berlin zieht, „ein kleines Lustschloß [...] wahrscheinlich in **Friedrichshagen**" (207), das er selbst bald zu bauen vorgibt.

So erstreckt sich der Berliner Osten vom **Alexanderplatz**, wo Franz seit seiner Verheiratung „in einem der wenigen vornehm aussehenden Häuser, die noch keine Läden aufzuweisen haben" (226), wohnt, bis zum **Großen Müggelsee**, wo im fernen Osten die Sommervilla genauso lockt wie, z. B. in Fontanes *L'Adultera*, die Sommervilla im fernen Westen. Der **Alexanderplatz**, der erst in Alfred Döblins Roman *Berlin Alexanderplatz* (1929) das Zentrum einer nun wirklich proletarischen Handlung wird, ist die Westgrenze der Kleinbürgerwelt bei Kretzer wie zugleich die Ostgrenze der Großbürgerwelt bei Fontane. Selbst der Alexanderplatz ist für Mutter Timpe ein schon so weit in den fremden Westen vorgeschobener Vorposten, daß sie ihren Sohn Franz, als dieser sich erstmals selbständig macht und zur Untermiete umzieht, „auf seiner weiten Reise nach der kaum zehn Minuten entfernt liegenden **Münzstraße**" begleiten muß, „um sich von seiner glücklichen Ankunft zu überzeugen" (118). So abgeschottet nach außen ist die Kiez-Mentalität, diese Berlin-typische dorfähnliche Identifizierung mit einem Stadtteil, der als enge, vertraute Heimat abgegrenzt ist gegen die ebenso provinzielle Identitätsbildung anderer Stadtteile.

Schon der Großvater des jetzigen Meisters Timpe, der das Grundstück erworben und bebaut hat, war einem ähnlichen Zugriff ausgesetzt wie sein Enkel. Auch er hatte sich schon ‚quergestellt' und der späteren Überbauung getrotzt, in die sein älteres Grundstück nicht mehr zu passen schien. Der schon vor 50 Jahren begonnene Urbanisierungsprozeß soll jetzt nur in größerem Stil beschleunigt werden, wie damals durch neue Straßen, so heute durch den Bau der Stadtbahn, die seit 1930 einfach S-Bahn genannt wird. Einerseits soll ein expandierendes benachbartes Fabrikgelände auf Kosten dieses Grundstücks arrondiert werden, und andererseits muß die Stadt Berlin die neu erschlossenen Wohngebiete im Osten der Stadt verkehrstechnisch anbinden. Im Unterschied zum Titel einer topographischen Komödie von Hermann Sudermann, *Die gut geschnittene Ecke* (1916), in der es 30 Jahre später um ähnliche Grundstücksspekulationen im neuen Westen, am **Kurfürstendamm**, geht, ist Meister Timpes Grundstück gar nicht ‚gut geschnitten', sondern ein unglückliches Dreieck, weil das vor aller Stadtentwicklung existierende Haus nicht im Sinne der Blockrandbebauung parallel zur Straßenführung steht, sondern schräg dazu. Die Schräglage des Hauses erinnert an eine Zeit, in der es weit und breit allein auf weiter Flur stand, bevor das Raster des Straßennetzes darüber gelegt wurde und sich das Relikt aus alter Zeit zur modernen Entwicklung wirklich ‚quer' stellte. Zur Begradigung der normierten Umgebung ist der Abriß des nicht mehr in seine neue Umgebung passenden Hauses überfällig, eine Allegorie auf den drohenden, vor unseren Augen sich vollziehenden Niedergang seines störrischen Bewohners, weil er sich dem Fortschritt so entschieden in den Weg gestellt hat. Die Verdrängung Meister Timpes, der sich am Ende, immer schrulliger geworden und sogar verwahrlost, in seinem nicht mehr zu haltenden Widerstandsnest verbarrikadiert und darin umkommt, während der erste Zug der 1882 eröffneten Stadtbahn darüber hinwegrollt, ist nur die persönlich präsentierte und affektiv besetzte Seite eines viel umfassenderen sozialen Verdrängungsprozesses, der mit der Industrialisierung und mit der Urbanisierung der Berliner Gründerzeit einhergeht.

Das handlungstreibende Motiv ist der Kampf um das Grundstück, anfangs eingeleitet mit den jovial mitgeteilten Expansionsplänen des mächtigen Fabrikanten Ferdinand Friedrich Urban, der durch Heirat mit der verwitweten Frau Kilchberg Timpes Nachbar geworden ist:

> Ich will eine große Fabrik da drüben errichten, eigentlich zwei, aber es wird nur *ein* Gebäude werden, weil alles ineinandergreifen soll ... Ich sehe ja nicht ein, weshalb ich nicht in meinem eigenen Hause fabrizieren sollte ... Man muß heute alles großartig, mit Dampf betreiben, um billig liefern zu können. Die Konkurrenz ist zu groß. Die Knopf- und Stockfabrikation ist zwar bereits sehr heruntergekommen, aber ich werde die Geschichte schon anfassen, es einmal mit meinen eigenen Ideen versuchen. Die Elfenbeinbranche werde ich hinzunehmen, vielleicht auch die große Holzdrechslerei mit Dampf betreiben. Die Geschichte wird schon gehen... (37)

Mit dieser immer wiederholten „stehenden Redensart" (43), daß ‚die Geschichte' schon so laufen wird, wie er sie für sich bestimmt hat, bevor die davon Betroffenen überhaupt zu Wort kommen, verrät Urban die großspurige Siegesgewißheit, mit der er alle Konkurrenten aus dem Felde zu schlagen gedenkt. Nachdem er Timpes Nachbarn zur Rechten und zur Linken schon über den Tisch gezogen hat, glaubt er auch mit Timpe leichtes Spiel zu haben, wenn er erst „den doppelten Preis des Wertes", dann „noch tausend Taler bar dazu" und schließlich, alles innerhalb einer Minute, „den dreifachen Wert, und zwar in barem Gelde" (39) bietet, weil, wie sich herausstellt, die Stadtbahn hier durchgelegt werden soll und dabei die ganze Gegend so gewaltig gewinnen wird, daß Urban leicht das Dreifache anbieten kann, „um vielleicht das Zehnfache herauszuschlagen" (43). Aber Meister Timpe läßt sich nicht kaufen: „Es wird nichts daraus, Herr Urban. Wenn die Stadtbahn das Grundstück kaufen sollte, kann ich den Profit auch allein in meine Tasche stecken." (86)

Nur in der Konkurrenz der Handlungsmotive, die das Romangeschehen bestimmen, nicht aber als Spekulant verliert der siegessichere Fabrikant Urban gegen die Staatsmacht, die hinter dem Bau der Stadtbahn steht und mit einem damals gigantischen Bauvolumen Timpes eingekreistes Grundstück immer mehr überschattet. Was Urban mit den bedrohlichen Verlockungen seiner Fabrik nicht schafft, erreicht das staatliche Bauprojekt. Hier greift die jüngste Technikgeschichte Berlins unmittelbar in die Fiktion ein: Nachdem 1872 die Deutsche Eisenbahnbaugesellschaft den Bau einer Eisenbahnstrecke beantragt hatte, die den neuen **Bahnhof Charlottenburg** im Westen und den 1842 als Kopfbahnhof errichteten **Frankfurter Bahnhof** (1881 in **Schlesischer Bahnhof** und 1950 erstmals und 1998 zum zweitenmal in **Ostbahnhof** umbenannt) im Osten miteinander verbinden sollten, wurde 1875 mit dem Bau begonnen. Als 1878 der Deutschen Eisenbahnbaugesellschaft das Geld ausgegangen war, ist der preußische Staat wohl auch aus militärischen Erwägungen als Bauherr eingesprungen, so daß der Bau zwischen 1878 und 1882 energisch vorangetrieben werden konnte. Von der insgesamt 12 km langen Hochbahnstrecke mußten 8 km mit über 700 gemauerten Viaduktbögen versehen werden, deren exemplarischer Einzelbau in Kretzers Roman als zugleich bedrohliches und faszinierendes Monstrum die Handlung überschattet. Nachdem der Bau „vom Staate wiederaufgenommen worden war" (143), also 1878, war in Timpes Stammtischrunde von nichts anderem mehr die Rede als von der Stadtbahn, die als „das neueste Wunder Berlins" (143) auch deshalb gefeiert wurde, weil sich jeder Anrainer einen Gewinn von dieser gewaltsamen Zerstörung ihres Kiez versprach:

> Hinterhäuser mußten heruntergerissen, Vorderhäuser durchschnitten, ganze Grundstücke durchtrennt werden, um dem Dampfroß einen Weg durch das Steinmeer zu bahnen. Das erforderte Unsummen an Abstands- und Entschädigungsgeldern, denn jeder Grundbesitzer wollte die Gelegenheit wahrnehmen, soviel als möglich bei dem Verkauf zu gewinnen. Und wessen Forderung zu hoch war und wer sich dem Gemeinsinn nicht fügen wollte, gegen den mußte das Enteignungsverfahren eingeleitet werden. Unangenehme Prozesse entstanden

dadurch; Fiskus und Bürgertum führten einen harten Kampf. „Wissen Sie schon, Herr Timpe", rief Deppler dem Meister zu, „es steht fest, daß Ihr Haus oder wenigstens der Giebel desselben eines Tages fallen muß. Die Stadtbahn geht quer über die **Holzmarktstraße** und schneidet Ihren Vorgarten weg ... Urban ist wie immer auch diesmal der Schlaue gewesen; er hat sämtliche alte Baracken hinter Ihrem Grundstück bereits vor Jahren angekauft und schlägt nun einen vierfachen Wert heraus. Das nenne ich Spekulation!" (144)

Damit die als „Dampfroß" metaphorisierte Bahn sich durch das „Steinmeer" fressen kann, müssen ganze Lebenswelten zerstört werden. Beim Abbruch der alten Häuser hinter seinem Grundstück sieht Timpe, „halbabgetragene Mauern, herabhängende Tapetenfetzen, große Haufen Steine und halbmorsche Balken, die nur noch als Brennholz dienen konnten" (155). Es sind nur noch Ruinen von einstigen Wohnstätten, Fragmente eines verdrängten Lebens, die übrig bleiben. Die Beseitigung der alten Welt wird mit einem empfindsamen Sinn für das vor allem akustische Detail ausgemalt:

> Die ganze Straßenecke mußte fallen. Von früh bis spät hörte man das Hämmern der Spitzhacken, Abbröckeln und Rasseln der Steine, wenn sie ihren Weg durch die Holzbahn vom Dache her bergab nahmen. Hin und wieder stürzte eine halbe Mauer ein, und der Staub, der den ganzen Tag über in der Luft lag, wurde durch eine ungeheure Wolke vermehrt, welche die Arbeiter und Mauerreste wie in Pulverdampf einhüllte. Das hörte sich dann im Innern des Häuschen an, als wäre für die Bewohner das letzte Stündlein gekommen. [...] Timpes Haus nahm sich nun wie ein störender Punkt in der Umgebung aus, wie ein alter Sonderling, der der Neuerung trotzt: vorn der freie Platz, begrenzt von den Neubauten der **Holzmarktstraße**, und hinten die roten Backsteingebäude der Fabrik, überragt von dem Schornstein, der Siegessäule der modernen Industrie. (144 f.)

Während einerseits, von der **Holzmarktstraße** bis zum Bahnhof, eine breite Schneise geschlagen wird, die die freigelegten Hinterhöfe wieder als Oase erscheinen läßt, „als hätte eine Riesenfaust vom Himmel sich herniedergesenkt und mit gewaltigem Hammerstreich eine Bresche durch die Häuser geschlagen" (155), nimmt die optische Schrumpfung des Sonderlings, des diminutiven Häuschens wie seines Bewohners, immer bedrohlichere Formen an:

> Auch zu den Füßen Timpes, wenige Schritte von seinem Hause, erhoben sich bereits die ersten Anfänge der Viadukte. Einer ihrer Pfeiler berührte die hintere Giebelwand so dicht, daß der Meister vermeinte, ihn mit der Hand berühren zu können. Fast gleichmäßig von Tag zu Tag, als wüchsen sie Fuß für Fuß aus der Erde, erhoben die Pfeiler sich auf der ganzen Linie, bis sie anfingen, allmählich in die Rundung des Bogens überzugehen. Und je weiter die Steinmassen sich rechts und links ausdehnten, um zu einem riesigen Ringe zu werden, je beengter fühlte sich der Meister schwebend über dem Dache seines Häuschens, je mehr überkam ihn das Gefühl einer gewaltsamen Erdrückung – gleich einem Menschen, der nach und nach in immer kleinere Räume geführt wird, bis er sich im letzten befindet, in dem er

nicht mehr zu atmen vermag. Immer winziger und ruinenhafter erschien ihm sein Häuschen angesichts des ersten kühnen Bogens, der sich von einem Pfeiler zum andern spannte. (155 f.)

Während „das rotfarbige Ungeheuer" (214) ins Unermeßliche wächst, imaginiert der von Steinmauern und Schornsteinen eingeschlossene Meister Timpe die albtraumartige Folter des Erstickungstods, noch bevor sich die Schlinge seines ökonomischen Niedergangs immer enger zieht, weil er keine Aufträge mehr bekommt, er deshalb Angestellte entlassen muß, ihm das Kapital für den Kauf von Rohmaterialien fehlt, seine Bittgänge bei früheren Kunden erfolglos bleiben und er durch die Berliner Straßen „wie ein ausgedientes Wrack in einem unruhigen Meere" (203) irrt. Er ist gestrandet, ein Verlorener, ein Heimatloser, der auf dem eigenen Grundstück eine *displaced person* ist. Als er die auf das Haus aufgenommene Hypothek, mit der er vor Jahren neue, nun stillstehende Drehbänke gekauft hatte, nicht mehr abzahlen kann, wird sie ihm gekündigt. Weil er zu stolz ist, sich helfen zu lassen, ist damit sein wirtschaftlicher Ruin besiegelt. Sein katastrophales Ende ist nicht mehr aufzuhalten.

Das Motiv des Stadtbahnbaus, das den zweiten Teil des Romans beherrscht, verbindet das fiktionale Geschehen und die topographische Realität so genau, daß beide am Ende auch zeitlich zusammenfallen: Meister Timpe kommt am selben Tag, dem 6. Februar 1882, in seiner verwahrlosten Hausfestung um, an dem bei ihm der Gerichtsvollzieher erscheint, um die Zwangsräumung vorzunehmen, während gleichzeitig hoch über ihm der Ehrenzug der an diesem Tag eingeweihten Stadtbahn vorbeidonnert:

> Plötzlich ertönte ein tausendfaches Hurrarufen. Die Menge wandte die Köpfe und blickte in die Höhe. Ein dumpfes Ächzen und Stoßen wurde wahrnehmbar, heller Qualm wälzte sich über die Straße, und unter dem Zittern der Erde brauste die Stadtbahn heran, die ihren Siegeszug durch das Steinmeer von Berlin hielt. Die Lokomotive war bekränzt. Aus den Kupeefenstern blickten Beamte des Ministeriums, Leute von der Eisenbahnverwaltung und die geladenen Ehrengäste. Die Herren nickten freundlich hinunter und schwenkten Taschentücher. Unter dem brausenden Jubelruf der Menge dampfte der Zug vorüber. (286)

Der Triumph der urbanen Moderne ist der Untergang ihres in diesem Roman herausgestellten Opfers, dem – anders als am melodramatischen Ende von Lindaus *Zug nach dem Westen* – keiner eine Träne nachweint. In Kretzers nicht metaphorisiertem „Siegeszug" nach dem Osten sitzen die Repräsentanten der Staatsmacht, um huldvoll den Jubel der Betroffenen entgegenzunehmen, ohne zu ahnen, was sich unter ihnen abgespielt hat.

Aus dieser Gleichgültigkeit gegenüber den menschlichen Kosten der Urbanisierung zieht der Roman, der hier einspringt, um nachzureichen, was in dem triumphalen Erfolgsbericht über den technischen Fortschritt unerwähnt bleiben wird, seine moralische Legitimation. Vom Ende her erweist sich der Roman *Meister Timpe* als topographisch detaillierte Sozialkritik, als Plädoyer für ein Verdrängungsopfer, das den Kampf gegen kapitalistische Ausbeutung, gegen die Proletarisierung des Handwerkerstandes, gegen Grundstücksspekulation und gegen großflächige Urbanisierung durch neue Verkehrstechnologie verloren hat. Unter dem ironisch gemeinten Schlußbeifall für die am 6. Februar 1882 eröffnete Stadtbahn endet der Roman mit dem unausgesprochenen Appell an das Mitgefühl der Leser, in der jubelnden Menge nicht den leidenden Einzelnen zu vergessen. Die narrative Indivdualisierung der Masse, die E. T. A Hoffmann 1822 auf dem **Gendarmenmarkt** aus psychologischer Perspektive begonnen hat, hat Max Kretzer 1888 auf der **Holzmarktstraße** aus sozialpolitischer Perspektive zu Ende geführt.

Aber Kretzers Aussage ist nicht so parteipolitisch eindeutig, wie jene Interpreten hoffen mögen, die sich mit Recht freuen, wenn in der Fülle realistischer Berlin-Romane überhaupt einer der Autoren der sozialdemokratischen Stimme Gehör verleiht. Nicht nur die atmosphärische Bildkraft der von Kretzer ausgemalten Alltagswelt widerspricht dem oft ungeprüft wiederholten Eindruck einer politischen Stellungnahme für das sozialdemokratische Programm, als wäre die realistische Fiktion die Realität, die sie simuliert, als wäre dieser Roman nichts als ein parteipolitisches Manifest mit den Mitteln poetischer Phantasie. Der falsche Eindruck stützt sich auf die Tatsache, daß Meister Timpe sich von seinem sozialdemokratisch agitierenden Gesellen Thomas Beyer schließlich hinreißen läßt, auf einer von den Sozialdemokraten organisierten Streikversammlung eine flammende Rede zu halten und dabei den Schmerz seiner Erniedrigung hinauszuschreien. Aber dabei wird übersehen, wie lange es braucht, Meister Timpes Widerstand gegen seine politische Instrumentalisierung zu brechen. Von Anfang an und wiederholt mahnt ihn Beyer mit denselben Worten, als wollte er den Fahrplan für den intendierten Gesinnungswechsel auslegen: „Sie sind nicht fortschrittlich in Ihren Ansichten, aber Sie werden einmal anders denken." (31 und 80)[17] Timpe, der sich weder für die 1861 u. a. von Rudolf Virchow gegründete Fortschrittspartei noch für die 1869 von August Bebel und Wilhelm Liebknecht gegründete Sozialdemokratische Partei erwärmen kann, bekennt sich einmal als „gut königstreu" (151) und gegen allen ihm zugemuteten Sinneswandel zur Gesinnungstreue: „Als ob das nicht der beste Fortschritt wäre: ewig in seiner Gesinnung gleichzubleiben!" (80)

Der Begriff des Fortschritts, für den Timpe gewonnen werden soll, ist so vieldeutig, daß Timpe in einem Streit seiner Stammtischbrüder mit dem Satz zi-

---

17 Kretzer, S. 31 und 80.

tiert wird: „Wer gegen die großen Fabriken und die Maschinen ist, der ist auch gegen den Geist des Fortschritts." (223) Abgesehen davon, daß Timpe hier den Fortschritt mit dem vormärzlichen ‚Zeitgeist' als zukunftsorientierte Ablösung des auf die Vergangenheit bezogenen ‚Geistes der Zeit' verwechselt,[18] geht es einerseits um den Fortschritt der technischen Modernisierung durch Industrialisierung und Urbanisierung und andererseits um den Fortschritt in der politischen Bewußtseinsbildung der von der Industrialisierung Betroffenen. Wer also ist fortschrittlicher, der von allen gehaßte Ausbeuter mit dem sprechenden Namen *Urban* mit seiner industriellen Rationalisierung oder der sympathische und sozial engagierte Beyer mit seiner ideologischen Agitation im Namen der ausgebeuteten Arbeiter?

Für Meister Timpe ist Beyer mit seinen programmatischen Reden, die oft so hölzern wie Zitate aus dem Parteiprogramm klingen, „ein böser Dämon, der ihn in Versuchung führen wolle" (182). Aber sein innerer Monolog erlaubt schon die Option des noch Undenkbaren:

> Sein ganzes Ich, sein besseres Selbst bäumten sich auf bei der Zumutung des Gesellen. Er, der königstreue Handwerker, der seine Liebe zur Monarchie und dem angestammten Herrscherhause während eines Menschenalters nicht verleugnet hatte, sollte am Spätabende seines Lebens seiner tiefeingewurzelten Anschauung untreu werden und zur Sozialdemokratie übertreten: jener blutroten Fahne zuschwören, die dereinst über die Leichenfelder der halben Menschheit hinweg dem Sturmschritt der Massen als Siegeszeichen vorangetragen werden solle? Er, ein Anhänger der Umsturzpartei der sozialen Revolution? Im Augenblick erschien ihm schon der bloße Gedanke an diese Möglichkeit wie ein Verbrechen. (182f.)

Aber langsam beginnt „der Zwiespalt zwischen Bürgerpflicht und dem Zweifel an der Richtigkeit seiner bisherigen Überzeugung" (184) an seinem Widerstand zu nagen. Schließlich verleitet ihn „der unauslöschliche Haß gegen Urban und alles, was zu ihm gehörte" (186), d.h. auch gegen den eigenen Sohn, Beyer zu einer Streikversammlung von 600 in Urbans Fabrik tätigen Arbeitern zu begleiten, nachdem er, immer gedrängt von Beyer, in seinem üblichen Wahllokal die Stimme nur scheinbar sogar für einen Sozialdemokraten abgegeben hat.[19] Einer der

---

18 Vgl. Hinrich C. Seeba, ‚Zeitgeist' und ‚deutscher Geist': Zur Nationalisierung der Epochentendenz um 1800, in: *Deutsche Vierteljahrsschrift für Literaturwissenschaft und Geistesgeschichte*, Sonderheft 1987: *Von der gelehrten zur disziplinären Gemeinschaft*. Hrsg. v. Jürgen Fohrmann und Wilhelm Voßkamp, Stuttgart: J.B. Metzler 1987, 188–215.

19 Für diesen 4. Wahlkreis, in dem die Gegend um die **Holzmarktstraße** das gewerbliche Zentrum der **Stralauer Vorstadt** ausmacht, haben zur Handlungszeit des Romans in der Stichwahl zur Reichstagswahl 1881 die Fortschrittlichen 19 031 Stimmen und die Sozialdemokraten 18 979 Stimmen gewonnen. Zur Ersatzwahl heißt es bei Kretzer, in realistischem Detail auch der parteipolitischen Demographie: „In diesem ungeheuren Stadtviertel des Proletariats, das sich von

streikenden Arbeiter der Urbanschen Fabrik hält eine Rede über „den Niedergang des Drechslergewerbes" (251) und beklagt dabei, als zitierte er aus dem 1879 erschienenen Buch von August Bebel, *Die Frau und der Sozialismus*,[20] die Ausbeutung der Arbeiter und der Frauen:

> Wenn man aber nicht nachläßt, uns die Übermacht des Kapitals fühlen zu lassen, wenn man immer aufs neue versucht mit allen Machtmitteln, die der Bourgeoisie zu Gebote stehen, unsere Lage zu verschlechtern, uns auf jede Art und Weise zu demütigen, uns wie die Schraube an der Maschine zu betrachten, die wertlos ist, wenn sie sich abgenutzt hat, ich sage, wenn das kein Ende nehmen wird, dann – (254)

Angesichts eines mitschreibenden Polizeispitzels wird die angedrohte Revolution, gerade noch rechtzeitig mit einem Gedankenstrich so offensichtlich abgebogen, daß die verschwiegene Konsequenz noch zwingender mitklingt: „…dann, meine Herren, trinken wir unser Bier aus und gehen ruhig nach Hause." (255) Unter allgemeinem Gelächter, dem sich auch der Spitzel nicht verschließen kann, erweist sich, noch in der Ausrede, die Kleinbürgeridylle mit Bier im trauten Heim als der heimliche Hort des Aufruhrs. Als nun dem „Drechslermeister Timpe" das Wort erteilt wird, um das er gar nicht gebeten hat, muß er zunächst nach Worten ringen, um seine Wutrede auf „die Maschinen und die großen Fabriken" (258) in Gang zu bringen. Schnell redet er sich immer feuriger in eine verzweifelte Abrechnung mit den Ausbeutern hinein, wobei er seinen im Publikum erkannten Sohn Franz haßerfüllt fixiert, um schließlich, nach einer minutenlangen Pause, ganz ungeschützt zur Revolution aufzurufen: „Die Schornsteine müssen gestürzt werden, denn sie verpesten die Luft …. *Schleift die Fabriken … zerbrecht die Maschinen …*" (260) Meister Timpe hat, wie er sich selbst eingesteht, nur eine Parole der vor 1848 aktiven Maschinenstürmer zitiert,[21] die er in seiner Jugend wiederholt von seinem Großvater gehört hat. Er weiß nicht, was er wie besinnungslos gesagt hat, und versteht nicht, warum ihm der Vorsitzende des Streikkomitees Vorwürfe macht

---

den **Frankfurter Linden** bis nach dem **Schlesischen Busch** und von dort bis zum **Kottbuser Tor** erstreckte, hatte ein Arbeiterkandidat den Sieg davongetragen, aber zugunsten eines anderen Wahlkreises auf dieses Mandat verzichtet." **Frankfurter Linden** war im 19. Jahrhundert die volkstümliche Bezeichnung für die **Frankfurter Allee** (heute Karl-Marx-Allee). Der **Schlesische Busch** ist ein Park, der jenseits des **Schlesischen Tors** über die östliche Verlängerung der **Köpenicker Straße**, über die **Schlesische Straße** und die **Puschkinallee** erreicht wird.
20 Vgl. August Bebel, *Die Frau und der Sozialismus* (Zürich-Hottingen: Verlag der Volksbuchhandlung 1879), Berlin-Bonn: J.H.W. Dietz Nachf. ²1985, S. 45 (erster Satz): „Frau und Arbeiter haben gemein, Unterdrückte zu sein." S. 454 (letzter Satz): „Dem Sozialismus gehört die Zukunft, das heißt in erster Linie dem Arbeiter und der Frau."
21 Vgl. Michael Spehr, *Maschinensturm. Protest und Widerstand gegen technische Neuerungen am Anfang der Industrialisierung*, Münster: Westfälisches Dampfboot 2000.

und ihn der Polizist, der die Versammlung für aufgelöst erklärt, ins Verhör nimmt. Er bricht zusammen und meint, in ohnmächtiger Wut seinen Sohn, der Zeuge dieses staatsgefährlichen Auftritts war, in einem wahnsinnigen Fieberanfall zu würgen und ihm den ganzen Schmerz enttäuschter Vaterliebe entgegenzuschleudern; denn niemandem gilt sein existentieller Aufschrei des Erniedrigten so sehr wie seinem eigenen Sohn, der, als Phänotyp des skrupellosen Erfolgsmenschen der neuen Zeit, seinen eigenen Vater bestohlen, verraten, verleugnet und zugrundegerichtet hat.

Die Vermeidung der revolutionären Konsequenz wird hier nicht nur rhetorisch, sondern auch strukturell vollzogen und der Handlungsaufbau durch die Wiederaufnahme des emotional aufgeladenen Vater-Sohn-Konflikts zugespitzt. Dieser psychologische Umweg soll helfen, den Motiven des von der Polizei protokollierten Aufruhrs die politische Spitze zu nehmen. Denn da es bis 1919 in Preußen kein offizielles Streikrecht gab, waren die Streiks, die in dem Roman erwähnt werden, eine illegale Willensbekundung der Arbeiter, so daß sich auch Meister Timpe für seine vermeintliche Rolle als Rädelsführer „eine Anklage wegen Aufreizung zum Klassenhaß" (279) einhandelt. Wenn sogar Beyer, der über den endlichen Erfolg seiner hartnäckigen Agitation eigentlich triumphieren könnte, von dem geistesabwesenden Timpe abrückt, weil er glaubt, Timpe sei verrückt geworden und habe die sozialdemokratische Versammlung nur als Ventil seiner privaten Wut benutzt, wird aus dem narrativen Vorgang deutlich, daß das parteipolitische Projekt, so sehr es rhetorisch in den Vordergrund gerückt war, nur eine zur erzählten Realität gehörende, also fiktional zu verstehende Option, aber deshalb noch nicht die vom Autor lancierte Lösung des Konflikts ist. Das verwirrte Bekenntnis zur Sozialdemokratie, das Timpe hinterher gleich sechsmal als „Mumpitz" (268) zurücknimmt, soll so unglaubwürdig erscheinen wie die zum Schluß, schon angesichts seines Todes, mit Kinderhand an die Wand gekritzelte Parole: „Es lebe der Kaiser ... Hoch lebe der Kaiser!" (285)

Über die Vorsicht hinaus, die während des von 1878 bis 1890 geltenden Sozialistengesetzes geboten schien, könnte die so entschieden betonte Unentschiedenheit zu Lasten des Autors gehen, der mit dem parteipolitischen Lösungsangebot nur gespielt hat, weil er sich 1888, als Bismarck noch immer alle sozialdemokratische Bewegung zu unterdrücken versuchte, nicht festzulegen wagte. Aber sie kann auch als Abwehr der ideologischen Unterminierung von Poesie gelesen werden, besonders nachdem einmal darüber geklagt wurde, daß „aus reiner Spekulation alle Poesie verschwinden soll" (54). Mit großem Gespür für die Atmosphäre der Arbeiterversammlung ist dem Erzähler eine Szene gelungen, in der die aufgeheizte Stimmung mindestens so eindrucksvoll ist wie die Botschaft des Aufruhrs. Wenn die poetische Bildkraft realistischer Darstellung wie hier, im Gegensatz zur angeprangerten Spekulation, gerade als Ausdruck von

Unberechenbarkeit verstanden wird, dann hat Kretzer mit dieser abschließenden Vermeidung programmatischer Eindeutigkeit das Prinzip poetischer Mehrdeutigkeit bekräftigt und sich selbst der ideologischen Instrumentalisierung entzogen, die angesichts der so ausführlich berichteten Agitation gefährlich nahe gerückt war.

Kretzer sollte also nicht als Propagandist, sondern als sozial engagierter Romancier erinnert werden. Er hat, im Vergleich zu Lindau und Fontane, für den Berliner Roman die Topographie des Berliner Ostens erschlossen und mit dem Leben einer sozialen Schicht gefüllt, die in den anderen Romanen ausdrücklich ausgeklammert wurde. *Meister Timpe* ist nicht wie Döblins *Berlin Alexanderplatz* ein ‚proletarischer' Roman, sondern er zeigt, am Beispiel der drohenden Proletarisierung des Handwerks, die sozialen und menschlichen Folgen radikaler Industrialisierung und Urbanisierung. Wie sehr es ihm dabei auf die exemplarische Darstellung des Allgemeinmenschlichen ankommt, läßt sich auch aus literarischen Affinitäten zu klassischen und zeitgenössischen Kontexten herleiten, einerseits für das Vatermord-Motiv von Schiller und andererseits für das Grundstück-Motiv von Gottfried Keller, wobei in beiden Fällen das der Geschichtsmythologie entlehnte Wort „Zwietracht" für die Erklärung der quasi-mythischen Situation gilt.

Dient bei Kretzer der Vater-Sohn-Konflikt vor allem der psychologischen Motivation von Meister Timpes parteipolitischem Auftritt, der die Vergeltung für seine Demütigung mit einer politischen Revolution verwechselt, entspricht die negative Charakterisierung von Timpes Sohn Franz der seines Namensvetters Franz Moor in Schillers Jugenddrama *Die Räuber* (1781), in dem ebenfalls persönliche Rachegelüste mit revolutionärer Rhetorik vermengt werden. Karl Moors Wut auf die Gesellschaft wird auf die Spitze getrieben, als er, selber noch unerkannt, Zeuge wird, wie sein Vater, der alte Moor, wie ein ausgemergeltes Gerippe aus dem Hungerturm seines Gefängnisses stolpert und die furchtbarste Anklage erhebt: „Das hat mein Sohn Franz getan",[22] so daß es Karl Moor die Sprache verschlägt: „Der Sohn hat seinen eigenen Vater – [...] das Band der Natur ist entzwei, die alte Zwietracht ist los, der Sohn hat seinen Vater erschlagen."[23] Während Schiller das Motiv des Patrizid auf den weltgeschichtlichen Verlust der Unschuld und seine Folge in Kains Brudermord zurückführt, erinnert das Porträt Franz Timpes noch an einen anderen ‚Vatermörder', an Parricida in Schillers *Wilhelm Tell* (1804), der seinen metonymischen Vater, den Kaiser, aus Besitzgier

---
22 Friedrich Schiller, *Die Räuber* (1781), in: Schiller, dtv-*Gesamtausgabe*, Bd. 3, München: Deutscher Taschenbuch Verlag 1965, 15–132, S. 110 (IV, 5).
23 Schiller, *Die Räuber*, S. 110 (IV, 5).

ermordet hat und dafür von Wilhelm Tell verflucht wird: „Zum Himmel heb ich meine reinen Hände, / Verfluche dich und deine Tat – Gerächt / Hab ich die heilige Natur, die *du* / Geschändet – Nichts teil ich mit dir – Gemordet / Hast du, ich hab mein Teuerstes verteidigt."[24] Die Himmel und Hölle anrufende Verfluchung des Kaisermörders dient allein der moralischen Abgrenzung der Selbstverteidigung zum Schutz der Familie gegen den vermeintlich politischen, in Wirklichkeit aber aus niedrigen Motiven begangenen Kaisermord.

In solcher Sortierung der positiven und der negativen persönlichen Motive, die nicht politisch mißverstanden werden dürfen, finden sich auch Meister Timpe auf der Seite Tells und sein Sohn Franz auf der Seite Parricidas wieder. Während aus der revolutionären Rede des ersten nur „der heilige Zorn eines gekränkten und erbitterten Mannes" (259) spricht, ist der zweite, in gewissenloser Vernichtung des eigenen Vaters, durchaus kein Revolutionär, der der positive Herold des Fortschritts wäre. Die Scheidelinie der Zwietracht, die die moderne Gesellschaft im Umbruch zerreißt, verläuft nicht zwischen Vater und Sohn, sondern zwischen alter und neuer Zeit und den Fraktionen, die sie repräsentieren.

Steht bei Kretzer der Kampf um Meister Timpes einerseits von Urbans Fabrik und andererseits vom Bau der Stadtbahn eingekeiltes Grundstück im Mittelpunkt, so ging es auch in Gottfried Kellers Erzählung *Romeo und Julia auf dem Dorfe* (1876), einem der wichtigsten Beispiele des symbolischen Realismus, von dem sich der hier behandelte urbane Realismus ganz entschieden abhebt, um ein Grundstück, das von zwei Seiten immer mehr beschnitten wird. In beiden Fällen ist der umstrittene Ort ein unglückliches Dreieck, das sich der Begradigung widersetzt. Nur gute zehn Jahre vor Kretzer hat Keller die Urfeindschaft zweier Bauern, Manz und Marti, sich an einem Grundstück entzünden lassen, das beide dem ‚schwarzen Geiger', einem leicht als Jude erkennbaren Entrechteten der Dorfgesellschaft, streitig machen, indem sie auf dem umstrittenen Acker eine Steinmauer von schließlich mythischen Ausmaßen errichten:

> Es kam eine Ernte um die andere, und jede sah die Kinder größer und schöner und den herrenlosen Acker schmäler zwischen seinen breitgewordenen Nachbarn. Mit jedem Pflügen verlor er hüben und drüben eine Furche, ohne daß ein Wort darüber gesprochen worden wäre und ohne daß ein Menschenauge den Frevel zu sehen schien. Die Steine wurden immer mehr zusammengedrängt und bildeten schon einen ordentlichen Grat auf der ganzen Länge des Ackers, und das wilde Gesträuch darauf war schon so hoch, daß die Kinder, obgleich sie

---

[24] Friedrich Schiller, *Wilhelm Tell*, in: Schiller, dtv-*Gesamtausgabe*, Bd. 8, München: Deutscher Taschenbuch Verlag 1966, 93–194, S. 191 (V, 2, v. 3180–3184).

gewachsen waren, sich nicht mehr sehen konnten, wenn eines dies- und das andere jenseits ging.[25]

Aber nachdem Manz, gegen Marti bietend, den Acker ersteigert hat, besteht er darauf, daß Marti, der neulich noch „ein gutes Dreieck abgeschnitten" hatte, diese „ungehörige Einkrümmung" an Manz übergebe.[26] Da der sich aber weigert, wirft Manz, der neue Eigentümer, alle auf dem mittleren Acker angesammelten Steine auf das von Marti schon umgepflügte umstrittene Dreieck:

> Es wollte kein Ende nehmen und alle Steine der Welt schienen da beisammen zu sein. Er [Manz] ließ sie aber nicht ganz vom Felde wegbringen, sondern jede Fuhre auf jenem strittigen Dreiecke abwerfen, welches von Marti schon säuberlich umgepflügt war. Er hatte vorher einen graden Strich gezogen als Grenzscheide und belastete nun dies Fleckchen Erde mit allen Steinen, welche beide Männer seit unvordenklichen Zeiten herübergeworfen, so daß eine gewaltige Pyramide entstand.[27]

An der unrechtmäßigen Beschneidung und Begradigung des Grundstücks, das eigentlich einem vertriebenen Juden gehört, stört die – wie bei Kretzer nicht ins Straßenraster – passende Verletzung des symmetrischen Augenmaßes: „Bei Manz kam noch ein wunderbarer Sinn für Symmetrie und parallele Linien hinzu und er fühlte sich wahrhaft gekränkt durch den aberwitzigen Eigensinn, mit welchem Marti auf dem Dasein des unsinnigsten und mutwilligsten Schnörkel beharrte."[28] Dieser mythisch überhöhte Bruderkampf, der nicht nur auf Shakespeares *Romeo and Juliet*, sondern auch auf die Bibel verweist, beschwört die schon von Schiller gemeinte Zwietracht „seit unvordenklichen Zeiten", d. h. die auf den Anfang der Menschheitsgeschichte, bis auf den Sündenfall zurückgehende Entzweiung, die durch „alle Steine der Welt" so monumental symbolisiert wird, daß die liebenden Kinder der verfeindeten Väter, Sali und Vrenchen, die verlorene Einheit nur in einem der Realität enthobenen Phantasiespiel wiederherstellen können. Der realistische Anspruch dieser Dorfgeschichte verlangt, daß in dem triadischen Schema der Geschichtsmythologie, das ihr zugrundeliegt, die Rückkehr ins Paradies nur als Illusion einer heilen Welt möglich ist, von der die „Zwietracht" der Realität unberührt bleibt.

---

25 Gottfried Keller, *Romeo und Julia auf dem Dorfe*, in: Keller, *Sämtliche Werke und ausgewählte Briefe*. Hrsg. v. Clemens Heselhaus, 3 Bde., Bd. 2, München: Carl Hanser ²1963 (¹1958), 61–128, S. 68.
26 Keller, *Romeo und Julia auf dem Dorfe*, S. 69.
27 Keller, *Romeo und Julia auf dem Dorfe*, S. 71f.
28 Keller, *Romeo und Julia auf dem Dorfe*, S. 72.

Der Gegensatz zwischen dem symbolischen Realismus der Dorfgeschichte von Keller und dem urbanen Realismus des Großstadtromans von Kretzer könnte nicht größer sein. Obwohl in beiden Texten der Konflikt mehr räumlich als zeitlich definiert und auf ein unbequemes Grundstück bezogen ist, wird im ersten Fall eine mythische Erlösung ersehnt, aber nur im kindlichen Hochzeitsspiel von kaum erwachsenen Kindern imaginiert und im zweiten Fall eine soziale Lösung angestrebt, aber in der rhetorischen Erprobung eines Parteiprogramms schließlich doch verworfen. Keller geht es um die mythische Qualität der dörflichen Wirklichkeit und Kretzer um die gesellschaftspolitische Aktualität des großstädtischen Alltags, und in beiden Fällen führt der Konflikt zur gesellschaftlichen Marginalisierung durch Verarmung. Der soziale Abstieg ist bei Keller auf einen moralischen Konflikt von bäuerlichen Nachbarn zurückzuführen, die sich verfeinden und gegenseitig zugrunderichten, und bei Kretzer auf einen gesellschaftlichen Konflikt von Spekulanten und Handwerkern, die durch Industrialisierung und Urbanisierung verdrängt werden. Keller beginnt seinen Novellenzyklus *Die Leute von Seldwyla*, wozu auch *Romeo und Julia auf dem Dorfe* gehört, mit dem Satz: „Seldwyla bedeutet nach der älteren Sprache einen wonnigen und sonnigen Ort, und so ist auch in der Tat die kleine Stadt dieses Namens gelegen irgendwo in der Schweiz."[29] Nach Ort und Zeit unbestimmt, ist Seldwyla ein erfundenes Städtchen „irgendwo in der Schweiz", seit dreihundert Jahren „immer das gleiche Nest",[30] an dem sich das Leben wie eh und je abspielt – so auch in dem eine halbe Stunde entfernten Dorf. Die Weltstadt Berlin hingegen ist ein geographisch und historisch fixierter Handlungsort, der einem radikalen Wandel unterworfen ist. Kretzer beginnt seinen Roman, der von Ende April 1872 bis 6. Februar 1882 spielt, mit dem „Gewirr enger Straßen des Ostens von Berlin", in dem das Geschehen eindeutig lokalisiert ist – mit genauen Straßenangaben, die auf dem Stadtplan überprüft werden können. Während in einem erfundenen Dorf Adressen ungebräuchlich und unnötig sind, kann im Labyrinth der seit den Gründerjahren explodierenden Großstadt Berlin, die genau in der Mitte der Handlungszeit, 1877, Millionenstadt wurde, die Orientierung nur über die Identifizierung des Straßennetzes erfolgen.

Auf Kretzers Prüfstand der sozialen Topographie steht der „Geist des Fortschritts" (223), bei dessen Durchsetzung die Poesie auch im Zeitalter des ubanen Realismus ein Wörtchen mitzureden hat, selbst wenn Anspielungen auf die Geistes- und Literaturgeschichte nur in der zynischen Umdeutung, wie sie für den

---

29 Gottfried Keller, *Die Leute von Seldwyla*, in: Keller, *Sämtliche Werke und ausgewählte Briefe*. Hrsg. v. Clemens Heselhaus, 3 Bde., Bd. 2, München: Carl Hanser ²1963 (¹1958), 7–530, S. 7.
30 Keller, S. 7.

skrupellosen Spekulanten Urban charakteristisch ist, zur Geltung kommen: „Wer dem Geiste der Zeit sich widersetzt, der muß bestraft werden." (146) Das ist ein in der Anspielung auf Herder und Goethe wichtiger Satz von sprichwörtlicher Prägnanz,[31] wie ihn ganz ähnlich noch einmal am 6. Oktober 1989 Michail Gorbatschow mit Bezug auf Erich Honecker geäußert haben soll: „Wer zu spät kommt, den bestraft das Leben."[32] So stellt sich die Frage, wer sich schuldiger macht und damit im moralischen Sinn straffällig wird – Meister Timpe, der sich der erbarmungslosen Urbanisierung widersetzt, oder Urban, der die Industrialisierung auf die gezielte Vernichtung seines Nachbarn gründet. Noch in der Selbstkorrektur eines anderen, ebenfalls nicht ausgewiesenen Zitats lenkt Urban den Blick auf den absichtlich falsch zitierten Schiller: „Der Alte stürzt, und neues Leben blüht aus den Ruinen! Wie meinen Sie? *Das* Alte heißt es? Meinetwegen! Ich meine aber *den* Alten da drüben, und da habe ich wieder einmal recht." (146) Das von Urban nicht Gemeinte ist gerade das wahre Motto, das noch in der Verfälschung Kretzers Roman bezeichnet; denn richtig sagt Attinghausen in Schillers *Wilhelm Tell* über den Anbruch der neuen Zeit: „Das Alte stürzt, es ändert sich die Zeit, / Und neues Leben blüht aus den Ruinen."[33] Was ein Mann wie Urban von den Dichtern hält, die er sich für die eigenen Interessen zurechtlegt, verrät sein schnell nachgeschobener Satz: „Wer kann überhaupt die Dichter alle kennen! Die richten nur Unheil an in der Welt. Sprechen von Freiheit und Menschenwürde und hetzen die Arbeiter auf! Mir soll einer kommen! Ich kann auch ohne sie leben." (146) Was diesem Urban, der durch Spekulation alle Poesie zerstört, belanglos oder gar bedrohlich erscheint, wird gerade dadurch als Mission nicht nur klassischer Dichtung aufgewertet: In den sozialen Konflikten der Gründerzeit hat sich der urbane Realist Max Kretzer für „Freiheit und Menschenwürde" eingesetzt, von dieser idealistischen Parole aber den vierten Stand nicht mehr wie Lindau und Fontane ausgeschlossen. Gleichzeitig hat er angesichts des schließlich doch be-

---

31 Vgl. Johann Wolfgang von Goethe, *Faust. Erster Teil*, in: Goethe, *Werke*, Hamburger Ausgabe. Hrsg. v. Erich Trunz, Bd. 3, Hamburg: Christian Wegner ⁷1964, 7–145, S. 26 (v. 575–579, gleichlautend schon im *Urfaust* von 1775, v. 222–226):
    Mein Freund, die Zeiten der Vergangenheit
    Sind uns ein Buch mit sieben Siegeln.
    Was ihr den Geist der Zeiten heißt,
    Das ist im Grund der Herren eigner Geist,
    In dem die Zeiten sich bespiegeln.
32 Zur historischen Stichhaltigkeit dieses Zitats vgl. http://www.welt.de/geschichte/arti cle132968291/Gorbatschow-hat-den-beruehmten-Satz-nie-gesagt.html (4.5.2016).
33 Friedrich Schiller, *Wilhelm Tell*, in: Schiller, dtv-*Gesamtausgabe*, Bd. 8, München: Deutscher Taschenbuch Verlag 1966, 93–194, S. 167 (v. 2425 f.).

wunderten Bauprojekts Stadtbahn bekannt, die auf beiden Seiten des Viadukts in die Höhe schießenden Baugerüste zeugten „für das neue Leben an Stelle der Ruinen" (214). Aber weil das neue Leben nicht ohne die Ruinierung der Zurückgebliebenen gedeihen kann, läuft Max Kretzers urbaner Realismus auf einen Appell an die soziale Solidarität hinaus, der über seine Zeit hinaus gültig geblieben ist.

5 Ausnahmefall des Alltäglichen am Zoologischen Garten und in der Invalidenstraße

Theodor Fontanes *Irrungen, Wirrungen* (1888) und *Stine* (1890)

Wir hatten gegen Ende des 2. Kapitels gesehen, daß Fontane für die Ästhetik des urbanen Realismus zwei Kriterien sicherstellen will, einmal die stilistische Abgrenzung gegen das ‚Reportertum', vor allem wenn es sich in proto-naturalistischer Weise auf das ‚Häßliche' und auf die ‚Misere' des Alltags konzentriert, und zum anderen die narrative Individualisierung des Einzelnen, der aus der Masse herausragt durch die je besondere Geschichte, die von ihm erzählt werden kann. Poetologische Reflexionen in dieser Richtung durchziehen immer wieder seine Romane. Fontane legt sie meistens seinen Figuren in den Mund, wenn sie gesprächsweise über den gegenwärtigen Moment hinauszielen und gelegentlich als Sprachrohr des Erzählers sogar die Grenzen ihres Charakters transzendieren. Damit unterstreicht er den exemplarischen Charakter seiner ansonsten individuell gezeichneten Figuren.

Diesen exemplarischen Status erlangen zwei sehr ähnlich charakterisierte Frauengestalten, die vor dem Hintergrund von Fontanes Ästhetik des Realismus sogar als programmatische Vorbilder dienen: Lene in *Irrungen, Wirrungen* (1888) und Stine in *Stine* (1890). Wo Lene charakterisiert wird durch „Einfachheit, Wahrheit, Natürlichkeit" (404/Reclam 100)[1] und, noch einmal, durch „Einfachheit, Wahrheit und Unredensartlichkeit" (419/Reclam 117), zeichnet sich auch Stine durch die fast identische heilige Trias aus: „Wahrhaftigkeit, Natürlichkeit und Güte" (539/Reclam 82)[2] In beiden Fällen sind es antithetische Tugenden, die man nur als positive Ausnahmen der mitgedachten, für viele Figuren Fontanes typischen Untugenden verstehen darf: Einfachheit vs. Protzerei, Wahrheit vs. Prätention, Natürlichkeit vs. Gestelztheit, Unredensartlichkeit vs. Floskelhaftigkeit, Güte vs. Bösartigkeit. Diese schlichten Frauen, die sich keine Hoffnungen auf einen sozialen Aufstieg machen, sind das einfache und natürliche, keiner Re-

---

[1] Theodor Fontane, *Irrungen, Wirrungen*, in: Fontane, *Werke, Schriften und Briefe*. Hrsg. v. Walter Keitel und Helmuth Nürnberger, Abt. I, Bd. 2, Darmstadt: Wissenschaftliche Buchgesellschaft 1971, 319–475, auch in der Reclam-Ausgabe von 1965 (2010) mit Anmerkungen von Frederick Betz (1994), hier S. 404, Reclam S. 100.

[2] Theodor Fontane, *Stine*, in: Fontane, *Werke, Schriften und Briefe*. Hrsg. v. Walter Keitel und Helmuth Nürnberger, Abt. I, Bd. 2, Darmstadt: Wissenschaftliche Buchgesellschaft 1971, 477–565, auch in der Reclam-Ausgabe von 1963 (Stuttgart: Reclam 2013) mit dem Nachwort von Dietrich Bode, hier S. 539, Reclam S. 82.

densartlichkeit fähige Gegenmodell zu den dünkelhaft-prätentiösen, in Phrasen denkenden, manipulativen Frauengestalten wie Josephine von Rienäcker, Luise von Briest, Therese von Poggenpuhl und vor allem Jenny Treibel, die nur im Interesse ihres sozialen Status sprechen und handeln. Die Verteidigung der in der Familie konzentrierten Macht und die Unnachgiebigkeit aus fehlender Einsicht in die eigene Begrenzung sind das Hauptmerkmal des von Fontane am meisten gehaßten, für das Machtgehabe der Gründerzeit typischen Menschenschlags, der von adligen Absteigern bis zu kleinbürgerlichen Aufsteigern reicht: „Ich hasse das Bourgeoishafte mit einer Leidenschaft, als ob ich ein eingeschworener Sozialdemokrat wäre", bekannte Fontane 1891 in einem Brief an seine Tochter.[3] Besonders im Gegensatz zum Typus des Bourgeois kommt der Rolle Lenes und Stines, dieser beiden ganz unbürgerlichen Frauen, eine besondere gesellschaftskritische Bedeutung zu, weil an ihnen und mit Hilfe der ihnen zugeschriebenen Einsichten vorgeführt wird, warum der große Rest der Gesellschaft so problematisch ist.

Fontane hat dem Roman *Stine*, den er 1881 früher als *Irrungen, Wirrungen* begonnen, aber später beendet hat (1890), das gleiche Muster wie in *Irrungen, Wirrungen* zugrundegelegt. In beiden Fällen geht es um die gesellschaftlich inakzeptable Liebe eines willensschwachen Adligen zu einer schlichten jungen Frau aus dem Volke – in *Irrungen, Wirrungen* ist es Baron Botho von Rienäcker im Verhältnis mit Lene, die im Geschäft der Gebrüder Goldstein am **Spittelmarkt** als Näherin arbeitet, und in *Stine* ist es Graf Waldemar von Haldern, der, schwächer noch als Botho, mit seiner als Krankheit empfundenen Nervenschwäche schon den Décadent des Fin de Siècle antizipiert, im Verhältnis mit Stine, die ebenfalls als Näherin in einem Stickerei-Betrieb arbeitet. In beiden Fällen handelt es sich um eine von vornherein zum Scheitern verurteilte Mésalliance, um ein *mismatch*, dessen vorgegebene Erfolglosigkeit gerade die Voraussetzung eines vorübergehenden und deshalb nicht instrumentalisierbaren Glücks ist, wie es in den gesellschaftlich akzeptierten, gar durch die Ehe sanktionierten Beziehungen bei Fontane sonst nie zu finden ist.

Es fällt auf, daß die positiven wie die negativen Frauengestalten bei Fontane meistens auch die Titelfiguren seiner Romane abgeben, von *Grete Minde* (1880) über *Cécile* (1887), *Stine* (1890), *Frau Jenny Treibel* (1893) und *Effi Briest* (1895) bis *Mathilde Möhring* (posthum), daß aber der Hauptgestalt von *Irrungen, Wirrungen*, Magdalene Nimptsch, genannt Lene, die natürlicher und einsichtiger ist als alle anderen, dieser Ehrenplatz vorenthalten wurde. Der stattdessen gewählte Titel ist das ironisch zu verstehende Zitat einer Aussage von Botho, als er, in völliger

---

[3] Theodor Fontane, Brief an seine Tochter Martha, 25. 8. 1891, in: Fontane, *Briefe an die Familie*, Berlin: F. Fontane 1905, S. 268.

Theodor Fontanes *Irrungen, Wirrungen* (1888) und *Stine* (1890) — 121

Karte 4: *Irrungen, Wirrungen:* Kurfürstendamm (heute Budapester Straße), Landgrafenstraße, Lützowstraße.

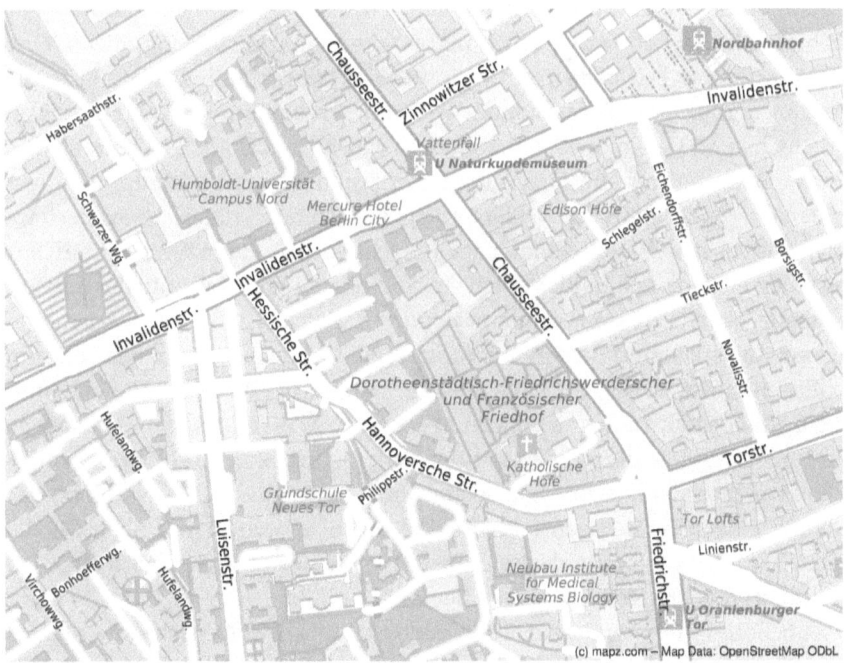

Karte 5: *Stine:* Invalidenstraße, Tieckstraße.

Verkennung der Bedeutung seines Liebesverhältnisses mit Lene, alte Liebesbriefe hervorkramt und in ihnen nicht mehr sieht als „Viel Freud, viel Leid. Irrungen,

Wirrungen. Das alte Lied." (455/Reclam 157) Aber was er im Rückblick als konventionelle Affäre, als bloße Verirrung, abzutun versucht, verrät sich noch in Lenes orthographisch fehlerhaften Briefen als Erweis wahrer Menschlichkeit, die ihn ins Unrecht setzt: „Alles was sie sagte, hatte Charakter und Tiefe des Gemüts. Arme Bildung, wie weit bleibst du dahinter zurück." (455/Reclam 158) So schlagen die „Irrungen, Wirrungen" zurück auf die Gebildeten, die in der jungen Frau aus dem vierten Stand nicht die wichtigste Heroine der Gesellschaftskritik erkennen können.

Das verbotene Glück am Rande wäre, so sollte man meinen, das passende Sujet eines Kolportageromans, jener literarischen Dutzendware, auf die zu kurz gekommene Leser ihre unerfüllten Wünsche projizieren können. Selbst wenn es keine anderen, vor allem keine stilistischen Gründe gäbe, die Fontanes Romane von dem Groschenroman unterscheiden, so spricht vor allem ein zentraler Aspekt des Handlungsaufbaus gegen die Affinität: Fontane hat den sexuellen Vollzug des Glücks so sehr ausgespart, daß der Leser nicht einmal rätseln kann, ob er während der heimlich in **Hankels Ablage** gemeinsam verbrachten Nacht nun stattgefunden hat oder nicht. Das ist keine vom Erzähler geübte Diskretion, die der befürchteten Zensur zu verdanken wäre, sondern eine Auslassung, die erst im Schein ihrer Nichtigkeit bedeutsam wird. So wird die Irrealität des von Lene nie erhobenen und unter den gegebenen Verhältnissen auch undenkbaren Glücksanspruchs betont. Das kurze Sommerglück von Lene und Botho ist so irreal, daß es nur im Spiel und nur am Rande der Gesellschaft vorgeführt wird. Damit löst sich auch ein topographischer Widerspruch auf, den nur *Irrungen, Wirrungen* im Rahmen des sonst im Berliner Roman vorherrschenden sozialen West-Ost-Gefälles darzustellen scheint. Schließlich spielt ein Großteil der Handlung auf der unteren Sozialebene nicht im Osten, sondern gerade im damals äußersten Westen von Berlin, am **Zoologischen Garten**, also dort, mitten im späteren urbanen Zentrum des politischen Westberlin, wo heute, wenige Schritte vom **Bahnhof Zoo** und rund um die **Gedächtniskirche**, mit dem Zoo-Fenster, dem Bikini-Haus und dem ganz neuen Upper West-Hochhaus das seit der Vereinigung Berlins 1990 vernachlässigte alte Westberliner Zentrum neu belebt wird. Hier befand sich einst, schon von Fontane nur noch nostalgisch erinnert und umso liebevoller mit allen Details gezeichnet, eine dem **Zoologischen Garten** vorgelagerte Idylle am westlichen Stadtrand, in der *Irrungen, Wirrungen* beginnt.

Wenn Botho, der standesgemäß in der vornehmen **Bellevuestraße** wohnt, die vom **Potsdamer Platz** nordwestlich direkt zum Tiergarten führt, zum Stelldichein mit Lene nicht in den Osten Berlins, wo die nicht standesgemäße untere Schicht konzentriert ist, sondern ausdrücklich ein ganzes Stück weiter westlich, an den zeitenthobenen, noch dörflich geprägten Stadtrand Berlins laufen muß, so ist das nur mit dem idyllischen Charakter der Gegend zu erklären, der gleich eingangs, schon im ersten, kartographisch genauen Satz des Romans hervorgehoben wird: „An dem Schnittpunkte von **Kurfürstendamm** und **Kurfürstenstraße**, schräg gegenüber dem „Zoologischen", befand sich in der Mitte der 70er Jahre noch eine große, feldeinwärts sich erstreckende Gärtnerei." (319/Reclam 5) Der Ort des Geschehens ist noch genauer definiert als der Zeitpunkt, der erst später, durch einen auf den Tag datierten Brief, auf Juni 1875 festgelegt ist. Der perspektivische Ausgangspunkt des Romans ist eine auf dem zeitgenössischen Stadtplan verzeichnete Straßenkreuzung, die im offensichtlichen Rückblick des in den 80er Jahren schreibenden Erzählers ausdrücklich „noch" einen ländlichen, aber von der Urbanisierung schon bedrohten Charakter hat. Die schon als Anachronismus empfundene Gärtnerei erstreckt sich „feldeinwärts" in Richtung des auch seines Namens wegen gewählten „**Wilmersdorf**", in das Botho und Lene wiederholt ihre Spaziergänge übers Land machen. Zu dieser fast noch dörflichen Gärtnerei gehören Treibhäuser, Blumenkübel, ein Gemüsegarten, Spargelanlagen und ein Stall mit Kuh und Ziege sowie eine Hundehütte, also die ganze Ausstattung einer schon domestizierten, aber eben doch noch ländlichen Natur, wo Hunde bellen und Hähne krähen. Der kunstvoll konstruierten Szenerie soll der Leser anmerken, „dass hinter dieser Kulisse noch etwas anderes verborgen sein müsse" (319/Reclam 5). Die Inszenierung der künstlichen Natur ist wie der Garten selbst so angelegt, daß der Leser die symbolische Affinität zum Garten Eden kaum verkennen kann. Es ist die paradiesische Ausnahme jener Realität, in der die Liebe zwischen Botho und Lene nicht gedeihen und erst recht keine gedeihliche Sanktionierung finden könnte. Deshalb bewegen sich die beiden hier am Stadtrand in einem räumlich und zeitlich enthobenen Vakuum, wenn sie einerseits den Fußweg nach **Wilmersdorf** um der Einsamkeit willen wählen („da kommt keiner" 320/Reclam 7) und wenn andererseits den Turm des Gartenhauses ein zerbrochenes Zifferblatt ziert („von Uhr selbst keine Rede" 319/Reclam 5). Wo sie sich treffen, ist, mit dem Titel einer Erzählung von Christa Wolf, *Kein Ort. Nirgends*, im wörtlichen Sinn des griechischen Utopie-Begriffs der irreale Raum des zeitlosen Nirgendwo. Mit dieser topographischen Paradoxie der Ortlosigkeit „an dem Schnittpunkte von **Kurfürstendamm** und **Kurfürstenstraße**" beginnt eine Gesellschaftskritik, die an zwei Liebenden die Unmöglichkeit von Glück in der zeitlich und räumlich genau fixierten Berliner Gesellschaft exemplifiziert.

Die utopische Ausnahmesituation dieser gesellschaftsfernen Liebe am dörflichen Stadtrand wird auch durch ihren Spielcharakter unterstrichen. Dabei findet eine bemerkenswerte Verkehrung der Spielsituation statt: Weder spielt Botho mit Lene noch Lene mit Botho, dazu ist beiden die (gleichwohl unterschiedlich interpretierte) Liebe viel zu ernst. Wenn sie spielen, dann nur, um die Realität, von der sie ernstlich abgesondert sind, durch die spielerische Persiflage ins Lächerliche zu ziehen und ihr damit für einen komödiantischen Augenblick die Bedrohlichkeit zu nehmen. Für diese lustig-böse Entlarvung hat sich Fontane gerade die ‚Redensartlichkeit' ausgesucht, die auf der Liste der von ihm gehaßten Standes-Untugenden an oberster Stelle steht. Botho, der sich mit Lene immer blendend unterhalten kann, ohne für den Sprachfluß bei Floskeln Zuflucht nehmen zu müssen, betont die Bewunderung dieser verbalen Natürlichkeit dadurch, daß er sie mit der Unnatürlichkeit der gezwungenen Konversation in seinen Kreisen kontrastiert, von denen Lene zu ihrem eigenen Glück ausgeschlossen bleiben wird.

Ausgerechnet Lene, die keine Schwierigkeiten hat, mit Botho jederzeit ein echtes Gespräch zu beginnen, fragt ihn, wie man denn in der feinen Gesellschaft „so mir nichts dir nichts ein Gespräch anfangen kann" (337/Reclam 25). Zur Illustrierung der rhetorischen Falschheit, die er so unleidlich findet wie sein Erzähler, der ihn steuert, will Botho ihr „eine Tischunterhaltung vormachen" (337/ Reclam 25). Bevor die Leser in Fontane den berühmten Meister der Causerie kennenlernen können, wird eine solche Causerie durch spielerische Simulation schon persifliert:

> „Nun", fuhr Baron Botho fort, „denke dir also, du wärst eine kleine Gräfin. Und eben hab' ich dich zu Tische geführt und Platz genommen und nun sind wir beim ersten Löffel Suppe."
>
> „Gut. Gut. Aber nun?"
>
> „Und nun sag' ich: Irr' ich nicht, meine gnädigste Komtesse, so sah ich Sie gestern in der Flora, Sie und Ihre Frau Mama. Nicht zu verwundern. Das Wetter lockt ja jetzt täglich heraus, und man könnte schon von Reisewetter sprechen. Haben Sie Pläne, Sommerpläne, meine gnädigste Gräfin? Und nun antwortest du, daß leider noch nichts feststünde, weil der Papa durchaus nach dem Bayrischen wolle, daß aber die Sächsische Schweiz mit dem Königstein und der Bastei dein Herzenswunsch wäre."
>
> „Das ist es auch wirklich", lachte Lene. (337/Reclam 25)

Der Fiktionsbruch, den sich Lene hier lachend leistet, kennzeichnet sie auf schönste Weise. Wie sie den Irrealis der simulierten Tisch-Plauderei im Realis ihres eigenen Wunsches auflaufen läßt, ist ein in seiner Schlichtheit brillantes Bravourstück der Charakterisierung an der Grenze von Fiktion und Wirklichkeit, weil sich Lene auch in der Rolle einer „kleinen Gräfin" von der höflichen Suada nicht täuschen läßt. Botho führt diesen Herzenswunsch, der so real geworden ist, daß Lene darüber zur wirklichen Adressatin der gespielten Rede wird, nun aus, um daran das Bildungswissen zu knüpfen, das ihn von Lene entschieden trennt:

> „Nun sieh, das trifft sich gut. Und so fahr' ich denn fort: Ja, gnädigste Komtesse, da begegnen sich unsere Geschmacksrichtungen. Ich ziehe die Sächsische Schweiz ebenfalls jedem anderen Teile der Welt vor, namentlich auch der eigentlichen Schweiz. Man kann nicht immer große Natur schwelgen, nicht immer klettern und außer Atem sein. Aber Sächsische

> Schweiz! Himmlisch, ideal. Da hab' ich Dresden; in einer Viertel- oder halben Stunde bin ich da, da seh' ich Bilder, Theater, Großen Garten, Zwinger, Grünes Gewölbe. Versäumen Sie nicht, sich die Kanne mit den Törichten Jungfrauen zeigen zu lassen, und vor allem den Kirschkern, auf dem das ganze Vaterunser steht. Alles bloß durch die Lupe zu sehen." (337 f./Reclam 25 f.)

Während sich das snobistische Konversationsspiel unter der Hand in einen Reiseführer für Dresden verwandelt, den die an Berlin gebundene Lene nie gebrauchen würde, beendet sie das Spiel, indem sie zusammenfassend auch eine Sprachgrenze zieht: „Und so sprecht ihr!" (338/Reclam 26) Zwischen ihr und seiner Gesellschaft steht das Gerede, das sich selbst entlarvt. Nachdem Botho ihr und der einfachen Frau Dörr, die sich vor Vergnügen schon aufs Knie klatscht, weiterhin vorführt, daß es bei solchem leeren Gerede völlig einerlei ist, ob man nun über Morcheln oder Champignons spricht, weil „alles ganz gleich" ist, entlarvt sich der scheinbar vornehme Gesellschaftston als floskelhafte Lügenrede: „Und ‚ja' ist gerade so viel wie ‚nein'." (338/Reclam 27) Diese Art rhetorischer Verlogenheit, die durch die Anspielung auf die Anweisung des Matthäus-Evangeliums (5: 37 „Eure Rede aber sei: ja, ja; nein, nein. Was darüber ist, das ist vom Übel.") noch verstärkt wird, trifft so sehr einen empfindlichen Nerv der durch „Einfachheit, Wahrheit und Unredensartlichkeit" charakterisierten Lene, daß sie die entscheidende Frage des Romans stellt:

> „Aber", sagte Lene, „wenn es alles so redensartlich ist, da wundert es mich, dass ihr solche Gesellschaften mitmacht." (339/Reclam 27)

Hier wächst Lene auch sprachlich über ihren Charakter hinaus, wenn sie mit einem kaum versteckten Wortspiel an den Ernst der scheinbar nur unterhaltsamen Situation erinnert und die vergnügliche Kritik an den ‚Gesellschaften' in eine engagierte Kritik an der ‚Gesellschaft' verwandelt sehen möchte. Weil gesellige Soirées nicht zu trennen sind von dem gesellschaftlichen System, in dem sie funktionieren, kann sie Botho recht unverblümt vorwerfen, daß er (und Gleichgesinnte: „ihr") beim falschen Gesellschaftston wie bei der Falschheit einer ganzen Gesellschaft ‚mitmacht' und damit die Tugenden verrät, die er an ihr so schätzen gelernt hat: „Einfachheit, Wahrheit und Unredensartlichkeit". Warum also macht Botho, bei aller spielerischen Distanzierung, doch mit bei dieser Gesellschaft?

Der so zur Rede gestellte Botho hat keine Antwort darauf. Er reagiert nur, indem er sich gesellschaftskonform in – nun nicht mehr ironisiertes – Geplänkel verliert, um die Vorzüge belangloser Geselligkeit zu preisen, und ist gewiß heilsfroh, als im richtigen Augenblick vom **Zoologischen Garten** Musik herüberklingt und er zur Ablenkung den französischen Tanzmeister mimen und alle in

Frau Nimptzschs Kaminstube Versammelten zum Tanz des Contre und der Française animieren kann. So dreht der Baron seine französischen Runden auch mit der Gärtnerin, Frau Dörr, bis sie nur mit Hilfe von Kirschwasser wieder zu Kräften kommt. Es ist eine im tänzerischen Spiel suspendierte Wirklichkeit, in der Standesunterschiede keine Rolle mehr spielen und auch Botho und Lene, als sie nach dem Tanz im Paradiesgarten promenieren, mit einem Erdbeerkuß das Liebesglück besiegeln.

Die unverkennbare Anleihe bei Gottfried Kellers (übrigens in Berlin geschriebener) Erzählung *Romeo und Julia auf dem Dorfe* (1856), wo sich Sali und Vrenchen im „Paradiesgärtlein" tanzend in ihr weltvergessenes Hochzeitsglück hineinspielen, als könnten sie in der Fiktion das verlorene Paradies wieder herstellen,[4] unterstreicht den programmatischen Charakter dieser utopischen Topographie. Nicht mehr auf dem Dorf in der (gerade genannten) Schweiz, sondern am Stadtrand von Berlin, am Zoologischen Garten, liegt das Paradiesgärtlein des gespielten Glücks. Hier, an der Kreuzung von **Kurfürstendamm** und **Kurfürstenstraße**, hat der urbane Realismus sein von der gesellschaftlichen Realität abgetrenntes Nirgendwo gefunden, hier kann der unmögliche Traum, wie Lene weiß, nur für einen Moment gelebt werden. Wie Kellers Kinder tödlich verfeindeter Bauern sind auch die sozial inkompatiblen Städter nur Varianten von Romeo und Julia. Die horizontale Unversöhnlichkeit der Montagues und der Capulets hat sich auf die ständische Vertikale verschoben, wo aristokratische Oberschicht und kleinbürgerliche Unterschicht nur im fiktionalen Ausnahmefall gleichberechtigt zusammenkommen können.

In Fontanes urbanem Realismus, für den er, wie wir gesehen haben, eine ästhetische ‚Verklärung' auch der großstädtischen Realität beansprucht, klingt trotz aller Unterschiede die Poetik des symbolischen Realismus nach, die Keller seiner Erzählung eingeschrieben hat: „Diese Geschichte zu erzählen", meinte Kellers Erzähler zur Rechtfertigung seiner realistischen Dorfgeschichte, „würde eine müßige Nachahmung sein, wenn sie nicht auf einem wirklichen Vorfall beruhte, zum Beweise, wie tief im Menschenleben jede jener Fabeln wurzelt, auf welche die großen alten Werke gebaut sind. Die Zahl solcher Fabeln ist mäßig; aber stets treten sie in neuem Gewande wieder in Erscheinung und zwingen alsdann die Hand, sie festzuhalten."[5] Fontane teilt mit Keller den Glauben an die Fabelhaftigkeit der menschlichen Grundmuster, die nicht nur im Mythos und bei Shakespeare, sondern als ‚wirkliche Vorfälle' auch im erfundenen Schweizerort

---

4 Gottfried Keller, *Romeo und Julia auf dem Dorfe* (in: *Die Leute von Seldwyla. Erster Teil*, 1856), in: Keller, *Sämtliche Werke und ausgewählte Briefe*. Hrsg. v. Clemens Heselhaus, Bd. 2, München: Carl Hanser ²1963 (¹1958), 61–128, S. 117 (= Stuttgart: Reclam 1968, S. 74).
5 Keller, *Romeo und Julia auf dem Dorfe*, S. 61 (Reclam 1968, S. 3).

Seldwyla oder eben im Berlin der Gründerzeit vorkommen. So geht es beiden Realisten um die Überhöhung der ‚nachgeahmten', d. h. mimetisch abgebildeten Realität, ob sie nun dörflich wie bei Keller oder urban wie bei Fontane ist. Aber Fontane, der seine Figuren nicht mythisiert, bemüht sich stattdessen, viel diskreter als Keller, um die Symbolik der Topographie, die seinem urbanen Realismus eine gesellschaftskritische Richtung gibt. Die Gartenidylle am westlichen Stadtrand ist ein utopischer Ort, der den Lesern die Unversöhnlichkeit gesellschaftlicher Gegensätze gerade durch ihre momentane Aufhebung bewußt macht.

Weil Botho die Antwort auf Lenes kritische Herausforderung schuldig bleibt, ist der Roman als ganzes die Antwort – und Lene selbst das Sprachrohr der Gesellschaftskritik, die sie mit ihrer Frage angestoßen hat. Wenn Lene in dieser Mondnacht „wie von einem Traume" erwacht, „der sich doch nicht festhalten läßt" (344/Reclam 33), beginnt sie an der Grenze zwischen Traumspiel und gesellschaftlicher Realität Gründe zu vermuten, die Botho veranlassen, bei der fragwürdigen Gesellschaft trotz allem weiter mitzumachen – und von den gesellschaftlichen Gründen seiner Schwäche abzulenken. Es fällt ausgerechnet ihr zu, ihm die Illusion gesellschaftlicher Akzeptanz auszureden, die man eigentlich ihr, wenn sie denn dafür ehrgeizig genug wäre, als „Einbildung" anlasten würde:[6] „Glaube mir, daß ich dich habe, diese Stunde habe, das ist mein Glück. Was daraus wird, das kümmert mich nicht. Eines Tages bist du weggeflogen." (345/ Reclam 34) Sie ist realistisch und genügsam genug, um ihr Glück nur im Moment zu sehen und wahrzunehmen. Sie zweifelt nicht an der Echtheit seiner Liebe, sondern nur an seinem Willen und seiner Kraft, die Liebe auch in seiner Realität durchzusetzen. Sie ist davon überzeugt, daß er, so undünkelhaft er sich gerade an diesem heiteren Abend bei Frau Nimptsch gegeben hat, immer nur daran denkt, daß alles gut würde, wenn Lene wirklich die Gräfin wäre, deren Rolle er ihr in dem Gesellschaftsspiel zugewiesen hatte:

> „Damit ist es nun aber zu spät, das bring' ich nicht mehr zuwege. Du liebst mich und bist schwach. Daran ist nichts zu ändern. Alle schönen Männer sind schwach und der Stärkre beherrscht sie ... Und der Stärkre .... ja, wer ist dieser Stärkre? Nun, entweder ist's deine Mutter oder das Gerede der Menschen oder die Verhältnisse. Oder vielleicht alles drei ..." (345/Reclam 34)

In die Realität zurückgekehrt, weiß Lene deren Übermacht ganz nüchtern einzuschätzen. Bothos Schwäche liefert ihn erstens der Manipulation seiner „Mutter"

---

6 Vgl. Frau Dörrs Lebensweisheit über Frauen, die sich falsche Hoffnungen machen: „Immer wenn das Einbilden anfängt, fängt auch das Schlimme an. [...] man bloß nichts von Einbildung..." (321/Reclam 7)

aus, die über seine Verheiratung mit der reichen Erbin Käthe von Sellenthin ihre bedenklichen Familienfinanzen ordnen will, zweitens dem böswilligen „Gerede" der Menschen, die in einer Mésalliance nie die Begegnung zweier gleichberechtigter Menschen anerkennen würden, und vor allem drittens den „Verhältnissen" einer streng gegliederten Gesellschaftsstruktur, die jede Abweichung von der Norm mit Ausschluß ahndet. Lene weiß genau, daß es zur Änderung des kapitalisierten Eheinstituts, der sich moralisch dünkenden öffentlichen Meinung und schließlich des ganzen Gesellschaftssystems mehr als nur eines Adligen wie Botho bedarf, um eine grundlegende Veränderung der Verhältnisse herbeizuführen; denn das wäre kaum anders als durch Revolution zu erreichen, die nicht einmal Fontane zu denken gewagt hat, weil er, wie es in Brechts *Dreigroschenoper* heißt, weiß: „die Verhältnisse, sie sind nicht so." Deshalb hat sich auch Fontane mit dem pragmatischen Rat abfinden müssen, den er Lene in den Mund gelegt hat: „Man muss allem ehrlich ins Gesicht sehn und sich nichts weismachen lassen und vor allem sich selber nichts weismachen." (346/Reclam 35) Diesen gegen Selbsttäuschung und ideologische Verblendung gerichteten Realitätssinn praktiziert Lene in einer genügsamen, fast vergnügten Bescheidenheit, die als vorbildliche Tugend überaus sympathisch dargestellt ist.

Solcher Realitätssinn, der sich nichts vormachen läßt, wird historisch gern als Folge der Ernüchterung gesehen, die nach dem Scheitern der Revolution von 1848 an der Wiege des Realismus stand. Es war, wie man zugeben mußte, ein ‚realistischer Katzenjammer nach einem idealistischen Rausche', ein Rückschlag, der dazu aufforderte, sich mit der Macht der tatsächlichen Verhältnisse zu arrangieren. Das Ergebnis dieser Enttäuschung ist eine affirmative Hinnahme der gegebenen gesellschaftlichen Verhältnisse. Man muß die zeitgenössische politische Begründung des Realismus nicht teilen, um zu verstehen, daß sich noch vierzig Jahre nach der Revolution der Realitätssinn an der Machbarkeit des Wünschenswerten orientiert.

Nicht Lene, die Grund hätte, sich nach den Bequemlichkeiten des sozialen Aufstiegs durch Verheiratung ‚nach oben' zu sehnen, sondern Botho bildet sich ein, das gespielte Liebesglück, das am östlichen Stadtrand von Berlin, in dem ebenso idyllischen Ausflugsziel **Hankels Ablage** im heutigen Zeuthen an der Dahme, einem Zubringer der oberen Spree, noch einmal versucht wird, bruchlos in die Realität seiner Gesellschaft zu überführen. Aber er ist, wie Lene richtig erkannt hat, zu schwach dafür. Das – von ihr vorhergesagte – Scheitern seiner Illusion macht den größten Teil des Romans aus, ohne daß Botho den gleichen kritischen Durchblick hat wie Lene; denn er ist eben nur, wie er sich selbst eingestehen muß, ein „Durchschnittsmensch aus der sogenannten Obersphäre der Gesellschaft" (403/Reclam 99), der aus „Resignation, Ergebung" (400/Reclam 96) den Weg des geringsten Widerstands wählt:

> „Es liegt nicht in mir, die Welt herauszufordern und ihr und ihren Vorurteilen öffentlich den Krieg zu erklären; ich bin durchaus gegen solche Donquichotterien. Alles, was ich wollte, war ein verschwiegenes Glück, für das ich früher oder später, um des ihr ersparten Affronts willen, die stille Gutheißung der Gesellschaft erwartete." (404/Reclam 100)

Noch dafür, daß er der Gesellschaft den öffentlichen Skandal seiner Mésalliance erspart hat, wollte er mit stiller Akzeptanz seines geheimen Glücks belohnt werden, als er schon dem Drängen seiner finanziell bedrängten Mutter nachzugeben beginnt, mit Käthe von Sellenthin „ein Vermögen" zu heiraten, „dessen Zinsbetrag hinter dem Kapitalsbetrag der Rienäckerschen Heide samt Muränensee nicht sehr erheblich zurückbleiben werde" (402/Reclam 98). Hier erweist sich der von Verarmung bedrohte Aristokrat als der reinste Bourgeois, der der Kapitalisierung menschlicher Beziehungen den privaten Glücksanspruch opfert. Trotz aller Leutseligkeit, die vor allem Frau Dörr an dem Baron so bewundert, erinnert sein Charakter an den anfangs vorgeführten silbern gefiederten Hahn, der sich noch auf der Flucht vor dem Hofhund aufplustert, „als ob er den Hühnern zeigen wollte, dass seine Flucht in den Birnbaum hinein ein wohlüberlegter Coup oder eine bloße Laune gewesen sei" (326/Reclam 12f.), so daß der Gärtner Dörr berlinernd kommentiert: „Jott, so'n Hahn. Denkt nu auch wunder, was er is. Un seine Courage is doch auch man soso." (326/Reclam 13)

Uncouragiert wie der stolze Hahn, fühlt und präsentiert sich Botho, der privilegierte Repräsentant seines Standes, so sehr als mitleidheischendes Opfer der Verhältnisse, vergleichbar dem „einer Adelsvorstellung, einer Standesmarotte" (405/Reclam 101) zum Opfer gefallenen und 1856 im Duell getöteten Berliner Generalpolizeidirektor Karl Ludwig Friedrich von Hinckeldey, daß ausgerechnet Lene ihn trösten und großmütig aus allen Verbindlichkeiten entlassen muß:

> „Davon sprech' ich dich frei. Du hast mir kein Unrecht getan, hast mich nicht auf Irrwege geführt und hast mir nichts versprochen. Alles war mein freier Entschluss. [...] Wenn ich nun dafür zahlen muß, so zahle ich gern. Du hast nicht gekränkt, nicht verletzt, nicht beleidigt, oder doch höchstens das, was die Menschen Anstand nennen und gute Sitte. Soll ich mich darum grämen? Nein. Es rückt sich alles wieder zurecht, auch das." (409/Reclam 105f.)

Der vermeintliche Glaube an die Selbstkorrektur der Verhältnisse ist nur die affirmative Maske einer stummen Anklage, die sich nicht gegen Bothos Versagen, sondern gegen die unmenschlich-unanständige Ungleichheit der Gesellschaft richtet. Die „gute Sitte" wird nicht etwa durch Mésalliancen, sondern dadurch „beleidigt", daß sich das persönliche Glück ständischen Finanzinteressen beugen muß, weil die betroffenen Individuen zu schwach sind, sich gegen die gesellschaftlichen Strukturen zu wehren. In Lenes schlichter Sprache, deren Authentizität durch die orthographischen Fehler ihrer Briefe an Botho noch gesteigert wird, ist das Zusammenwirken von „Psychographie und Kritik" unverkennbar, das Fontane in einem Brief an seine Frau Emilie als Leitmotiv seiner Arbeit an *Irrungen, Wirrungen* bezeichnet hat.[7] Der große, für Fontane erstmalige Erfolg dieser psychographischen Gesellschaftskritik hat ihm einen Platz im Pantheon der europäischen Realisten gesichert. „Zum ersten Male", so urteilte 1968 der kundigste Fontane-Forscher Hans-Heinrich Reuter, ohne sein treffendes Urteil aus dem Text analytisch zu begründen, „war die Lebenslüge der herrschenden Gesellschaft bis ins Mark getroffen und durchschaut, entlarvt mit einer poetischen Eindringlichkeit und Überzeugungskraft, wie sie der deutsche Roman zuvor nicht gekannt hatte."[8]

Ein wesentlicher Aspekt dieser Kritik ist, wie wir schon an der Konstruktion der wirklichkeitsenthobenen Idylle am **Zoologischen Garten** sehen konnten, die Topographie des Handlungsaufbaus. Wenn Fontane hoffte, daß das Lesepublikum der *Vossischen Zeitung*, in der der Roman zuerst gedruckt wurde, „so recht in der Lage ist, den berlinschen „flavour" der Sache – worauf ich mich schließlich doch wohl am besten verstehe – herauszuschmecken",[9] dann meinte er damit sicher nicht nur das Atmosphärische, das er etwa durch einen zweiwöchigen Schreibaufenthalt in **Hankels Ablage** im Mai 1884 einzufangen versuchte, sondern auch die kartographische Verankerung im Berliner Stadtplan, die für seine Romane so charakteristisch ist. Wenn Botho und Lene an der Peripetie des Romans, als in **Hankels Ablage** das ungestörte Idyll ein abruptes Ende findet, gleichzeitig, aber schon getrennt der Frage nachhängen, „wie lange das Glück noch dauern werde" (379/Reclam 73), dann ist die Vergänglichkeit des Glücks keine existentielle, sondern eine soziale Frage, die topographisch in diametral entgegengesetzter Richtung beantwortet wird.

Als Botho Lene bei einem Bootsausflug auf der Spree im Osten kennenlernte, wohnte er im vornehmen **Tiergartenviertel** westlich vom **Potsdamer Platz**, in der **Bellevuestraße**. Er besucht Lene (und nie umgekehrt) auf dem noch dörflichen Gartengrundstück gegenüber dem noch am westlichen Stadtrand gelegenen, schon 1844 eröffneten **Zoologischen Garten** und macht mit ihr kleine Wanderungen übers Land nach **Wilmersdorf**. Dieser mit dem Paradiesgarten assoziierten Glücksidylle im äußersten Westen entspricht jenseits des östlichen Stadtrands der Ausflugsort **Hankels Ablage**, ursprünglich ein industriell genutzter

---

[7] Theodor Fontane, Brief an Emilie Fontane, 14.5.1884, in: Fontane, *Der Dichter über sein Werk*. Hrsg. v. Richard Brinkmann in Zusammenarbeit mit Waltraud Wiethölter, München: Deutscher Taschenbuch Verlag 1977, Bd. 2, S. 360.
[8] Hans-Heinrich Reuter, *Fontane*, Berlin: Verlag der Nation 1968, Bd. 2, S. 669.
[9] Theodor Fontane, Brief an Emil Dominik, 14.7.1887, in: Fontane, *Der Dichter über sein Werk*, Bd. 2, S 363.

Ablageplatz für das auf der Dahme und der Spree transportierte Holz, das für die Holzmärkte in der **Köpenicker Straße** auf der Südseite und die Holzmärkte in der **Holzmarktstraße** auf der Nordseite der Spree bestimmt war. So idyllisch **Hankels Ablage** mit Gartenlokal, Hotel und Bootsanlegestelle zu Fontanes Zeit gewesen sein mag, so sehr haftet dem Ort auch seine frühindustrielle Vorgeschichte an, die ihn deutlich von der ländlichen Gartenlandschaft am westlichen Stadtrand unterscheidet. Nicht zufällig betreibt Jenny Treibels älterer Sohn Otto am Ostende der **Köpenicker Straße**, die bei Fontane der Inbegriff des industriellen Ostens ist, einen solchen Holzmarkt mit Zugang zur Spree. Deshalb mag es nicht verwundern, daß **Hankels Ablage** nicht den gleichen Schutz gegen die mißgünstige Gesellschaft bietet wie der Garten am Zoo („da kommt keiner"). Der unerwartete Einbruch der Freunde aus dem Offizierscasino mit ihren zweifelhaften Damen markiert die Peripetie und den Anfang vom Ende dieser Sommerliebe.

In die gesellschaftliche Realität zurückgekehrt, müssen sich Botho und Lene auch topographisch auseinanderdividieren. Botho heiratet gezwungenermaßen, ihres Kapitalwerts wegen, die geschwätzige, dümmlich plaudernde Käthe von Sellenthin, die sogar seine Freunde für „rather a little silly" (431/Reclam 131) halten, und zieht mit ihr noch viel weiter westlich, in eine herrschaftliche Wohnung in der **Landgrafenstraße**, womit die beiden gewissermaßen Nachbarn der Innstettens (in *Effi Briest*) werden, die in der parallel verlaufenden **Keithstraße** wohnen. Und nachdem Lene, die ja als Näherin in der östlichen Stadtmitte am **Spittelmarkt** arbeitet, einmal zufällig, in einer der wenigen dramatisch genutzten Straßenszenen bei Fontane, dem jungen Ehepaar in der Nähe seiner Wohnung auf der **Lützowstraße** über den Weg läuft und sich danach wochenlang von dem Schock nicht erholt, zieht sie mit Frau Nimptsch, um eine Wiederholung solcher Zufallsbegegnungen auszuschließen, weit in den Osten, ans **Luisen-Ufer** südlich von der **Köpenicker Straße**, wo die Treibels ihre Industriellenvilla haben und wo Lenes künftiger Mann Gideon Franke „in einer großen Fabrik in der **Köpnicker Straße**" (425/Reclam 124) arbeitet. Charakteristisch für dieses Gewerbegebiet, wurde 1888, im Jahr der Veröffentlichung von *Irrungen, Wirrungen*, am **Luisen-Ufer 5** (heute **Legiendamm 32**), die Halle VI der Berliner Markthallen errichtet, von der die Gaststätte ‚Zur kleinen Markthalle' bis heute besteht. In diesem Gewerbegebiet des Ostens würde sich Lene auf die Vorgaben der sozialen Topographie verlassen können, „dass sie nun keine Furcht mehr vor einer Begegnung mit Botho zu haben brauchte. Wer kam nach dem **Luisen-Ufer**? Botho gewiss nicht." (423/Reclam 121 f.)

Aus dem Sommerparadies ihres idyllischen Glücks vertrieben, leben Botho und Lene, ihrer Herkunft entsprechend und wie es die Gesellschaftsordnung vorschreibt, fortan dort, wo sie hingehören, der Adlige im großbürgerlichen

Westen, wo man von dem großen Balkon der herrschaftlichen Wohnung einen unverstellten Blick bis zum **Grunewald** und zum **Schloß Charlottenburg** hat, und die Näherin im proletarischen Osten, „drei Treppen hoch" und mit dem Blick auf die **Michaelskirche**. Lene hatte also recht mit ihrem tröstlichen Schlußwort für Botho: „Es rückt sich alles wieder zurecht." Mit ihrer auch topographischen Trennung ist die Ordnung wieder hergestellt und die Provokation, die zum Skandal und Schlimmerem hätte führen können, erfolgreich abgewendet.

Aber der friedliche *status quo* beruht auf einer Lebenslüge. Als der Wohnungsnachbar Gideon Franke, ein aus Amerika zurückgekehrter religiöser Emigrant, der Lene heiraten will, in einem mutigen Schritt bei Botho Erkundigungen über Lenes Vorleben einholt, resümiert Botho: „wir hatten einen Sommer lang allerglücklichste Tage. Soll ich davon erzählen? Nein. Und dann kam das Leben mit seinem Ernst und seinen Ansprüchen. Und das war es, was uns trennte." (443/ Reclam 144) Wir wissen, daß es nicht „das Leben" war, das sie trennte, kein Schicksal, das die Liebenden wie in einem Groschenroman auseinanderriß, sondern das Unvermögen, sich gegen den „Ernst" der Lage nicht nur mit einem Fiktionsspiel aufzulehnen und die von Lene verkörperte Menschlichkeit gegen den Widerstand der Gesellschaft zu behaupten. So gilt für den Baron und für alle, die es sich in den „Verhältnissen", die sie eigentlich für unerträglich halten, bequem gemacht haben, was der Gärtner über den eingebildeten Gockel befunden hat: „Un seine Courage ist doch auch man soso."

Wer mit Lene nach einer moralischen Ordnung sucht, in der sich am Ende doch alles ausgleicht und einrenkt, könnte meinen, daß Bothos mangelnder Mut damit bestraft wurde, daß er in der Person seiner Frau, die „die Kunst des gefälligen Nichtssagens mit einer wahren Meisterschaft übte" (427/Reclam 126) und die ständig Unsägliches daherplappert, just mit jener Redensartlichkeit bestraft wurde, die er – wie Fontane – am meisten gehaßt hat. Dafür nur ein Beispiel: „Und wenn man aus der Natur kommt, so wie ich," meint Käthe bei ihrer Rückkehr von einer gynäkologischen Kur in Schlangenbad, „so hat man das, was ich die Reinheit und Unschuld nennen möchte, wieder liebgewonnen. Ach, Botho, welcher Schatz ist doch ein unschuldiges Herz. Ich habe mir fest vorgenommen, mir ein reines Herz zu bewahren. Und du mußt mir darin helfen." (470/Reclam 174) Das sind die geborgten Gefühle des Groschenromans und der kitschige Herzenston, den Fontane mit schärfster Ironie einsetzt, nicht nur um Käthe, den standesgemäßen Ersatz für Lene, lächerlich zu machen, sondern um mit diesem rhetorischen „Gesellschaftsecho" (439/Reclam 139) noch einmal, in böser Zuspitzung, die ganze falsche Gesellschaft zu charakterisieren, deren Sprachrohr Käthe ist. Das klingt so, als wäre auf der Ebene ironischer Sprachcharakterisierung der Roman *Irrungen, Wirrungen* eine Vorübung für die erst mit *Frau Jenny Treibel* beabsichtigte rhetorische Bloßstellung: „Zweck der Geschichte: das Hohle, Phrasenhafte, Lügnerische, Hochmütige, Hartherzige des Bourgeoisstandpunkts zu zeigen, der von Schiller spricht und Gerson meint."[10] Ob mit dem Namen „Gerson" das 1849 eröffnete jüdische Kaufhaus Gerson & Co. (**Werderscher Markt 5**) oder das seit 1803 bestehende jüdische Bankhaus von Gerson Bleichröder (**Behrenstraße 63–65**) gemeint war, der Name steht für die Tatsache, daß allein die Zinserträge von Käthes Vermögen den drohenden sozialen Abstieg von Bothos Familie verhindern können, und „Schiller" steht für die Vermutung, daß Käthe den von Jenny Treibel beschworenen Sinn fürs Höhere teilt und sicher gerne in deren Lieblingslied „Wo sich Herz zum Herzen find't" einstimmen würde.

Umso bedauernswerter ist Botho, der nun ein Leben lang an diese Mentalität sentimentaler Spekulation gefesselt sein wird und dafür seinen ausgeprägten „Widerwillen gegen alles Unwahre, Geschraubte, Zurechtgemachte" (404/Reclam 101) unterdrücken muß. Deshalb hat Fontane für ihn das ironische Schlußwort aufgehoben, das wie so oft in seinen Romanen, am bekanntesten in *Effi Briest* („Das ist ein zu weites Feld"), das Geschehen mit einem interpretatorischen Knalleffekt abschließt. Als Käthe in der Zeitung die Anzeige der Heirat von Lene Nimptsch und Gideon Franke findet und sich dünkelhaft über die seltsamen Namen mokiert, ohne von den damit gemeinten Menschen irgendetwas zu wissen, schießt Botho zurück: „Was hast du nur gegen Gideon, Käthe? Gideon ist besser als Botho." (475/Reclam 180) In der aufmüpfigen Zurechtweisung, die etwas von seinem inneren Widerstand gegen alles, wofür Käthe steht und spricht, ahnen läßt, steckt zugleich eine Einsicht in das eigene Versagen, formuliert mit einer sprachgewitzten Pointe, die er von Lene gelernt haben könnte. Der behauptete namentliche Vorzug ist eigentlich ein moralischer Vorsprung. Nicht nur der Name Gideon, sondern auch der Mann namens Gideon ist besser als Botho. Der Adlige räumt das moralische Feld für den kleinbürgerlichen Biedermann, der für sich eine Berliner Variante der heiligen Trias „Proppertät", „Honnettität" und „Reellität" in Anspruch nimmt (444/Reclam 145) und zum Abschied noch einmal wiederholt: „Auf die Wahrheit kommt es an und auf die Zuverlässigkeit kommt es an und auf die Ehrlichkeit." (444f./Reclam 146) Gideon, der Lene trotz ihres Vorlebens ehelicht, wird dem mit Lene geteilten Tugendkanon besser gerecht als Botho. In der sozialen Topographie, in der sich laut Lene am Ende alles zurechtrückt, schlägt das moralische Pendel eindeutig zugunsten **Luisen-Ufer** im Osten und zuungunsten **Landgrafenstraße** im Westen aus.

Am Ende von *Irrungen, Wirrungen* sehen wir einen adligen Schwächling, der trotz Einsicht in die Problematik der Verhältnisse, der eigenen wie der gesamt-

---

10 Theodor Fontane, Brief an seinen Sohn Theodor, 9. Mai 1888, in: Fontane, *Der Dichter über sein Werk*, Bd. 2, S. 425.

gesellschaftlichen, nichts Mutigeres unternmmt, als eine Irrfahrt in der Droschke in den ihm völlig unbekannten, unheimlichen Osten Berlins, um auf dem **Jakobi-Kirchhof in Rixdorf** (1912 in **Neukölln** umbenannt) wie versprochen Immortellen auf das Grab von Frau Nimptsch zu legen. Er ist der Resignierte, der sich zu arrangieren weiß, nur um, auch um den Preis des Glücks, zu überleben. Er weiß um seine Schwäche und rechtfertigt seine Entscheidung für den bequemen Weg des geringsten Widerstands mit traurigem Zynismus: „Wer ihm [dem „Herkommen"] gehorcht, kann zu Grunde gehen, aber er geht besser zu Grunde als der, der ihm widerspricht." (405/Reclam 102) Insofern endet dieser Roman mit dem Entschluß zum Weiterleben in der unglücklichen Bequemlichkeit privilegierter Umstände, während am Ende des ganz ähnlich strukturierten Seitenromans *Stine* der Selbstmord der entsprechenden Botho-Figur, Graf Waldemar von Haldern, steht, weil er dem Herkommen „widerspricht" und nicht in einer Gesellschaft leben will, die ihm aus Standesrücksichten das persönliche Glück verweigert.

Der gleichzeitig mit *Irrungen, Wirrungen* entstandene, wie dieser liegengelassene und nach Jahren wiederaufgenommene Roman *Stine* ist mit dem anderen so verquickt, daß Fontane, darauf aufmerksam gemacht, bei der spaßhaften Namensgebung eine Wiederholung eingestehen mußte, die eigentlich eine Verwechslung ist. In *Stine*, wo männliche Nebenfiguren keinen anderen Namen als ‚Sarastro' und ‚Papageno' tragen, würde man eine ebenfalls der *Zauberflöte* entlehnte ‚Königin der Nacht' erwarten, aber die hat sich in einer ganz ähnlichen Verulkung nun als ‚Königin Isabeau' in den Roman *Irrungen, Wirrungen* verirrt, wo sie zunächst gar nicht zu ‚Margot' und ‚Johanna' zu passen scheint, die der *Jungfrau von Orleans* von Schiller entlehnt wurden. In beiden Fällen handelt es sich bei den Namensmasken um verkleidete Figuren aus der „Demimondegesellschaft",[11] auch wenn sich hinter Sarastro und Papageno zwei namentlich nicht identifizierte Aristokraten auf schlüpfrigen Abwegen verbergen: Der als „der Olle" bezeichnete alte Graf Sarastro und sein Freund, der alte Baron Papageno, finden sich – zusammen mit dem Neffen des ersteren – zum Abendbesuch bei der von Sarastro ausgehaltenen Witwe Pittelkow in der **Invalidenstraße** ein, um einen heiteren Abend mit der ebenfalls hinzugezogenen Schauspielerin Wanda Grützmacher aus der nahen, von der **Chausseestraße** abgehenden **Tieckstraße 28 a** zu verbringen. Diese muß, weil ihre von einem Glaser gemietete Wohnung zum Hof hinausgeht, ihre Bühnenrollen bei dem Lärm eines ständig hämmernden Kupferschmieds lernen, der seine Werkstatt in diesem Hof unterhält.

---

[11] Theodor Fontane, Brief an Theodor Wolff, 28. April 1890, in: Fontane, *Der Dichter über sein Werk*, Bd. 2, S. 390.

Wie *Irrungen, Wirrungen* ist *Stine* „ein Lebensbild aus der Berliner Gesellschaft".[12] Aber während die Charakterzeichnung Stines hinter der Lenes zurückbleibt, ist die topographische Ausmalung, wiewohl weniger symbolisch im sozialen West-Ost-Gefälle, genauer, realistischer. Es wird nur kurz erwähnt, daß Botho am Südrand des Tiergartens, in der vornehmen **Bellevuestraße**, wohnt und Waldemar am Nordrand des Tiergartens, in der noch vornehmeren Straße **In den Zelten**, deren berühmteste Bewohnerin (im einstigen **Alsen-Viertel**, wo seit 1957 ungefähr die Kongresshalle steht) Bettina von Arnim war (**In den Zelten 5**). Die topographische Herkunft der adligen Freier ist unwichtig im Vergleich zum topographischen Ziel ihrer Stadtwanderungen, weil ihre häufigen Besuche bei Lene am **Zoologischen Garten** (Botho von Ost nach West) bzw. bei Stine in der **Invalidenstraße** (Waldemar von West nach Ost) mutige Exkursionen sind, die die Standesgrenzen verletzen. Dabei könnten die Zielorte, die die beiden Romane eröffnen, nicht unterschiedlicher sein. Wo in *Irrungen, Wirrungen* ein der Realität fast enthobener, traumhafter Paradiesgarten die menschenleere Ausnahme jener urbanen Gesellschaft bildet, in der Lene und Botho kein Paar werden können, führt der Anfang von *Stine* mitten hinein in die von der Industrialisierung pulsierende Stadt. Hier, vor dem **Oranienburger Tor** und damit außerhalb der alten nördlichen Stadtgrenze, befand sich schon nach Ernst Dronkes spätbiedermeierlicher Topographie von 1846 das Elendsviertel des Proletariats, bevor die Gründerzeit auch hier Wohnkomplexe errichtete und das Kleinbürgertum anlockte. Benannt nach dem Invalidenhaus, das Friedrich der Große 1748 für die verwundeten Soldaten seiner Kriege errichten ließ, ist die **Invalidenstraße** die wichtige West-Ost-Achse, an der sich zu Fontanes Zeiten außer Kasernen, Exerzierplätzen und einem Gefängnis gleich drei Bahnhöfe befanden, der 1841 eröffnete, 1876 mit einem neuen Bahnhofsgebäude ausgestattete und 1952 stillgelegte **Stettiner Bahnhof**, der 1847 eröffnete und schon 1884 wieder geschlossene **Hamburger Bahnhof** (heute ein Kunstmuseum) und von 1868 bis 1951 der **Lehrter Bahnhof** (an dessen Stelle heute der 2006 eröffnete Hauptbahnhof steht). Dazu passend hatte sich schon vorher, gewissermaßen nur um die Ecke an der Ostseite der **Chausseestraße**, die Berliner Maschinenbauindustrie konzentriert, allen voran Borsigs Maschinenbau-Anstalt, in der – 1847 festgehalten in einem berühmten Industriegemälde von Carl Eduard Biermann – von 1840 an bis zur Auslagerung der Fabrikanlagen nach Tegel im Jahr 1898 vor allem Lokomotiven produziert wurden. Bis heute findet man an der **Chausseestraße** das 1899

---

[12] Theodor Fontane, Brief an Josef Kürschner, 26. September 1885, in: Fontane, *Der Dichter über sein Werk*, Bd. 2, S. 380.

errichtete Verwaltungsgebäude der Firma Borsig, direkt gegenüber dem Eingang zum **Dorotheenstädtischen Friedhof** und dem daneben gelegenen Brecht-Haus.

Von der industriellen Nutzung der Gegend, die so wichtig war für die Modernisierung Berlins, ist bei Fontane keine Rede. Er konnte sich darauf verlassen, daß um 1890, zur Zeit der Veröffentlichung von *Stine*, der bekannte Straßenname allein ausreichte, ein soziales Milieu zu signalisieren, das auch seine Charaktere bestimmt. Immerhin erscheint auch bei Fontane die **Invalidenstraße** als eine sehr verkehrsreiche Straße, „wo *Borsig* und *Schwarzkoppen* seine grade die Straße runterkommen" (477/Reclam 3), wo man also regelmäßig Arbeiter der nahen Maschinenfabriken nach dem Schichtwechsel sehen und „das Geläute der Pferdebahnglocke" (514 f./Reclam 50) der ersten, 1865 zwischen **Kupfergraben** und **Charlottenburg** eingerichteten Verkehrsverbindung hören kann. Die Wohnung der Witwe Pauline Pittelkow, mit der genauen Adresse **Invalidenstraße 98**, liegt auf der Südseite der Straße und blickt nach Norden schräg gegenüber auf die Ecke **Scharnhorststraße**, wo die neugierige Nachbarin Lierschen wohnt, und etwas weiter rechts auf eine (nicht erhaltene) Säule in der Mitte des **Invalidenparks**, die an den Untergang von 114 Seeleuten der preußischen Marine im Jahr 1861 erinnert. In der Eröffnungsszene sehen wir mit der Fenster putzenden Witwe Pauline Pittelkow hinunter auf die gegenüberliegende Straßenseite, wo „jenseits des Pferdebahngeleises" (477/Reclam 4) Olga, die zehnjährige Tochter der Pittelkow, einen Kinderwagen schiebt und dem darin liegenden ungehorsamen Aristokratenkind einen strafenden Klaps gibt – eine urbane Szene ganz anderer Art als das Idyll zu Beginn von *Irrungen, Wirrungen*.

Wir kennen den Blick auf die Straße bei Heine und bei E. T. A. Hoffmann und werden noch eine ähnliche, wichtigere Fensterszene in den *Poggenpuhls* kennenlernen. Auch hier ist die kleine Szene nur ein okulares Beispiel für Fontanes Ästhetik des urbanen Sehens. Wie der Beobachter in *Des Vetters Eckfenster* mit einem Fernglas bewaffnet ist, um einzelne Gestalten durch Vergrößerung aus der Masse herauszulösen, benutzt die Pittelkow umgekehrt einen „Dreh- und Straßenspiegel" (482/Reclam 10), der das Geschehen auf der Straße gerade verkleinert an ihren Aussichtsposten in der guten Stube weiterleitet:

> „un wenn ich in den Spiegel kucke und all die Menschen und Pferde drin sehe, dann denk' ich, es is doch woll anders als so mit bloßen Augen. Un ein bißchen anders is es auch. Ich glaube, der Spiegel verkleinert, un verkleinern is fast ebensogut wie verhübschen." (483/Reclam 11)

Hier klingt, Berlinisch gebrochen, das ästhetische Credo Fontanes durch, das wir bei seiner unterschiedlichen Reaktion auf die Erfahrung der Masse in London kennengelernt hatten. Dort meinte er, mit Hinweis auf ein Vergrößerungsglas, er suche „jenes unnennbare *Was*, / Daß die Masse zur *Schönheit* werde".[13] Ebenso könnte er jetzt mit der Pittelkow übereinstimmen, die in Hinblick auf den nun auch in Berlin massenhaften Verkehr in der **Invalidenstraße** meint, daß Verkleinern „verhübschen" bedeute, wofür Fontane gelegentlich auch das Wort ‚verklären' gebraucht. Erst in der perspektivischen Projektion, erst in ihrer optischen bzw. verbalen Verbildlichung gewinnt die urbane Realität ihre ästhetische Qualität und, wir dürfen hinzufügen, ihre gesellschaftskritische Relevanz. Wie wichtig Fontane solche perspektivische Verkürzung aus grundsätzlichen ästhetischen Erwägungen war, zeigt sich daran, daß er diesen Gedanken noch einmal aufnimmt, als Waldemar seinen Onkel Sarastro besucht und diesen mit einer Mappe italienischer Stiche beschäftigt findet, darunter auch Mantegnas berühmtes, von den Fußsohlen her gesehenes Porträt des gekreuzigten Christus, das er „ein Wunderstück der Verkürzung" (533/Reclam 74) nennt. Es gibt keine gewagtere Verfremdung von Größe als diesen „Zwerg-Christus" (533f./Reclam 75).

Die Verkleinerung im Drehspiegel und die Verkürzung der Bildperspektive sind der bildliche Ausdruck für die gesellschaftskritischen Implikationen der hier reflektierten realistischen Erzählweise, die das Kleine vergrößert und das Große verkürzt, weil alles Großgetue der kleinen Leute wie der Dünkel der großen Leute die Zielscheibe der narrativen Ironie ist. Im Brennpunkt des Drehspiegels, ob er nun optischer oder verbaler Natur ist, kommt es auf „das Besondere" an, auf das Exemplarische des scheinbar Unbedeutenden. Insofern können die Gespräche, die Waldemar zuerst mit dem Freund seines Onkels Sarastro und dann mit diesem selbst führt, um eine Vermittlung bei der Familie zu erbitten, auch als poetologische Reflexion über die Möglichkeit des Realismus gelesen werden. In Standesfragen unkonventioneller als Sarastro, nimmt Papageno einen Leitgedanken aus *Irrungen, Wirrungen* auf („Un seine Courage ist doch auch man soso.") und lobt Waldemar, diesen schwächeren Bruder Bothos, weil er „die Courage hat, den ganzen Krimskrams zu durchbrechen. Es gilt auch von dieser Ebenbürtigkeitsregel, was von jeder Regel gilt, sie dauert so lange, bis der Ausnahmefall eintritt. Und Gott sei Dank, daß es Ausnahmefälle gibt. Es lebe der Ausnahmefall. Es lebe..." (531/Reclam 71) Hier bricht das emphatische Plädoyer für den besonderen, individuellen, durch kein rigoroses System gedeckten Sonderfall ab. Man möchte mit Fontane, der hier offenbar die Gesprächsführung übernommen hat, fortfahren und ebenso emphatisch behaupten, daß der Ausnahmefall als spezifischer Ge-

---

13 Theodor Fontane, *An Franz Kugler (Aus London, zum 19. Januar 1856)*, in: Fontane, *Werke, Schriften und Briefe*. Hrsg. v. Walter Keitel und Helmuth Nürnberger, Abt. I, Bd. 6, München: Carl Hanser ²1978, S. 456 f.

genstand der Literatur die Regel in Frage stellt und darin ihren fortschrittlichen Charakter erweist.

Da ist der Onkel Sarastro, der in diesen Dingen nur großzügig denkt, wenn es nicht den Status seiner eigenen Familie betrifft, viel unerbittlicher. Als er Waldemar vorwirft, daß er mit seiner Absicht, Stine zu ehelichen, „dem weltgeschichtlichen Umschwungsrade" (538/Reclam 80) einen energischen Stoß zu versetzen versuche, berichtigt ihn Waldemar, indem er für sich jeden Anspruch auf „das Allgemeine, das Alltäglichgültige" (538/Reclam 81) zurückweist und stattdessen für sich die Selbstbescheidung des privaten Glücks in Anspruch nimmt: „ich bin weitab davon, den Welt- oder auch nur den Gesellschaftsreformator machen zu wollen. Dazu hab' ich nicht die Schultern. Aber das Besondre, das Besondre." (538/Reclam 81) Und als der Onkel, der nur in Allgemeinheiten denken kann, verdutzt fragt: „Welches Besondre?" (538/Reclam 81), nennt Waldemar ganz schlicht nur den Namen „Stine". Da rät ihm der Onkel, Stine „durch die Fensterscheibe der Alltäglichkeit" (Reclam 81) nur als Affäre zu betrachten. Mit dieser Metapher, die über die Sprache des Onkels hinausweist, erinnert Fontane seine Leser daran, daß es bei diesem Versuch, einen Familienskandal zu vermeiden, um mehr als nur die Möglichkeit einer radikalen Gesellschaftskritik geht, sondern auch darum, durch welches Fenster wir auf die Realität blicken wollen, durch Sarastros hochmütiges Fenster der Alltäglichkeit, deren moralischer Prüfstein sein Verhältnis zur Witwe Pittelkow ist, oder durch den Drehspiegel eben dieser Witwe Pittelkow, die das Alltägliche durch Verkleinerung, durch perspektivischen Fokus auf das Wesentliche, „verhübschen" möchte und, wenn es zur Probe aufs Exempel kommt, den Ausnahmefall dann doch zu hintertreiben versucht.

Im Kleinen und Besonderen das Charakteristische zu finden, das Konsequenzen für größere Zusammenhänge hat, ist denn auch die Absicht hinter der exakten Beschreibung des Lokals und der topographischen Verhältnisse. Deshalb ist die Schilderung der beengten Wohnung von Pauline Pittelkow in der **Invalidenstraße 98e** so viel plastischer als die der herrschaftlichen Wohnung der Rienäckers in der **Landgrafenstraße**. Mit finanzieller Hilfe ihres Galans Sarastro hat sich die Witwe Pittelkow eine gemütliche Wohnung eingerichtet, deren Stilbrüche das gesellschaftliche Problem offenlegen. Ihren Mittelpunkt bildet außer einem „überaus eleganten und um eben deshalb zu Haus und Wohnung wenig passenden Rokokoschreibtisch" (479/Reclam 5), wie später auch bei den Poggenpuhls ein Trumeau, ein von verzierten Pfosten gerahmter Wandspiegel, in dem die Gastgeberin auch bei Tisch ihren Eindruck überprüfen kann. An der Wand hängt eine schlecht kolorierte Lithographie der Tellskapelle am Vierwaldstätter See, und der Bücherschrank protzt, abgesehen von Pauline Pittelkows ureigenstem *Berliner Pfennigmagazin*, mit zwei Buchausgaben, mit denen die Besitzerin bestimmt nichts anfangen kann: David Humes 12-bändige *History of England* und die 18-bändigen *Oeuvres posthumes de Frédéric le Grand*. Offenbar lag Sarastro daran, den kulturellen Status der Hausfrau etwas aufzupolieren, indem er für sie tat, was sie von sich aus nie getan hätte, weil sie keine sozialen Ambitionen hat. Er hat ihr Insignien einer falschen Bildung verpaßt und damit genau die Kriterien des Kitsch-Phänomens erfüllt, das Hermann Broch am ästhetischen Abklatsch von der angestrebten höheren Klasse festgemacht hat.[14] Der zur bloßen Dekoration verkommene ästhetische Wert bewahrt nur den Schein des möglichen sozialen Aufstiegs. Fontane nutzt die genaue Beschreibung des Interieurs, um Sarastro mit dem zynischen Doppelspiel zu charakterisieren, das darin besteht, daß er einerseits eine unständische Transparenz ästhetisch vorgaukelt, die er andererseits seinem Neffen, dem Grafen Waldemar, sozial gerade verwehren wird.

Der gesellige Abend schreitet bei mancherlei Likören und Zigarren munter voran, und die Sprache schaukelt sich immer mehr ins Schlüpfrige, bis die auf ihre Ehre bedachte Witwe Pauline Pittelkow indigniert die Beleidigte spielt. Bei so viel Ausgelassenheit könnten die Leser fast vergessen, daß auch Stine und der junge Graf Waldemar zur Runde gehören, bis sich der Erzähler ihrer erinnert: „Nur der junge Graf und Stine schwiegen und wechselten Blicke." (505/Reclam 38) Wieder übt Fontane die Kunst, in der Auslassung das Wesentliche sich entwickeln zu lassen, hier die Kontrastierung des leicht anrüchigen Unterhaltungsabends, in dem sich Adlige und Kleinbürger ein erotisch vermitteltes Stelldichein erlauben, mit der davon abgehobenen, aber noch unhörbaren und fast unsichtbaren Verständigung eines Paares, das ein Paar werden möchte und nicht werden kann. Das so ausführlich erzählte Milieu der Kleinbürgerstube bildet nur die fragwürdige, in ihrer Fragwürdigkeit unterhaltsam getroffene Kulisse für die sich im Hintergrund anbahnende Mésalliance zwischen Stine und dem jungen Grafen Waldemar. Mit Liebe zu verräterischen Details, die im *mismatch* der Einrichtung das *mismatch* der Liebenden vorwegnehmen, wird, wo es doch der Adelsgesellschaft so auf das „Herkommen" ankommt, umgekehrt gerade Stines Herkunft aus dem Kleinbürgermilieu viel ausführlicher und viel realistischer als Lenes Herkunft in *Irrungen, Wirrungen* ausgeführt. Wo dort das offene Gartenidyll die paradiesische Ausnahme repräsentiert, ist es hier gerade die Enge einer kleinen Mietwohnung, in der die Herablassung des Adels zur Kleinbürgersphäre – als Andeutung auch seines moralischen Abstiegs – den denkbar größten Gegensatz zu Bothos heiterer Gelassenheit in Frau Nimptschs ungezwungen natürlichem Kreis bildet. Während dort Botho die Floskelsprache der Gesellschaft persifliert, verrät sich hier die Sprache der Gesellschaft durch Anzüglichkeiten. Der Persi-

---

[14] Vgl. Hermann Broch, *Hofmannsthal und seine Zeit* (1949), München: Piper 1964, bes. S. 87f.

flage der Attitüde dort entspricht hier die unfreiwillige Selbstdecouvrierung der Unmoral von „Dünkel und Standesvorurteilen" (527/Reclam 66).

Auf der Ebene der Charakterisierung entsprechen einander der selbstbewußte, resolute Vollblutcharakter der Pittelkow, der Fontanes besondere Zuwendung galt („Die Hauptperson ist nicht Stine, sondern deren ältere Schwester: Witwe Pittelkow."),[15] und der kränkliche, im Deutsch-Französischen Krieg, in den er sich vor seiner Familie geflüchtet hat, verwundete Waldemar, der von Anfang an Todessehnsüchte zeigt. Die Pittelkow meistert die Aufgabe der, wie man heute sagen würde, alleinerziehenden Mutter einer Zehnjährigen auf ganz besondere Weise, für die sie die Moral des Überlebens in Anspruch nimmt. Obwohl von dem alten Grafen ausgehalten, unterwirft sich die Pittelkow ihm durchaus nicht: „Oder denkst du, daß ich mir wegen eine Treppe hoch mit Klavier und Diwan un wegen 'nen Schreibtisch, der immer wackelt, weil er dünne Beine hat, ein Pechpflaster aufkleben soll?" (484/Reclam 12) Sie rechtfertigt ihre finanzielle Abhängigkeit mit der Vermeidung von Armut:

> „Das is nu mal so; sie taugen alle nichts un is auch recht gut so; wenigstens für unsereins (mit *dir* is es was anders) und für alle, die so tief drin sitzen un nich aus noch ein wissen. Denn wovon soll man denn am Ende leben?" – „Von der Arbeit." – „Ach Jott, Arbeit. Bist du jung, Stine. Gewiß, arbeiten is jut, un wenn ich mir so die Ärmel aufkremple, is mir eigentlich immer am wohlsten. Aber du weißt ja, denn is man mal krank un elend, un Olga muß in die Schule. Wo soll man's denn hernehmen? Ach, das ist ein langes Kapitel, Stine." (484/Reclam 12f.)

In dem langen Kapitel, auf das sie nicht eingehen kann, verbirgt sich die zeitgenössische Diskussion um, wie man heute sagen würde, Gesellschaft als Solidargemeinschaft. Während Fontane an *Stine* arbeitete, erschien 1887 das folgenreiche Gründungsbuch der deutschen Soziologie, Ferdinand Tönnies' *Gemeinschaft und Gesellschaft*, in dem, verhängnisvoll für die deutsche Ideologie im 20. Jahrhundert (siehe *Volksgemeinschaft*), ein Gegensatz konstruiert wurde zwischen der rational organisierten Gesellschaft, die sich auf demokratisch kontrollierte staatliche Institutionen stützt, und der emotional besetzten Gemeinschaft, die an das menschliche Miteinander appelliert.[16] Wenn die Pittelkow nun die Arbeit als objektivierte Form gesellschaftlicher Organisation zugunsten der gemeinschaft-

---

15 Theodor Fontane, Brief an Emil Dominik, 3. Januar 1888, in: Fontane, *Der Dichter über sein Werk*. Hrsg. v. Richard Brinkmann in Zusammenarbeit mit Waltraud Wiethölter, München: Deutscher Taschenbuch Verlag 1977, Bd. 2, S. 381.
16 Vgl. Ferdinand Tönnies, *Gemeinschaft und Gesellschaft. Abhandlung des Communismus und des Socialismus als empirischer Culturformen*, Leipzig: Fues 1887, ²1912 (mit neuem Untertitel: *Grundbegriffe der reinen Soziologie*).

lichen Fürsorge durch den Bessergestellten zurückstellt, so könnte man, wie sie nahelegt, ihre Abhängigkeit von Sarastro als eine private Variante der gerade eingeführten staatlichen Sozialgesetzgebung verstehen. Das Verhältnis mit Sarastro bewahrt sie vor Krankheit und Elend und sorgt für Olgas Schulgeld. Nachdem 1883 die Krankenversicherung, 1884 die Unfallversicherung und 1889 die Altersversicherung eingeführt wurde, hat sich die lebenskluge Witwe Pittelkow eine Art Privatversicherung geschaffen. Ohne moralische Bedenken empfängt sie von der Arbeit unabhängige Geldzuwendungen, deren private Gegenleistung unerwähnt bleibt.

Während sich die Pittelkow in der ungerechten Struktur der kaiserlichen Gesellschaft eingerichtet und ihr bescheidenes Auskommen gefunden hat, kennt Graf Waldemar, da er allein zu schwach ist, das weltgeschichtliche Schwungrad in eine für ihn akzeptable Richtung zu drehen, nur zwei Auswege: Entweder kann er „in Frieden aus dieser Alten Welt scheiden" und „drüben ein anderes Leben anfangen" (536/Reclam 78) oder er muß, wenn sich das damit zunächst gemeinte amerikanische Refugium als Illusion erweisen sollte, aus dem Leben scheiden und sich selbst ins Jenseits befördern. Die Alternative, die in der einen Lösung schon die andere antizipiert, ist so doppeldeutig formuliert, daß sein Onkel ihn einerseits wegen solcher „modernen Selbstmordkomödien" (536/Reclam 78) und andererseits wegen der Aussicht auf ein Auskommen als Cowboy oder als Kellner auf einem Mississippidampfer verspotten kann. Die Alternative, die die Optionen schon sprachlich vermengt, unterstreicht die Scheinhaftigkeit der Wahl und damit die Aussichtslosigkeit eines gesellschaftskritischen Sinns, dem die politische Kraft zur Durchsetzung des als richtig Erkannten fehlt:

> „Ich habe mir sagen lassen, alles regle sich nach einem Gesetz des Gegensatzes, das zugleich ein Gesetz des Ausgleichs ist, eine neue Theorie von diesem oder jenem, die Vorhand ist, glaub' ich, streitig. Aber gleichviel von wem sie herrührt, es hat damit nach meiner eigenen Erfahrung und ebenso auch meinem bißchen Wissen seine vollkommene Richtigkeit." (537/ Reclam 79)

Ob man die Dialektik der Geschichte nun eher Hegel oder Marx zuschreiben will, für den undialektisch denkenden Grafen Waldemar kommt es auf die gesellschaftspolitische Umsetzung des geschichtstheoretischen Modells an: „Und nun laß mich die Nutzanwendung machen. Die Halderns haben lange genug an der Feudalpyramide mit bauen helfen, um endlich den Gegensatz oder den Ausgleich oder wie du's sonst nennen willst, erwarten zu dürfen." (538/Reclam 79) Waldemar von Haldern, der sich bei einem möglichen Umsturz der Gesellschaft die Abdrängung seiner Adelsfamilie an den Boden der Gesellschaftspyramide vorstellen kann, ist weder willens noch imstande, „den Welt- oder auch nur den Gesellschaftsreformator machen zu wollen" (538/Reclam 81), der den Umsturz selber herbeiführen könnte. Wenn er deshalb, statt für das Allgemeine, für „das Besondre, das Besondre" (538/Reclam 81) plädiert und damit, statt der Standesgesellschaft, nur die nicht standesgemäße Stine meint, die er von seiner Familie akzeptiert wissen will, erweist sich Fontanes ästhetisches Plädoyer für den exemplarischen Realismus, der nur im Einzelfall das Allgemeine zu charakterisieren versucht, zugleich als politische Resignation: „Dazu hab' ich nicht die Schultern." (538/Reclam 81) Als Stine hört, daß sein Onkel die Verständigungshilfe für die Auswanderung „nach Amerika" (550/Reclam 95) verweigert hat, führt sie die Trennung herbei mit dem Argument, daß sein Traum vom schlichten Leben eine Illusion ist: „es ist ein ander Ding, sich ein armes und einfaches Leben ausmalen oder es wirklich führen. Und für alles, was dann fehlt, soll das Herz aufkommen. Das kann es nicht, und mit einemmal fühlst du, wie klein und arm ich bin." (552/ Reclam 98). Wie Lene in *Irrungen, Wirrungen* versteht auch Stine von der gesellschaftlichen Dialektik mehr als der adlige Liebhaber, der davon nur gehört hat. Sie weiß, daß eine nur private Lösung des gesellschaftlichen Konflikts zum Scheitern verurteilt ist, weil sie „das Herz" überfordert. So bleibt dem Grafen Waldemar, der weder für das Allgemeine noch für das Besondere die Kraft des Widerstands hat, nichts anderes übrig als der Selbstmord. Und auch Stine kehrt, nachdem sie in Klein-Haldern heimlich an der Trauerfeier für Waldemar teilgenommen hat, todkrank in die **Invalidenstraße** zurück: „Die wird nich wieder" (565/Reclam 115). Der vom heimlichen Ausflug an den Adelssitz mitgebrachte Fiebertod wird das gescheiterte Glück endgültig besiegeln. Auch topographisch gibt es zwischen dem Adelsstolz und dem Kleinbürgermilieu keine dialektische Versöhnung.

6 Manipulation der Beziehungen in der Köpenicker Straße

Theodor Fontanes *Frau Jenny Treibel* (1892)

In keinem anderen Berliner Roman Fontanes spielt die topographische Platzierung der Handlung eine solche Rolle wie in *Frau Jenny Treibel*; und in keinem anderen Roman wird die Bedeutung der Adressen so kritisch reflektiert wie hier. Weil die lokale Verankerung dem üblichen sozialen West-Ost-Gefälle widerspricht, das wir bei Kretzer, Lindau und sonst bei Fontane feststellen können, muß die vermeintliche Fehlplatzierung begründet, verteidigt, kritisiert und wiederholt reflektiert werden – zum Zeichen dafür, wie wichtig die soziale Topographie für das Selbstverständnis der fiktiven Gestalten wie auch für die Gesellschaftskritik ihres Erzählers ist.

Der Gymnasialprofessor Wilibald Schmidt, dem Fontane oft etwas von der eigenen Ironie, wenn nicht sogar eigene Ansichten und Urteile in den Mund gelegt hat, bemerkt einmal, daß jeder Ort seine ihm eigentümliche Bedeutung hat und menschliches Handeln oft von dem „Terrain" bestimmt wird, auf dem es stattfindet. Als sich Jenny Treibel bei ihm darüber beschwert, daß seine Tochter Corinna die Landpartie zum **Grunewaldsee** genutzt habe, ihren Sohn Leopold einzufangen, meint er mit einem Anflug von belehrender Herablassung, „daß Dinge der Art ganz bestimmten Lokalitäten unveräußerlich anzuhaften scheinen" (445/Reclam 175).[1] Die eher beiläufige, zudem spöttische Bemerkung trifft den Kern der literarischen Bedeutung von „Lokalitäten" bei Fontane. Die Ortsgebundenheit alles Geschehens ist so ‚unveräußerlich' und, mit einem anderen Unwort der Verabsolutierung, so ‚unabdingbar', daß davon nicht abstrahiert werden kann. Lokalitäten sind keineswegs beliebig oder gar austauschbar.

Aber weil Wohnadressen dennoch nicht ebenso ‚unveräußerlich' an die Identität einer Person gebunden sind wie ihr Name, ist Fontane der möglichen Kritik an solcher Essentialisierung dadurch zuvorgekommen, daß er großen Wert auf die freie Wahl mehrerer Wohnorte gelegt und einige seiner fiktiven Gestalten einer Reihe von Umzügen ausgesetzt hat, wie sie ihm selbst, bei so vielen Wohnungswechseln in Berlin, ein Leben lang ganz selbstverständlich war. Melanie

---

[1] Theodor Fontane, *Frau Jenny Treibel oder ‚Wo sich Herz zum Herzen find't'*, in: Fontane, *Werke, Schriften und Briefe*. Hrsg. v. Walter Keitel und Helmuth Nürnberger, Abt. I, Bd. 4, Darmstadt: Wissenschaftliche Buchgesellschaft 1973, 297–478. Im folgenden wird mit Seitenangabe im Text nach dieser Ausgabe und zugleich nach der Reclam-Ausgabe mit Nachwort von Walter Müller-Seidel, Stuttgart 1989 zitiert.

Karte 6: Alte Jakobstraße, Köpenicker Straße [6. Kapitel]

van der Straaten (in L'*Adultera*) verläßt ihren Mann und ihre beiden Töchter und zieht aus der eleganten Villa an der **Großen Petristraße 4** in eine Mansardenwohnung am Nordwestrand des Tiergartens und später, aus finanziellen Rücksichten, sogar in die billigere **Wilmersdorfer Feldmark**, also eine noch ländliche Gegend, wo 1880 das Joachimsthalsche Gymnasium eröffnet wurde. Botho von Rienäcker (in *Irrungen, Wirrungen*) zieht aus der **Bellevuestraße** in die **Landgrafenstraße** und Lene mit Frau Nimptsch vom **Zoologischen Garten** ans **Luisen-Ufer**, Effi Briest zieht von Kessin nach Berlin und innerhalb von Berlin von der **Keithstraße 1 c** in die **Königgrätzer Straße**. Das sind zwar dramatisch notwendige und sozial bedeutungsvolle, aber nicht problematisierte Umzüge. Viel grundsätzlicher und von symbolischer Bedeutung war hingegen der Umzug von der **Alten Jakobstraße** in die **Köpenicker Straße**, der schon 16 Jahre vor Beginn des Romans *Frau Jenny Treibel* stattgefunden hat, aber offenbar immer noch kommentiert werden muß.

Die Lage der eleganten Villa des Kommerzienrats Treibel, ein typisches Bausymbol der Gründerzeit, wird auch deshalb so ausführlich beschrieben (und hier in voller Länge zitiert), weil sie einen Umbruch vom friderizianischen Berlin der Vergangenheit in der **Alten Jakobstraße** zum modernen, industriellen Berlin der Zukunft in der **Köpenicker Straße** symbolisiert:

> Die Treibelsche Villa lag auf einem großen Grundstücke, das, in bedeutender Tiefe, von der **Köpnicker Straße** bis an die Spree reichte. Früher hatten hier in unmittelbarer Nähe des

Flusses nur Fabrikgebäude gestanden, in denen alljährlich ungezählte Zentner von Blutlaugensalz und später, als sich die Fabrik erweiterte, kaum geringere Quantitäten von Berlinerblau hergestellt worden waren. Als aber nach dem siebziger Kriege die Milliarden ins Land kamen und die Gründeranschauungen selbst die nüchternsten Köpfe zu beherrschen anfingen, fand auch Kommerzienrat Treibel sein bis dahin in der **Alten Jakobstraße** gelegenes Wohnhaus, trotzdem es von Gontard, ja nach einigen sogar von Knobelsdorff herrühren sollte, nicht mehr zeit- und standesgemäß und baute sich auf seinem Fabrikgrundstück eine modische Villa mit kleinem Vorder- und parkartigem Hintergarten. Diese Villa war ein Hochparterrebau mit aufgesetztem ersten Stock, welcher letztere jedoch, um seiner niedrigen Fenster willen, eher den Eindruck eines Mezzanin als einer Beletage machte. Hier wohnte Treibel seit sechzehn Jahren und begriff nicht, daß er es, einem noch dazu bloß gemutmaßten friderizianischen Baumeister zuliebe, so lange Zeit hindurch in der unvornehmen und aller frischen Luft entbehrenden **Alten Jakobstraße** ausgehalten habe; Gefühle, die von seiner Frau Jenny mindestens geteilt wurden. Die Nähe der Fabrik, wenn der Wind ungünstig stand, hatte freilich auch allerlei Mißliches im Geleite; Nordwind aber, der den Qualm herantrieb, war notorisch selten, und man brauchte ja die Gesellschaften nicht gerade bei Nordwind zu geben. Außerdem ließ Treibel die Fabrikschornsteine mit jedem Jahr höher hinaufführen und beseitigte damit den anfänglichen Übelstand immer mehr. (306 f./ Reclam 14 f.)

Der Umbruch, den die Treibels mit ihrem Umzug markiert haben, ist politischer und ökonomischer Natur und auf das Jahr 1871 fixiert, einerseits auf die Reichsgründung, die Berlin zur deutschen Hauptstadt machte, und andererseits auf die Reparationszahlungen der im Deutsch-Französischen Krieg unterlegenen Franzosen, die den Ausbau Berlins zur modernen Metropole indirekt mitbezahlt haben. Nach der Gründung des Deutschen Reichs konnte sich niemand den „Gründeranschauungen" mehr entziehen. Der Geldrausch und der Größenwahn haben „selbst die nüchternsten Köpfe" erfaßt und sie um die Besonnenheit gebracht, die sonst von ökonomischer Kalkulation erwartet werden kann. Nur so wird wohl auch dem verwunderten Erzähler erklärlich, daß die Treibels ihren alten Wohnsitz in der **Alten Jakobstraße** (die Fontane sicher auch wegen des Namens gewählt hat) aufgegeben haben. Offenbar hatte ihre alte Residenz ein beträchtliches Prestige, weil sie, wie die Architekturlegende besagte, von Carl von Gontard (1731–1791), dem berühmten Architekten der **Dome am Gendarmenmarkt**, der Königlichen Bibliothek am heutigen **Bebelplatz** und der Kolonnaden am Neuen Palais in Potsdam, errichtet wurde, vielleicht sogar von Georg Wenzeslaus von Knobelsdorff (1699–1753), dem noch berühmteren Architekten des **Opernhauses**, der **Hedwigs-Kathedrale**, des **Schlosses Charlottenburg** und des Stadtschlosses in Potsdam. Vornehmer, noch mehr im Zentrum der preußischen Baugeschichte konnte man also kaum wohnen.

Aber wegen der fraglichen „Gründeranschauungen" verlangte es die Treibels, wie so viele andere, die es sich jetzt leisten konnten, nach dem Neuen, nach Größerem, weil nur noch dieses als „zeit- und standesgemäß" gilt. Weil sich die

Geltung – wie Ansehen, Renommee, Ruf und Gerede – als gesellschaftliche Norm der Fremdbestimmung etabliert hat, sind auch die Treibels einem Größenwahn verfallen, der buchstäblich auf sie zurückschlägt. Während die **Alte Jakobstraße** ihnen nicht mehr vornehm genug war, weil ihnen dort die frische Luft fehlte, hat der damit begründete Umzug inzwischen erwiesen, daß die Luft am Standort der neuen Villa in der **Köpenicker Straße** vom Rauch und Qualm der Fabrikschornsteine viel schlimmer verpestet ist, so sehr, daß man bei Nordwind keine Gesellschaften geben kann; denn obwohl die Villa mitten auf dem Fabrikgelände steht, sollen die Gäste ja nicht auch noch riechen, daß der Wohlstand mit giftigen Chemikalien verdient wird: mit Blutlaugensalz, das zur Herstellung des Berliner Blaus notwendig ist. Aber selbst der nationale Wert des preußischen Farbpigments, das seit 1709 „Berliner Blau" heißt, kann nicht vor den unangenehmen Begleiterscheinungen seiner industriellen Produktion bewahren. Die Treibels wohnen also in der (gerade noch) richtigen Villa, aber eindeutig in der falschen Gegend. Sie sind die einzigen Gestalten Fontanes, die es in den sonst ausgesparten Berliner Osten verschlagen hat.

Die für das gesellschaftliche Renommee nicht stimmige „Lokalität" erinnert an eins der frühesten deutschen Industriegemälde, *Borsigs Maschinenbau-Anstalt zu Berlin* (1847) von Karl Eduard Biermann (1803–1892), der ab 1844 als Professor an der Berliner Bau-Akademie lehrte.[2]

Es stellt Borsigs Fabrikgelände dar, das in der **Chausseestraße, Ecke Torstraße** lag, gewissermaßen in unmittelbarer Nachbarschaft der **Invalidenstraße**, wo in *Irrungen, Wirrungen* Pauline Pittelkow die Borsig-Arbeiter von der Schicht kommen sieht. Fontane war also, wenn nicht mit Biermanns Gemälde, so doch mit der Lage und den Auswirkungen der dargestellten Industrieanlage durchaus vertraut. Auf Biermanns Gemälde zieht aus vielen schwarz qualmenden Schornsteinen eine gewaltige Luftverpestung über das große Fabrikgelände, auf dem fertiggestellte Lokomotiven noch von Pferden gezogen werden, herüber auf die italienisch anmutende Terrasse der mit einem Garten umgebenen (unsichtbaren) Villa, von der aus die Szene gesehen und gemalt wurde. Das Bild ist gekennzeichnet durch die gleiche Diskrepanz – Pferd vs. Lokomotive, Villa vs. Fabrik –, die auch das Anwesen der Treibels charakterisiert; es macht überwältigend sichtbar, was die Treibels lieber verstecken würden, weil es ihnen peinlich ist, umso mehr als ihre Industriegegend nicht wie Borsigs Fabrik im leichter zugänglichen Norden, sondern im tiefen Osten Berlins liegt.

---

[2] Das von August Borsig selbst in Auftrag gegebene Gemälde wurde 2008 vom Berliner Stadtmuseum erworben und hängt heute im Märkischen Museum.

Abb. 1: Carl Eduard Biermann, *Borsigs Maschinenbau-Anstalt zu Berlin* (1847)

Wie am Beispiel der Luftverpestung, die die Begründung für den Umzug in die **Köpenicker Straße** als Illusion bloßstellt, versäumt der Erzähler keine Gelegenheit, ironisch auf den Widerspruch zwischen Anspruch und Wirklichkeit, zwischen Schein und Sein aufmerksam zu machen und, durch den Wechsel in den inneren Monolog (er „begriff nicht, daß", „man brauchte ja nicht"), die Romangestalten durch ihr Denken und Reden sich selbst bloßstellen zu lassen. Die Ironie zielt auf das Renommiergehabe, das laut Fontane den gründerzeitlichen Bourgeois ausmacht, den schnell zu viel Geld gekommenen Neureichen, der sich für die Vermehrung seiner gesellschaftlichen Geltung auch Kultur leistet.

Fontane hat aus seiner abgrundtiefen Verachtung für den Bourgeois nie ein Hehl gemacht. Er hat sich sogar zu einem politischen Bekenntnis hinreißen lassen, das, *horribile dictu*, der von 1878 bis 1890 offiziell verbotenen Sozialdemokratie galt: „Ich hasse das Bourgeoishafte mit einer Leidenschaft, als ob ich ein eingeschworener Sozialdemokrat wäre."[3] Dieses bei Erscheinen des Romans (1892) immer noch heikle Bekenntnis war ihm so wichtig, daß er es auch seinem *alter ego*, dem Gymnasialprofessor Wilibald Schmidt, in den Mund gelegt hat:

---

3 Theodor Fontane, Brief an seine Tochter Martha, 25.8.1891, in: Fontane, *Briefe an die Familie*, Berlin: F. Fontane 1905, S. 268; zit. Hans-Heinrich Reuter, *Fontane*, 2 Bände, Berlin: Verlag der Nation 1968, Bd. 2, S. 744.

„Wenn ich nicht Professor wäre, so würd' ich am Ende Sozialdemokrat." (450/ Reclam 180) Woraufhin Schmidts Haushälterin zur nochmaligen Bestätigung ihren längst verstorbenen Mann zitiert: „Ja, das hat Schmolke auch immer gesagt." (450/Reclam 181, 13) Selbst abgeschwächt im Irrealis und im Zitat eines Toten, bezeichnet das kühne Doppelbekenntnis zur Sozialdemokratie die politische Ecke, aus der das kritische Porträt des Bourgeois als eines parvenühaften Ausbeuters und seiner, wie Fontane in seiner autobiographischen Schrift *Von Zwanzig bis Dreißig* (1898) meint, verlogenen Kulturgesinnung zu verstehen ist:

> Denn der Bourgeois, wie ich ihn auffasse, wurzelt nicht eigentlich oder wenigstens nicht ausschließlich im Geldsack; viele Leute, darunter Geheimräte, Professoren und Geistliche, Leute die gar keinen Geldsack haben, oder einen sehr kleinen, haben trotzdem eine *Geldsackgesinnung* und sehen sich dadurch in der beneidenswerten oder auch nicht beneidenswerten Lage, mit dem schönsten Bourgeois jederzeit wetteifern zu können. Alle geben sie vor, Ideale zu haben; in einem fort quasseln sie vom „Schönen, Guten, Wahren" und knixen nur vor dem goldnen Kalb, entweder indem sie tatsächlich alles was Geld und Besitz heißt, umcouren oder sich doch innerlich in Sehnsucht danach verzehren. Diese Geheimbourgeois, diese Bourgeois ohne Arnheim, sind die weitaus schrecklicheren, weil ihr Leben als eine einzige große Lüge verläuft. Daß der liebe Gott sie schuf, um sich selber eine Freude zu machen, steht ihnen zunächst fest; alle sind durchaus „zweifelsohne", jeder erscheint sich als ein Ausbund von Güte, während in Wahrheit ihr Tun nur durch ihren Vorteil bestimmt wird, was auch alle Welt einsieht, nur sie selber nicht. Sie selbst legen sich vielmehr alles aufs Edle hin zurecht und beweisen sich und andern in einem fort ihre gänzliche Selbstsuchtslosigkeit. Und jedesmal, wenn sie diesen Beweis führen, haben sie etwas Strahlendes.[4]

Natürlich erläutert die gern zitierte Aussage das Verständnis der Titelfigur, die ja wiederholt als „Musterstück von einer Bourgeoise" (305/Reclam 13) und als „Typus einer Bourgeoise" (368/Reclam 86) bloßgestellt und auch ins Lächerliche gezogen wird. Aber so exemplarisch ihr bis zur Karikatur überzeichneter Charakter angelegt ist, so sehr gilt das Verdikt auch für ihren zurückhaltenden, im Vergleich zu ihr beinahe vornehm erscheinenden Mann, den Kommerzienrat selbst: „der Bourgeois steckte ihm wie seiner sentimentalen Frau tief im Geblüt." (439/Reclam 167) Wie wir noch sehen werden, gilt der Widerspruch von Gehabe und Substanz für beide, für Jenny im privaten und für Treibel im politischen Bereich. Ihre gemeinsame Diskreditierung erfolgt durch eine soziale Topographie, die sich auf ihre Adresse in der **Köpenicker Straße** konzentriert.

Nachdem sich die vom Umzug erwartete Luftverbesserung als industrielle Luftverpestung erwiesen hat, bleibt von der vermeintlichen Verbesserung, die der

---

[4] Theodor Fontane, Von Zwanzig bis Dreißig, in: in: Fontane, *Werke, Schriften und Briefe*. Hrsg. v. Walter Keitel und Helmuth Nürnberger, Abt. 3, Bd. 4, München: Carl Hanser 1973, 179–539, S. 186f.

Umzug bringen sollte, nur die Vergrößerung, die für Jenny Treibel – typisch für die Gigantomanie der Gründerzeit – schon nicht mehr ausreicht: „Unsre [Villa] ist beinah altmodisch und jedenfalls viel zu klein, so daß ich oft nicht aus noch ein weiß. Es bleibt dabei, mir fehlen wenigstens zwei Zimmer." (373 f./Reclam 92). Die vorgespielte Verzweiflung über den Raummangel, mit der sie Treibel ständig in den Ohren liegt, zeigt die Unangemessenheit ihrer Klage. Der Umzug vom Alten ins Neue hat sich als Umschlag von der Qualität in Quantität erwiesen und verlangt ungeduldig nach immer größeren Dimensionen. Je größer, desto höher – die räumliche Ausdehnung verspricht sozialen Aufstieg, um den sich alles dreht, solange Identität ausschließlich darüber definiert wird. Deshalb muß auch der Abstand zu den kleinen Leuten vergrößert werden. Jenny empört sich darüber, daß die noch neue Villa, offenbar vor dem Hintergrund sich verschärfender sozialer Gegensätze, schon wieder „altmodisch" ist, weil sie nicht einmal einen Hintereingang hat, in den die Domestiken und Lieferanten abgeschoben werden können:

> „Daß Treibel es auch versäumen mußte, für einen Nebeneingang Sorge zu tragen! Wenn er damals nur ein vier Fuß breites Terrain von dem Nachbargrundstück zukaufte, so hätten wir einen Eingang für derart Leute gehabt. Jetzt marschiert jeder Küchenjunge durch den Vorgarten, gerade auf unser Haus zu, wie wenn er miteingeladen wäre. Das sieht lächerlich aus und auch anspruchsvoll, als ob die ganze Köpnicker Straße wissen solle: Treibels geben heut' ein Diner. Außerdem ist es unklug, dem Neid der Menschen und dem sozialdemokratischen Gefühl so ganz nutzlos neue Nahrung zu geben." (307/Reclam 15)

Jedes „Terrain" ist nicht nur, wie Schmidt sagt, ein Ort mit eigenem Charakter, sondern eine Immobilie, zu der man hinzukaufen muß, um sich gegen „derart Leute" sozial abzugrenzen und die ausgegrenzten kleinen Leute in die Unsichtbarkeit verschwinden zu lassen. Weil die Treibels in der **Köpenicker Straße**, deren fragwürdiger Lokalität man sich stets bewußt bleibt, nun einmal eine prekäre Rolle spielen, sollen die viel weniger gutgestellten Nachbarn die Hausangestellten nicht sehen können, damit kein Sozialneid aufkommt, der sozialdemokratische Ressentiments stärken könnte. Die politische Dimension der sozialen Topographie ist unverkennbar.

Das gezwungene und unterspielte Vornehmtun in einer Industriestraße verrät eine ironische Diskrepanz, die auf den Charakter der Anwohner zurückwirkt. Im Zusammenhang mit Max Kretzers ausschließlich im Berliner Osten spielenden Roman *Meister Timpe* hatten wir schon gesehen, daß die **Köpenicker Straße** in der Gründerzeit bekannt war für wichtige Industriebetriebe, die bei der Entwicklung Berlins zur führenden deutschen Industriestadt eine Rolle gespielt haben, so der schon 1827 gegründete Baustoffhandel von J. G. Schilling (Nr. 28–29), eine bis 1883 bestehende Kattunfabrik von J. G. Dannenberger (Nr. 2–4), die 1874 gegründete Röhrenfabrik Bergmann & Franz, die für die Kanalisation Berlins verantwortlich war (Nr. 50), die von Carl Bolle, dessen berühmte Milchwagen durch die ganze Stadt zogen, 1872 gegründete Eisfabrik (Nr. 40 – 41) und Otto Lilienthals Fabrik für die Herstellung seiner Gleitflugzeuge (Nr. 113). Hier befand sich auch die 1890 gegründete Heeresbäckerei (Nr. 16 – 17), deren erhaltenes Magazin heute ein exklusiver Veranstaltungsort ist, und übrigens auch das Geburtshaus von Gustav Stresemann (Nr. 66). Vor allem aber muß daran erinnert werden, daß auf beiden Seiten der Spree seit dem frühen 18. Jahrhundert der Berliner Holzhandel für Brenn- und Bauholz zentriert war, auf der nördlichen Seite in der Gegend der entsprechend benannten **Holzmarktstraße**, wo Kretzers Roman spielt, und auf der südlichen Seite am Ostende der **Köpenicker Straße**, nahe dem **Schlesischen Tor**, wo bei Fontane der ältere Treibel-Sohn Otto seinen Holzhof mit edlen Hölzern betreibt.[5] Nicht Gontard und Knobelsdorff geben hier den Ton an, sondern Jacques Meyer, der in der **Köpenicker Straße 18 – 20** eine Villa auf dem Gelände seiner Textilfabrik bewohnte und der mit einer auf dieses Grundstück aufgenommenen Hypothek 1872 die größte Mietskaserne Berlins, Meyers Hof in der **Ackerstraße 132**, hat bauen lassen (gesprengt 1972). Die Bandbreite der assoziierten Lokalitäten reicht also vom friderizianischen Bürgerpalais bis zur proletarischen Mietskaserne.[6]

Während vor allem Jenny Treibel den industriellen Charakter ihrer Wohngegend lieber verschweigt, ist es im Fall der **Alten Jakobstraße** Fontane selbst, der die Leser glauben läßt, daß es sich bei dieser Straße, um eine vornehmere, womöglich durch Gontard und Knobelsdorff geadelte Gegend handelt, die Treibels Umzug in die **Köpenicker Straße** als soziales Manöver in Zweifel zieht. Fontane hat 1862–1863 selbst in der **Alten Jakobstraße 171** gewohnt und mußte aus eigener Erfahrung wissen, daß es sich auch bei dieser Gegend um ein wichtiges Gewerbegebiet handelte, das der Köpenicker Straße nur größenmäßig nachstand. Hier siedelten sich schon früh Handwerker und Kleingewerbe, schließlich auch Fabriken an, so die Gebrüder Henniger, die hier ab 1824 das von ihnen erfundene

---

[5] Der gesamte Straßenabschnitt der **Köpenicker Straße** von Nr. 39 bis 69 war schon fast 200 Jahre vorher städtisch-cöllnisches Holzmarkt-Gelände. Vgl. dazu Dieter Hoffmann-Axthelm, *Köpenicker Straße. Bestandskatalog historischer Elemente, Gutachten im Auftrag der STERN GmbH*, Dezember 1990, maschinenschriftlich, völlig zugänglich online https://www.deutsche-digitale-bibliothek.de/binary/ILFMOFXBFLF3ZCMB5ORCUSARWNSF6QCZ/full/1.pdf S. 23: „Dieser Holzmarkt diente von 1698 bis 1827 dem staatlichen Brennholzhandel, unter wechselnden Organisationsformen. Vermutlich wurde der Holzhandel auch nach der Privatisierung weiterbetrieben, bis 1850." (abgerufen 24.5.2016)
[6] Vgl. Werner Hegemann, *Das steinerne Berlin. Geschichte der größten Mietskasernstadt der Welt*, Berlin: Gustav Kiepenheuer 1930.

Neusilber produzierten, eine auch Hotelsilber genannte billigere Legierung aus Kupfer, Nickel und Zink. In einer heute **Feilnerstraße** genannten Seitenstraße hat Tobias Christoph Feilner (1773–1839) ab 1812 in eigener Regie eine für Schinkels Baukunst wichtige Terrakottafabrik betrieben, die europaweit auch die besten Ofenkacheln exportierte. J. G. Lutze (–1790) gründete hier schon 1754 eine von Friedrich Nicolai besprochene Ledermanufaktur, die größte in Deutschland. Und schließlich zog in einem bis heute erhaltenen Gebäude an der Ecke **Oranienstraße** 1859 die Preußische Staatsdruckerei (heute Bundesdruckerei) ein. Daß Fontane diese industriegeschichtlichen Details nicht in seine urbane Realistik aufgenommen hat, zeigt, wie wichtig ihm die symbolische Interpretation der Topographie war: Ihm kam es vor allem darauf an, zwischen der **Alten Jakobstraße** und der („neuen') **Köpenicker Straße** einen sozialen Unterschied zu konstruieren, der den Umzug weiter ostwärts ironisch in Frage stellt.

Schon in der topographischen Exposition des Romans stellt Fontane klar, daß zu der nach 1871 beginnenden neuen Zeit sehr viel Prätention gehört, die für die „Gründerzeitvorstellungen" charakteristisch ist. Wichtiger als wirklichkeitsgetreue Abbildung von Industriegegenden war ihm vor allem die Inszenierung des Gegensatzes zwischen der **Adlerstraße** und der **Köpenicker Straße**, zwischen sehr bescheidener Herkunft und einem protzig zur Schau gestellten Sozialstatus, den Jenny Treibel nur durch Einheirat gewonnen hat. Die **Adlerstraße**, in der Wilibald Schmidt mit seiner Tochter Corinna und der Haushälterin Schmolke auch heute noch wohnt, ist der Ort der detaillierten Milieustudie, mit der der Roman eröffnet wird. Jenny Treibel, die als Tochter eines Kramhändlers in kleinsten Verhältnissen in dieser Straße selber aufgewachsen ist, fährt eingangs in einem offenen Landauer mit Kutscher, Gesellschaftsdame und Bologneserhündchen (wie ihn die Madame Pompadour, Katharina die Große und die Kaiserin Maria Theresia besaßen) vor, um, im Habitus ganz die feine Dame, im schlecht beleuchteten Hausflur, durch den die Küchendüfte von Rührkartoffeln und Karbonade ziehen, „eine Holzstiege mit abgelaufenen Stufen" (297/Reclam 3) in den oberen Stock hinaufzusteigen. Sie zieht an einem verbogenen Klingeldraht und muß sich erst durch ein kleines Guckloch inspizieren lassen, bevor ihr die Wohnungstür geöffnet wird.

Alles in dieser realistischen Eingangsszene ist darauf angelegt, aus dem Widerspruch von miefigem Wohnort und geschmackvoll aufgedonnerter Besucherin die arrogante Leugnung der Herkunft und damit das Leitthema des Romans, das Parvenühafte einer Bourgeoise, herzuleiten, bevor sie sich durch ihre pompöse Sprache ohnehin verrät. Noch im Hausflur erinnert sich Jenny Treibel (für die Leser) ihrer Mädchentage, wie sie im gegenüberliegenden Apfelsinenladen ihres Vaters Tüten kleben mußte und wie sie schon damals die bewundernden Blicke eines Lehrlings abwies, weil er, zwar ebenbürtig, aber ihrer Meinung nach doch „zu niedrigen Standes" war, weil er „aus einem Obstkeller in der **Spreegasse**" (298/Reclam 4) stammte. Schon als die Titelfigur nur Jenny Bürstenbinder hieß und noch in der (keineswegs ‚besseren') **Adlerstraße** wohnte, war für sie die falsche Adresse ein soziales Stigma, das den Bewohner von ihrem ehrgeizigen Interesse ausschloß.

Hier verbindet sich die als ungerechtfertigt entlarvte topographische Arroganz noch mit einem versteckten Hinweis auf die Ignoranz der selbsternannten Literaturschwärmerin: Die von ihr verächtlich abgetane **Spreegasse** ist nämlich der Handlungsort der bekannten *Chronik der Sperlingsgasse* (1856), eines noch biedermeierlich anmutenden Vorläufers des Berliner Romans von Wilhelm Raabe, der zu Beginn seiner Berliner Studienzeit ab 1854 selber in der **Spreegasse 11** gewohnt hat. Beide Straßen sind vom heutigen Berliner Stadtplan völlig verschwunden: Während die **Spreegasse**, die 1931 zu Ehren von Raabes 100. Geburtstag in **Sperlingsgasse** umbenannt wurde, im zweiten Weltkrieg völlig zerstört und später überbaut wurde, mußte die benachbarte **Adlerstraße**, die nur „ein kleiner Durchgang" (345/Reclam 59) über Raules Hof mit der **Alten Jakobstraße** verband, schon 1934 dem neuen Bau der Reichsbank (dem späteren SED-Gebäude, das heute in das Auswärtige Amt integriert ist) weichen. Hier, in der **Adlerstraße** inmitten eines verwinkelten Altstadtbezirks, hat Jenny Treibel vor vierzig Jahren Wilibald Schmidt, mit dem sie praktisch verlobt war, einfach fallengelassen, als sich mit Treibel eine bessere Partie in der **Alten Jakobstraße** anbot. Seitdem hat sie es geschafft, ihre Herkunft aus kleinsten Verhältnissen genauso zu verleugnen, wie sie die kleinen Leute, die sie an ihre Herkunft erinnern könnten, durch einen Hintereingang verschwinden lassen will; „ihre Herkunft aus dem kleinen Laden in der **Adlerstraße** war in ihrer Erscheinung bis auf den letzten Rest getilgt." (316/Reclam 24 f.)

Aber weil alles nur Erscheinung, alles nur Schein ist, muß Treibel sie gelegentlich zurechtstutzen, wenn sie ihren früh gelernten sozialen Hochmut zu weit treibt: „Wer sind wir denn? [...] wir sind die Treibels, Blutlaugensalz und Eisenvitriol, und du bist eine geborne Bürstenbinder aus der **Adlerstraße**." (437 f./ Reclam 166) Hier wendet Treibel gegen seine Frau dasselbe essentialisierte Adressenverständnis an, mit dem sie die sozial Kleinen wie den Lehrling „aus der **Spreegasse**" abzuwimmeln und die sozial Großen wie die hugenottische Großmutter Wilibald Schmidts, „eine Charpentier, **Stralauer Straße**" (300/Reclam 6), zu hofieren versucht, als wäre die Adresse ein wesentlicher Teil der Persönlichkeit. Sie kann sich so prätentiös, wie sie will, durch Sprache und Habitus noch so sehr in Szene setzen und damit andere einzuschüchtern versuchen, für Treibel, jedenfalls wenn ihm doch einmal der Geduldsfaden reißt, wird sie immer das kleine Mädchen aus der **Adlerstraße** bleiben, das es nur durch Heirat bis zum Titel einer Kommerzienrätin gebracht hat.

Aber auch Treibel selbst muß sich über adressengemäßes Verhalten belehren lassen, und zwar ausgerechnet von einer der beiden Adelsdamen, die er, wie er sich selbst eingesteht, vor allem wegen ihrer Herkunft aus dem vornehmen Berliner Westen zu dem Diner eingeladen hat: „blaues Blut, das hier in der **Köpnicker Straße** so gut wie gar nicht vorkommt und deshalb aus Berlin W von mir verschrieben werden mußte, ja zur Hälfte sogar aus **Charlottenburg.**" (309/Reclam 17) Wer mit gesellschaftlichen Ambitionen in der **Köpenicker Straße** wohnt, leidet offenbar an einem topographischen Minderwertigkeitskomplex, dem nur mit einer aus Berlin W, ja sogar aus Charlottenburg importierten Adelsspritze aufgeholfen werden kann, damit das gesellschaftliche Niveau der Gesellschaft angehoben wird. Eine der beiden Adligen, die Majorin von Ziegenhals, ist beherzt und überraschend liberal genug, die hier mitschwingende Topographie des sozialen Ehrgeizes zu thematisieren, wenn sie die Motive für Treibels Engagement im Wahlkampf der Konservativen anzweifelt:

> „Warum verirren Sie sich in die Politik? [...] Was wollen Sie mit Politik? [...] was wollen Sie mit Konservatismus? Sie sind ein Industrieller und wohnen in der **Köpnicker Straße.** Lassen Sie doch diese Gegend ruhig bei Singer oder Ludwig Löwe, oder wer sonst hier gerade das Prä hat. Jeder Lebensstellung entsprechen auch bestimmte politische Grundsätze. Rittergutsbesitzer sind agrarisch. Professoren sind nationale Mittelpartei und Industrielle sind fortschrittlich. Seien Sie doch Fortschrittler. Was wollen Sie mit dem Kronenorden?" (311/ Reclam 31)

Wer in der **Köpenicker Straße** wohnt, sollte – so der Rat der Adelsdame – sich auch politisch entsprechend verhalten und sich nicht über die Nachbarn dieser Industriegegend erheben wollen, zu denen immerhin so bedeutende Leute gehören wie Paul Singer und Ludwig Löwe, zwei progressive Politiker, deren Kenntnis die Majorin von Ziegenhals einfach voraussetzt. Der erste, von Haus aus Fabrikant von Damenmänteln, war ein wichtiger SPD-Führer, der 1891 nach Aufhebung des Sozialistengesetzes (1890) an der Wiedergründung des *Vorwärts* beteiligt war; und der zweite, von Haus aus Gründer einer Nähmaschinenfabrik, saß für die Fortschrittlichen im Reichstag. Das waren – im Gegensatz zu Treibel – wirklich engagierte progressive Spitzenpolitiker, die er sich zum Vorbild nehmen sollte. Mit diesem Appell der fortschrittlichen Adligen an das standes- und wohnungsgemäße politische Verhalten betont der Erzähler noch einmal die Unangemessenheit der Ansprüche und Ambitionen von sozialen Aufsteigern, die sich – so könnte man den Einspruch der Adligen interpolieren – vor der Verantwortung für soziale Gerechtigkeit drücken. Wer als Industrieller eine Villa im Osten Berlins auf dem Gelände einer chemischen Fabrik bewohnt, sollte sich nicht verhalten, als lebte er im Berliner Westen, im **Tiergartenviertel** oder gar, wie Fräulein Edwine von Bomst, im **Schloß Charlottenburg.** Er sollte standes-

und adressengemäß für die Fortschrittspartei stimmen und, wenn er politische Verantwortung übernehmen will, auch kandidieren. Die entschiedene Kritik der Majorin von Ziegenhals an Treibels Wahlkampf unterstreicht noch einmal die politische Dimension der sozialen Topographie.

Treibels halbherziges Interesse an der Politik ist, wie man als Leser schnell ahnen kann, nicht eine Frage der Gesinnung und kein Zeichen seines politischen Ehrgeizes, sondern verrät einen Opportunismus, der ganz andere Ziele verfolgt. Er strebt, wie die Majorin von Ziegenhals vermutet, den Kronenorden an, einen 1861 von dem späteren Kaiser Wilhelm I. gestifteten Verdienstorden. Nachdem er bereits mit dem Titel eines Kommerzienrats gewürdigt worden war, mit dem vor allem reiche und stiftungsfreudige Unternehmer wie Albert Boehringer in Ingelheim, Viktor Hutschenreuther in Selb, Georg Howaldt in Kiel, August Pschorr in München, Ernst Sachs in Schweinfurt, Heinrich Stollwerck in Köln ausgezeichnet wurden, könnte sich Treibel im Selbstgefühl, zur Spitzenliga angesehener deutscher Unternehmer zu gehören, eigentlich zufriedengeben. Aber ganz im kritischen Sinne der überschätzten Geltung zielt sein von Jenny angestachelter Ehrgeiz auf die nächsten Stufen gesellschaftlicher Anerkennung. Er strebt auf dem Umweg über die Politik womöglich nach dem Adelstitel, mit dem ihm Jenny wie mit der Vergrößerung der Villa sicher ständig in den Ohren liegt; denn auch hinter Treibels politischem Opportunismus steht die frustrierte Ambition Jennys: „Es geht nun schon in das zehnte Jahr, und er rückt nicht höher hinauf, trotz aller Anstrengungen." (429/Reclam 156 f.) Mit Hilfe ihres Mannes, den sie dafür wie auch alle anderen Mitglieder ihrer Familie instrumentalisiert, will sie vorgeblich im Reich des Idealen, in Wirklichkeit aber nur auf der Leiter der Standesgesellschaft immer „höher hinauf"; ihr „Sinn, der sich nach oben richtet" (303/Reclam 10), wie sie schon als Mädchen von ihrer nicht minder ehrgeizigen Mutter gelernt hat, zielte schon immer auf „die besseren Klassen" (319/Reclam 28). Darin unterscheidet sie sich kaum von dem ähnlich oberflächlich nur auf gesellschaftlichen Status erpichten Ehrgeiz ihres Mannes, der im Gespräch mit der Majorin von Ziegenhals erstaunlich offen sein politisches Kalkül zur Berechnung des persönlichen Vorteils verrät:

> „Sie wissen, unsereins rechnet und rechnet und kommt aus der Regula-de-tri [Dreisatz] gar nicht mehr heraus, aus dem alten Ansatze: ‚wenn das und das so viel bringt, wieviel bringt das und das.' Und sehen Sie, Freundin und Gönnerin, nach demselben Ansatz hab' ich mir auch den Fortschritt und den Konservatismus berechnet und bin dahintergekommen, daß mir der Konservatismus, ich will nicht sagen mehr abwirft, das wäre vielleicht falsch, aber besser zu mir paßt, mir besser kleidet. Besonders seitdem ich Kommerzienrat bin, ein Titel von fragmentarischem Charakter, der doch natürlich seiner Vervollständigung entgegensieht." (322/Reclam 31 f.)

Damit kann, abgesehen vom Adelstitel, nur der Titel eines Geheimen Kommerzienrats gemeint sein, der Treibel und seiner Frau die ersehnte Trophäe des Aufstiegs, Zugang zur kaiserlichen Hofgesellschaft, verschaffen würde. Weil von etwaigen Verdiensten, die solche Nobilitierung rechtfertigen würden, nie die Rede ist, hat Treibel seine Anstrengungen auf den politischen Bereich verlegt, in dem sich sein berechnender Kaufmannssinn – immer auf der Jagd nach, wie man heute sagen würde, Nutzenmaximierung – bei kleinstem Einsatz den schnellsten Erfolg verspricht. Aber sein stellvertretend von Leutnant Vogelsang, einer zwielichtigen Gestalt, die ihn schließlich sogar finanziell ausnimmt, geführter Wahlkampf im Wahlkreis Teupitz-Zossen wird in der *Nationalzeitung* so vernichtend kommentiert, daß sich Treibel von der politischen Bühne so eilig und so unengagiert zurückzieht, wie er sie gerade erst betreten hat. Vor allem die Kritik der Zeitung an dem dilettantisch geführten Wahlkampf „im Namen eines unserer geachtetsten Berliner Industriellen, des Kommerzienrats Treibel (Berlinerblaufabrik, **Köpnicker Straße**), von dem wir uns eines Besseren versehen hätten" (396/Reclam 118), gibt ihm zu denken; denn die ungewöhnliche, beinahe schon denunziatorische Beifügung seiner Adresse geht über den Tadel der Majorin von Ziegenhals noch hinaus. Nun wird in aller Öffentlichkeit noch einmal klargestellt, daß Treibel entgegen seinem Status als Industrieller aus der **Köpenicker Straße** politisch aufs falsche Pferd gesetzt hat. Treibel hat sich gründlich und allen sichtbar verrechnet. Seine öffentliche Bloßstellung, die die politische Laufbahn beendet, bevor sie überhaupt begonnen hat, bekräftigt die politische Dimension der sozialen Topographie.

Wie Treibel sein Ansehen auf politischer Ebene selber ruiniert hat, demontiert auch Jenny Treibel ihren Machtanspruch auf der Ebene der Familienplanung durch ihr eigenes Verhalten. Ohne politische Überzeugung verschachert Treibel seine Gesinnung wie Jenny ihren schwächlichen Sohn Leopold. Beide folgen demselben instrumentellen Denken, für das jeder und alles Mittel zum Zweck der Macht- und Kapitalerweiterung wird. Aber beide verrechnen sich. Er macht keinen Karrieresprung, und sie muß Hildegard Munk, die sie unbedingt aus der Familie heraushalten wollte, als Schwiegertochter akzeptieren. Während die Niederlage der Titelfigur im Vordergrund des Romangeschehens steht, muß die ihres Mannes, die nur im Hintergrund so versteckt aufscheint, daß sie von den meisten Interpreten kaum wahrgenommen wird, immer mitgedacht werden, damit der exemplarische Charakter des nur scheinbar privaten Familiengeschehens nicht in Vergessenheit gerät. Nur aus dieser Spannung zwischen vorder- und hintergründiger Decouvrierung des Bourgeois-Standpunkts ergibt sich der gesellschaftskritische Anspruch auf die politische Dimension des Spiels mit der Symbolkraft der Adressen.

Weil das politische Engagement des Bourgeois, dem Fontane immerhin einige – allerdings nur berichtete, nicht szenisch ausgeführte – Aufmerksamkeit gewidmet hat, der falschen Partei gilt, ohnehin nicht ernst gemeint ist und schnell in sich zusammenbricht, ist auch keine Abhilfe für die sozialen Probleme in Sicht, die nur angedeutet ganz im Hintergrund bleiben. Nur einmal wird auch politisch so etwas wie ein soziales Gewissen laut, als die Schmolke erzählt, wie ihr (längst gestorbener) Mann, ein bei der „Sitte" beschäftigter Polizeibeamter, einmal „über all das Elend und all den Jammer" (425/Reclam 151) geklagt hat, der ihm täglich begegnete: die in die Prostitution gedrängten Opfer der Verhältnisse, „die nebenher auch noch ganz verhungert sind, was auch vorkommt, und wo wir ganz genau wissen, da sitzen nu die Eltern zu Hause un grämen sich Tag und Nacht über die Schande, weil sie das arme Wurm, das mitunter sehr merkwürdig dazu gekommen ist, immer noch liebhaben und helfen und retten möchten, wenn zu helfen und zu retten noch menschenmöglich wäre" (425/Reclam 151). Nicht erst von Brecht, sondern schon von Fontane konnten die Leser lernen, daß Unmoral nur eine Folge ökonomischer Not ist, eine stumme Anklage der Verhältnisse, die nicht so sind, wie sie sein sollten.

So kommen Jammer und Elend der sozial und von Fontane auch narrativ Ausgegrenzten, die vor allem im proletarischen Osten Berlins wohnen, nur unter dem Aspekt unterbliebener Hilfeleistung vor, weil ‚das Menschenmögliche' zu tun dem Vertreter der Staatsgewalt unmöglich ist. Aber auch dieser indirekte Appell an das soziale Gewissen erscheint nur in der erinnerten Erzählung eines längst Gestorbenen – so sehr hat Fontane die elende Gegenwelt der Treibels in den Tiefen der Fiktion versteckt, genauso tief wie die von Jenny Treibel befürchtete sozialdemokratische Lösung, für die sich der einfache Schmolke als Staatsbeamter nur im Irrealis hätte engagieren wollen. Politische Abhilfe ist nicht in Sicht, auch weil die Hilfsbedürftigen selbst unsichtbar bleiben oder „derart Leute" von Jenny Treibel am liebsten durch den Hintereingang abgeschoben werden.

Im allgemeinen erfährt man in Fontanes Romanen selten, womit die Figuren ihren Lebensunterhalt verdienen, welche Arbeit sie verrichten oder sogar welchen Beruf sie ausüben. Die Berufe sind so unwichtig, daß es auch nach mehrmaliger Lektüre oft schwerfällt, die hinter den Kulissen verfolgte berufliche Tätigkeit der Hauptfiguren zu benennen: Ezechiel van der Straaten (in *L'Adultera*, 1882) ist Geschäftsmann unbekannter Branche, und Melanies Verehrer, Ebenezer Rubehn, ein gescheiterter Bankier. Pierre St. Arnauld (in *Cécile*, 1886) ist Oberst im Ruhestand, und Céciles Verehrer, Robert Leslie-Gordon, geht seiner Arbeit als Kabel-Ingenieur im fernen England nach. Botho von Rienäcker (in *Irrungen, Wirrungen*, 1888) ist ein Offizier, der über seine Verhältnisse lebt, und Lenes künftiger Mann Gideon Franke arbeitet, wie nur nebenbei erwähnt, aber nie gezeigt wird, in der Röhrenfabrik, die sich kaum zufällig in der **Köpenicker Straße** befindet; Lene arbeitet als Näherin am **Spittelmarkt**. Waldemar von Haldern (in *Stine*, 1890) ist ein traumatisierter Kriegsveteran und Stine im Dienst eines sehr sozial eingestellten Chefs vor allem mit Heimarbeit (am Stickrahmen) beschäftigt. Treibel (in *Frau Jenny Treibel*, 1892) ist Chemiefabrikant, ohne daß wir ihn oder einen seiner Arbeiter je in der Fabrik sehen, auf deren Gelände die Villa steht, und sein älterer Sohn Otto betreibt einen nahen Holzhof mit exotischen Hölzern, ohne daß die Leser je dorthin geführt würden. Der Arbeit am nächsten kommt der Gymnasialprofessor Wilibald Schmidt, der nach Ende des Unterrichts, also nach getaner Arbeit, die so wenigstens erwähnt wird, schon um 11 Uhr aus der Schule nach Hause kommt, weil Mittwochs für ihn die Klasse eine Stunde früher endet. Bei einem Roman, der topographisch in der Arbeitswelt des Berliner Ostens angesiedelt ist und der das soziale West-Ost-Gefälle sogar thematisiert, muß umso mehr auffallen, daß selbst hier keine Menschen bei der Arbeit gezeigt werden, mit der sie ihren Tagelohn oder ihren Wohlstand verdienen. Keine Werkstatt der Gewerbetreibenden, keine Fabrik der Industriellen wird je betreten. Was den Osten sozial charakterisiert, bleibt so ausgespart wie mit dieser einen Ausnahme der Osten selbst.

Ein für den deutschen Realismus grundlegendes Dictum, das Gustav Freytag seinem Roman *Soll und Haben* (1855) als Motto vorangestellt hat, stammt eigentlich von Julian Schmidt und lautet: „Der Roman soll das deutsche Volk da suchen, wo es in seiner Tüchtigkeit zu finden ist, nämlich bei seiner Arbeit."[7] Aber Fontanes Roman, in dem es immer wieder um die Topographie der (ausgeklammerten) Arbeitswelt geht, sucht nicht eine einzige Figur bei ihrer beruflichen Tätigkeit, bei der Arbeit, auf. Selbst die namentlich erwähnten Hausangestellten wie die Hauswirtschafterin Rosalie Schmolke, die Gesellschafterin Fräulein Honig, die Kindererzieherin Fräulein Wulsten, den Kutscher Johannes und den Diener Friedrich sehen wir nicht eigentlich arbeiten. Umso bemerkenswerter ist die sichtbare Inszenierung von Hausarbeit. Wenn die Schmolke und Corinna einmal in der Küche beschäftigt sind, während die eine grüne Kochbirnen der Länge nach durchschneidet und die andere alte Semmeln auf einem Reibeisen zerreibt, dient diese außergewöhnliche Haushaltsszene (457–459/Reclam 189–191) nur als Untermalung des Gesprächs, in dem die Schmolke Corinna von der Verlobung mit Leopold abbringt.

Wichtiger ist eine andere, wie ein Gemälde gerahmte, sogar doppelt gerahmte ikonographische Genreszene, die nicht als Gesprächsvorwand dient und stumm

---

7 Julian Schmidt hatte Autoren kritisiert, die an der „Oberfläche der Erscheinungen" haften, „aber da, wo das deutsche Volk in seiner Tüchtigkeit zu finden wäre, suchen sie es nicht auf" (*Geschichte der deutschen Literatur im neunzehnten Jahrhundert*, Bd. 2, Leipzig: Friedrich Ludwig Herbig 1853, S. 370)

bleibt: Jenny tritt abends ans Fenster und erblickt „im Hause gegenüber, hoch oben in der offenen Mansarde, wie ein Schattenriß in hellem Licht, eine Plätterin, die mit sicherer Hand über das Plättbrett hinfuhr" (430/Reclam 157). Sie blickt aus dem Fenster in ein Nachbarfenster, aus der Villa in das Mansardenfenster eines mutmaßlichen Miethauses gegenüber, aus dem Elfenbeinturm ihrer Privilegien auf die soziale Realität der **Köpenicker Straße.** Die prätentiöse Dame der Gesellschaft sieht eine anonyme Plätterin, die sie auf ihrem eigenen Fabrikgrundstück aus ihren Augen verbannt hätte. Es ist ein unwirklicher, der Wirklichkeit enthobener Augenblick einer einseitigen Begegnung, die an den existentiellen Charakter des griechischen Kairos, eines günstigen Augenblicks, erinnert, in dem Wahrheit aufblitzt und sich ein Schicksal entscheidet: „Der Kommerzienrätin Auge mochte von dem anmutigen Bilde nicht lassen, und etwas wie wirklicher Neid überkam sie." (430/Reclam 157) Das „anmutige Bild" einer Frau bei der häuslichen Arbeit ist das vom Erzähler genau platzierte Gegenbild zur Kommerzienrätin, die aus dem gleichen sozialen Milieu stammt und sich nostalgisch an die Schlichtheit ihrer Jugend erinnern fühlen mag. Diese empfindsame Szene funktioniert, in poetologischer Tradition, als ‚retardierendes Moment', als narrative Verzögerung, die die unmittelbar folgende Brutalität, mit der Jenny ihrem Sohn die Verlobung mit Corinna verbietet, umso schroffer erscheinen läßt. Auch nach der Auseinandersetzung mit Leopold sieht sie wieder, als könnte sie nicht davon lassen, „nach der Mansarde und der immer noch in hellem Licht dastehenden Plätterin hinüber, bis ihr Blick sich wieder senkte und dem bunten Treiben der vor ihr liegenden Straße zuwandte" (434/Reclam 162). Das stumme Schattenspiel ist eine Variante des urbanen Blicks aus dem Fenster, den wir bei E. T. A. Hoffmann beobachtet haben. Während es dort aber um die Masse und die aus dem bunten Markttreiben herauszulösenden Individuen ging, zu denen Geschichten erfunden wurden, ist hier die vereinzelte Plätterin wie ein Heiligenbild von vornherein aus dem „bunten Treiben" der Verkehrsstraße herausgehoben, eine Ikone der Arbeiterin, die Jenny Treibel – so ist von der unerklärten Szene zu vermuten – einen Moment über ihre eigene entfremdete Existenz stutzen läßt.

Auch dramaturgisch spielt das Plätten eine kleine, aber handlungsentscheidende Rolle. Nur weil die Schwiegertochter „mal wieder Plättag hat" (301/Reclam 8) und die Hausmädchen des Holzhofs „mal wieder am Plättbrett stehen" (308/Reclam 16) müssen, konnte das zu Ehren des englischen Geschäftspartners Nelson veranstaltete Diner, das als Gesprächsabend die Knoten der Romanhandlung schürzt, nicht wie ursprünglich geplant bei Otto und Helene Treibel am östlichen Ende der **Köpenicker Straße** stattfinden, sondern es wurde auf Ottos Eltern abgewälzt. So fällt die Regie für den Abend und für die sich dabei knüpfenden Verbindungen, ganz ihrem manipulativen Charakter entsprechend, der Kommerzienrätin zu. Die Handlungsfäden, die in *Frau Jenny Treibel* gesponnen werden und den ganzen Roman ausmachen, nehmen ihren Ausgang, wie wir zweimal nur ganz nebenbei erfahren, an einem Bügeltag im Haushalt der Schwiegertochter. Das Romangeschehen konnte sich nur entwickeln, weil sein Anlaß innerhalb der **Köpenicker Straße** von einer Adresse zur anderen verlegt wurde.

Die Bedeutung der Bügelszene am Fenster kommt also nicht von ungefähr. Nachdem schon dramaturgisch, bevor der Roman überhaupt einsetzt, die Abwägung von „Plättag" und Gesellschaft zugunsten der Hausarbeit entschieden wurde, läßt auch die visuelle Gegenüberstellung von Plätterin und Gesellschaftsdame keinen Zweifel daran, wer von beiden die moralisch Überlegene ist. Offenbar fand Fontane selbst an diesem Bild so viel Gefallen, daß er es gleich zweimal verwandt hat. Schon in *Irrungen, Wirrungen* ist uns eine ähnliche Bügelszene am Fenster begegnet, wenn Lene Nimptsch ihr Bügelbrett ganz dicht ans Fenster rückt, um mit der draußen im Garten arbeitenden Frau Dörr, die den frisch gestochenen Spargel bündelt, besser plaudern zu können. Diese Genreszene häuslicher Arbeit ist so archetypisch, daß als deren Muster Daniel Chodowieckis berühmter Kupferstich „Lotte Brot schneidend" in Goethes *Leiden des jungen Werthers* (1774) in den Sinn kommt. Das homerische Idyll dient sowohl der Aufwertung schlichter Natürlichkeit, als deren Personifikation uns nun, statt Lotte, Lene vorgestellt wird, als auch der Untermalung des paradiesischen Ausnahmezustands, in dem allein die Liebe zwischen Botho und Lene gedeihen kann. So unterstreicht auch der Anblick der Plätterin im Fensterrahmen als Gegenbild ihrer eigenen Selbstentfremdung, deren sich Jenny Treibel hier sentimental bewußt werden mag, ein im Sinne Schillers ‚sentimentalisches' Verlustgefühl. Jennys als „Neid" gedeutete Betroffenheit verrät für den Moment einer Vision – „ein Schattenriß in hellem Licht" – ein kurz aufblitzendes echtes Gefühl, als sehne sie sich in diesem Augen-Blick nach der Authentizität, die sie seit ihrer Jugend an den Schein sozialer Geltung verraten hat. Im krassen Gegensatz zur prätentiösen Machtentfaltung der Treibel-Villa ist das Bild einer verlorenen Unschuld so symbolisch aufgeladen, daß sich die Frage nach Fontanes spezifischem Realismus stellt.

Die Bügelszenen sind so auffällig, so bildkräftig in Szene gesetzt, daß hinter ihrer exemplarischen Bildlichkeit eine ästhetische Absicht vermutet werden kann. Und tatsächlich wird das Prinzip solcher realistischen Genreszene an einer versteckten Stelle des Romans reflektiert. Im Gespräch mit seinem Kollegen Distelkamp, der ihm die – auch für Fontane typische – Vorliebe „fürs Anekdotische, fürs Genrehafte" (360/Reclam 76) vorhält und für sich selbst „in der Geschichte nur das Große, nicht das Kleine, das Nebensächliche" verlangt, vertritt der Gymnasialprofessor Wilibald Schmidt, die wohl sympathischste, am meisten mit Fontanes Ansichten übereinstimmende Figur des Romans, dessen Credo eines poetischen, das Menschliche betonenden Realismus:

> „Das Nebensächliche, soviel ist richtig, gilt nichts, wenn es bloß nebensächlich ist, wenn nichts drinsteckt. Steckt aber was drin, dann ist es die Hauptsache, denn es gibt einem dann immer das eigentlich Menschliche."
> „Poetisch magst du recht haben."
> „Das Poetische – vorausgesetzt, daß man etwas anderes darunter versteht als meine Freundin Jenny Treibel –, das Poetische hat immer recht; es wächst weit über das Historische hinaus." (360/Reclam 76)

Hier geht es um nicht weniger als die Wahrheit des Poetischen, die über die historische Wahrheit hinauswächst. Es dürfte kein Disput zwischen Gymnasialprofessoren humanistischer Bildung sein, wenn bei dieser Begründung des poetischen Realismus nicht der aristotelische Gegensatz von Dichtung und Geschichte mitspielte: „Darum ist die Dichtung", so heißt es in der *Poetik* (um 330 v.Chr.) des Aristoteles, „auch philosophischer und bedeutender als die Geschichtsschreibung. Denn die Dichtung redet vom Allgemeinen, die Geschichtsschreibung vom Besonderen."[8] Das Primat der Dichtung vor der Geschichte besteht nach Aristoteles in der philosophischen Verallgemeinerbarkeit des konkreten Falls und nach Fontane in der Menschlichkeit des exemplarisch Nebensächlichen. Wenn realistische Dichtung vom Allgemein-Menschlichen im Nebensächlichen und nicht vom Heldenhaften im Großen handelt, so tritt sie im Zeitalter des vor allem von Leopold von Ranke geprägten Historismus, einer historischen Schule, die sich laut Ranke zur Aufgabe gemacht hat, bloß zu „zeigen, wie es eigentlich gewesen" (ist),[9] sehr selbstbewußt neben die Geschichtsschreibung. Deshalb war es für Fontane so wichtig, diese – scheinbar nebenbei ausgesprochene, ‚nebensächliche' – Proklamation der richtig verstandenen Poesie, des Poetischen als des menschlich Anekdotischen, gegen den falschen Poesie-Begriff der pseudo-idealistischen Schwärmer wie Jenny Treibel abzugrenzen.

Erst von hier aus wird verständlich, daß hinter der satirischen Bloßstellung von Jenny Treibels kitschiger Schwärmerei für das Poetische, die sich bis in den

---

[8] Aristoteles, de arte poetica *Poetik* 1451 b, 9. Kap. (Übersetzt von Olof Gigon, Stuttgart: Reclam 1961, S. 39). Noch Lessing hat diesen aristotelischen Grundsatz bekräftigt: „Daher ist denn auch die Poesie philosophischer und nützlicher als die Geschichte. Denn die Poesie geht mehr auf das Allgemeine, und die Geschichte auf das Besondere." (Gotthold Ephraim Lessing, *Hamburgische Dramaturgie* (1767), in: Lessing, *Werke*. Hrsg. v. Herbert G. Göpfert, Bd. 4, München: Carl Hanser 1973, 229–707 S. 642 (89. Stück)).

[9] Leopold von Ranke, *Geschichte der romanischen und germanischen Völker von 1494–1514* (1824): Vorrede in: Ranke, *Sämtliche Werke*, Bd. 33, Leipzig: Duncker & Humblot ²1874, I–VIII, S. VII: „Man hat der Historie das Amt, die Vergangenheit zu richten, die Mitwelt zum Nutzen zukünftiger Jahre zu belehren, beigemessen: so hoher Aemter unterwindet sich gegenwärtiger Versuch nicht: er will blos zeigen wie es eigentlich gewesen."

Untertitel des Romans vorgewagt hat („Wo sich Herz zum Herzen find't"), Fontanes Programm des urbanen Realismus steht, der seinen Wahrheitsanspruch gegen die bloße Abbildung historischer Wirklichkeit behauptet. Entsprechend der Schmidtschen Aussage müssen sich die Leser am Beispiel der Rhetorik von Jenny Treibel das Konkrete abstrahiert, das Besondere verallgemeinert und das Bildliche auf den Begriff gebracht denken, um aus dem ironisch vorgeführten, lächerlich gemachten ‚falschen' Poesie-Begriff im Gegenzug den impliziten, ‚richtigen' Begriff des Realismus zu erschließen.

So steht schon Jenny Treibels erster Auftritt, ihr Besuch am Ort ihrer Kindheit und Jugend in der **Adlerstraße**, im Zeichen großer Gesten und großer Worte. Ging es vorher nur um die Diskrepanz von Milieu und Vornehmgetue, so jetzt um Jennys sprachliche Selbstentblößung, die wahrzunehmen sie bei aller Klugheit zu beschränkt und, vor allem im Vergleich zu Schmidt und seiner Tochter Corinna, zu unironisch ist. Ihr poetisches Glaubensbekenntnis hat von vornherein einen falschen Zungenschlag, weil das kitschige Gefühl, von dem sie sich selbst überwältigt glaubt, eigentlich nur ihre materiellen Interessen ideell zu verschleiern sucht:

> „Ja, jetzt, liebe Corinna. Du hast es gut gehabt, und alle haben es jetzt gut. Aber zu meiner Zeit, da war es anders, und wenn mir nicht der Himmel, dem ich dafür danke, das Herz für das Poetische gegeben hätte, was, wenn es mal in einem lebt, nicht wieder auszurotten ist, so hätte ich nichts gelernt und wüßte nichts. Aber, Gott sei Dank, ich habe mich an Gedichten herangebildet, und wenn man viele davon auswendig weiß, so weiß man doch manches. Und daß es so ist, sieh, das verdanke ich nächst Gott, der es in meine Seele pflanzte, deinem Vater. Der hat das Blümlein großgezogen, das sonst drüben in dem Ladengeschäft unter all den prosaischen Menschen – und du glaubst gar nicht, wie prosaische Menschen es gibt – verkümmert wäre..." (301f./Reclam 8)

Weil sie die Poesie nur auswendig gelernt hat, weiß sie „manches" nur, ohne den Sinn zu verstehen.[10] Und kurz darauf faßt sie ihre poetische Heilsbotschaft noch einmal zusammen: „Nein, Corinna, gib den Sinn, der sich nach oben richtet, nicht auf, jenen Sinn, der von dorther allein das Heil erwartet." (303/Reclam 10) Jennys Sentimentalität, ihr wiederholt bekannter Sinn für „das Höhere", der von ferne an die romantische Kunstreligion erinnert, ist die Verkitschung der Kultur, in deren Namen und unter deren Deckmantel der von ihr vertretene Bourgeois die wirtschaftlichen, gesellschaftlichen und politischen Interessen rücksichtslos durchzudrücken versucht. Ihre gefühllose Manipulation familiärer Bande als Geschäftsbeziehungen ist das genaue Gegenteil der im Untertitel des Romans

---

10 Vgl. Lieselotte Voss, *Literarische Präfiguration dargestellter Wirklichkeit bei Fontane. Zur Zitatstruktur seines Romanwerks*, München: Wilhelm Fink 1985.

zitierten Schlußzeile ihres Lieblingslieds, das einst der junge Wilibald Schmidt für sie gedichtet hat, als er selbst noch gefühlt haben mag, was, vierzig Jahre später bloß zitiert, nur noch ein geborgtes Gefühl ist: „Wo sich Herz zum Herzen find't." (338/Reclam 51) Für die hartherzige „schreckliche Frau" (454/Reclam 186) gibt es die Herzensbindung, von der sie literarisch schwärmt und die sie mit dünner Stimme besingt, in der gelebten Wirklichkeit gerade nicht. Deshalb hintertreibt sie mit allen Mitteln, mit Intrige und Verleumdung, die Verlobung von Corinna und Leopold, gerade weil sie ihr als unkalkulierbare Herzensbindung erscheint, die ihrer Kontrolle entgleiten würde. Wenn sie ihren Sinn für das Höhere ausgerechnet von ihrem Jugendfreund Wilibald Schmidt gelernt haben will, den sie vor 40 Jahren fallengelassen hat, um den besser gestellten Treibel zu heiraten, fällt die Korrektur ihrer Kunstreligion umso stärker ins Gewicht, als sie ausgerechnet durch Schmidt, diesen angeblichen Lehrer in den höheren Dingen, erfolgt, der sie von allen am unerbittlichsten durchschaut:

> „Es ist eine gefährliche Person, und um so gefährlicher, als sie's selbst nicht recht weiß und sich aufrichtig einbildet, ein gefühlvolles Herz und vor allem ein Herz ‚für das Höhere' zu haben. Aber sie hat nur ein Herz für das Ponderable, für alles, was ins Gewicht fällt und Zins trägt, und für viel weniger als eine halbe Million gibt sie den Leopold nicht fort, die halbe Million mag herkommen, woher sie will." (369 f./Reclam 87)

Das vernichtende Urteil über Jenny, die unter dem Deckmantel der poetischen Schwärmerei für „das Höhere" um des Profits willen sogar den eigenen Sohn verkaufen würde, ist aus dem Munde des Sprachrohrs Fontanes zugleich ein – nur mitgedachtes – programmatisches Plädoyer für die wahre Poesie, die das Menschliche im Nebensächlichen, im Natürlichen und Bescheidenen findet. Die von Fontane geforderte „Verklärung" des Realen ist also das genaue Gegenteil der kitschigen Verschleierung realer Interessen durch die Poesie. Solche Aufdeckung des Widerspruchs zwischen pseudoreligiöser Herzens-Rhetorik und brutaler Machtausübung ist, weil er nicht behauptet, sondern in der Redeweise viel überzeugender indirekt vorgeführt wird, das Ergebnis einer immanenten Sprachkritik, die die wichtigste Waffe in Fontanes Gesellschaftskritik an der Mentalität der gründerzeitlichen Bourgeoisie ist.

Die konzeptionelle Entgegenstellung zweier Poesie-Begriffe, der eine durch verbale Schwärmerei immer wieder kitschig beschworen und kritisch entlarvt und der andere durch narrative Ausführung von scheinbar nebensächlichen Genreszenen praktiziert und gesprächsweise thematisiert, bestimmt die Handlungsführung. Deshalb wird Jenny, je mehr sie sich in die sentimentale Verschleierung ihrer Verlobungsstrategie verrennt, auf dem Höhepunkt ihrer brutalen Manipulation des eigenen Sohnes mit dem – sie entlarvenden – Gegenbild der stummen Plätterin konfrontiert. Nur sehr indirekt, aus der stummen Genreszene heraus, und nur aus dem Argument gegen die falsche poetische Schwärmerei entwickelt Fontane seine immanente Poetik des Realismus. Weil er aber mehr anstrebt als eine nüchterne Deskription, muß Fontane seine Konzeption des Realismus gegen ein womöglich verwandt erscheinendes Poesie-Verständnis abgrenzen, das ebenfalls die krude Realität hinter sich zu lassen vorgibt.

Als Journalist, der immer noch für Zeitungen wie die *Vossische Zeitung* schrieb und in Zeitschriften wie *Deutsche Rundschau* veröffentlichte, war Fontane besonders empfindlich gegen das verbreitete Verdikt seiner Zeit, daß sich der Feuilletonismus in die Literatur eingeschlichen habe. Obwohl er der journalistischen Reportage zugutehält, daß sie „dem öden Geschwätz zurückliegender Jahrzehnte" Einhalt geboten habe, legt er in einer Rezension um 1882 großen Wert auf die Feststellung, daß auch eine journalistisch begründete realistische Dichtung mehr als „Reportertum", mehr als „Berichterstattung" und mehr als „Polizeibericht" sein müsse.[11] Wenn er außerdem beteuert, daß sich seine realistische Schreibweise „von Übertreibungen überhaupt und vor allem von Übertreibungen nach der Seite des Häßlichen hin" freizuhalten versuche,[12] beginnt er sich schon früh gegen den Naturalismus abzusetzen, wie ihn Emile Zolas Schrift *Roman expérimental* (1880) propagiert hat: „Der Realismus wird ganz falsch aufgefaßt, wenn man von ihm annimmt, er sei mit der Häßlichkeit ein für allemal vermählt. Er wird erst ganz echt sein, wenn er sich umgekehrt mit der Schönheit vermählt und das nebenherlaufende Häßliche, das nun mal zum Leben gehört, verklärt hat."[13]

Verklärung ist das umstrittene Zauberwort für die ästhetische Qualität der Nachbildung von Realität, das wir früher durch den geologischen Begriff der ‚Läuterung' vorbereitet, inzwischen in Fontanes *Stine* durch das Wort ‚Verhübschung' vertreten und mit Mitteln der ästhetischen Perspektivierung wie Verkleinerung und Verkürzung gestützt fanden. Dabei ging es dort wie hier in *Frau Jenny Treibel* um das exemplarisch Menschliche im Alltäglichen: „Ohne diese Verklärung gibt es keine eigentliche Kunst, auch dann nicht, wenn der Bildner in seinem bildnerischen Geschick ein wirklicher Künstler ist."[14] Nur weil ihm diese

---

11 Theodor Fontane, *Alexander Kielland* (um 1882), in: Fontane, *Sämtliche Werke*. Hrsg. v. Walter Keitel, Abt. III, Bd. 1: *Aufsätze und Aufzeichnungen*. Hrsg. v. Jürgen Kolbe, München: Carl Hanser 1969, 527–532, S. 528.
12 Theodor Fontane, Brief an seine Tochter Martha, 5.5.1883, in: Fontane, *Der Dichter über sein Werk*. Hrsg. v. Richard Brinkmann in Zusammenarbeit mit Waltraud Wiethölter, München: Deutscher Taschenbuch Verlag 1977, Bd. 2, S. 271.
13 Theodor Fontane, Brief an Friedrich Stephany, 10.10.1889, zit. Hans-Heinrich Reuter, *Fontane*, 2 Bände, Berlin: Verlag der Nation 1968, Bd. 2, S. 611f.
14 Theodor Fontane, Brief an seine Frau Emilie, 24.6.1888.

Verklärung der Wirklichkeit poetologisch so wichtig ist, zieht Fontane alle Register, um Jenny Treibels ‚poetischen Sinn für das Höhere' lächerlich zu machen, damit seine Art der „Verklärung" auf keinen Fall mit der ihrigen verwechselt wird.

Die urbane Realistik ergibt sich aus der zeitlichen wie aus der räumlichen Strukturierung des Geschehens. Handlungszeit und Handlungsort sind im Sinne exemplarischer Einmaligkeit fixiert. Die Handlungszeit läßt sich ziemlich genau festlegen, weil der Roman schon im ersten Satz mit einer chronikartigen Zeitangabe einsetzt: „An einem der letzten Maitage..." (297/Reclam 3) und weil er gegen Ende das genaue Datum für die abschließende Hochzeit gibt: „Der letzte Sonnabend im Juli war als Marcells und Corinnas Hochzeitstag angesetzt worden.; [...] Am siebenundzwanzigsten war kleiner Polterabend in der Schmidtschen Wohnung, den Tag darauf Hochzeit im Englischen Hause." (473/Reclam 207) Die gesamte Handlung erstreckt sich also nur über zwei Monate von Ende Mai bis Ende Juli. Hingegen stößt die genaue Fixierung des Handlungsjahrs auf Widersprüche: Wenn Treibel die „seit sechzehn Jahren" bewohnte Villa hat bauen lassen, als „nach dem Siebziger Kriege die Milliarden ins Land kamen und die Gründeranschauungen selbst die nüchternsten Köpfe zu beherrschen anfingen" (306/Reclam 14, 2), müßte man, sofern man eine einjährige Bauzeit einkalkuliert, die Gegenwart frühestens auf 1888 ansetzen. Für diese Datierung spricht auch ein technikgeschichtliches Datum: Während Corinna mit der (schon 1882 eröffneten) Stadtbahn kommt, um an der großen Landpartie zum **Grunewaldsee** teilzunehmen, benutzt der Sänger Krola „die neue Dampfbahn" (401/Reclam 124), die tatsächlich im Mai 1888, also einen Monat vor der Landpartie, eröffnet worden ist. Gegen die Datierung auf 1888 spricht aber, daß „der Kaiser, unser alter Wilhelm" (470/Reclam 204), der am 9. März 1888 gestorben ist, noch als lebend vorausgesetzt wird, so daß wir die Handlung spätestens im Frühsommer 1887 annehmen dürfen, vielleicht aber sogar schon 1886, weil Jenny in ihrem Einladungsbrief an Hildegard Munk als touristische Attraktion eines Berlin-Besuchs die (am 23. Mai 1886 in der **Invalidenstaße** eröffnete und nur bis Oktober 1886 laufende) „Jubiläumsausstellung" anführt (440/Reclam 170), eine Säkularfeier zur Erinnerung an die erste Berliner Kunstausstellung der Akademie der Künste im Jahr 1786. Wenn aber das Romangeschehen zwischen Ende Mai und 28. Juli 1886 stattfände, könnte die vor 16 Jahren bezogene Villa nicht als Folge der Gründeranschauungen von 1871 errichtet worden sein, womit der zentrale Ort der Gesellschaftskritik ins Schwanken käme.

Die Widersprüche müssen kein Fehler falsch kalkulierter Wahrscheinlichkeit sein, sie halten vielleicht absichtlich den Anspruch zeitlicher Fixierung in der Schwebe, weil die an den festen Ort gebundene Mentalität der Gründerzeit, die sich über zwei Jahrzehnte erstreckt, viel wichtiger ist als ihre nur scheinbar genau datierbare zeitliche Verankerung. Entscheidend für die Aussage des Romans ist nicht das genaue Jahr, sondern die auf dem Berliner Stadtplan fixierte **Köpenicker Straße**. So zeigt die urbane Topographie in Übereinstimmung mit der indirekt zitierten aristotelischen Poetik, daß es für die poetische Fiktion weniger auf das historische Faktum, die Singularität in der Geschichte, als auf den exemplarischen Charakter des generalisierbaren Einzelfalls ankommt. So scheint die räumliche Definition des urbanen Realismus wichtiger als seine zeitliche Festlegung; denn was auf dem Berliner Stadtplan geschieht, der weniger Veränderungen ausgesetzt ist als die Geschichte der sozialen Verhältnisse, läßt sich auf ganze verschiedene Zeiten übertragen. Fontanes ortsgebundene Gesellschaftskritik verliert nicht an kritischer Schärfe, wenn sie über den Zeitpunkt ihres exemplarisch vorgeführten Geschehens hinausweist.

Erst vor diesem Hintergrund der Privilegierung der topographischen über die chronologischen Verhältnisse wird auch verständlicher, warum Fontane die Figuren seines realistischen und darum potentiell auf individuelle Charakterisierung angelegten Berliner Hauptromans mit eher typologischen, bis zur Karikatur verzerrten Zügen ausgestattet hat.

Als Karikaturen, die mißtrauisch machen sollen gegen essentialisierte Namen, erscheinen die beiden alten adligen Damen, die, im physischen Widerspruch zu ihren sprechenden Namen, gerade korpulente Majorin von Ziegenhals und die gerade dürre Edwine von Bomst. Nichts ist so, wie es erscheint, niemand so, wie sie klingt. Umso ironischer wirkt es, daß Fontane ausgerechnet einer der beiden scheinbar komischen Adelsdamen die grundsätzliche Kritik an Treibels politischen Ambitionen in den Mund gelegt hat. Die arrogante Schwiegertochter Helene ist mit ihrem vornehm tuenden Hamburg-Tick ebenso eine Karikatur wie, am schlimmsten von allen, ihre Tochter Lizzi, „die größte Puppe, die man nur sehen kann" (375/Reclam 94, 8): „Die Kleine, wie sie sich da präsentierte, hätte sofort als symbolische Figur auf den Wäscheschrank ihrer Mutter gestellt werden können, so sehr war sie der Ausdruck von Weißzeug mit einem roten Bändchen drum." (377/Reclam 96) Die Zierpuppe ist darauf dressiert, in ihrem „Herzmund" etwas von ihren weißen Zähnchen sehen zu lassen: „Es sieht besser aus, wenn der Mund sich halb öffnet, fast so wie zum Sprechen." (378 f./Reclam 98)

Aber auch Lizzi ist viel mehr als nur eine kaum atmende Nippes-Figur am Rande der Handlung, auch sie hat, der Plätterin im Fensterrahmen diametral entgegengesetzt, eine ikonographische Funktion, die den flexiblen Zeitrahmen des Geschehens durchbricht; denn sie repräsentiert nicht nur Jenny Treibels Vergangenheit als dressierte „Puppe", sondern auch eine Zukunft, in der sie genauso künstlich entfremdet sein wird wie die gegenwärtige Jenny Treibel. Weil Jennys Mutter, wie sich Wilibald Schmidt erinnert, „das Püppchen drüben im Apfelsinenladen immer so hübsch herauszuputzen wußte" (305/Reclam 13), hat sie mit ihrer nur auf Äußerlichkeiten achtenden Erziehung so viel Erfolg gehabt, wie sich Helene wohl auch für ihre Tochter verspricht: „Nun ist das Püppchen eine Kommerzienrätin und kann sich alles gönnen, auch das Ideale, und sogar ‚unentwegt'. Ein Musterstück von einer Bourgeoise." (305/Reclam 13) Wie heute Lizzi, war einst auch Jenny das Dressurpüppchen ihrer ambitionierten Mutter, und wie heute Jenny wird in Zukunft auch Lizzi ihre gesellschaftliche Rolle perfekt spielen, nur viel blutloser und in einer vermutlich noch mehr veräußerlichten Gesellschaft des arroganten Scheins.

Angesichts der durch sie vorgezeichneten Karikatur der Zukunft gewinnt die Charakterisierung Jenny Treibels eine noch größere Bedeutung; denn sie verkörpert alle Untugenden des neuen, mit der Gründerzeit aufstrebenden Menschenschlags, die der Gesellschaftskritiker Fontane geißeln wollte, weil er für die weitere gesellschaftliche Entwicklung so gefährlich ist. Über diese „gefährliche Person" (369/Reclam 87) läßt Fontane die schärfsten Urteile fällen, weil es einerseits, auf der ästhetischen Ebene, um die Abgrenzung des poetischen Realismus gegen Jennys poetische Schwärmerei geht, andererseits, auf der gesellschaftskritischen Ebene, aber vor allem um den von anderen Figuren explizit und durch ihr Verhalten indirekt geführten Nachweis, daß sich hinter der stattlichen Fassade einer Dame der neuen kaiserlichen Gesellschaft eine skrupellose Intrigantin verbirgt, der es nur um den persönlichen Vorteil und nie um die vorgegebenen Ideale geht: „wenn Geld alles ist, und Herz und Sinn verengt und zum Überfluß Hand in Hand geht mit Sentimentalität und Tränen –", so resümiert Corinna Schmidt, dieser zukunftsträchtige Typ einer emanzipierten Frau, „dann empört sich's hier" (471/Reclam 205). Corinnas Empörung ist die Empörung, die Fontane auch seinen Lesern zu suggerieren versucht. Eine so emphatische Voreingenommenheit gegen eine seiner Figuren ist selten bei Fontane und deshalb umso entschiedenerer Ausdruck seiner Gesellschaftskritik. In einem Brief an seinen Sohn Theodor hat Fontane die Absicht seiner negativen Charakterzeichnung klar benannt: „Zweck der Geschichte: das Hohle, Phrasenhafte, Lügnerische, Hochmütige, Hartherzige des Bourgeoisstandpunkts zu zeigen, der von Schiller spricht und Gerson meint."[15] Was, wie wir gesehen haben, schon für die einzelne Figur der Käthe von Sellenthin in *Irrungen, Wirrungen* gilt, trifft verschärft auf die von Jenny Treibel repräsentierte Gesellschaft zu, die Fontane mit seiner engagierten Aussage eigentlich meinte.

Diese gründerzeitliche Gesellschaft ist – wie einige Gesellschaften danach, in denen noch viele erwachsene Lizzis die Rolle ihrer Großmutter auch in ihrem eigenen Leben durchgespielt haben dürften – bestimmt durch die Kommerziali-

---

[15] Theodor Fontane, Brief an seinen Sohn Theodor, 9. Mai 1888, in: Fontane, *Der Dichter über sein Werk*, Bd. 2, S. 425.

sierung aller menschlichen Beziehungen. Vor dem oberflächlichen Hintergrund der nie von Liebe motivierten, aber aufs Heiraten fixierten Handlung gewinnt das implizite und doch wiederholt angesprochene Thema der kommerziellen Entfremdung besonderes Gewicht. Dieses allgemeine Resümee beruht, übereinstimmend mit der aristotelisch gestützten Privilegierung des am Einzelfall poetisch exemplifizierten Allgemein-Menschlichen und Allgemein-Gesellschaftlichen, auf einer ganzen Reihe von Beweisfällen. Das zeigt sich auf der Handlungsebene am deutlichsten an Corinnas mit Jenny konkurrierender Heiratsstrategie, wenn sie durch Überrumpelung des schwachen Leopold eigentlich nur Anschluß ans „Wohlleben" (301/Reclam 7) gewinnen will – eine von Jenny erbittert verurteilte und brutal hintertriebene Aktion, für die sie in ihrer eigenen Vorgeschichte das Modell geliefert hat, als sie aus den gleichen Gründen Treibel heiratete. Die ambitionierte Manipulation menschlicher Beziehungen ist das so auch historisch vorgegebene und immer wieder durchgespielte Grundthema aller Handlung in diesem handlungsarmen Roman: „die Jugend ist gut. Aber ‚Kommerzienrätin' ist auch gut und eigentlich noch besser. Ich bin für einen Landauer und einen Garten um die Villa herum. [...] Ich bin durchaus für Jugend, aber für Jugend mit Wohlleben und hübschen Gesellschaften." (300 f./Reclam 7) Alle Eheschließungen scheinen nur als finanzielle Arrangements zustandegekommen zu sein, weil „der Hang zum Wohlleben, der jetzt alle Welt beherrscht" (344/Reclam 58) nicht nur die junge, vernunftgeleitete und unkonventionelle Corinna erfaßt hat, sondern sogar eine Nebenfigur wie den alten Opernsänger Adolar Krola, der sich noch „kurz vor seinem Rücktritt von der Bühne mit einer Millionärstochter verheiratet" (315/Reclam 24) und damit seinen Ruhestand abgesichert hat. Und nachdem schon Otto Treibel „sein Herz einer schönen und reichen Dame geschenkt" hat (411/Reclam 135) und für die kleinste Unaufmerksamkeit gegenüber seiner Frau mit ostentativer Zärtlichkeit auch metaphorisch „Reugeld zahlen" (407/Reclam 131) muß, kann es nicht verwundern, daß das Eheinstitut vor allem von Jenny Treibel nicht nur metaphorisch als Geldgeschäft betrieben wird: „sie hat nur ein Herz für das Ponderable, für alles, was ins Gewicht fällt und Zins trägt, und für viel weniger als eine halbe Million gibt sie den Leopold nicht fort, die halbe Million mag herkommen, woher sie will." (370/Reclam 87) Als Jenny von Leopolds Verlobung (mit Corinna) erfährt, hat sie zunächst eine der Felgentreu-Schwestern, Elfriede oder Blanca, in Verdacht, und obwohl sie „die ganze Felgentreuerei für erheblich unterm Stand" hält (431/Reclam 158), weil der Vater als Lageraufseher in einem Ledergeschäft die Haushälterin seines Chefs geheiratet hat, wäre ihr das immer noch lieber als die von ihrer Schwiegertochter Helene angestrebte Verlobung Leopolds mit ihrer Schwester Hildegard Munk und bei weitem akzeptabler als die Verlobung mit Corinna: „So geht das nicht in guten Häusern. [...] denn die Treibels wachsen nicht auf den Bäumen und können nicht von jedem, der vorbeigeht, heruntergeschüttelt werden." (432/Reclam 160) Nicht jede dahergelaufene Person, so denkt Jenny jetzt über die einst hochgeschätzte Corinna, kann sich in ihrer Familie einnisten und, was sie am meisten fürchten muß, mit ihrem unabhängigen Denken das von ihr beherrschte Machtgefüge auf den Kopf stellen. Weil sie den Marktwert ihrer Investition kennt und deshalb ihren Sohn Leopold, wie gesagt, nur für eine halbe Million hergeben würde, läßt sie Corinna ihre ganze Verachtung für den Habenichts spüren, wenn sie „nun ihre Bettlage – denn um viel was anderes wird es sich nicht handeln – in das Treibelsche Haus tragen will" (436/Reclam 165).

Aber hinter jeder möglichen Eheschließung, wenn sie nicht zentral gesteuert wird, droht mit der Gefährdung der Geschäftsinteressen ein fatales Verhängnis. Als sich Jenny mit Helene versöhnt, um mit ihr gemeinsam Leopolds Verlobung mit Corinna zu hintertreiben, bekennt ihrerseits Helene ihre Angst, daß sich Mr. Nelson, den Corinna beim Diner in der Villa Treibel umgarnt hat, um eigentlich Leopold zu reizen, mit ihr hätte verloben und damit die Geschäftsbeziehungen des Holzhofs stören können; das wäre „bei den Beziehungen Ottos zu der Liverpooler Firma vielleicht verhängnisvoll für uns" (443/Reclam 172). Jennys ökonomische Kampfansage an Corinna, sie solle doch nicht denken, daß sie ihre Flitterwochen statt in einem Ahlbecker Fischerhaus in einer Villa auf Capri verbringen könne, findet diese so empörend, weil es Jenny Treibel gar nicht um das Wohl Leopolds, sondern nur um den Wohlstand der Treibels geht: „Diese Rätin, mit ihrem überheblichen Nein, hat mich nicht da getroffen, wo sie mich treffen konnte, sie weist diese Verlobung nicht zurück, weil mir's an Herz und Liebe gebricht, nein, sie weist sie nur zurück, weil ich arm oder wenigstens nicht dazu angetan bin, das Treibelsche Vermögen zu verdoppeln, um nichts, nichts weiter." (455/Reclam 186) Schließlich wird sogar Marcell, der sich immer gegen Corinnas Hang zum Äußerlichen und zum Wohlleben gewandt hatte, in das ökonomisch instrumentelle Denken eingespannt, wenn er ausgerechnet von Schmidt als bessere Alternative angeboten wird, weil er als Archäologe mit der Aussicht auf Berufung als Extraordinarius schließlich auch eine „gute Partie" (462/Reclam 195) sei.

Damit ist der Weg vorgezeichnet, den Corinna gehen muß, um von ihrem eigenen, mit Jenny Treibel vergleichbaren Hang zu Wohlleben und sozialem Status abzukommen, nicht mehr den topographischen Sprung von der **Adlerstraße** in die **Köpenicker Straße** anzustreben, den ihr Jenny Treibel vor vierzig Jahren vorgemacht hat, und sich auf ihre eigene Identität zu besinnen, die sich, wenn auch auf einer intellektuelleren Ebene, eher an der in *Irrungen, Wirrungen* beschworenen „Einfachheit, Wahrheit, Natürlichkeit" orientiert. Aber während dort Lene von vornherein und unwandelbar die unambitionierte Natürlichkeit personifiziert, muß Corinna in einer Parallelhandlung, die auf ein Besserungsstück hinausläuft, nach ihrer „Abirrung" (465/Reclam 198) erst wieder auf den Tugendpfad der Natürlichkeit zurückfinden. Vor dem statischen Hintergrund Treibelscher Prätention kommt diesem dynamischen Wandlungsprozeß eine zentrale Bedeutung zu, weil sie vielleicht einen ins Persönliche gewendeten Ausweg aus dem beklagten Elend der entfremdeten, bis in die Privatsphäre der Liebe kommerzialisierten Gesellschaft anbietet. Wenn es auch keine gesellschaftskritische Vision gibt, die über das Augenzwinkern mit der Sozialdemokratie hinausweist, so bietet die an Corinna exemplifizierte Abkehr vom zeittypischen „Hang zum Wohlleben, der jetzt alle Welt beherrscht", doch eine persönliche Alternative an. Nachdem sich auch Marcell bei ihrem Vater darüber beklagt hat, „wie veräußerlich sie ist und wie die verdammte neue Zeit sie ganz in Banden hält" (367/Reclam 85), kann die geheime Botschaft des Romans in Corinnas bis zum Ende hinausgezögerter Wandlung gesehen werden, in der Einsicht in die Notwendigkeit, den modischen Reiz der Äußerlichkeiten zu überwinden durch Rückbesinnung auf die echten, die ‚inneren Werte', wie sie Jenny nur im Munde führt, um deren materialistischen Verrat zu kaschieren: „Diese Treibelei war ein Irrtum, ein ‚Schritt vom Wege', wie jetzt, wie du wissen wirst, auch ein Lustspiel heißt, noch dazu von einem Kammergerichtsrat." (469/Reclam 202) Dem Verfasser von *Frau Jenny Treibel*, der die Uraufführung dieses Lustspiel *Ein Schritt vom Wege* (1872) von Ernst Wichert (1831–1902) am 30. Oktober 1872 gesehen und rezensiert hat, geht es um nichts weniger als die Korrektur eines gesellschaftlichen Irrtums, den für ihn diese „verdammte neue Zeit", die Gründerzeit, darstellt.

Über die zeitgenössische Gesellschaftskritik hinaus markiert *Frau Jenny Treibel* noch einen weiteren, immer noch aktuellen Aspekt der Mentalitäts- und Ideologiegeschichte, der zum Abschluß wenigstens erwähnt werden soll. Friedrich Theodor Vischer hat im letzten Band seiner *Ästhetik* (1857) die Aussage, daß der (realistische) Roman nur „das Zuständliche, rein Menschliche", nämlich „Sitten, Gesellschaft, Culturformen einer ganzen Zeit und darin das Allgemeine des menschlichen Lebens" darstellen solle, damit begründet, daß das Zeitalter heroischer Aktion vorbei sei und das ohnmächtige Individuum nunmehr nur noch der Schnittpunkt widerstrebender Verhältnisse sei: „Der Romanheld nun heißt wirklich nur in ironischem Sinne so, da er nicht eigentlich handelt, sondern wesentlich der mehr unselbständige, nur verarbeitende Mittelpunct ist, in welchem die Bedingungen des Weltlebens, die leitenden Mächte der Cultursumme einer Zeit, die Maximen der Gesellschaft, die Wirkungen der Verhältnisse zusammenlaufen."[16] Wenn aber der Verlust der Subjektautonomie das moderne

---

[16] Friedrich Theodor Vischer, *Ästhetik oder Wissenschaft des Schönen* (1846–1857), Bd. 3, 2. Abschnitt, 5, Heft, Stuttgart: Mäcken 1857, S. 1307 f. (§ 880).

Zeitalter charakterisiert, dann ist das sich selbst entfremdete Individuum als Spielball historischer, politischer und ökonomischer Kräfte, also der ‚Macht der Verhältnisse' so sehr ausgesetzt, daß es sich, nach einer zentralen Aussage in Fontanes Roman *Effi Briest*, über „das uns tyrannisierende Gesellschafts-Etwas" zwar beschweren, aber nichts dagegen unternehmen kann. Es wird über den modernen Menschen verfügt und für ihn bestimmt, wie er sich gegen besseres Wissen und gegen alle Vernunft gesellschaftskonform zu verhalten hat. Vor diesem Hintergrund wird verständlicher, wenn Frau Jenny Treibel um jeden Preis versucht, in ihren Machtmanipulationen zumindest für sich den Schein der Subjektautonomie zu behaupten, und niemandem erlaubt, ihr den zentralen Machtanspruch streitig zu machen. Auch wenn sie gleich am Anfang ihren Kutscher Johann nur zum Spaß einen „Machthaber" (305/Reclam 12) nennt, mit dem es niemand verderben darf, läßt sie nie einen Zweifel daran, wem diese Rolle allein zukommt.

Zum letztenmal soll uns eine kleine, scheinbar nebensächliche Szene, in der doch „das eigentlich Menschliche" als Gegenstand der Dichtung steckt, dabei helfen, das allgemeine Problem der Subjektermächtigung zu beleuchten. Fontanes Erzähler läßt Jenny Treibel, als sie den Namen der mit Leopold Verlobten erfährt, entsetzt in Ohnmacht fallen, aber nicht ohne mit vieldeutiger Ironie hinzuzufügen: „Jenny war aber, wie die meisten ohnmächtigen Frauen, doch nicht ohnmächtig genug, um nicht genau zu wissen, was um sie her vorging." (431/Reclam 159) Wenn sie also nur so weit in Ohnmacht fällt, daß sie nicht die Kontrolle über die Situation verliert, zeigt sich hier, der Realismus-Konzeption Fontanes entsprechend, im Nebensächlichen das Signifikante, nämlich die im ganzen Roman vorgeführte Gratwanderung zwischen Ohnmacht (die nun mehr bedeutet als nur Besinnungslosigkeit) und Machtanspruch. In der ironischen Nebenbemerkung des Erzählers wird einerseits, in psychologischer Sicht, noch die gespielte Ohnmacht gerade als Machtanspruch und andererseits, in kulturkritischer Sicht, noch der auftrumpfende Machtanspruch gerade als Ohnmacht entlarvt, als Kompensation dafür, daß dem Menschen die Fäden der Handlungsführung längst entglitten sind und er sich die Heldenrolle mythischer Vergangenheit nur anmaßt, um nicht an der eigenen Ohnmacht zugrundezugehen. Die Gestalten des realistischen Romans sind keine heroischen Entscheidungsträger mehr, sondern Vorläufer einer willenlosen Masse, an der Geschichte vollzogen wird. Die ästhetische Individualisierung, die Fontane angesichts der Masse in London vorschwebte, hat in *Frau Jenny Treibel* vor allem Machtmenschen ohne Macht produziert.

Aber was Jenny Treibel, die im Gegensatz zu ihrem Mann keine politischen Ambitionen hat, nur im privaten Bereich und nur durch verbale Aktion versucht, hat im öffentlichen Bereich, wo es um die politischen Folgen solcher Mentalität geht, viel gewaltsamere Ausmaße angenommen. Es bedarf keiner besonderen

Phantasie, dabei zum Beispiel an das verbale Säbelgerassel des (in Fontanes Romanen immer ausgesparten) jungen Kaisers Wilhelm II. zu denken,[17] der, 1888 auf den Thron gekommen, mit großen Machtgesten, etwa der berüchtigten ‚Hunnenrede' vom 27. Juli 1900 („Pardon wird nicht gegeben"), auftrumpfte und damit schließlich in den ersten Weltkrieg führte. Man könnte auch an die (nicht zufällig so genannte) *Machtergreifung* Hitlers am 30. Januar 1933 denken, der mit dem (nicht zufällig so genannten) *Ermächtigungsgesetz* am 24. März 1933 alle parlamentarischen Kontrollen aufgehoben und schließlich in den zweiten Weltkrieg geführt hat. Als Inbegriff von Machtgelüsten steht der alles entscheidende, absolute Wille des einzelnen *Führers* (Hitler), des *Duce* (Mussolini) und des *Caudillo* (Franco) unangefochten an der Spitze einer totalitären Diktatur, die keine individuelle Freiheit durch Selbstbestimmung (etwa im Sinne Kants als „Aufstieg aus der selbstverschuldeten Unmündigkeit") erlaubt. Der allgemeine Verlust der Subjektautonomie wird im Faschismus dadurch kompensiert, daß alle individuelle Macht auf den einzig Mächtigen projiziert und in ihm absolut zentriert wird. Weil in der politischen Arena die ‚Ermächtigung' der verbalen Aktion, auf die der Zustandsroman des Realismus seine Handlung verlagert hat, in der Propaganda erfolgt, ist Fontanes ironische Bloßstellung der ‚Redensartlichkeit' auch ein sprachkritischer Schritt zur Immunisierung gegen die Überwältigung durch große Worte, die – vor allem in ‚postfaktischen' Zeiten – eher überreden als überzeugen wollen und die mehr auf Beifall als auf Wahrheit aus sind.[18]

Emphatisch „diese schreckliche Frau" (454/Reclam 186), „diese furchtbare Frau" (471/Reclam 205), und „eine gefährliche Person" (369/Reclam 87) genannt, ist Frau Jenny Treibel eine wirklich gefährliche Vorläuferin autoritärer Subjektermächtigung, die kompensatorische Projektion einer Ohnmachtserfahrung, die erst später, wenn der Machttraum Realität geworden ist, den ganzen Horror entwickelt. So gesehen, ist Fontanes Roman als Probefall eines Machtmenschen im industriellen Größenwahn der **Köpenicker Straße** bis in unsere Zeit aktuell geblieben.

---

17 Vgl. Willy Schumann, Wo ist der Kaiser? Theodor Fontane über Kaiser Wilhelm II, in: *Monatshefte* 71, 2 (1979), 161–171.
18 Vgl. Muriel Saville-Troike, *The Ethnography of Communication: An Introduction* (1995), Oxford: Blackwell 2003, p. 35: „What is said is accepted because it is the right thing to say, and not because it is true or false."

7 Tyrannei des Ehrbegriffs in der Keithstraße

Theodor Fontanes *Effi Briest* (1895)

Als sich Effi Briest Jahre nach dem Seitensprung, dessen moralische und sozialkritische Aufarbeitung den Berliner Teil des Romans *Effi Briest* (1895) ausmacht, zur gynäkologischen Kur in Bad Ems aufhält, um die Geburt eines lange überfälligen Stammhalters zu befördern und damit endlich auch diesem Kriterium der beruflichen Ambitionen ihres Karriere-Mannes zu genügen, erhält sie einen eingeschriebenen und doppelt versiegelten Brief: „Poststempel: ‚Hohen-Cremmen', und die Adresse von der Handschrift der Mutter" (253, Reclam 287 f.).[1] Die ominöse Bedeutung dieses Briefs wird durch die formelle Adressierung „an Frau Baronin von Innstetten, geb. von Briest" (253/Reclam 287) und durch seine rituelle Öffnung mit „Stickschere mit Perlmuttergriff" (253/Reclam 287) annonciert. Das Wort „Adresse" läßt aufhorchen, weil es gerade in seinem beiläufigen Gebrauch und in der Abweichung von der Bedeutung, die es sonst in der vorliegenden Untersuchung hat, auf den besonderen Stellenwert dieser Szene im Romangeschehen aufmerksam macht.

Nie vorher, außer auf der Adresse dieses Briefs, erfahren die Leser den offiziellen, standesamtlich registrierten Ehe-Namen der auch namentlich infantilisierten „Effi", die selbst auf ihren Grabstein nur „Effi Briest" (294/Reclam 335) setzen läßt, als könnte mit dem Titel des Romans auch die Fiktion ihrer Ehe annulliert werden. Später erscheint der volle Name, allerdings unter Auslassung der „Baronin" (269/Reclam 306), nur noch auf der Visitenkarte, mit der sich Effi bei der „Ministerin" (der Gattin des Innenministers, der Innstetten nach Berlin berufen hat) anmeldet, um eine Besuchserlaubnis für ihre Tochter Annie zu erwirken. Weder der Seitensprung noch der Tod ihres im Duell gefallenen Verführers Crampas, die beiden äußeren Höhepunkte des Romangeschehens, erfahren so viel narrative Aufmerksamkeit wie der Empfang der postalischen Hiobsbotschaft. Der szenische Aufwand, der schließlich mit Effis verzögerter Ohnmacht seinen Höhepunkt erreicht, markiert einen dramatischen Umschlag, den Absturz einer angesehenen Dame der Gesellschaft, der sich sogar der alte Kaiser Wilhelm huldvoll zugewandt hatte (vgl. 222/Reclam 252), zur Ehebrecherin, die aus der

---

[1] Der Text wird zitiert nach folgender Ausgabe : *Effi Briest*, in: Fontane, *Werke, Schriften und Briefe*. Hrsg. v. Walter Keitel und Helmuth Nürnberger, Abt. I, Bd. 4, Darmstadt: Wissenschaftliche Buchgesellschaft 1973, 7–296. Zuerst erscheint die Seitenangabe dieser Ausgabe, danach zum Vergleich auch die Seitenzahl der Reclam Ausgabe: Theodor Fontane, *Eff Briest*. Mit einem Nachwort von Kurt Wölfel, Stuttgart: Philipp Reclam jun. 1973.

Gesellschaft gewaltsam verstoßen wird: „Vor einer Stunde noch eine glückliche Frau, Liebling aller, die sie kannten, und nun ausgestoßen." (254/Reclam 289)

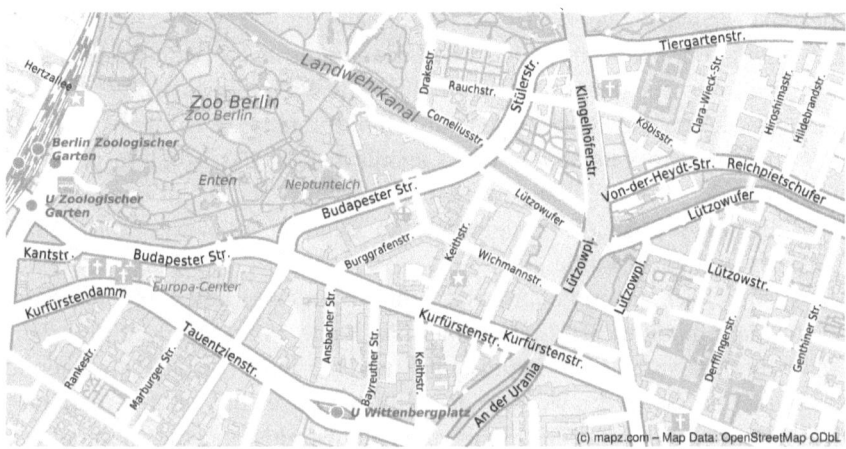

Karte 7: Keithstraße, Kurfürstenstraße.

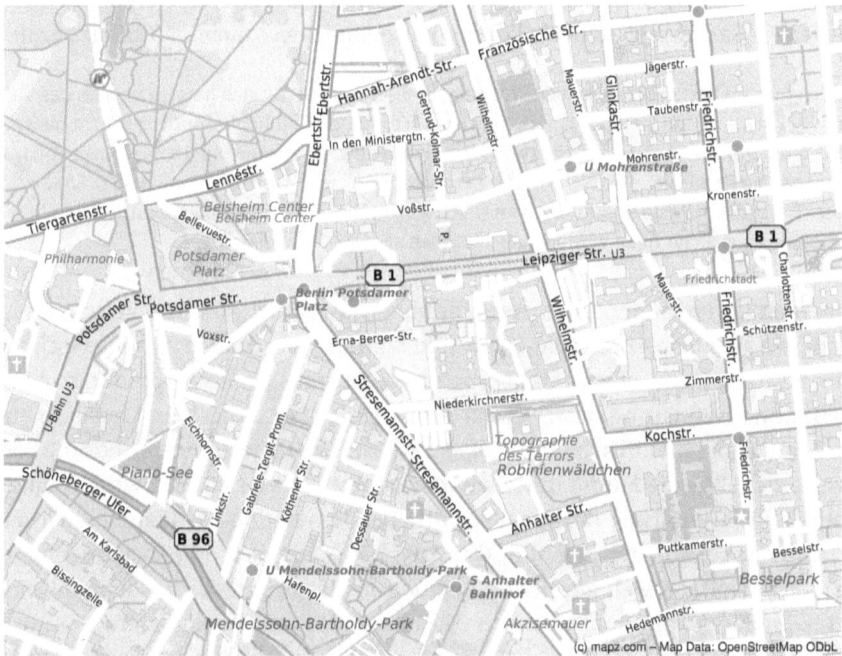

Karte 8: Königgrätzer Straße (heute Stresemannstraße).

Der literarische Topos des Umschlags von Glück und Ende (*König Ottokars Glück und Ende* von Franz Grillparzer, 1825), Glanz und Elend (*Splendeurs et misères des courtisanes* von Honoré de Balzac, 1838), Aufstieg und Niedergang (*Aufstieg und Niedergang der römischen Welt*, Buchreihe seit 1972) ist ein gängiges Erzählmuster in der barocken Bildtradition der *vanitas mundi*, weil die Kehrseite der Schönheit das Totengerippe, das Unglück der Preis für das Glück ist. Die zwischen den Komplementärbegriffen gedachte dramatische Peripetie ist nicht auf das aristotelische Verständnis der Tragödie beschränkt, sondern bedeutet einen auch in der Prosa üblich gewordenen Wendepunkt, wie er etwa in Paul Heyses Falkentheorie (in der Einleitung zum *Deutschen Novellenschatz*, 1871) poetologisch legitimiert wurde.

Die ausdrücklich genannte „Adresse", die – statt eines Boten in der antiken Tragödie – das Unheil mitteilt, bezeichnet hier keine Wohnunganschrift, schon gar keine Straßenadresse in Berlin; aber als offizielle, Distanz anzeigende Adressierung Effis ist sie das wörtlich gemeinte Schriftzeichen ihrer Verbannung aus dem Elternhaus. Dabei vollzieht das vom Vater wortlos beigefügte Bündel von Geldscheinen bereits die im Brief angekündigte Deklassierung, als wäre die Tochter nur noch eine Angestellte, die aus den Diensten der Familie entlassen und ausgezahlt wird. Als Mutter, die statt der erwarteten Grußadresse einen offiziell adressierten Bannstrahl schickt, könnte Luise von Briest nicht gefühlloser sein:

> „Du wirst am besten in Berlin leben (in einer großen Stadt vertut sich dergleichen am besten) und wirst da zu den vielen gehören, die sich um freie Luft und lichte Sonne gebracht haben. Du wirst einsam leben, und wenn du das nicht willst, wahrscheinlich aus Deiner Sphäre herabsteigen müssen. Die Welt, in der Du gelebt hast, wird Dir verschlossen sein. Und was das Traurigste für uns und für Dich ist (auch für Dich, wie wir Dich zu kennen vermeinen) – auch das elterliche Haus wird Dir verschlossen sein." (255/Reclam 289 f.)

Gesprochen im imperativischen Futur, erinnert das Verdikt, das die Verbannung nach Berlin als Einsperrung (ohne Luft und Sonne) und sozialen Abstieg verfügt, an die Ritualsprache eines Bannspruchs. Es ist eine Urteilsverkündung ohne Prozeß, ohne Aufklärung des zweimal genannten, aber unbestimmt gelassenen „Tuns", mit dem sich Effi schuldig gemacht hat, und vor allem ohne Anhörung der Angeklagten. Wie die Mutter unumwunden zugibt, ist, was aus Effi wird, weniger wichtig als die Wahrung der gesellschaftlichen Reputation der Familie, weil die Eltern mit der Verstoßung „vor aller Welt" das „Tun" ihrer Tochter auch ungefragt verurteilen „wollen", weil gegen alle Beteuerung des Gegenteils tatsächlich „ein Abschiednehmen von dem, was sich ‚Gesellschaft' nennt, uns als etwas unbedingt Unerträgliches erschiene" (255/Reclam 290). Die Prioritäten, die in diesem Roman gerne als moralische Grundsätze ausgegeben werden, sind unmißverständlich gesetzt: Liebe und menschliche Zuwendung sind zweitrangig gegenüber der „unbedingt" verfochtenen, mithin absolut gesetzten Sicherung der gesellschaftlichen Stellung.

Diese kaltherzig konstatierte Rangfolge der Werte, die Nachordnung des Menschlichen gegenüber dem Gesellschaftlichen, bestimmt auch die topographische Bedeutung Berlins in der Strukturierung des Romangeschehens. Obwohl *Effi Briest* allgemein der Gattung des Berliner Romans zugeschlagen wird, tritt Berlin als Wohn- und Handlungsort erst im 23. von insgesamt 36 Kapiteln, also erst im letzten Drittel in Erscheinung. Man braucht für diese Verspätung gar nicht die von Gustav Freytag formulierte *Technik des Dramas* (1863) zu bemühen, um darin ein retardierendes Moment vor der Katastrophe zu erkennen. Die Stelle des trügerischen Freudenlieds im antiken Drama nimmt Effis Freudenseufzer „Gott sei Dank!" (182/Reclam 205) ein, als sie von Innstettens Berufung nach Berlin erfährt und zu ihrer Erleichterung glaubt, dem drohenden Unheil als Konsequenz ihres Seitensprungs noch einmal zu entkommen. Schon lange, seitdem sie im hinterpommerschen Kessin als Frau des Landrats Baron Geert von Innstetten an Vernachlässigung, Einsamkeit und Langeweile zugrundezugehen droht, ist Berlin das Ziel ihrer Sehnsucht. Vermutlich nicht nur einmal hat sie, von Heimweh verzehrt, am Bahndamm – mit der Adresse „Wärterhaus 417" (88/Reclam 97) – gestanden und dem Danziger Schnellzug nach Berlin sehnsüchtig nachgeblickt, wenn er, ohne zu halten, an Kessin vorbeijagte. Sie ist so begierig, aus der Provinz nach Berlin zu entweichen, daß sie, um nicht zu begierig zu erscheinen, Innstetten für sie entscheiden läßt, daß sie so schnell wie möglich zur Wohnungssuche nach Berlin aufbrechen soll. Einmal in Berlin, genießt sie die Freiheit so sehr, daß sie sich krank stellt, um nicht nach Kessin zurückkehren zu müssen, auch nicht für den Umzug des gesamten Haushalts, den sie in Berlin abwartet. In dieser Absicht, aus Berlin nicht mehr zurückzukehren, hat sie schon von Gieshübler Abschied genommen, „als wär' es für immer" (188/Reclam 212), und auch Crampas geschrieben: „ich komme *nicht* wieder." (189/Reclam 214)

Angesichts der Sehnsucht nach der endgültigen Entfernung vom Ort ihres Fehltritts fällt die narrative Verzögerung des Umzugs nach Berlin umso mehr ins Gewicht. Die psychologische Inszenierung des (als Vorfall unkenntlich in den Hintergrund abgedrängten) Seitensprungs nimmt so viel Zeit und Raum in Anspruch, daß der Umzug nach Berlin – gemessen an der dafür verwandten Erzählzeit – überstürzt erfolgt. Mehr als sechs zunehmend entspannte Jahre in Berlin werden auf wenige Seiten komprimiert, weil sie nur das Vorspiel für die Peripetie sind, auf deren dramatischen Effekt es dem Erzähler besonders ankommt. Mitten im 25. Kapitel, das mit Effis Rückkehr nach Berlin im Sommer ihres Umzugs beginnt, erfahren wir nur aus einer Nebenbemerkung in Parenthese, daß wir uns plötzlich und ohne Übergang „schon im siebenten Jahre in ihrer neuen Stellung" (213/Reclam 252) befinden. Unter Zeitdruck wird die ungelöste „Erbfolgefrage" (223/Reclam 252) so dringend, daß Effi zur Kur nach Schwalbach und Bad Ems geschickt wird. Effis Entfernung aus Berlin ist notwendig, weil die Aufdeckung ihres, wie Wüllersdorf später meint, längst ‚verjährten' Fehltritts und dessen Erledigung mit dem Duell-Tod von Crampas nur während ihrer Abwesenheit erfolgen kann. Während Effi sich (wie schon Käthe von Sellenthin in *Irrungen, Wirrungen* in Schlangenbad) unbekümmert der ihr verordneten Kur unterzieht und mit der Geheimrätin Zwicker gesellige Konversation pflegt, rollt zu Hause, gewissermaßen hinter ihrem Rücken, nach der Entdeckung der Liebesbriefe von Crampas das ihr von gesellschaftlicher Konvention auferlegte ‚Schicksal' ab, von dessen Ergebnis sie nur aus dem Brief der Mutter erfährt.

Dieser so formell adressierte Bannbrief markiert die Nahtstelle, an der, im Zeitraffer zusammengepreßt, die beiden Projektionen von Berlin aufeinanderprallen: Berlin als Ort der Befreiung und Berlin als Ort der Verbannung. Die antithetische Doppelfunktion hat ihre je eigene Adresse: **Keithstraße 1c** und **Königgrätzer Straße**. Die erste Adresse bezeichnet eine herrschaftliche Wohnung im begehrten **Tiergartenviertel**, in der westlichen Parallele zur **Landgrafenstraße**, wo Botho und Käthe wohnen (in *Irrungen, Wirrungen*); und die zweite Adresse bezeichnet eine kleine, beengte Wohnung südöstlich vom **Potsdamer Platz**, beengter noch als die kleinbürgerlich prätentiös aufgemöbelte Wohnung der Witwe Pittelkow in der **Invalidenstraße 98c** (in *Stine*). Die Wahl der ersten Wohnung und die Lage der zweiten Wohnung werden ausführlich geschildert und gesprächsweise thematisiert, womit aus dem topographischen Gegensatz der ‚Fall' Effi Briests auch räumlich nachvollziehbar wird.

Fontane, der von 1863 bis 1872 einige Straßenzüge weiter nördlich in der **Königgrätzer Straße 25** (die bis 1867 **Hirschelstraße** hieß) gewohnt hat, kannte sich in dieser Gegend gut aus. Mit seinen bescheidenen finanziellen Mitteln hat er es 1872, als ihn die gründerzeitliche Mietsteigerung aus der **Königgrätzer Straße** vertrieb, nur etwas weiter westlich in die **Potsdamer Straße 134c**, aber nie bis ins vornehme **Tiergartenviertel** geschafft. Er hat alle Berliner Romane, die – nach dem Vorgang von *L'Adultera* (1882) und *Cécile* (1886) – mit *Irrungen, Wirrungen* (1888) beginnen und mit der posthum veröffentlichten Novelle *Mathilde Möhring* (1906) enden, hier in der **Potsdamer Straße** geschrieben, auf der westlich vorgelagerten Grenzscheide zwischen dem angestrebten Berliner Westen und dem weitgehend ausgeklammerten Berliner Osten. Fontane hat also Effi Briest nach ihrem Fall in seinen eigenen topographisch vertrauten Lebensraum geholt, auch wenn er westlich und Effi Briest östlich der gewaltigen Bahnanlagen wohnte, die zum **Potsdamer Bahnhof** führen.

Die Wohnungssuche, diese für die topographische Großstadterfahrung grundlegende Tätigkeit, vollzieht sich im Spannungsfeld zwischen klassischem und gründerzeitlichem Berlin. Effis Mutter, die sich zu einer Augenbehandlung in

Berlin aufhält, hat eine ganze Wohnung in einer Privatpension in der **Schadowstraße** gemietet, einer kurzen Verbindungsstraße zwischen **Unter den Linden** und der **Dorotheenstraße**, wo der klassizistische Bildhauer Johann Gottfried Schadow von 1805 bis 1836 in einem vom König finanzierten Haus wohnte, als die Straße noch **Kleine Wallstraße** hieß. Zur geplanten Wohnungssuche bezieht Effi in derselben Pension zwei Zimmer, entschlossen, ihre inzwischen vor allem in der Erfahrung mit Crampas gewonnene Selbständigkeit auch gegen die willensstarke Mutter zu behaupten: „Aber ich möchte gern eine Wohnung haben, die nach *meinem* Geschmack ist, und eine Einrichtung, die *mir* gefällt." (186/Reclam 210) Vom **Bahnhof Friedrichstraße**, wo Effi, aus Kessin eintreffend, von der Mutter und ihrem Vetter Dagobert in Empfang genommen wird, geht die Fahrt mit der Droschke „neben dem Pferdebahngleise" (192/Reclam 216) auf der **Friedrichstraße** und rechts „in die **Dorotheenstraße** hinein und auf die **Schadowstraße** zu, an deren nächstgelegener Ecke sich die „Pension" befand" (192/Reclam 216) – eine bei Fontane nicht gerade häufige Beschreibung einer Berliner Verkehrsverbindung, die zugleich den sozialen Unterschied zwischen Miet-Droschke und öffentlicher Pferdebahn andeutet. Von Effis behaupteter neuer Eigenständigkeit ist nichts mehr zu spüren, als die Mutter in der ihr eigenen Bestimmtheit die Wohnungssuche schon entschieden hat: „Ich habe mir **Landgrafen- oder Keithstraße** gedacht, elegant und doch nicht allzu teuer." (193/Reclam 218) Weil dieser „Stadtteil" auch der vagen Vorstellung von Effi und Innstetten entspricht („daß es zwischen dem **Tiergarten** und dem **Zoologischen Garten** sein müsse" 191/Reclam 216), kann Effi die genaue Vorstellung ihrer Mutter so stillschweigend akzeptieren, daß die darin versteckte Ironie des Erzählers doch auffällt, als wäre es von vornherein ihre eigene Entscheidung gewesen:

> Dann ging es nach dem Tiergarten und bis in die Nähe des ‚**Zoologischen**', um dort herum nach einer Wohnung zu suchen. Es traf sich auch wirklich so, daß man in der **Keithstraße**, worauf sich ihre Wünsche von Anfang an gerichtet hatten, etwas durchaus Passendes ausfinding machte, nur daß es ein Neubau war, feucht und noch unfertig. (195f./Reclam 221)

Die anvisierte Wohnung befindet sich im **Tiergartenviertel**, in der besten Gegend des schon in *Frau Jenny Treibel* hochgelobten „Berlin W", weit westlich vom **Potsdamer Tor** mit den 1824 von Schinkel am westlichen Ausgang der **Leipziger Straße** errichteten Torhäusern, dort, wo die prunkvollen Villen und eleganten Miethäuser der Gründerzeit aus dem Boden schossen, wo schon Paul Lindau (in *Der Zug nach dem Westen*) die Wilprechts in der **Tiergartenstraße** und die Ehrickes in der **Regentenstraße** wohnen ließ, wo schon als Junggesellen auch Fontanes Botho von Rienäcker in der **Bellevuestraße** und Waldemar von Haldern in der **Zeltenstraße** wohnten. Hier also, wo wohnt, wer auf sich hält und wer dazugehören will, findet Effi die standesgemäße Wohnung. Allerdings hat die an der Ecke **Lützowufer**, zum **Landwehrkanal** hin gelegene Wohnung zwei kleine Schönheitsfehler, die zu akzeptieren das noch bescheidene Salär des neubestallten Ministerialrats zwingt. Sie liegt in einem halbfertigen Neubau, der erst noch trockengewohnt werden muß, und nicht in der Beletage, sondern im billigeren zweiten Stock. Aber wie sich herausstellt, entscheidet sich Effi, nachdem die zunächst auf drei Tage angesetzte, inzwischen suspendierte Wohnungssuche schon in die dritte Woche geht und Innstetten entsprechend ungeduldig auf Effis Rückkehr nach Kessin drängt, für die einzige besichtigte Wohnung in der **Keithstraße**. Benannt wurde die Straße 1872 nach dem in England geborenen Generalfeldmarschall Friedrichs des Großen, James Keith (1696–1758), der im Siebenjährigen Krieg 1758 in der Schlacht von Hochkirch gefallen ist – wie übrigens auch ein Ahn der Poggenpuhls. Die Adresse gründet das Neue also in bester preußischer Tradition und gibt ihr einen für den England-Freund Fontane charakteristischen englischen Schliff, der schon in *Frau Jenny Treibel* als besonders vornehm galt.

Die Feuchtigkeit des Neubaus, vor deren Gesundheitsfolgen die Mutter gewarnt hatte, erweist sich sogar als Vorteil, weil sie Effi einen willkommenen Vorwand bietet, Rheumatismus zu simulieren und damit die Rückkehr nach Kessin auch offiziell aufzugeben. Der Hausarzt Dr. Rummschüttel, der die Komödie sofort durchschaut und mitspielt, nimmt ihr die vorgeblichen Bedenken wegen der „feuchten Wände": „Lassen Sie drei, vier Tage lang tüchtig heizen und immer Türen und Fenster auf, da können Sie's wagen, auf meine Verantwortung." (201/Reclam 227) Die beträchtliche Mietersparnis, die Erstmietern eines Neubaus für das ‚Trockenwohnen' zugutekommt, hat auch die Wahl der viel bescheideneren Wohnung in den *Poggenpuhls* bestimmt.

Über Effis Charade hinaus versetzt uns die wiederholte Diskussion der Feuchtigkeit in den Neubauten ins topographische Zentrum der Gründerzeit, da sich inmitten eines unvergleichlichen Bau-Booms die aufstrebende Gesellschaft der Offiziere, der Politiker, der Industriellen, der Wissenschaftler, der Künstler und der wie Innstetten nach Berlin berufenen Verwaltungsbeamten immer größere und immer bessere Wohnstätten sucht. Von der Überhitzung des Bau- und Immobilienmarkts, die jede Wohnungssuche im ersten Jahrzehnt nach der Reichsgründung zum Abenteuer gemacht haben dürfte, bekommt man in diesem Berliner Roman nur eine sehr indirekte Vorstellung. Auch von den Mühen des eigentlichen Umzugs und der Einrichtung der Wohnung, einer nun zeittypischen Erfahrung der Alltagsbewältigung im Berlin der Gründerzeit, erfahren wir so gut wie nichts. Effi läßt sich von der Unordnung des unausgepackten Umzugsguts nicht stören: „als sie auf den breiten, aufgemauerten Balkon hinaustrat, lag jenseits der Kanalbrücke der Tiergarten vor ihr, dessen Bäume schon überall einen grünen Schimmer zeigten." (202/Reclam 229) Wichtiger als die Arbeit, die auf sie wartet, ist es für Effi, mit dem freien Blick über die 1875 errichtete **Corneliusbrücke** auf den ersten Vorfrühling in Berlin, „ein neues Leben" (203/Reclam 229) zu beschwören; denn sie erwartet von dieser neuen Wohnung in der **Keithstraße** einen topographisch symbolisierten Neuanfang ihres Lebens.

Als drei Tage später Instetten aus Kessin eintrifft, um am 1. April (1880) seine Stelle im Innenministerium anzutreten, und er, schon vom Vestibül der **Keithstraße 1c** beeindruckt, „die teppichbedeckte Treppe bis in den zweiten Stock" (203/Reclam 229) hinaufsteigt, findet er alles schon eingerichtet vor. Wieder betreten sie den großen Balkon, nun auch Innstetten ganz „entzückt" von dem Ausblick, um sich vorzustellen, wie aus dem **Tiergarten** der Finkenschlag und aus dem **Zoologischen Garten** die Papageien zu hören sein werden. Als Fontane *Effi Briest* im Sommer 1890 zu schreiben begann, hat er sich, sofern er eine Ortsbegehung vorgenommen hat, schon an dem beiderseits des Landwehrkanals vorgefundenen Baumbestand freuen können, zu dem hin sich die gedachte Wohnung in der **Keithstraße** öffnet, aber die Rosskastanien, Ulmen und Platanen wurden erst 1884 gepflanzt,[2] also nach dem fiktionalen Einzugstermin im März 1880. Die Leser sollen sich die Wohnung mit dem Baumbestand in einer bald parkartigen Neubaugegend denken, wo der elegante Berliner Westen die Natur einbezieht, ohne indes eine ländliche Idylle zu sein, wie sie in *Irrungen, Wirrungen* den Dörrschen Garten gegenüber dem **Zoologischen Garten** in eine paradiesische Utopie der ungleichen Liebenden Botho und Lene verwandelt. Von dem ersten Berlin-Besuch, als die Mutter für sie die Aussteuer zusammenkauft, wissen wir ja, daß es „die Insel der Seligen" (23/Reclam 21) für Effi nur im Museum gibt, nur als skandalumwittertes Gemälde (1878) von Arnold Böcklin in der Nationalgalerie. Selbst der kurze Schein des idyllischen Glücks bleibt ihr vorenthalten.

Die hochgestimmten Erwartungen, die sich an den neuen Wohnort geknüpft haben, erfüllen sich nicht. Da das gesellschaftliche Leben der Winter-Saison im April erlischt, bleibt es bei einigen nicht erläuterten, vermutlich folgenlosen Antrittsbesuchen, bei mittäglichen Treffen zu zweit im **Tiergarten** und nachmittäglichen Spaziergängen in den Garten des **Charlottenburger Schlosses** oder zum **Belvedere** (dem heutigen Sitz des Bundespräsidenten) und über den **Großen Stern** (wo seit 1939 die Siegessäule steht), die **Korso-Allee** (gemeint ist die **Siegesallee**, die heutige **Straße des 17. Juni**) und die **Friedrich-Wilhelms-Straße** (heute **Klingelhöferstraße**) zurück zum **Lützowufer**. Offensichtlich bleibt die Randlage der Adresse **Keithstr 1 c** ohne jeden realistischen Bezug zur Umtriebigkeit der jungen Weltstadt etwa auf dem **Potsdamer Platz**. Nur als Standes-

---

2 Quelle: https://de.wikipedia.org/wiki/Corneliusbr%C3%BCcke_%28Berlin%29 (5.11.2016).

symbol ihrer begehrten Gegend spielt die Adresse eine Rolle; der davon erwartete Neuanfang kommt nicht zustande, weil die gesellschaftliche Akzeptanz fehlt, lange bevor der Fehltritt aufgedeckt wird. Auch im Herbst, als man selbst „ein Haus machen" (221/Reclam 250), d. h. Gesellschaften geben will, kommt kein „richtiges Berliner Leben" (220/Reclam 249) in Gang. Das gesellige Leben beschränkt sich auf Besuche von Vetter Dagobert und dem Hausfreund Wüllersdorf sowie gelegentlichen Treffen mit den Nachbarn namens Gizicki, die im selben Haus über ihnen wohnen. Aber obwohl sogar die Kaiserin sie als Ehrendame für eine neue Stiftung auserwählt hat, gewinnt das Gesellschaftsleben, das sich Effi von Berlin erhofft hatte, ebenso wenig Konturen wie die Stadt selbst. Im Vergleich zu Kessin, wo sie sich immer fremd gefühlt hat, bleibt Berlin, wo sie heimisch werden möchte, als Ort geselligen Wohllebens so blass und unscharf, daß das vornehme **Tiergartenviertel** nur die vage Kulisse abgibt, vor der sich, vorbereitet durch „die ewige Furcht: es kommt doch am Ende noch an den Tag" (219/Reclam 247), Effis ‚Fall' vollzieht.

Topographisch ist die Peripetie, die der Bannbrief der Mutter einleitet, ein radikaler Szenenwechsel im Zeitraffertempo: Wieder ohne Beschreibung des Umzugs, der den Szenenwechsel in der materialen Realität verankern würde, bleibt die neue Adresse **Königgrätzer Straße** so skizzenhaft symbolisch für die darin repräsentierte soziale Sphäre wie die alte Adresse in der **Keithstraße**:

> „Drei Jahre waren vergangen, und Effi bewohnte seit fast ebensolanger Zeit eine kleine Wohnung in der **Königgrätzer Straße**, zwischen **Askanischem Platz** und **Halleschem Tor**: ein Vorder- und ein Hinterzimmer, und hinter diesem eine Küche mit Mädchengelaß, alles so durchschnittsmäßig und alltäglich wie nur möglich." (258/Reclam 294)

Welchen sozialen Abstieg diese „ganz kleine Wohnung" (263/Reclam 299) symbolisiert, zeigt sich daran, wie stolz der fast 70-jährige Dr. Rummschüttel ist, wie die korpulente Kommerzienrätin Jenny Treibel in der **Adlerstraße**, „die drei Treppen so gut noch steigen zu können" (259/Reclam 294), und wie sehr er sich bemühen muß, der, wie er sehr wohl weiß, deklassierten Bewohnerin beim Blick aus dem „Hinterfenster" die Lage der Wohnung zu preisen:

> „Wieder ganz herrlich heute. Sehen Sie doch nur die verschiedenen Bahndämme, drei, nein vier, und wie es beständig darauf hin- und hergleitet …. und nun verschwindet der Zug da wieder hinter einer Baumgruppe. Wirklich herrlich. Und wie die Sonne den weißen Rauch durchleuchtet! Wäre der **Matthäikirchhof** nicht unmittelbar dahinter, so wäre es ideal!" (259/Reclam 295)

In diesem ironischen Glanzstück Fontanescher Rollenprosa wird die schlechte Lage der Kleinstwohnung im dritten Stock viel bedrückender vergegenwärtigt, als wenn der Erzähler sie direkt beschrieben hätte. Erst aus der übertriebenen Idealisierung des Ausblicks kann man sich den Rauch und den Qualm der Dampflokomotiven wie auch das Schienengekreische des heftigen Bahnverkehrs vorstellen, um zu wissen, daß Effi jetzt ‚on the wrong side of the tracks' wohnt, „hinterm Bahnhof" am unteren Ende der Sozialskala. In seiner ärztlichen Fürsorge versucht Dr. Rummschüttel, der kränklichen, aus der Gesellschaft verstoßenen Effi, die nicht mehr lange zu leben hat, ein so bemüht rosiges Bild ihrer Misere zu zeichnen, daß die Leser aus der absichtlichen ‚Fehldiagnose' der Verhältnisse ersehen können, wie schlimm es um sie bestellt ist. Die deiktische Geste („Sehen Sie doch nur"), die man nur einem kindlich begeisterten Modell-Eisenbahner abnehmen würde, erinnert an die Begeisterung, mit der Heine und E. T. A. Hoffmann im Jahr 1822 ihren urbanen Fensterblick auf das bunte Leben in Berlin offeriert hatten. Aber statt der biedermeierlichen Spaziergänger **Unter den Linden** und des gemütlichen Markttreibens auf dem **Gendarmenmarkt** bietet dieser Blick aus dem Hinterfenster nur noch eine menschenleere Industrielandschaft. Reichte der Blick vom Balkon der herrschaftlichen Wohnung in der **Keithstraße** über **Tiergarten** und **Zoologischen Garten**, vielleicht wie vom Balkon der östlich parallel verlaufenden **Landgrafenstraße** (in *Irrungen, Wirrungen*) sogar „bis an die Nordspitze des **Grunewalds**",³ so gewährt das Hinterfenster (vermutlich in der Küche) in der **Königgrätzer Straße** nur einen Blick auf das Bahngelände und, mit einem überdeutlichen Fingerzeig, auf einen fernen Friedhof, den **Matthäikirchhof**, auf dem sich die Gräber von Georg Büchmann (1884), Jacob Grimm (1863) und Wilhelm Grimm (1859), Franz Kugler (1858); Theodor Mundt (1861) und – nach der Veröffentlichung von *Effi Briest* – Heinrich von Treitschke (1896) befinden. Dieser **Matthäi-Friedhof** hat es Fontane so angetan, daß er in seiner unmittelbaren Nachbarschaft auch *Die Poggenpuhls* angesiedelt hat. Effis Wohnung gegenüber der (1943 zerstörten) **Christuskirche** liegt südöstlich vom 1841 eröffneten und 1952 aufgegebenen Fernbahnhof **Anhalter Bahnhof** (am **Askanischen Platz**, mit heute erhaltenem Portikus des kriegszerstörten Bahnhofsgebäudes), von dem aus man – wie auch Effi und Innstetten auf Hochzeitsreise – nach Italien reiste. Westlich davon schließt sich das Bahngelände des 1838 eröffneten (und nach dem Krieg völlig abgeräumten) **Potsdamer Bahnhofs** an. Die hier verkehrenden Züge, deren Rauch Dr. Rummschüttel noch naturlyrischen Sonnenglanz abgewinnen will, symbolisieren nicht mehr die Möglichkeit der Flucht, wie es noch der Danziger Schnellzug in Kessin tat, sondern umgekehrt

---

3 Theodor Fontane, *Irrungen, Wirrungen*, in: Fontane, *Werke, Schriften und Briefe*. Hrsg. v. Walter Keitel und Helmuth Nürnberger, Abt. I, Bd. 2, Darmstadt: Wissenschaftliche Buchgesellschaft 1971, 319–475, auch in der Reclam-Ausgabe von 1965 (2010) mit Anmerkungen von Frederick Betz (1994), S. 413, Reclam 110.

gerade ein auswegloses Gestrandetsein auf dem Weg zum Friedhof. Für Effi fahren keine Züge mehr nach Italien und Dänemark, nach Kessin, Ems oder Hohen-Cremmen. Statt der Kuren in Schwalbach und Bad Ems soll Effi jetzt mit dem Brunnenwasser im nahen Park des 1830 von Schinkel umgebauten **Prinz-Albrecht-Palais (Wilhelmstraße 102, Ecke Prinz Albrecht-Straße**, heute **Niederkirchnerstraße**) vorliebnehmen, auf dem später gefürchteten Gelände, weil hier das Sicherheitsamt der SS und das Hauptquartier der Gestapo mit ihren Folterkellern untergebracht waren (heute die Ausstellung *Topographie des Terrors*). Hier also soll Effi ersatzweise ‚das Wasser nehmen', „wenn auch die Musik und die Toiletten und all die Zerstreuungen einer regelrechten Brunnenpromenade fehlen" (260/Reclam 295). Effis geschrumpfte, um alle Privilegien verkürzte Welt wird definiert durch das, was im Vergleich zu früher fehlt, seitdem die große Welt für sie verschlossen ist und sich der urbane Blick vom **Tiergarten** auf die Bahngleise verengt hat.

War Effi früher mit der eigenen Kutsche durch Kessin und, so bei ihrer Ankunft aus Kessin, mit der Droschke durch Berlin gefahren, ist sie jetzt auf öffentliche Verkehrsmittel angewiesen, die im Großstadtleben Berlins eine immer größere Rolle spielen. Nachdem die erste Pferdebahnstrecke in Deutschland (eine von Pferden gezogene Bahn auf Schienen) 1865 zwischen **Brandenburger Tor** und **Charlottenburg** eröffnet worden war, verzeichnete die 1873 gegründete Große Berliner Pferde-Eisenbahn-Gesellschaft, das größte unter mehreren Unternehmen, ein jährliches Verkehrsaufkommen von 77,2 Millionen Passagieren im Jahr 1885 und von sogar 121,3 Millionen Passagieren im Jahr 1890.[4] Zusammen mit der 1882 eröffneten Stadtbahn (heute S-Bahn) vom **Bahnhof Charlottenburg** zum **Schlesischen Bahnhof** (heute **Ostbahnhof**) muß das ständig erweiterte Streckennetz der Pferdebahnen den schnell zunehmenden Massenverkehr der Millionenstadt bewältigen. Schon längst gab es eine Pferdebahnstrecke zwischen dem **Potsdamer Platz** und dem **Halleschen Tor**, die auf der **Königgrätzer Straße** auch an Effis Wohnhaus vorbeiführt.

Als Effi im Jahr 1889, in einem „die lange **Kurfürstenstraße** passierenden Pferdebahnwagen" (267/Reclam 304), vom **Zoologischen Garten** nach Hause fahren will (der Streckenabschnitt vom **Zoologischen Garten** über die **Kurfürstenstraße** über den **Lützowplatz** zur **Potsdamer Straße** ist 1878 eröffnet worden), sieht sie plötzlich ihre inzwischen zehnjährige Tochter Annie zusammen mit zwei anderen Schulmädchen auf den Wagen aufspringen. Nachdem sie schon mehr als drei Jahre Annie nicht hat sehen dürfen, ist der Zufall dieser Beinahe-

---

[4] Quelle: https://de.wikipedia.org/wiki/Berlin-Charlottenburger_Stra%C3%9Fenbahn (4.11.2016).

Begegnung eine typische, aber bei Fontane, der auch für existentielle Situationen den geschlossenen Salon der offenen Straße vorzieht, ungewöhnliche Großstadterfahrung des Privaten in einem halböffentlichen Raum. Der Pferdebahnwagen – ein Vorläufer der größeren Straßenbahn, die sich mit der Oberleitungs-Elektrifizierung ab 1891 durchsetzt – war für seine Passagiere groß genug, um darin anonym zu bleiben, und zu klein, um Bekannten aus dem Weg zu gehen. Einer schmerzhaft peinlichen Begegnung mit der eigenen Tochter vor allen Leuten kann sich Effi nur entziehen, indem sie den „Kutscher" besticht, auch außerhalb der vorgeschriebenen Haltestellen zu halten und das Gitter des vorderen Perrons zu öffnen, damit sie abspringen kann, bevor die Tochter (der Innstetten hat sagen lassen, „daß sie keine Mutter mehr hat" 245/Reclam 278) sie womöglich erkennt. Die Begegnung mit der fremd gewordenen Tochter in einem öffentlichen Verkehrsmittel mitten auf der **Kurfürstenstraße** ist für das topographische Verständnis des Romans eine meistens übersehene urbane Schlüsselszene, ohne die die bekanntere, wegen ihrer dramatischen Zuspitzung im Gedächtnis haftende Begegnung zwischen Mutter und Tochter undenkbar wäre.

Weil eine Wiedersehensszene „in Gegenwart so vieler Menschen" (268/Reclam 305) unerträglich wäre, kommt es, gegen viele Widerstände und nur durch Vermittlung der Minister-Gattin, schließlich zu der privat arrangierten Begegnung mit Annie in Effis Wohnung und, als Folge der für sie grausamen Erfahrung, zu dem seit über drei Jahren aufgeschobenen dramatischen Ausbruch der gestauten Emotionen gegen Innstetten und gegen die ganze Gesellschaft, deren Repräsentant er ist. Es ist wohl kein Zufall, daß gerade in dieser schlichten Wohnung, aus der alle Prätention auf gesellschaftliche Stellung verschwunden ist, die katastrophale Begegnung die größte emotionale und gesellschaftskritisch bedeutsamste Gefühlsexplosion zur Folge hat. Aber der Besuch der Tochter, dessen grauenhaft ausgespielte Gefühlsstarre auch den Lesern so unter die Haut geht, daß sie Effis emotionalen und physischen Zusammenbruch nachvollziehen können, ist nur im größeren Zusammenhang der Gefühlsarmut zu verstehen, die den ganzen Roman durchzieht.

Die Lieblosigkeit, ja sogar die Unfähigkeit zur Liebe ist ein Leitmotiv des Romans und entscheidend für Effis zentralen Konflikt: Wie es mit Innstetten nur Ehrgeiz war, der sie an ihn bindet, so war es mit Crampas nur Vergnügungssucht, der sie vom rechten Wege abkommen und in der von ihm inszenierten Aufführung *Der Schritt vom Wege* die symbolische Hauptrolle spielen läßt, in beiden Fällen keine Liebe. Auf die besorgte Frage der Mutter, ob sie Innstetten vielleicht nicht liebe, antwortet Effi, wie sie es von der Mutter gelernt hat, er sei „ein Mann, mit dem ich Staat machen kann und aus dem was wird in der Welt" (34/Reclam 34). Wie gut sie das Gesellschaftsspiel der Mutter beherrscht, gibt sie sogar Innstetten gegenüber mit entwaffnender Offenheit zu, als sie sich aufrafft, ihre (von ihm geschürten) Ängste nur deshalb zu überwinden, weil sie seiner Karriere schaden könnten: „Du glaubst gar nicht, wie ehrgeizig ich bin. Ich habe dich eigentlich bloß aus Ehrgeiz geheiratet." (82/Reclam 90) Noch während Effi und Innstetten auf Hochzeitsreise sind, machen sich die Eltern schon berechtigte Sorgen um sie und ihre künftige Ehe: „sie gehört nicht zu denen, die so recht eigentlich auf Liebe gestellt sind, wenigstens nicht auf das, was den Namen ehrlich verdient." (39/Reclam 40) Auch in den Augen der Kessiner Provinzgesellschaft ist Effi die perfekte Vertreterin der „Berliner Schule: Sinn für Äußerliches und eine merkwürdige Verlegenheit und Unsicherheit bei Berührung großer Fragen" (65/Reclam 70). Ihr fehlt der Tiefgang, der sie vor der immer wieder beklagten Langeweile bewahren könnte; sie braucht Zerstreuung, um nicht mit sich allein zu sein.

Wenn Ehrgeiz und Zerstreuung statt Liebe die handlungsleitenden Motive sind, dann wirkt die Unfähigkeit zu lieben besonders verstörend im Verhältnis Effis zu ihrer eigenen Tochter. Schon von Annies Geburt hat sich Effi, ganz selbstbezogen, nur „Leben und Zerstreuung [...] oder, wie Geert sich ausdrückt, ‚ein liebes Spielzeug'" (98/Reclam 109) erwartet. Deshalb hat sie die fürsorgliche Betreuung des Kindes, ohne sich selbst irgendwie darum zu kümmern, ganz Roswitha überlassen. Selbst als Effi Kessin im März 1880 endgültig verläßt, gibt es keinen Abschied von der am 3. Juli 1879 geborenen Annie, obwohl sie mit Roswitha fast unsichtbar „auch" (190/Reclam 214) dabei ist, als Effi zum Bahnhof begleitet wird. Auch in Berlin wächst Annie, die nur in Gesellschaft von Johanna und Roswitha, aber nie zusammen mit Effi gesehen wird, ganz ohne Effis Zutun zur jungen Dame heran, die „eine ganz entschiedene Neigung hatte, das vornehme Fräulein zu betonen" (227/Reclam 257). Auch Effi hatte sich als Kind das Erwachsenwerden nur über die Garderobe vorstellen können und deshalb von ihrer Mutter gefordert: „Warum kriege ich keine Staatskleider? Warum machst du keine Dame aus mir?" (9/Reclam 5) Der Standesdünkel der Äußerlichkeiten, die Simulation des Vornehmen über Garderobe, Salonton, Titel oder Wohnadresse, ist ein früh geübtes Erbe der Mutter und der Großmutter, das sich spiegelbildlich immer wiederholt und auch in dieser Generation zwischen Mutter und Tochter alle Wärme und Liebe vermissen läßt.

Als Roswitha zu Effi in die **Königgrätzer Straße** überwechselt, um ihr beizustehen, verrät Effi eine erschreckende Gefühllosigkeit, wenn sie den Namen ihrer Tochter, die sie seit ihrer Verbannung nicht mehr gesehen hat, nur erwähnt, um ausdrücklich nicht nach ihr zu fragen: „Von Annie will ich nicht sprechen, an der du doch hängst, sie ist ja fast wie dein eigen Kind – aber trotzdem, für Annie wird schon gesorgt werden, und die Johanna hängt ja auch an ihr. Also davon nichts." (263/Reclam 299) Auch für den Erzähler scheint die als lebendige Gestalt kaum entwickelte Annie nur ein (konstruiert wirkender) Vorwand zur Aufdeckung von Effis Affäre zu sein: Die versteckten Liebesbriefe kommen nur zutage, weil

Effis verschlossener Nähtisch aufgebrochen wird, als man für eine blutige Verletzung Annies ein Pflaster sucht. Sonst bleibt die auch anwesend abwesende Annie meistens unbemerkt im Hintergrund – und damit auch Effis Versagen als Mutter, dieses verstörendste Zeichen der familientypischen Ersetzung von Menschlichkeit durch gesellschaftliche Rücksicht.

Die Acht- und Lieblosigkeit wird ihr nun verdoppelt heimgezahlt, als Effi, inzwischen um alle gesellschaftliche Prätention gebracht und entsprechend sensibilisiert für den falschen Ton, den sie einst selbst so blendend beherrscht hat, den Besuch ihrer Tochter in der **Königgrätzer Straße** empfängt. In der Fremdheit der nicht standesgemäßen Wohnung, in der ambitionierte Tochter und deklassierte Mutter zum erstenmal in ihrem Leben ein Gespräch führen sollen, kann keine Vertrautheit aufkommen. Effi, die nur gesellige Konversation gelernt hat, kennt die Sprache nicht, mit der man ein verschüchtertes, auch bockig verschlossenes, in jedem Fall der Mutter ein Leben lang entfremdetes Kind erreichen kann:

> „Und nun erzähle mir recht viel. Wie groß du geworden bist! [...] Und in der Schule? Ich denke mir, du bist immer die Erste, du siehst mir so aus, als müßtest du eine Musterschülerin sein und immer die besten Zensuren nach Hause bringen. [...] ich war auch so ehrgeizig, aber ich hatte nicht solche gute Schule. Mythologie war immer mein Bestes. Worin bist du denn am besten?" (273/Reclam 310)

Der hilflos runtergehaspelte Wortschwall erlaubt keine Antwort, auch weil die Fragen, die die Peinlichkeit der Situation, anstatt sie zu überspielen, noch unterstreichen, außerhalb jeden gelebten Kontextes gar nicht wissen können, wonach sie scheinbar fragen. Es gibt nichts, was die beiden verbindet, und nichts, worüber sie reden könnten. Da bleibt der Tochter auf die Fragen, ob sie die Mutter wieder besuchen wolle, um mit ihr im **Prinz-Albrechtschen Garten** spazierenzugehen und bei Schilling (einer an der **Friedrichstraße 20/Ecke Kochstraße** gelegenen Konditorei) Eis zu essen, gar nichts anderes übrig, als dreimal mit derselben – unter Fontane-Lesern berühmt gewordenen – Automatenformel zu antworten: „O gewiß, wenn ich darf!" (274/Reclam 312) Annie ist wie Lizzi in *Frau Jenny Treibel* eine so abgerichtete, scheinbar auswendig Gelerntes mechanisch abspulende Dressurpuppe, daß Effi sie ganz schnell wieder loswerden will. Sie schickt Annie nach dem kurzen Wortwechsel, der nicht einmal fünf Minuten gedauert hat, zurück zu Johanna, die unten auf der Straße, an der gegenüberliegenden **Christuskirche**, auf sie wartet.

Die Psychologie der Fremdheit zwischen Mutter und Tochter hat auch eine topographische Dimension: Annie ist am „Tag von Königgrätz" (116/Reclam 129) geboren, an dem der Sieg der Preußen über die Österreicher am 3. Juli 1866 gefeiert wird, und besucht ihre verstoßene Mutter nun in der **Königgrätzer Straße**.

Aber die Begegnung ist keine Siegesfeier, sondern das unversöhnliche Trauerspiel einer schon lange gescheiterten Verständigung mit zwei Verlierern, der Tochter des vermeintlichen Siegers, die keine Mutter mehr haben darf, und der geschlagenen Mutter, die erkennen muß, daß sie ihre Tochter schon lange und nun endgültig verloren hat. Vor dem in Fontanes Interieurs unvermeidlichen Trumeau, einem „Spiegelpfeiler" (272/Reclam 310), treffen Mutter und Tochter in einem dialektischen Spiegelverhältnis aufeinander, in dem jede das verzerrte Abbild der anderen reflektiert, wobei zwei verschiedene Lebensphasen derselben Mentalität aufeinanderprallen: Annie repräsentiert, was Effi in ihrer verwöhnten Kindheit gewesen ist, und Effi, was Annie einmal werden könnte: „Das hast du von deiner Mama, die war auch so." (273/Reclam 310). Nur in der aller Symbole bürgerlichen Wohllebens beraubten, sparsamst eingerichteten Wohnung kann Effi an der Tochter vielleicht wiedererkennen, wer sie selbst einmal gewesen ist, als die Insignien des Wohlstands und der gesellschaftlichen Stellung wichtiger als alles andere waren. Während sie mit Annie früher, als sie noch im selben Haushalt, wenn auch nicht wirklich miteinander lebten, offenbar kaum und vermutlich kaum persönlicher als jetzt gesprochen und versäumt hat, die Prioritäten im Leben zurechtzurücken, kann Annie dieser ihr fremd gewordenen Frau, die sich kaum jemals wie eine Mutter um sie gekümmert hat, in der fremden, für das angehende vornehme Fräulein befremdlichen Umgebung auch nur als Fremdling gegenübertreten. Sie wurde, wie viele Kinder geschiedener Eltern, zum Pflichtbesuch abkommandiert, ohne daß nach ihren Gefühlen gefragt würde und ohne daß sie artikulieren könnte, was sich in ihr an Verbitterung über ihre lieblose Vernachlässigung durch die Mutter angestaut haben mag. Wie sich Mutter und Tochter gegenseitig spiegeln, spiegelt sich auch in der schmerzlich zugespitzten, fast sprachlosen Szene ihrer gegenseitigen Entfremdung ein gesellschaftlicher Zustand, den anzuprangern das eigentliche Anliegen des Erzählers ist. Die Psychologie seiner Gesellschaftskritik zielt darauf, die Unmenschlichkeit falscher Prioritäten in der Gründerzeit am individuellen Einzelfall nachvollziehbar zu machen.

Deshalb folgt auf Annies beschleunigten Abgang, lange erwartet und zu lange aufgestaut, Effis verzweifelter Ausbruch einer gedemütigten Frau, die die persönliche Schuldfrage mit einem klaren Vorwurf an das Tugend- und Ehrsystem verbindet:

> „Oh, du Gott im Himmel, vergib mir, was ich getan; ich war ein Kind .... Aber nein, nein, ich war kein Kind, ich war alt genug, um zu wissen, was ich tat. Ich *hab'* es auch gewußt, und ich will meine Schuld nicht kleiner machen ... aber *das* ist zuviel. Denn das hier, mit dem Kind, das bist nicht *du*, Gott, der mich strafen will, das ist *er*, bloß er! Ich habe geglaubt, daß er ein edles Herz habe und habe mich immer klein neben ihm gefühlt; aber jetzt weiß ich, daß *er* es ist, *er* ist klein. Und weil er klein ist, ist er grausam. Alles, was klein ist, ist grausam. Das hat

er dem Kinde beigebracht, ein Schulmeister war er immer, Crampas hat ihn so genannt, spöttisch damals, aber er hat recht gehabt. ‚O gewiß, wenn ich darf.' Du *brauchst* nicht zu dürfen; ich will euch nicht mehr, ich haß' euch, auch mein eigen Kind. Was zuviel ist, ist zuviel. Ein Streber war er, weiter nichts. – Ehre, Ehre, Ehre ... und dann hat er den armen Kerl totgeschossen, den ich nicht einmal liebte und den ich vergessen hatte, weil ich ihn nicht liebte. Dummheit war alles, und nun Blut und Mord. Und ich schuld. [...] Mich ekelt, was ich getan; aber was mich noch mehr ekelt, das ist eure Tugend. Weg mit euch. Ich muß leben, aber ewig wird es ja nicht dauern." (274 f./Reclam 312 f.)

Der melodramatische Ton des (bei Fontane seltenen) Monologs, so theatralisch er heute klingen mag, war wohl auch so gemeint, als emotional aufgepeitschtes Selbstbekenntnis, in dem sich Schuldgefühl und Gesellschaftskritik so verzweifelt vermengen, daß Effis Ohnmacht, mit der die Szene dramatisch endet, nicht als hysterische Konvention abgetan werden kann. Es ist ein säkularisiertes Stoßgebet, in dem das kollektive „ihr" auf (den nun namenlosen) Instetten und seinesgleichen zielt und, wenn das Gebet zur leidenschaftlichen Scheltrede mutiert, die Gesellschaft an die Stelle Gottes tritt. Effi weigert sich, die Schuld für das Unglück, das sie ausgelöst hat, allein zu tragen, und läßt sich darüber zur pauschalen Verdammung der ganzen Gesellschaft hinreißen. Der Ekel vor der lieblos-grausamen Tugendgesellschaft, die im Namen der Ehre Menschen erschießt und sogar ein Kind als Instrument des Strafvollzugs mißbraucht, weil sie sich moralisch besser dünkt und Gott auf ihrer Seite glaubt, ist sicher eine psychologisch relativierte, doch zugleich wohl die schärfste Anklage, die sich der meistens eher zurückhaltende Gesellschaftskritiker Fontane erlaubt hat: „Weg mit euch" – das ist eine geradezu revolutionäre Absage an das System gesellschaftlicher Zwänge, deren Repräsentantin und zugleich Opfer Effi Briest ist.

Versteckt in dem lange erwarteten emotionalen Aufschrei kommt ein gesellschaftskritischer Vorstoß zum Ausdruck, der im Rückblick auf seine lange Vorgeschichte nun genauer platziert werden kann. Dabei hilft das topographische Verständnis des Handlungsaufbaus. Denn hinter dem offensichtlichen Schuld-Sühne-Schema, das dem größeren ersten Teil in Kessin einen kleineren, aber wichtigeren zweiten Teil in Berlin folgen läßt, wirkt eine dem Drama verwandte Form der Analyse. Deutlich drängt immer wieder „die ewige Furcht: es kommt doch am Ende noch an den Tag" (219/Reclam 247) zur subjektiv befürchteten und objektiv notwendigen Auflösung des Knotens, die zugleich den Blick freigibt auf die Struktur der Verknotung. Die wiederholt bemerkten retardierenden Momente zielen auf die Aufdeckung dessen, was hinter den Kulissen des Romans vorgefallen ist, auf die Psychologie seiner Begründung und die quasi-juristische Behandlung seiner Konsequenzen. Diese Aspekte der rationalen, einem Gerichtsverfahren vergleichbaren Aufklärung machen den analytischen Charakter des Berlin-Teils aus. Während sich die etablierte Form des analytischen Dramas – wie

Schillers am Beispiel des *König Ödipus* von Sophokles entwickelte „tragische Analysis"[5] – der Aufarbeitung eines Vorfalls widmet, der wie Vatermord und Inzest vor Beginn des Dramas bereits abgeschlossen vorliegt, blickt der Berlin-Teil des Romans *Effi Briest* zurück auf einen Vorfall, der nur dem analytischen Berlin-Teil, nicht aber dem ganzen Roman vorausliegt. Vielmehr hat er sich, wie auch die Leser erst in nachträglicher Spurensuche herausfinden können, zwar unsichtbar, aber gleichzeitig mit der langen psychologischen Exposition des Kessin-Teils zugetragen. Entsprechend dem Moralkodex der Gründerzeit, die das Verhalten der Gesellschaft steuert, indem sie jede Abweichung von den strikt vorgeschriebenen Normen mit Vorverurteilung bestraft, wird auch in der Chronologie der Romanhandlung, wie an dem Bannbrief der Mutter zu sehen war, der Schuldspruch ohne Anhörung der Angeklagten gefällt. Effis Monolog, den Fontane nur für die Leser sprechen läßt, ist die nachgeholte Anhörung unter Ausschluß der Öffentlichkeit und deshalb von besonderer Bedeutung für das kritische Verständnis der Asymmetrie von Schuld und Sühne.

Weil Effi erst in der Verbannung der **Königgrätzer Straße** ihre eigene Stimme gewinnt, um nun auch ihre eigene Anklage vorzubringen, die weit über den moralischen Schuldspruch der Mutter hinausgeht, ist damit die Voraussetzung für eine analytische Bestandsaufnahme des Vorgefallenen und seiner gesellschaftlichen Bedeutung gegeben. Deshalb war auch die vorliegende Analyse bemüht, aus der strukturellen Entsprechung der Bannbrief-Szene und der in der Pferdebahn-Szene vorbereiteten Begegnung zwischen Mutter und Tochter eine psychologisch begründete Gesellschaftskritik herzuleiten. Voraussetzung dieser Akzentverschiebung ist eine Relativierung der moralischen Schuld, die in den Augen der Gesellschaft die Ehebrecherin sogar von der Teilnahme an einem Wohltätigkeitsverein ausschließt: „die Damen nehmen mich nicht an und können es auch nicht." (466/Reclam 303) Gesellschaftlich relevant ist nicht das Vergehen selbst,

---

[5] Friedrich Schiller, Brief an Goethe, 2. Oktober 1797, in: *Goethe – Schiller Briefwechsel*. Mit einem Nachwort von Emil Staiger, Frankfurt a. M. und Hamburg: Fischer Bücherei 1961, S. 247: „Ich habe mich dieser Tage viel damit beschäftigt, einen Stoff zur Tragödie aufzufinden, der von der Art des Oedipus Rex wäre und dem Dichter die nämlichen Vorteile verschaffte. Diese Vorteile sind unermeßlich, wenn ich auch nur des einzigen erwähne, daß man die zusammengesetzteste Handlung, welche der tragischen Form ganz widerstrebt, dabei zum Grunde legen kann, indem diese Handlung ja schon geschehen ist und mithin ganz jenseits der Tragödie fällt. Dazu kommt, daß das Geschehene, als unabänderlich, seiner Natur nach viel fürchterlicher ist, und die Furcht, daß etwas geschehen sein möchte, das Gemüt ganz anders affiziert, als die Furcht, daß etwas geschehen möchte. Der Ödipus ist gleichsam nur eine tragische Analysis. Alles ist schon da, und es wird nur herausgewikelt. Das kann in der einfachsten Handlung und in einem sehr kleinen Zeitmoment geschehen, wenn die Begebenheiten auch noch so kompliziert und von Umständen abhängig waren. Wie begünstigt das nicht den Poeten!"

sondern diese Unfähigkeit der Gesellschaft, mit einer unbestimmten Normverletzung anders als durch totale Ausschließung umzugehen. Die von Effi beklagte Schreckensherrschaft der Tugend ist darauf fixiert, eine Schuldvermutung, wie sie der Erzähler den Lesern durch versteckte Andeutungen des Vorgefallenen zumutet, zum eindeutigen Faktum zu erklären, das ohne Berücksichtigung der vieldeutigen Umstände und der komplexen Gründe einfach abgeurteilt wird.

Deshalb ist es so wichtig, eine im Text angelegte Spur für Effis ‚Umschuldung' aufzugreifen und das hintergründig immer gegenwärtige, aber nicht in den moralischen Vordergrund gestellte und deshalb gerne übersehene Versagen der Mutter zu erkennen. Während der Fehltritt mit Crampas ein Aussetzer aus Langeweile war, kommt der lebenslangen emotionalen Vernachlässigung des eigenen Kindes viel mehr moralisches Gewicht zu, weil die Gefühllosigkeit eine Mentalität verrät, die ganz anders als der Fehltritt sozial bedingt und – das ist das überraschendste Ergebnis – sozial akzeptabel ist. Sie empört niemanden und erregt deshalb keine Aufmerksamkeit. Effis eigentliche Schuld ist weniger in den Dünen von Kessin als in der Kinderstube ihres Landratshauses zu lokalisieren. Ihre gesellschaftlich relevante Schuld ist nicht die von allen geächtete vermeintliche Liebesaffäre mit Crampas, den sie ja ausdrücklich „nicht einmal liebte" (275/Reclam 313), sondern die Lieblosigkeit gegenüber ihrer eigenen Tochter, die von niemandem wahrgenommen und beurteilt wird, weil sie der nur gegen Ende des Romans problematisierte Regelfall dieser Gesellschaft ist.

Der Schlußsatz des Romans „Ach, Luise, laß.... das ist ein *zu* weites Feld." (296/Reclam 337) ist viel mehr als nur ein rhythmisch wiederholtes Selbstzitat des alten Briest, der sich damit gerne um Unangenehmes drückt. Das berühmteste Fontane-Zitat, das Günter Grass zu seinem Fontane-Roman *Ein weites Feld* (1995) angeregt hat, ist, was meistens übersehen wird, die ungenügende Antwort auf die deshalb an den Leser weitergereichte Frage nach der Schuld: „Ob *wir* nicht doch vielleicht schuld sind?" (295/Reclam 336) Die sogar von Luise Briest zugestandene Möglichkeit der Verlagerung von individueller zu kollektiver, von persönlicher zu gesellschaftlicher Schuld ist der am Ende des Romans verblüffende Anstoß des Erzählers, im kritisch-analytischen Rückblick auf das Geschehen eine substantiellere Antwort zu finden, als sie der alte Briest um des Hausfriedens willen zu geben bereit ist. Nirgends sonstwo bei Fontane, nicht einmal in seinem detektivischen Roman *Unterm Birnbaum* (1885), so scheint es, sind die Leser so sehr wie in *Effi Briest* gefordert, durch aufmerksames Rückwärtslesen die verdeckten Spuren zu verfolgen, zur Aufklärung beizutragen und die kritische Absicht aufzudecken, von der der alte Briest beschwichtigend abzulenken scheint.[6]

---

6 Walter Müller-Seidel (*Theodor Fontane. Soziale Romankunst in Deutschland*, Stuttgart: Metzler

Daß der Vater viel mehr weiß, als er in seinen oft anzüglichen Sprüchen zu erkennen gibt, verrät er, als er beim ersten Hinweis auf „ein weites Feld" (37/Reclam 38) den Konflikt mit Luise vermeidet und scheinbar nebenbei sagt: „Überhaupt hättest du besser zu Innstetten gepaßt als Effi. Schade, nun ist es zu spät." (37/Reclam 38) Er mag das seiner Frau zugeschriebene Bedauern über eine verpaßte Gelegenheit teilen; denn er weiß nur zu gut, daß er für sie nur zweite Wahl war, daß Luise Briest eigentlich, in ihrer „Liebesgeschichte mit Entsagung" (10/Reclam 7), wie sogar ihre Tochter weiß, Innstetten geliebt und an seiner Stelle – wie Jenny Treibel statt Wilibald Schmidt den alten, reichen Kommerzienrat – den alten, reichen Ritterschaftsrat geheiratet hat. Mit klugem Sinn für den feinen Unterschied sagt der alte Briest nicht, daß Innstetten besser als er zu Luise, sondern daß Luise besser als Effi zu Innstetten gepaßt hätte, daß also Effi mehr für die Mutter als er selbst für Innstetten einstehen muß. Effi ist also das doppelte Opfer einer Entsagung, die der Preis für die sozialen Ambitionen der Mutter war. Damit wird deutlich, daß die Mutter, das Versäumte nachholend, nur sich selbst einen Wunsch erfüllt, wenn sie ihr kaum 17-jähriges Kind als Mittel zum Zweck einsetzt, um den einst geliebten Innstetten wenigstens als ihren Schwiegersohn ins Haus zu holen. Wenn Effi und Innstetten sogar die Hochzeitsreise machen, auf die ihre Eltern verzichtet haben, verrät sich das Prinzip des *vicarious pleasure*, der ersatzweisen Befriedigung von Bedürfnissen, die Luise Briest aus Rücksicht auf ihren sozialen Ehrgeiz unterdrückt hat, bei der skrupellosen, aber als mütterliche Fürsorge verbrämten Instrumentalisierung der eigenen Tochter. Wenn Effi, in aller Unschuld, von Innstetten meint: „er könnte ja beinah mein Vater sein" (16/Reclam 13), berührt sie ein Familiengeheimnis von Triebersatz, dessen Auslotung man mit Briests Formel „das ist ein weites Feld" lieber den Freudianern überlassen möchte. In Hinblick auf die Familienregie der Mutter ist der Kommentar des Erzählers schon deutlich genug: „*sie* hatte es nicht sein können, nun war es statt ihrer die Tochter – alles in allem ebensogut oder vielleicht noch besser." (19/Reclam 16)

Die Ersetzung der Liebe durch gesellschaftliche Stellung als Kommerzienrätin in *Frau Jenny Treibel* oder als Ritterschaftsrätin in *Effi Briest* ist ein so übliches

---

1975) hat in dem Schlußsatz nur Fontanes „erklärte Absicht" gesehen, sich aller Schuldzuweisung zu enthalten: „Der alte Briest versagt es sich lediglich, moralische Urteile auszusprechen." (S. 377) Damit verkennt er wie die meisten Interpreten den analytischen Charakter der an den Leser weitergereichten Frage, deren Beantwortung tatsächlich nicht in einem einfachen Schuldspruch, wohl aber in der gesellschaftskritischen Aufklärung der solchen Schuldzuweisungen zugrundeliegenden Mentalität liegt, Analyse also als Kritik an der Moralisierung gesellschaftlicher Probleme.

Gesellschaftsspiel, daß schon Effi, als sie noch vor ihrer Verlobung ahnungslos mit ihren Freundinnen kindlich spielt, darin eine gesellschaftliche Norm sieht:

> „Nun, es kam, wie's kommen mußte, wie's immer kommt. Er war noch viel zu jung, und als mein Papa sich einfand, der schon Ritterschaftsrat war und Hohen-Cremmen hatte, da war kein langes Besinnen mehr, und sie nahm ihn und wurde Frau von Briest ... Und das andere, was sonst noch kam, nun, das wißt ihr ... das andere bin ich." (12f./Reclam 9)

Kein Wunder, daß das Produkt einer solchen Zweckehe, der eigenen Entfremdung als „das andere" halb bewußt, im Denken und Handeln demselben Muster folgt und ‚wie's immer kommt', sich in das System instrumenteller Beziehungen zu anderen Menschen einfügt. So kommt es, daß Effi, von ihrer Mutter, die ja ihre zeitverschobene Nebenbuhlerin ist, im Matrosenanzug zum „Schiffsjungen" (15/Reclam 12) desexualisiert, in dem ältlichen Landrat aus Hinterpommern, als den sie Innstetten ansieht, den „Mann von Charakter, von Stellung und guten Sitten" (18/Reclam 15) akzeptieren muß, nur um ihre Mutter auf der Sozialskala zu überflügeln, also stellvertretend zu erreichen, wonach die Mutter noch nicht erfolgreich genug gestrebt hat:

> „wenn du nicht ‚nein' sagst, was ich mir von meiner klugen Effi kaum denken kann, so stehst du mit zwanzig Jahren da, wo andere mit vierzig stehen. Du wirst deine Mama weit überholen." (18/Reclam 15)

Die Mutter zwingt die kaum 17-jährige, noch kindlich verspielte Tochter in die Ehe mit einem über zwanzig Jahre älteren Mann, mit dem Effi, wie die Struktur der präfigurierten Verhältnisse erwarten läßt, in zwanzig Jahren genau so unbefriedigt sein wird, wie es die Mutter mit Briest jetzt ist; für den Verzicht auf Liebe wird sie allerdings, wie es die Mutter schon für sich selbst zu arrangieren verstand, mit dem sozialen Vorsprung entschädigt werden, den sie dann vor der Mutter haben werde. Einerseits redet sie der Tochter eine Klugheit ein, von der sie vor zwanzig Jahren selbst geleitet wurde, um andererseits gleichzeitig den damaligen Preis dafür, den Verzicht auf Innstetten, für sich jetzt wettzumachen. Aus dieser moralischen Duplizität der Mutter ergibt sich die Frage, wer vielleicht nicht erst in zwanzig Jahren die kompensierende Rolle Innstettens für die mit ihm verheiratete Effi spielen wird. Wer also wird ihr einen Ausweg aus der sozial ambitionierten Vernunftehe anbieten? Weil der im Hintergrund lauernde, fast noch pubertär auf Effi fixierte Vetter Dagobert dafür nicht in Frage kommt, hat die Mutter selbst mit ihrer Parallelisierung der Verhältnisse das Muster ausgelegt, in dem jemand wie Crampas bei Effi die Rolle übernehmen wird, die Innstetten für die Mutter gespielt hat: die erotische Alternative zur lieblosen Ehe.

Effis frühe Verheiratung, die sie aus dem Paradies ihrer Kindheit vertreibt, ist der genau kalkulierte Zug in einem ‚Gesellschaft' genannten Schachspiel, das die Kinderschaukel ersetzt.

Jenseits individueller Schuld, für die ausgerechnet die Mutter Effi aus dem Elternhaus und aus der Gesellschaft verbannen wird, ist in ihrem klug ausgelegten Heiratsplan eine Situation vorgezeichnet, in der sich Effi wie sie selbst für Auswege offenhält. Die Voraussetzung für die Entmoralisierung des in den Augen der Gesellschaft unmoralischen Fehltritts, in dem sich Effi auf Crampas wie ihre Mutter auf Innstetten einläßt, ist eine Korrektur der moralischen Beurteilung des Charakters von Innstetten und Crampas: Innstetten ist in der Rolle des betrogenen Ehemanns negativer und Crampas in der Rolle des Verführers positiver zu bewerten, als man im Rahmen der gültigen moralischen Normen erwarten würde. Beide werden in ihrem Verhalten gegenüber Effi so vorgeführt, daß sich die Leser unabhängig von solchen Normen ein eigenes Urteil bilden können.

Instettens Auftritt steht von vornherein im Zeichen eines Überfalls, mit dem er, als selbstbewußter Freier auf der Durchreise, das Mädchen Effi aus ihrer Kindheit reißt. In der berühmtesten, als Ikone des Romans rezipierten Szene, ‚Effi auf der Schaukel', ist sie gerade noch die scheinbar schwerelos schwebende „Tochter der Luft" (8/Reclam 5), das anmutige Bild einer von „Übermut und Grazie" (8/Reclam 4) geprägten kindlichen Unschuld, „ein Naturkind" (37/Reclam 38), bevor sie jäh aus dem kindlichen Spiel herausgerissen und in die Welt gesellschaftlicher Manipulation gestoßen wird, ohne zu verstehen, was mit ihr geschieht, um nur eben zwischendurch mit diesem älteren Mann, den sie nur als einstigen Liebhaber ihrer Mutter kennt, verlobt zu werden: „Spielt nur weiter; ich bin gleich wieder da." (17/Reclam 14) Aber der Rückruf der bezopften Freundinnen, die von draußen durch das von Weinlaub umrankte Fenster auf die unerhörte Verlobungsszene blicken und „Effi komm" (18/Reclam 16) rufen, verhallt ungehört; es gibt keine Umkehr zum unbekümmeren Kinderspiel.

Diese Genreszene von der unumkehrbaren Vertreibung aus dem Paradies der Kindheit lag Fontane besonders am Herzen, weil, wie er später in einem Brief an Friedrich Spielhagen zugegeben hat, „aus *dieser* Szene die ganze lange Geschichte entstanden ist".[7] Indem er gegen Ende des Romans den in telegraphischer Kurzschrift relativierten Ruf „Effi komm" (277/ Reclam 316) wiederholt, nun als Einladung des Vaters zur Heimkehr ins lange verschlossene Elternhaus, schließt er das strukturierende triadische Schema ‚Paradies – Vertreibung aus

---

[7] Theodor Fontane, Brief an Friedrich Spielhagen, 21.2.1896, in: Fontane. *Der Dichter über sein Werk*. Hrsg. v. Richard Brinkmann in Zusammenarbeit mit Waltraud Wiethölter, München: Deutscher Taschenbuch Verlag 1977, Bd. 2, S. 460.

dem Paradies – Heimkehr ins Paradies' mit einer versöhnlichen Geste ab. Der realistische Roman evoziert eine geschichtsphilosophische Dimension und verleiht damit dem realen Geschehen eine in der Struktur des Handlungsaufbaus versteckte tiefere Bedeutung, die über die bloße Abbildung der Realität hinausweist.

Effi wird nicht nur einmal, nach ihrem Sündenfall, verbannt, aus der **Keithstraße** in die **Königgrätzer Straße**, sondern auch schon vorher: aus Hohen Cremmen nach Kessin. In beiden Fällen fühlt sich Effi verstoßen, sie ist gelangweilt während ihrer ersten, subjektiven Verbannung in die Provinz und resigniert während ihrer zweiten, objektiven Verbannung innerhalb Berlins. Die erste Verbannung ist für Effi sogar viel schlimmer als die zweite, weil sie noch zu kindlich ist, um zu verstehen, was über sie verfügt wird, während sie im zweiten Fall, als gereifte Frau, sich ihrer selbst bewußt geworden ist und damit ein Mitspracherecht für ihr Leben gewonnen hat. Als jungverheiratete, immer noch kindliche Frau, die bei der Taufe ihrer Tochter „noch nicht achtzehn" (117/Reclam 130) ist, zieht Effi in die provinzielle Abgeschiedenheit von Hinterpommern, wo sie sich nie wohlfühlt, weil „alles, was sie da halb fremdartig, halb altmodisch umgab" (52/Reclam 55), ihr Angst macht: „es hat alles so was Fremdländisches hier." (58/Reclam 61) Nur in Gegenwart des buckligen Apothekers Alonzo Gieshübler (dessen hybrider Name an Marcell Wedderkopp in *Frau Jenny Treibel* erinnert) hört sie auf, sich in Kessin „als eine Fremde zu fühlen" (63/Reclam 67). Das Gefühl der Fremdheit, als Fremde in einer fremden Welt zu leben, führt schließlich, wie Effi ihrer Mutter gesteht, zur Entfremdung von Innstetten, weil er sogar sexuell „so was Fremdes" habe: „Und fremd war er auch in seiner Zärtlichkeit. Ja, dann am meisten; es hat Zeiten gegeben, wo ich mich davor fürchtete." (215/Reclam 244) Effi, die als Kind so unbekümmert, so übermütig, so unerschrocken und so wild auf der Schaukel turnte, wird in dieser Fremde immer mehr das Opfer von lähmenden Angstzuständen, die als Schwermut diagnostiziert werden, bis Effi schließlich an Schwindsucht dahinsiecht.

Crampas hingegen wirkt wie ein Therapeut, der Effi bewußt zu machen versteht, was und vor allem wer ihr Angst einflößt, um sie von dem emotionalen Druck zu befreien, der sie gefangen hält. Nachdem das kritische Psychogramm ihrer immer wieder betonten Fremdheitserfahrung und eigentlich grundlosen Angst nur vordergründig damit erklärt wird, daß Effi eine Ursache in dem vermuteten Spuk im Hause zu finden glaubt, hilft ihr Crampas, der als „Damenmann" (146/Reclam 164) auch ein sensibles Verständnis für weibliche Nervenschwäche hat, zu begreifen, daß Innstetten, der schon im Militärdienst so ehrgeizig wie seine Schwiegermutter die Umwelt manipuliert hat, den Spuk nur inszeniert, um sich Effi gefügig zu machen und sie auch während seiner häufigen Abwesenheiten zu kontrollieren. Major von Crampas, der im Deutsch-Französischen Krieg Innstettens Regimentskamerad war, klärt sie darüber auf, daß Innstetten sich schon immer mit angeblichem Spuk interessant zu machen versucht hat und nun auch ihr gegenüber den Spuk als „eine Art Angstapparat aus Kalkül" (134/ Reclam 150) einsetzt, um sie zu disziplinieren. Effi muß erkennen, daß die Domestizierung ihres Übermuts durch Angst die manipulative Methode Innstettens war, sie gefügig zu machen, und daß diese Methode der Infantilisierung nur so lange funktionieren kann, wie sie sich dieser Manipulation nicht bewußt ist. Deshalb hat der Erzähler die begriffliche Definition des Vorgangs nicht Crampas, sondern, zum Zeichen ihrer Bewußtwerdung, Effi selbst in den Mund gelegt: „eine Art Angstapparat aus Kalkül". Das ist zwar abstrakter gesagt, als Effi eigentlich denken kann, aber die Formel bezeichnet das überzeugende Ergebnis psychologischer Analyse im Rahmen der analytischen Aufklärungsstrategie, die mit Crampas beginnt und mit Wüllersdorf endet.

So hilft Crampas ihr, die unbestimmte Angst zu verwandeln in Furcht, die sich auf eine bestimmte, bestimmbare Gefahr richtet, und, im Wissen um den Verursacher ihrer Angstzustände, ein neues Selbstbewußtsein zu gewinnen. Insofern ist die von Innstetten mißtrauisch bemerkte Verwandlung Effis – „Du hattest so was von einem verwöhnten Kind, mit einem Mal siehst du aus wie eine Frau." (179/Reclam 202) – mehr Crampas' therapeutischer Bewußtseinsarbeit als seinen mutmaßlichen Liebeskünsten zu verdanken. Innstetten, der um seine Machtkontrolle fürchten muß, hat also allen Grund, seinen Ankläger zu diskreditieren und gegen den Mann, der ihn völlig durchschaut hat, sogar xenophobische Ressentiments vorzubringen: Crampas sei „überhaupt ein Damenmann" (146/Reclam 164), „so'n halber Pole", eine „Spielernatur", der man auf die Finger sehen müsse (147/Reclam 165). Der Gegensatz zwischen Innstetten und Crampas geht also weit über die Nebenbuhlerschaft um Effi hinaus, es ist der grundsätzliche Gegensatz zweier Mentalitäten, einerseits des norm-konformen pflichtbewußten Karrieristen, hinter dessen vermeintlicher „Herzensgüte", wie Effi erkennen muß, „Grausamkeit" steckt (134/Reclam 150; vgl. 294/Reclam 334), und andererseits des norm-widrigen pflichtvergessenen Lebemanns, der zu sehr im Moment lebt, um die Menschen seiner Umgebung für berufliche Ambitionen zu instrumentalisieren. In Innstetten und Crampas begegnen uns der hinterhältige Regisseur der Angst und der hemmungslose Erotiker der Vernunft.

Wirklich deutlich wird die unterschiedliche Gewichtung der beiden miteinander konkurrierenden Charaktere aber erst über eine zeitgenössische Kulturdebatte, in die sie, zum Zeichen der gesellschaftspolitischen Relevanz dieses Romans, verwickelt werden. Innstetten ist „Wagner-Schwärmer" (103/Reclam 114) vor allem wegen „Wagners Stellung zur Judenfrage" (103/Reclam 114); und Crampas' „Lieblingsdichter" (137/Reclam 153) ist der umstrittene Jude Heinrich Heine. Einen größeren, auch kulturkritisch relevanten Gegensatz kann man sich um 1880 in Berlin kaum denken. In diesen Jahren schlug der vor allem zwischen den Historikern Heinrich von Treitschke und Theodor Mommsen ausgetragene *Berliner Antisemitismusstreit* von 1879, in dem es um die sogenannte „Judenfrage" ging, in der Öffentlichkeit so hohe Wellen, daß er auch in der Entgegensetzung von Innstetten und Crampas anklingt. Nachdem Heinrich von Treitschke vor allem „jenem polnischen Judenstamme" sein Verdikt „die Juden sind unser Unglück!" entgegengeschleudert hatte,[8] haben 75 Vertreter des öffentlichen Lebens, darunter viele Berliner Professoren, eine öffentliche Erklärung abgegeben und mit Bezug auf Lessings *Nathan der Weise* für Toleranz plädiert, sekundiert von einem zusätzlichen eigenen Votum des Althistorikers Mommsen, der seinen Berliner Kollegen Treitschke erstmals als den eigentlichen Adressaten des Protests genannt hat:

> „der deutsche Israelit steht ebenso mitten im deutschen litterarischen Leben wie der englische im englischen. Das ist der eigentliche Sitz des Wahnes, der jetzt die Massen erfaßt hat und sein rechter Prophet ist Hr. v. Treitschke. Was heißt das, wenn er von unsern israelitischen Mitbürgern fordert, sie sollen Deutsche werden? Sie sind es ja, so gut wie er und ich. Er mag tugendhafter sein als sie; aber machen die Tugenden den Deutschen?"[9]

Mommsens polemische Spitze war auch deshalb angebracht, weil Treitschke kurz vorher im vierten Band seiner vielgelesenen *Deutschen Geschichte im 19. Jahrhundert* (1876) die Rolle von Juden im literarischen Leben behandelt und die Schriftsteller Ludwig Börne und Heinrich Heine mit einem Bannstrahl belegt hatte, der besonders für die antisemitische Heine-Rezeption die bekannten Stereotypen geliefert hatte:

> Von der menschlichen Größe unserer klassischen Dichter besaß er nichts. Geistreich ohne Tiefe, witzig ohne Überzeugung, selbstisch, lüstern, verlogen und doch zuweilen unwiderstehlich liebenswürdig, war er auch als Dichter charakterlos und darum merkwürdig ungleich in seinem Schaffen. Oft mißbrauchte er sein Formtalent, um seelenlos das Anempfinden nachzudichten. [...] Mit Börne und Heine, mit dem Einbruch des Judentums, kündigte sich eine neue literarische Epoche an, die zum Glück nicht lange währen sollte, die häßlichste und unfruchtbarste Zeit unserer neuen Literaturgeschichte.[10]

---

8 Heinrich von Treitschke, *Unsere Aussichten* (zuerst: *Preußische Jahrbücher*, November 1879), in: *Der Berliner Antisemitismusstreit*. Hrsg. v. Walter Boehlich, Frankfurt a. M.: Insel 1988, 7–27, S. 10 und 13.
9 Theodor Mommsen, *Auch ein Wort über unser Judenthum* (Berlin 1880), in: *Der Berliner Antisemitismusstreit*. Hrsg. v. Walter Boehlich, Frankfurt a. M.: Insel 1988, 212–227, S. 216.
10 Heinrich von Treitschke, *Deutsche Geschichte im 19. Jahrhundert*. Illustrierte Ausgabe, Essen: Emil Vollmer o. J. [ca. 1985], S. 458 f.

Vor diesem Hintergrund ist Crampas' Begeisterung für Heine, aus dessen Werken er als Teil seiner raffinierten Verführungsstrategie ausführlich zitiert, umso erstaunlicher, ein geradezu programmatisch mutiges Bekenntnis, hinter dem man Fontane selbst vermuten darf.

Innstetten hingegen begeistert sich für Wagner vor allem deshalb, wie einige vom Erzähler zitierte Zeugen meinen, weil er mit dessen antisemitischer Schrift *Das Judentum in der Musik* (1850) übereinstimmt. In der Geschichte des Antisemitismus nimmt diese Schrift einen unrühmlichen Platz ein, weil mit ihr die Physiologisierung der jüdischen Alterität einen schlimmen ersten Höhepunkt erreicht:

> Als durchaus fremdartig und unangenehm fällt unserem Ohre zunächst ein zischender, schrillender, summsender und murksender Lautausdruck der jüdischen Sprechweise auf: eine unserer nationalen Sprache gänzlich uneigenthümliche Verwendung und willkürliche Verdrehung der Worte und Phrasenkonstruktionen giebt diesem Lautausdrucke vollends noch den Charakter eines unerträglich verwirrten Geplappers, bei dessen Anhörung unsere Aufmerksamkeit unwillkürlich mehr bei diesem widerlichen Wie, als bei dem darin ernthaltenen Was der jüdischen Rede verweilt.[11]

Wie sehr sich Crampas mit seiner Liebe zu Heine von dem vorherrschenden Casino-Ton der auch von Innstetten geschätzten Kessiner Gesellschaft unterscheidet, zeigt sich an einem patriotischen Toast, der einmal, unter Bezug auf die (im Berliner Antisemitismusstreit diskutierte) Ringparabel in *Nathan der Weise*, gegen Lessings „Judengeschichte" ausgebracht wird, weil sie „wie der ganze liberale Krimskrams nichts wie Verwirrung und Unheil gestiftet hat und noch stiftet" (155/ Reclam 174). Dieser letzte Zusatz zur Gegenwärtigkeit der Diskussion unterstreicht den intendierten Bezug zur zeitgenössischen Debatte über die „Judenfrage", in der Innstetten und Crampas gegensätzliche Positionen einnehmen. Es fehlt nur wenig, daß Innstetten Crampas, der für ihn ohnehin schon „so'n halber Pole" ist, im Stil Treitschkes zum ‚polnischen Juden' stereotypisiert hätte, um schlimmere Ressentiments gegen dessen Außenseiterrolle zu wecken.

Für die kulturpolitische Aktualität dieser Positionierung hat Fontane auch einen versteckten topographischen Hinweis lanciert: Die **Christuskirche** gegenüber der Wohnung Effis in der **Königgrätzer Straße**, wo Johanna auf Annie gewartet hat, war eine Stätte der Missionierung von Juden. Als hier der Prediger Paulus Stephanus Cassel (1821–1892), ein getaufter Jude, im Berliner Antisemitismusstreit den Hofprediger Adolf Stoecker und den Historiker Heinrich von

---

11 Richard Wagner, *Das Judenthum in der Musik* (1850), in: Wagner, *Gesammelte Schriften*, Bd. 5, Leipzig 1887, 66–85, S. 71.

Treitschkes angriff und sich auch publizistisch sowohl gegen Treitschke (*Wider Heinrich von Treitschke – für die Juden*, 1880) als auch gegen Wagner (*Der Judengott und Richard Wagner, eine Antwort an die Bayreuther Blätter*, 1885) engagierte, wurde die Kirche im Streit mit der Evangelischen Landeskirche, zu der sie nicht gehörte, 1891 geschlossen und erst am 6. Januar 1894, nun als Teil der Landeskirche, in Anwesenheit der Kaiserin wiedereröffnet. Die topographische Affinität zur stadtbekannten Kritik am Antisemitismus, mit dem Innstetten assoziiert wird, rückt Effi noch nachträglich auch ideologisch in die Nähe von Crampas.

Der Gegensatz zwischen der liberalen und der antisemitisch-konservativen Fraktion könnte eine heikle Öffnung der politischen Diskussion zur Folge haben. Aber sie unterbleibt. Obwohl Innstetten ein Günstling Bismarcks ist und von diesem sogar auf sein 1867 erworbenes Gut Varzin, in geographischer Nähe des fiktiven Kessin, eingeladen wird, erfahren wir von der Ausrichtung und den Inhalten seiner „Wahlkampagne" (129/Reclam 145), in der er engagiert ist, noch weniger als von Kommerzienrat Treibels Wahlkampagne für die Konservative Partei. Wir können nur vermuten, daß der Karrierist Innstetten das politische Engagement nicht weniger als Treibel nur zum Vorteil seiner beruflichen Laufbahn zu nutzen sucht.

Die politische Diskussion findet nur auf einem Nebenschauplatz statt. Als bei demselben Weihnachtsfest, wo der antisemitisch getönte patriotische Toast ausgebracht wird, ein Pastor meint, der fortschrittliche „Geist der Zeit" (153/Reclam 172), dieses Motto der liberalen Bewegung im Vormärz,[12] sei für die Lockerung der Sitten verantwortlich, fordert die erzkonservative Sidonie von Grasenabb eine rücksichtslose Durchsetzung von Zucht und Ordnung:

> „"Geist der Zeit!" sagte Sidonie. „Kommen Sie mir nicht damit. Das kann ich nicht hören, das ist der Ausdruck höchster Schwäche, Bankrutterklärung. Ich kenne das; nie scharf zufassen wollen, immer dem Unbequemen aus dem Wege gehen. Denn Pflicht ist unbequem. [...] Eingreifen, lieber Pastor, Zucht. Das Fleisch ist schwach, gewiß; aber ..." (153/Reclam 172)

Die rigorose Aussage wird zwar dadurch relativiert, daß sich die Sprecherin ausgerechnet im selben Moment, da sie mit einem halben Bibelzitat (Matthäus 25,41) das schwache Fleisch moralisch verdammt, reichlich von dem herumgereichten Fleischgericht nimmt. Aber bei aller Ironie des Erzählers setzt sie den Ton für das

---

[12] Vgl. Hinrich C. Seeba, 'Zeitgeist' und 'deutscher Geist': Zur Nationalisierung der Epochentendenz um 1800, in: *Deutsche Vierteljahrsschrift für Literaturwissenschaft und Geistesgeschichte*, Sonderheft 1987: *Von der gelehrten zur disziplinären Gemeinschaft*. Hrsg. v. Jürgen Fohrmann und Wilhelm Voßkamp, Stuttgart: J.B. Metzler 1987, 188–215.

Ausmaß der ‚Züchtigung', die im weiteren Romanverlauf auch Effi für ihren Fehltritt zu erwarten hat, weil man „die gesellschaftlichen Ordnungen gelten lassen" (154/ Reclam 172) und jede Abweichung von der Norm und jeden Versuch, sich dem gesellschaftlichen Zwang zu entziehen, rücksichtslos ahnden muß.

Angesichts dieser moralischen Einheitsfront erscheint hinter der Fassade des vermeintlich skrupellosen Verführers ein kritisches Potential, eine Alternative zu der kaiserlichen Gesellschaft manipulativer Vorteilsnahme und ihrer moralistischen Absicherung. Crampas ist für das Selbstverständnis dieser Gesellschaft, die sich in der eigenen Unmoral gegenseitiger Instrumentalisierung bequem eingerichtet hat, eine gern unterschätzte Gegenstimme, die leicht in die moralisch fragwürdige Ecke abgedrängt und dann im Duell schnellstens aus dem Weg geräumt wird: „alles erledigte sich rasch; und die Schüsse fielen. Crampas stürzte." (242/Reclam 274) Offensichtlich ist der Fehltritt narrativ so unwichtig wie seine im Eilverfahren erledigte, lakonisch registrierte Sühnung. Während Crampas nur ein Bürgerschreck ist, dem nicht einmal Effi eine Träne nachweint, entzündet sich an der tödlichen Beseitigung dieser Gegenstimme die wichtigste Diskussion des ganzen Romans: als offene Infragestellung der bürgerlichen Moral.

So unwichtig das Duell an sich ist, so folgenreich sind die Überlegungen, die ihm vorausgingen und die ihm folgen. Der ‚analytische' Gedankengang der Romanfiguren ist so abgehoben von dem sechs Jahre zurückliegenden, schon damals nur aus Indizien zu erschließenden Vorfall, Effis kurzer Affäre mit Crampas, daß hier das eigentliche gesellschaftskritische Programm vermutet werden kann. Der immanenten Gesellschaftsanalyse dient, so zeigt sich zum Abschluß auch unserer Analyse, das ganze Romangeschehen nur als konkreter Anlaß. Deshalb müssen die programmatischen Erklärungen hier auch im Wortlaut ausführlicher zitiert werden.

Nach der von Wüllersdorf ins Spiel gebrachten „Verjährungstheorie" (234/Reclam 265) könnte der Vorfall, der sich im zeitlichen Abstand zur Bagatelle verringert, eigentlich vergessen werden, zumal auch den damals hintergangenen Ehemann weder Haß noch Rachsucht leiten. Aber es sind grundsätzliche Überlegungen über die Verantwortung für die Gesellschaft, die ihn zwingen, gegen seine Überzeugung zu handeln und ein in jeder Hinsicht von der „Zeit" überholtes tödliches Ritual zu vollziehen, nur weil es die Doppelmoral der Gesellschaft so verlangt und er nicht den Mut hat, im Protest dagegen seine Karriere zu gefährden:

> „Aber im Zusammenleben mit den Menschen hat sich ein Etwas ausgebildet, das nun mal da ist und nach dessen Paragraphen wir uns gewöhnt haben, alles zu beurteilen, die andern und uns selbst. Und dagegen zu verstoßen geht nicht; die Gesellschaft verachtet uns, und zuletzt tun wir es selbst und können es nicht aushalten und jagen uns die Kugel durch den Kopf. [...] aber jenes, wenn Sie wollen, uns tyrannisierende Gesellschafts-Etwas, das fragt

nicht nach Charme und nicht nach Liebe und nicht nach Verjährung. Ich habe keine Wahl. Ich muß." (236/Reclam 267 f.)

Damit ist das wichtigste Wort der grundsätzlichen Gesellschaftskritik gefallen: „das uns tyrannisierende Gesellschafts-Etwas" ist der abstrakte Begriff einer fatalen, als ungefähres „Etwas" nicht greifbaren Macht, der die Glieder der Gesellschaft willenlos ausgeliefert sind. Die Entmächtigung des moralischen Individuums geht so weit, daß Innstetten, nur weil er seinen Freund ins Vertrauen gezogen hat, nun einen Mitwisser für den „Fleck auf meiner Ehre" (236/Reclam 268) hat, vor dem er sich immer verstecken müßte, wenn er seine angeblich verletzte Ehre nicht durch das Duell, also einen vorsätzlichen Mord, wieder herstellen würde. Weil man weder die Kraft noch den Willen hat, die Gesellschaft zu ändern, müsse man sich, schließlich auch nach Wüllersdorfs Ansicht, ihrem – ausdrücklich für unmoralisch und für unmenschlich gehaltenen – Zwang unterwerfen: „Die Welt ist einmal, wie sie ist, und die Dinge verlaufen nicht, wie *wir* wollen, sondern wie die *andern* wollen." Und Wüllersdorf fügt in Hinblick auf die Sakralisierung der falschen Moral hinzu: „unser Ehrenkultus ist ein Götzendienst, aber wir müssen uns ihm unterwerfen, solange der Götze gilt." (237/Reclam 269)

Eine juristische Möglichkeit, sich dieser Ausweglosigkeit des gesellschaftlichen Zwangs zu entziehen, wäre die schon von Wüllersdorf angedeutete Verjährungstheorie. Nachhaltiger allerdings wäre eine historische Relativierung, die Innstetten mit seinem Zweifel an der Richtigkeit des Ehrenzwangs ins Spiel bringt:

> „Zehn Jahre verlangen noch ein Duell, und da heißt es Ehre, und nach elf Jahren oder vielleicht schon bei zehnundeinhalb heißt es Unsinn. Die Grenze, die Grenze. Wo ist sie? War sie da? War sie schon überschritten? Wenn ich mir seinen letzten Blick vergegenwärtige, resigniert und in seinem Elend doch noch ein Lächeln, so hieß der Blick: ‚Innstetten, Prinzipienreiterei ... Sie konnten es mir ersparen und sich selber auch.' [...] So aber war alles einer Vorstellung, einem Begriff zuliebe, war eine gemachte Geschichte, halbe Komödie. Und diese Komödie muß ich nun fortsetzen und muß Effi wegschicken und sie ruinieren und mich mit..." (243/Reclam 276)

Wenn das Ehrprinzip nach einigen Jahren, wie der sterbende Crampas zu wissen scheint, als Prinzipienreiterei lächerlich wird und sogar als Unsinn und Komödie abgetan werden kann, dann tut sich mit der Historizität des Ehrbegriffs ein utopischer Freiraum der Selbstbestimmung auf, den Crampas unabhängig genug wäre zu nutzen, nicht aber Innstetten. Crampas, dessen sterbendem Lächeln Innstetten eine größere moralische Autorität als dem moralischen Diktat der Gesellschaft zubilligt, erinnert implizit an den historischen Bedeutungswandel der Ehre, die einst, etwa in Lessings *Minna von Barnhelm* (1764), ein wesentliches Moment bürgerlichen Selbstbewußtseins war und dann, etwa in Hebbels *Maria*

Magdalene (1843), zur kleinbürgerlichen Angst vor dem Gerede der Leute veräußerlicht und zur anonymen Macht verdinglicht wurde.

Aber der gesellschaftlich angepaßte Innstetten ist, selbst wenn er die Komödie der Ehrenhändel durchschaut, die immer mit dem unnötigen Tod eines von zwei Menschen endet, so wenig wie Hebbels Tischlermeister Anton der Mann, seine richtige Einsicht in politische Aktion umzusetzen. Der Adlige Baron Geert von Innstetten, erst Landrat in Kessin und dann Ministerialrat in Berlin, ist als leitender Staatsbeamter, der seinen Dienst im Innenministerium versieht, in das politische und gesellschaftliche System der Kaiserzeit viel zu fest eingebunden, um es in Frage stellen zu können. Als er schließlich durch Ernennung des Kaisers und mit Handschreiben des Ministers sogar zum Ministerialdirektor befördert wird, kommt die Erfüllung seiner Karriereträume zu spät. Weil sein Leben „verpfuscht" (287/Reclam 327) ist, bedeutet ihm „das Höherhinaufklimmen auf der Leiter" (285/Reclam 324) nun nichts mehr. Seitdem er den Blick des umsonst gestorbenen Crampas vor Augen hat, ist sogar Innstetten, dieser einst so skrupellose Karrierist, „etwas kritisch gegen derlei Dinge geworden" (285/Reclam 324). Weil ihm immer noch die Einsicht und der Mut fehlen, „derlei Dinge" genauer zu definieren, sind stattdessen die Leser aufgerufen, das „weite Feld" zu durchpflügen, auf das sie mit dem Schlußwort des Romans verwiesen werden.

Die ‚Analyse', die als kritischer Rückblick auf einen Vorfall die strukturelle Funktion des Berlin-Teils ist, hat genügend Gründe zu Tage gefördert, die auf Luise von Briests Frage nach der Schuld an Effis Unglück eine Antwort bietet, die nicht nur sie selbst, sondern die ganze Gesellschaft des Kaiserreichs belastet. Das wissen am Ende auch die Repräsentanten dieser Gesellschaft, die leitenden Ministerialbeamten Innstetten und Wüllersdorf, die sich nur mit resigniertem Stillhalten zu helfen wissen: „Einfach hierbleiben und Resignation üben. [...] In der Bresche stehen und aushalten, bis man fällt, das ist das beste." (288/Reclam 328) Es bleibt ihnen nichts als einsame Spaziergänge in Berlin, von der **Keithstraße** „eine Stunde Spaziergang am Kanal hin bis an die **Charlottenburger Schleuse** und dann wieder zurück" (289/Reclam 329), ein Abstecher zum Weinhaus Huth am **Potsdamer Platz** oder ein Besuch in der Friedenskirche in Potsdam, wo Julius Raschdorff, der Erbauer des späteren **Berliner Doms**, dem am 15. Juni 1888 gestorbenen 99-Tage-Kaiser Friedrich III. ein Mausoleum errichtet. Weder die Thronbesteigung des jungen Kaisers Wilhelm II. noch die Entlassung Bismarcks am 20. März 1890 werden erwähnt. Bis zuletzt bleibt die topographische Verankerung der Gesellschaftskritik wichtiger als der politische Rahmen ihrer historischen Fixierung auf die Zeit vor 1888.

8 Verbürgerlichung des Adels in der Grossgörschenstraße

Theodor Fontanes *Die Poggenpuhls* (1896)

Fontanes letzter vollendeter Roman *Die Poggenpuhls* (1896) ist, jedenfalls in seinem ersten, in Berlin spielenden Teil, dem ein scheinbar konventioneller Rückfall in das Genre des Briefromans mit Standort in Schlesien folgt, mehr als alle anderen Berliner Romane in der wiederholt auch thematisierten Großstadterfahrung verankert. An der topographischen Symbolik des Berliner Orts, an dem der Roman spielt, läßt schon der zweite Satz keinen Zweifel: „Diese **Großgörschenstraßen**-Wohnung war seitens der Poggenpuhlschen Familie nicht zum wenigsten um des kriegsgeschichtlichen Namens der Straße [...] willen gewählt worden." (479/Reclam 3)[1] Nicht erst der Erzähler, sondern die Bewohner selbst haben Wert auf die symbolische Bedeutung der Adresse gelegt und damit dem Erzähler Gelegenheit gegeben, ihre subjektive Wahl ironisch in Frage zu stellen, um sie gleichzeitig als objektives Zeichen ihrer Situation zu nutzen. So verrät sich schon in der Adresse die ironische Diskrepanz zwischen zwei unterschiedlichen Referenzsystemen, dem der Figuren und dem ihres Erzählers.

Der Name der **Großgörschenstraße**, in der die verarmten Adligen mit dem Standesbewußtsein ihrer preußischen Militärtradition nun „in ganz kleinen Verhältnissen" (482/Reclam 6) wohnen, ist wie die **Keithstraße** (in *Effi Briest*), die an den im Siebenjährigen Krieg gefallenen englischen Generalfeldmarschall James Keith erinnert, und die **Königgrätzer Straße** (ebenfalls in *Effi Briest*), die den Sieg Preußens über Österreich 1866 feiert, eingebunden in die preußische Geschichte. Aber der Name erinnert gerade nicht an einen Sieg, sondern an die Niederlage, die das mit Rußland verbündete Preußen – unter Beteiligung eines Rittmeisters von Poggenpuhl – am 2. Mai 1813 in der Schlacht von Großgörschen bei Lützen gegen Napoleon erlitten hat.[2] Der damit implizit in Zweifel gezogene Ahnenstolz wird weiterhin dadurch beschädigt, daß die Poggenpuhls einen „Familienkultus" (487/

---

[1] Theodor Fontane, *Die Poggenpuhls*, in: Fontane, *Werke, Schriften und Briefe*. Hrsg. v. Walter Keitel und Helmuth Nürnberger, Abt. I, Bd. 4, Darmstadt: Wissenschaftliche Buchgesellschaft 1973, 479–576. Zum Vergleich wird auch nach der Reclam-Ausgabe von 2012 (Mit einem Nachwort von Richard Brinkmann, zuerst Stuttgart: Philipp Reclam jun. 1967) zitiert.
[2] Vgl. zu den Ahnenbildern Christine Kretschmer, *Der ästhetische Gegenstand und das ästhetische Urteil in den Romanen Theodor Fontanes*, Frankfurt a. M.: Peter Lang 1997. Das Motv des Untergangs setzt sich in Sophies Adamsdorfer Kirchenmalereien fort, wo es um lauter biblische Untergangsszenarien geht.

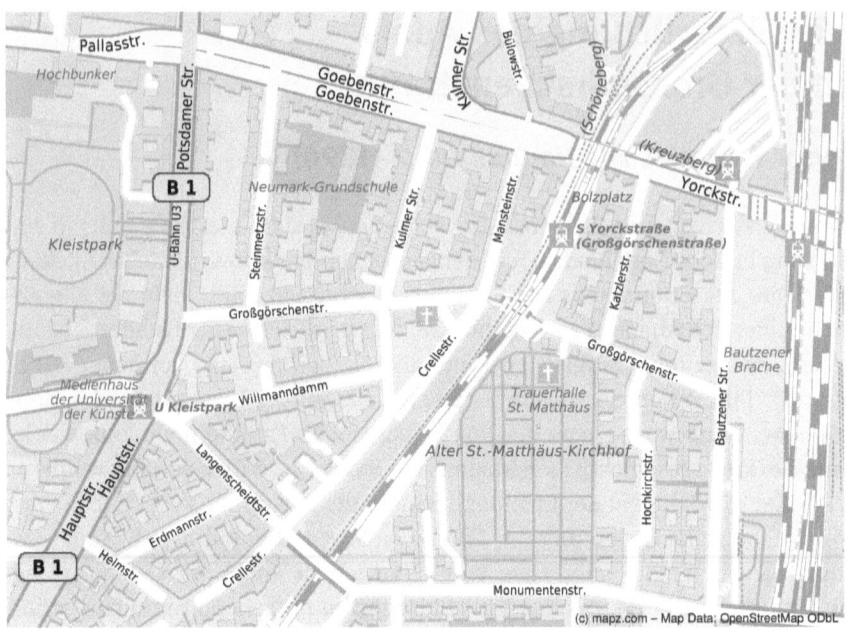

Karte 9: Großgörschenstraße, St. Matthäus-Kirchhof.

Reclam 12) nicht nur mit einer ganzen Ahnengalerie betreiben, einer Reihe von auf Karton geklebten Daguerreotypien und Fotografien im 10x15 cm großen „Kabinettformat" (486/Reclam 12), sondern vor allem mit dem Urvater Major Balthasar von Poggenpuhl, der auf einem großen Ölgemälde „dritten oder vierten Ranges" nur halbbekleidet den Überraschungsangriff der Österreicher in der Schlacht von Hochkirch am 14. Oktober 1758 vergeblich abzuwehren versucht und ausgerechnet auf dem Kirchhof, den er halten sollte, erschossen wurde. Die als heroische Geste gefeierte Niederlage wird noch dadurch in die Slapstick-Komik getrieben, daß das Bild fast jedesmal von der Wand fällt, wenn das Dienstmädchen Friederike den üppigen Barockrahmen des Ölschinkens abstaubt. Der traditionelle „Staub", in den am Ende von Kleists *Prinz Friedrich von Homburg* alle Feinde Brandenburgs geschickt werden sollen, hat sich inzwischen auf die Erinnerung an die preußischen Helden gelegt, die wie der Prinz gar nicht so heldenhaft waren. Schließlich war auch die dritte Schlacht im kriegsgeschichtlichen Erinnerungskult der Poggenpuhls, die für die Preußen diesmal siegreiche, aber sehr verlustreiche Schlacht von Gravelotte am 18. August 1870, kein Glückstreffer. Der Vater der Familie, Major Alfred von Poggenpuhl, ist in dieser Schlacht gefallen und hat der Familie, seiner Witwe mit drei inzwischen erwachsenen Töchtern, nichts als eine kleine Pension hinterlassen, von der sie kaum überleben können. Die drei Schlachten, die die kriegsgeschichtlich bedeutsame Adresse in der **Großgörschenstraße** assoziiert, sind – vom Siebenjährigen Krieg über die Napoleonischen Kriege zum Deutsch-Französischen Krieg – eine Geschichte der Niederlagen, in denen sich der Niedergang nicht nur der Poggenpuhls, sondern, weil sie den verarmten Stand repräsentieren („der arme Adel, das heißt also die Poggenpuhls" 490/Reclam 16), des ganzen Adels abzeichnet.[3]

Da hilft auch nicht der andere ausdrücklich genannte Grund für die Wahl dieser Adresse, „um der ‚wundervollen Aussicht' willen" (479/Reclam 3), weil die Aussicht von den Vorderfenstern auf „die Grabdenkmäler und Erbbegräbnisse auf dem **Matthäikirchhof**" (479/Reclam 3) nur für die sentimental-wehleidige Majorin, die gern vom Sterben spricht, ansprechend sein mag. Tatsächlich erinnert der Blick nur daran, daß die Poggenpuhls, die ja nach dem Kriegstod des in französischer Erde gebliebenen Familienvaters aus dem hinterpommerschen Stargard nach Berlin ziehen mußten, wo sie keine Wurzeln haben, ganz bestimmt kein Erbbegräbnis haben werden. Während der repräsentative Blick aus den Vorderfenstern der guten Stube, so „wundervoll" er erscheinen mag, eine morbide Aussicht auf den Tod nahelegt, zielt der rückwärtige Blick aus dem Küchenfenster auf die Reklame einer Bonbonfabrik, auf das süße Gegenteil des Friedhofs. Die Sichtachse, in deren Mitte die Wohnung der Poggenpuhls liegt, ist eine umgekehrte *vanitas mundi*-Situation: die Vorderseite des süßen Lebens ist der Tod. Der Tod ist so sehr in den Vordergrund gerückt, daß die barocke Allegorie der Eitelkeit von vornherein die Scheinhaftigkeit des standesbewußten Anspruchs geißelt, noch bevor der Erzähler durch detaillierte Beschreibung des Interieurs anzeigt, wie tief die adelsstolze Familie gefallen ist.

Die Begeisterung für die „sogenannte ‚wundervolle Aussicht'" entspricht der therapeutischen Ermutigung, die in *Effi Briest* Dr. Rummschüttel an den ‚herrlichen' Blick aus dem Hinterfenster von Effis noch bescheidenerer Wohnung knüpft. Während es in den *Poggenpuhls* der Ausblick auf den schräg gegenüber, gewissermaßen vor der Haustür gelegenen Friedhof ist, muß man an Effis Fenster in der **Königgrätzer Straße** die Augen schon sehr anstrengen, um jenseits der Bahnanlagen in der Ferne denselben Friedhof zu erkennen, den **Matthäikirchhof**, dessen Ansicht der Majorin so viel Freude macht. Wenn der Arzt meint, die

---

[3] Offensichtlich konnte Thomas Mann in den Poggenpuhls ein Berliner Modell für den Niedergang seiner Lübecker Familie Buddenbrooks finden. Vgl. Thomas Mann, *Der alte Fontane* (zuerst in: *Die Zukunft*, 19. Jg., Heft 1, 1. Oktober 1910), in: Mann, *Das essayistische Werk*. Taschenbuchausgabe in acht Bänden. Hrsg. v. Hans Bürgin, Bd. 1, Frankfurt a. M.: Fischer 1968, 36–55, S. 48: „sein Causeurtum, das nach ‚Effi Briest' überhandnahm, besteht in einer Verflüchtigung des Stofflichen, die bis zu dem Grade geht, daß schließlich fast nichts als ein artistisches Spiel von Ton und Geist übrigbleibt. War das Verfall?"

Aussicht wäre sogar „ideal", wenn man hinter den Bahngleisen nur nicht den (fast zwei Kilometer entfernten) **Matthäikirchhof** sehen würde, versucht er die symbolische Bedeutung des Friedhofs zu entkräften, nachdem er sie mit diesem Versuch überhaupt erst ins Blickfeld gebracht hat.

Topographische Intertextualität verrät etwas über die symbolische Konstruktion der städtischen Orte, die der Charakterisierung der Figuren und ihrer sozialen Situation dienen. Denn der Bahndamm, auf den Effi blickt, verläuft, wenn man den wirklichen, nicht den fiktionalisierten Stadtplan ansieht, auch zwischen der Wohnung der Poggenpuhls und dem Friedhof. Von keinem in der **Großgörschenstraße** gedachten Haus aus könnte man einen unverstellten Blick sowohl auf den Friedhof als auch auf die Rückfront der Häuser in der **Kulmstraße** haben. Für diesen Blick auf die Rückseite der quer verlaufenden **Kulmstraße** muß man sich die Adresse der Poggenpuhls auf der Nordseite der **Großgörschenstraße** zwischen **Kulmstraße** im Westen und der **Mansteinstraße** im Osten vorstellen. Selbst nachdem der zum **Potsdamer Bahnhof** führende Bahndamm der 1838 eröffneten Potsdamer-Magdeburger Eisenbahn, der ersten (1847 in einem Gemälde Adolph von Menzels festgehaltenen) Bahnstrecke in Preußen, nach dem letzten Weltkrieg abgeräumt wurde, blieb der Vorortbahnhof **Großgörschenstraße** auf der Wannseestrecke der S-Bahn (mit einer dem Kaiser vorbehaltenen Hofstation von 1883) als S-Bahn-Doppelstation **Yorckstraße (Großgörschenstraße)** bis heute erhalten; er liegt mitten im Blickfeld zwischen der gedachten Wohnung der Poggenpuhls und dem Friedhof. Aber dieser Bahndamm, der in *Effi Briest* eine so wichtige Rolle spielt und der, gemessen an der tatsächlichen Örtlichkeit, auch in den *Poggenpuhls* den Blick in jedem Fall durchschneiden müßte, bleibt, wie schon der erste Erforscher der Örtlichkeit bei Fontane, Wolfgang E. Rost, bemerkt hat, „unerwähnt".[4] Die symbolische Bedeutung, die die Bahngleise für Effi Briest haben, gilt nicht für die Poggenpuhls, wie umgekehrt der **Matthäikirchhof**, der für die Poggenpuhls so wichtig ist, für Effi nur ganz in der Ferne erscheint. Im einen Fall sind es die Erbbegräbnisse, die die illusorische Hoffnung der Bewohner auf wenigstens standesgemäßes Sterben weckt, im anderen Fall nur eine vom Erzähler in Sichtweite geholtes Zeichen für Effis nahen Tod.

Der Vergleich der beiden Fensterblicke ist ein einleuchtendes Beispiel für topographische Intertextualität, eine urbane Variante der wechselseitigen Textbezüge, die verschiedene Werke nicht nur desselben Autors, sondern auch verschiedener Autoren miteinander verbinden und so einen komparativen Bedeutungsrahmen herstellen. Wir haben (im 2. Kapitel) den städtischen Fensterblick in

---

4 Wolfgang E. Rost, *Örtlichkeit und Schauplatz in Fontanes Werken*, Berlin und Leipzig: Walter de Gruyter 1931, S. 137, Anm.

Heines erstem *Brief aus Berlin* (1822) und in E. T. A. Hoffmanns letzter Erzählung *Des Vetters Eckfenster* (1822) als konstitutives Element des urbanen Realismus kennengelernt. Ihrem Blick auf die Spaziergänger auf dem **Opernplatz** bzw. auf die Markttreibenden auf dem **Gendarmenmarkt** entspricht bei Fontane der Blick auf die Bahngleise in *Effi Briest* und auf den Friedhof in den *Poggenpuhls*. Die von den Romantikern antizipierte und von Fontane in London nachvollzogene Angst vor der Masse findet in seinen vergleichbaren Fensterszenen eine überraschende Lösung: Während auf dem gerahmten Industriebild in *Effi Briest* die dampfenden Maschinen den Menschen völlig verdrängt haben, sind die Menschen auf dem gerahmten Friedhofsbild nur noch als Tote unsichtbar gegenwärtig. Die Verdrängung der Menschen aus dem Fensterblick ist allerdings nicht Fontanes letztes Wort zur Frage der Masse, sie ist nur die Negativfolie für den entscheidenden, den urbansten Fensterblick, den Fontane für seinen topographischsten Roman aufgehoben hat.

Der aus der schlesischen Provinz angereiste Onkel Eberhard, ein von seiner bürgerlichen Frau ausgehaltener General im Ruhestand, stattet seiner Schwägerin, der Majorin Poggenpuhl, zu ihrem 57. Geburtstag am 4. Januar (1888) einen Überraschungsbesuch ab. Er zieht es aber entschieden vor, statt in der beengten Wohnung seiner verarmten Verwandten im Hotel Fürstenhof am **Potsdamer Platz** zu wohnen. Dieses im Baedeker von 1887 verzeichnete Hotel,[5] das über 50 Zimmer verfügte und erst 1907 vom neuen Eigentümer Aschinger zum vornehmen Luxushotel ausgebaut wurde, lag an der Mündung der **Königgrätzer Straße** in den **Leipziger Platz** (Adresse: **Leipziger Platz 2**) und bot einen Ausblick auf den **Potsdamer Platz**, auf dessen gegenüberliegender Seite, zwischen **Bellevuestraße** (wo Botho von Rienäcker in *Irrungen, Wirrungen* wohnt) und **Potsdamer Straße** (wo Fontane seit 1872 in der Nr. 134 c wohnte), seit 1880 das berühmte Café Josty lag. „Ende des 19. Jahrhunderts", heißt es heute auf einer einschlägigen Website, „war der **Potsdamer Platz** mit 92 Restaurants, 10 Destillen, 13 Cafés und 36 Schankwirtschaften die beliebteste Flaniermeile Berlins."[6] Um dieser vielversprechenden Aussicht willen (anstelle des Friedhofsblicks, den er von der ‚guten Stube' der Poggenpuhl gehabt hätte) bezieht Onkel Eberhard Quartier im Fürstenhof, weil er hier – wie ein Berliner Spießer oder wie ein Tourist aus der Provinz auf Kissen im Fenster gestützt – das bunte Stadttreiben beobachten kann:

> „Und wenn ich mich da morgens ins Fenster lege, links und rechts ein Sofakissen unterm Arm, und die frische Winterluft kommt so vom **Halle'schen Tor** her – was ich mir wohl

---

[5] Karl Baedeker, *Berlin und Umgebungen. Handbuch für Reisende*, Leipzig: Karl Baedeker [5]1887. S. 14.
[6] https://www.potsdamer-platz.net/historie/ (17.11.2016).

gönnen kann, weil ich dran gewöhnt bin, denn von unsrer alten Koppe herunter pustet es noch ganz anders – und ich habe dann so Café Bellevue und Josty vor mir, Josty mit dem Glasvorbau, wo sie schon von früh an sitzen und Zeitungen lesen, und die Pferdebahnen und Omnibusse kommen von allen Seiten heran, und es sieht aus, als ob sie jeden Augenblick ineinander fahren wollten, und Blumenmädchen dazwischen (aber es sind eigentlich Stelzfüße), und in all dem Lärm und Wirrwarr werden dann mit einemmal Extrablätter ausgerufen, so wie Feuerruf in alten Zeiten und mit einer Unkenstimme, als wäre wenigstens die Welt untergegangen, – ja, Kinder, wenn ich das so vor mir habe, da wird mir wohl, da weiß ich, daß ich mal wieder unter Menschen bin, und darauf mag ich nicht gern verzichten." (512f./Reclam 42)

Der seiner ländlichen Einsamkeit entwichene Onkel will endlich mal wieder „unter Menschen" sein, bleibt aber doch in der sicheren Distanz der Fensterperspektive. In diese Beobachtung des distanzierten Beobachters, die an das (im 2. Kapitel besprochene) Porträt des am Rand des **Potsdamer Platzes** stehenden alten Fontane durch Franz Servaes erinnert, ist eine 1890 brieflich mitgeteilte eigene Erfahrung Fontanes eingegangen, in der er zu seiner Überraschung „das großstädtische Leben" in Erinnerung an seine Rolle als Theaterrezensent „wie aus einer Theaterloge" wirklich zu genießen begann:

Seit kurzem – sonderbar bei meinen hohen Semestern – fange ich überhaupt wieder an, auf das großstädtische Leben und den eignen Reiz, den es äußert, Gewicht zu legen. Nicht, als ob ich dies Leben direkt mitleben möchte, das geht nicht, das widerstreitet meinem Können und meinem Geschmack, aber dies Leben wie aus einer Theaterloge mit *ankucken* zu können, das hat doch wirklich was für sich. Daß ich dies jetzt wieder stärker empfinde, hängt wohl damit zusammen, daß das Leben unter unsrem jungen Kaiser doch viel bunter, inhaltsreicher, interessanter geworden ist. Immer ist etwas los.[7]

Fontane vergißt in seiner urbanen Schaulust sogar die gewohnte Distanz zu Kaiser Wilhelm II., der in seinen Romanen so gut wie nie vorkommt, und verfällt in den Umgangston der Berlin-Werbung: Was sich da auf der Bühne der Stadt an Leben tummelt, „hat doch wirklich was für sich", weil in Berlin „immer etwas los" ist. So kann auch Onkel Eberhard, in dessen Touristenrolle Fontane selbst geschlüpft ist, von seinem Hotelfenster aus das hektische Großstadtleben „wie aus einer Theaterloge ankucken", den für Besucher überwältigenden Weltstadtverkehr, in dem einzelne Menschen – die Zeitungsleser im Cafe, die Blumenmädchen, die sich als Invaliden des letzten Krieges entpuppen, und Zeitungsjungen – nur eine Statistenrolle spielen. Hauptakteur auf der Bühne der noch jungen Millionenstadt ist der Verkehr selbst, die von allen Seiten herankommenden Pferdebahnen und

---

[7] Theodor Fontane, Brief an Georg Friedländer, 9. Dezember 1890, zit. Hans-Heinrich Reuter, *Fontane*, 2 Bände, Berlin: Verlag der Nation 1968, Bd. 2, S. 725.

Omnibusse, die in den öffentlichen Verkehrsmitteln transportierten und in den Straßen und über die Plätze eilenden Ströme von Menschen, die für den Beobachter nichts Befremdliches oder gar Bedrohliches haben. Die urbane Masse braucht hier nicht, wie noch bei E. T. A. Hoffmann durch Zuschreibung von Geschichten, indidualisiert zu werden. Absorbiert im turbulenten Verkehr, ist die Menschenmasse gerade in ihrer Anonymität das Fascinosum.

In keinem anderen Berliner Roman Fontanes zeigt sich eine solche Begeisterung für die Großstadt: „offen gestanden, ich ziehe den Potsdamer Platz vor, weil da das meiste Leben ist. Und Leben ist nun mal das Beste, was eine große Stadt hat. Das fehlt uns in Adamsdorf." (512/Reclam 41f.) Die pointierte Verlagerung des Lebens vom dörflichen zum urbanen Realismus hat einen deutlich programmatischen Charakter: Berlin ist lebendiger als jedes Adamsdorf. Dabei knüpft der emphatische Lebensbegriff an die Geschichte der realistischen Poetik an und erinnert an das gegen die „idealistische Periode" gerichtete quasi-realistische Programm in Georg Büchners Erzählung *Lenz* (1835): „Der liebe Gott hat die Welt wohl gemacht wie sie seyn soll, und wir können wohl nicht was Besseres klecksen, unser einziges Bestreben soll seyn, ihm ein wenig nachzuschaffen. Ich verlange in Allem – Leben, Möglichkeit des Daseins, und dann ist's gut; wir haben dann nicht zu fragen, ob es schön, ob es häßlich ist, das Gefühl, daß Was geschaffen sey, Leben habe, stehe über diesen Beiden, und sey das einzige Kriterium in Kunstsachen."[8] ‚Leben' ist für Fontane wie für Büchner der ästhetisch gemeinte Sammelbegriff für das Mögliche im Wirklichen, ein zu Fontanes Zeit gerade lebensphilosophisch aufgewerteter und für Wilhelm Diltheys gleichzeitige Begründung der Geisteswissenschaften zentraler Begriff der Hermeneutik.[9] Die auch wissenschaftsgeschichtlich wichtige Bedeutung des strukturierten Lebenszusammenhangs rückt die urbane Vitalität mit ihrem organisierten Chaos in entschiedenen Gegensatz zum morbiden Stillstand. Berliner Weltstadtleben erschließt sich im Kontrast zum symbolträchtigen Adamsdorf in seiner adamitischen Ursprünglichkeit wie der Fensterblick auf den **Potsdamer Platz** im Kontrast zum Fensterblick auf den Friedhof.

---

[8] Georg Büchner, *Lenz*, in: *Sämtliche Werke und Briefe*. Historisch-kritische Ausgabe. Hrsg. v. Werner R. Lehmann, Bd. 1, Hamburg: Christian Wegner 1967, 437–483, S. 449.
[9] Nach dem Vorgang von Karl Philipp Moritz (*Beiträge zur Philosophie des Lebens*, 1780) und Friedrich Schlegel (*Vorlesungen über die Philosophie des Lebens*, 1827) zeigen sich die lebensphilosophischen Ansätze auch in den für die Begründung der Geisteswissenschaften wichtigsten Schriften Diltheys, *Ideen über eine beschreibende und zergliedernde Psychologie* (1894) und *Beiträge zum Studium der Individualität* (1895/96). Vgl. Otto Friedrich Bollnow, *Die Lebensphilosophie*, Berlin, Göttingen, Heidelberg: Springer 1958.

Onkel Eberhard will unbedingt am **Potsdamer Platz**, dem Inbegriff großstädtischen Lebens, sein, „weil da das meiste Leben ist". Als Vertreter seines absterbenden Standes, der acht Monate später in Adamsdorf selber sterben wird, nachdem er am Sedanstag, also am 2. September 1888, ausgerechnet auf den (nicht als Wilhelm II. identifizierten) Kaiser eine Rede gehalten hat, saugt er noch einmal das Berliner Lebenselixir in vollen Zügen ein. Aus der topographischen Entgegensetzung von **Matthäikirchhof** und **Potsdamer Platz**, die wie Tod und Leben miteinander korrespondieren und so noch einmal die Figur der *vanitas mundi* andeuten, läßt sich auch das Formproblem dieses Berliner Romans besser verstehen. Mit der detaillierten Beschreibung der Wohnung und ihrer Ausstattung wird einleitend kein Handlungsraum geschaffen, der mit Aktion zu füllen wäre, sondern ein Milieu so realistisch wie sonst nie bei Fontane beschworen, die atmosphärische Vergegenwärtigung eines statischen Zustands ohne Handlung, weil selbst die in gerahmte Bilder gebannten heroischen Aktionen, auf die man sich in kriegsgeschichtlicher Nostalgie beruft, allenfalls dazu taugen, den amüsierten Lesern ein Lächeln über die heldenbegeisterten Nachkommen abzugewinnen.

Die intendierte Ereignislosigkeit dieses Romans ist so ausgeprägt, daß Fontane wiederholt die „Stofflosigkeit"[10] und „dies Nichts, das es ist, um seiner Form willen"[11] gerechtfertigt hat: „Das Buch ist kein Roman und hat keinen Inhalt, das „Wie" muß für das „Was" eintreten – mir kann nichts Lieberes gesagt werden."[12] Nicht auf die inhaltliche Ausführung einer Handlung, sondern auf die ästhetische Durchführung der Handlungslosigkeit kommt es an, weil nur so die vom Untergang bedrohte Zuständlichkeit des Adels, seine historische Stillegung im Kontrast zur beschleunigten Mobilität der großstädtischen Moderne, der das künftige Leben gehört, in den Blick der Leser gerät; denn die Entstofflichung der Handlung ist das ästhetische Zeichen für die Götterdämmerung des Adels, der nur in der Vergangenheit Geschichte geschrieben hat.[13] Weil der Zustand der Poggenpuhls im Brennpunkt des narrativen Interesses steht, braucht der Fensterblick auf den

---

10 Theodor Fontane, Brief an Ernst Heilborn, 16. Januar 1897, in: Fontane. *Der Dichter über sein Werk*. Hrsg. v. Richard Brinkmann in Zusammenarbeit mit Waltraud Wiethölter, München: Deutscher Taschenbuch Verlag 1977, Bd. 2, S. 468.
11 Theodor Fontane, Brief an Georg Friedländer, 4. Januar 1897, in: Fontane. *Der Dichter über sein Werk*. Hrsg. v. Richard Brinkmann in Zusammenarbeit mit Waltraud Wiethölter, München: Deutscher Taschenbuch Verlag 1977, Bd. 2, S. 468.
12 Theodor Fontane, Brief an Siegmund Schott, 14. Februar 1897, in: Fontane. *Der Dichter über sein Werk*. Hrsg. v. Richard Brinkmann in Zusammenarbeit mit Waltraud Wiethölter, München: Deutscher Taschenbuch Verlag 1977, Bd. 2, S. 469.
13 Solche kritische Vision des Adels ist umso brisanter, als der Adel, wie Gerhard Friedrich (*Fontanes preußische Welt. Armee – Dynastie – Staat*, Herford: Mittler 1988, S. 419, Neuauflage Flensburg: Baltica 2001) betont, zu Fontanes Zeit die Machtzentren durchaus noch besetzt hielt.

Potsdamer Platz auch die dort draußen wimmelnde Masse von Menschen nicht mehr zu individualisieren, wie es E. T. A. Hoffmann mit seinem Fensterblick auf den Gendarmenmarkt noch tun zu müssen glaubte. Seitdem den öffentlichen Raum eine zunehmend ständelose Gesellschaft füllt, ist die Adresse in der **Großgörschenstraße** der soziale Ort, an dem sich der Adel, wie im 18. Jahrhundert das sich dadurch emanzipierende Bürgertum, auf das Innere zurückzieht und sich hier einen Freiraum der Selbstachtung bewahrt. Deshalb signalisiert die detaillierte Beschreibung des Interieurs, über die große Kunst realistischer Milieu-Beschreibung hinaus, mit dem bürgerlich anmutenden Rückzug in den Privatraum zugleich die Verbannung des Adels aus dem öffentlichen Raum der Großstadt.[14]

Da diese symbolische Verabschiedung des Adels aus der Öffentlichkeit das eigentliche Thema der *Poggenpuhls* ist, könnte man, falls man biographische Motive für literarische Konzeptionen der Gesellschaftskritik suchen wollte, an die Verbitterung denken, die Fontane in dem spöttischen Gedicht *An meinem Fünfundsiebzigsten* (1894) erkennen läßt, nachdem der preußische Adel im Gegensatz zu Berliner Juden seinen 75. Geburtstag am 30. Dezember 1894 nicht beachtet hat. In dem Gedicht führt er alle Adelsnamen auf, denen er ein literarisches Denkmal gesetzt hat („Und über alle hab' ich geschrieben"), um dann die Juden zu preisen, die ihn geehrt haben: „Aber die zum Jubeltag da kamen, / Das waren doch sehr, sehr andre Namen / [...] / Abram, Isack, Israel, / Alle Patriarchen sind zur Stell', / Stellen mich freundlich an ihre Spitze, / Was sollen mir da noch die Itzenplitze! / Jedem bin ich was gewesen, / Alle haben sie mich gelesen, / Alle kannten mich lange schon, / Und das ist die Hauptsache..."kommen Sie, Cohn"."[15] Aber eine biographische Erklärung der Adelskritik würde verkennen, daß das Gefühl persönlicher Zurücksetzung, das Fontane so ungeschützt zum Ausdruck gebracht hat, auf eine schon Monate vor diesem Anlaß fixierte Antithese zurückgreifen konnte, wo es um ein zeitgemäßes Verhältnis zur technischen Moderne geht: „Der xbeinige Cohn, der sich ein Rittergut kauft, fängt an, mir lieber zu werden als irgendein Lüderitz oder Itzenplitz, weil Cohn die Zeit begreift und alles thut, was die Zeit verlangt, während Lüderitz an der Lokomotive zoppt und ‚brr' sagt und

---

14 Für die Analyse des verbürgerlichten Adels greifen hier die Kategorien, die Habermas einst für die Emanzipation des Bürgertums entwickelt hat. Vgl. Jürgen Habermas, *Strukturwandel der Öffentlichkeit. Untersuchungen zu einer Kategorie der bürgerlichen Gesellschaft* (1962), Neuwied und Berlin: Sammlung Luchterhand 1971.
15 Theodor Fontane, *An meinem Fünfundsiebzigsten*, in: Fontane, *Werke, Schriften und Briefe*. Hrsg. v. Walter Keitel und Helmuth Nürnberger, Abt. I, Bd. 6, München: Carl Hanser ²1978, S. 340 f.

sich einbildet, sie werde stillstehn wie sein Ackergaul."[16] Cohn ist zukunftsträchtiger als Itzenplitz, die Bartensteins sind, wie wir sehen werden, zukunftsträchtiger als die Poggenpuhls. Aus der Analogie ergibt sich eine These, die im folgenden konkretisiert werden muß. Was zunächst als literarische Heimzahlung für die Boykottierung seines 75. Geburtstags durch den Adel erscheinen könnte, verspricht als viel grundsätzlichere Verabschiedung des politisch und ökonomisch abgewirtschafteten Adels die wohl herbste Gesellschaftskritik des Berliner Romans.

Die Adresse **Großgörschenstraße** liegt in einer kleinbürgerlichen Gegend im Süden Berlins, der im Norden die **Invalidenstraße** als Hauptadresse von *Stine* (1890) entspricht. Während auch dort dem kitschig prätentiösen Mobiliar besondere Aufmerksamkeit geschenkt wird, um die soziale Anhebung der Witwe Pittelkow zur Mätresse eines alten Adligen zu charakterisieren, wird hier der soziale Abstieg der Adelsfamilie am stilvoll schäbigen Mobiliar vorgeführt. Von vornherein besteht an der sozialen Umschichtung kein Zweifel. Der Hausbesitzer ist der einstige Maurerpolier August Nottebohm, der die Schlacht von Gravelotte in dem von Major Poggenpuhl geführten Bataillon überlebt hat und in der Gründerzeit offenbar genügend Geld ansammeln konnte, um über den Kauf dieses Miethauses Grundbesitzer zu werden und sein Leben als ‚Rentier' zu verbringen. Von ihm und seiner Gnade sind die Poggenpuhls abhängig, weil er seinen zahlungsschwachen Mietern garantiert hat, daß er die anfänglich zum Trockenwohnen des Neubaus eingeräumte Niedrigmiete nie erhöhen wird. Dem ökonomischen Aufstieg des Kleinbürgers entspricht der soziale Abstieg des Adels.

Die „ganz kleinen Verhältnisse" (482/Reclam 6), in denen sich die Poggenpuhls einrichten mußten, zeigen sich am deutlichsten in der „ärmlichen Einrichtung" (481/Reclam 5) der engen Wohnung in der **Großgörschenstraße**. Das zu zeigen ist dem Erzähler so wichtig, daß er wiederholt die Verhältnisse erwähnt, deren Schilderung den handlungsarmen Roman ausmacht: „Wie sich von selbst versteht, war auch die Poggenpuhlsche Wohnungseinrichtung ein Ausdruck der Verhältnisse, darin die Familie nun mal lebte." (481/Reclam 5) Die Wohnung ist so klein, daß die Mutter zusammen mit den drei erwachsenen Töchtern im selben Zimmer, dem sogenannten „Berliner Zimmer" (im toten Winkel zwischen Vorderhaus und Seitenflügel), schlafen und, weil es nur drei Betten darin gibt, sich die beiden jüngsten in einem Notbett wöchentlich ablösen müssen. Das alte Dienstmädchen, das trotz allem bei ihnen geblieben ist, hat ihre dürftige Schlafstatt auf dem typischen Berliner „Hängeboden", einer über eine

---

[16] Theodor Fontane, Brief an Georg Friedländer, 14.5.1894, in: *Briefe Theodor Fontanes. Zweite Sammlung*. Hrsg. v. Otto Pniower und Paul Schlenther, Berlin ²1910, Bd. 1, S. 258.

Leiter zugänglichen Zwischendecke in der Küche. Mangels Heizmaterial kann nur das kleine, einfenstrige „Wohnzimmer" geheizt werden, während die für Besucher vorbehaltene zweifenstrige „gute Stube", die als „Empfangssalon" dienen soll, nie genutzt wird. Ausgestattet ist dieser sogenannte Salon mit einem ausgefransten Teppich, mit mehrfach gestopften Gardinen und einem auf einer Auktion erstandenen Pfeilerspiegel (dem bei Fontane unvermeidlichen Trumeau), der, obwohl weißlackiert, vielleicht um Schadstellen im ursprünglichen Intarsienholz zu verdecken, mit seiner Goldleiste „von einer erlöschenden, aber doch immerhin mal dagewesenen Feudalität" zeugt (481/Reclam 5). Zur Erinnerung an bessere Tage in der Militärgeschichte der Familie hängt über dem Sofa das Ölbild des Rittmeisters von Poggenpuhl, der 1813 an der Schlacht von Großgörschen teilgenommen hat, nun aber, in einem ironischen Fiktionsbruch, auf eine Glasschale blickt, in der im Sommer symbolträchtige Vergißmeinnicht und im Winter verräterische Visitenkarten von erhofften, aber ausgebliebenen Besuchern liegen. Falls aber doch mal Besuch kommen sollte, wartet auf ihn auf dem Schreibtisch eine nur halb gefüllte Karaffe mit Rotwein, den man aus Sparsamkeitsgründen auch nur aus „Likörgläschen" anbieten würde. Die auf ihre zweifelhafte Geschichte fixierten Poggenpuhls sind in der gesellschaftlichen Gegenwart eine vergessene Familie ohne jeden gesellschaftlichen Kontakt. Das Interieur ist die in Dingen objektivierte soziale Physiognomie der Bewohner. Die Einrichtung ist wie die Adressen und sogar die Charaktere, die mit ihrem Wohnort identifiziert werden, „ein Ausdruck der Verhältnisse", deren Vorführung das eigentliche Vorhaben des Erzählers ist.

Anders als der Salon, in dem sich die Familie für eventuellen Besuch nach außen darstellt, wird die Einrichtung der einfenstrigen, also kleineren Wohnstube, die nur dem Eigenbedarf dient, nicht geschildert, dafür aber umso minutiöser das tägliche Morgenritual auf der Ebene des Dienstmädchens. Friederike, die morgens vor allen anderen aufsteht, um im gegenüberliegenden Kellergeschäft Frühstückssemmeln und Milch zu kaufen, muß den Kaffee mahlen, mit Holz und Presskohlen das Feuer im Ofen der Wohnstube in Gang bringen, Staub wischen und, während sie den inzwischen einzig geheizten Zimmer versammelten vier Damen das Frühstück serviert, sich immer dieselben Klagen darüber anhören, daß sie beim Staubwischen nicht ehrerbietig genug mit dem künstlerisch minderwertigen Ölgemälde umgeht und daß sie die Semmeln nicht beim ‚Budiker' im Kramladen im Souterrain, sondern bei einem richtigen Bäcker kaufen sollte. In diesem alltäglichen Einerlei wird der Auftritt des Briefträgers wie ein großes Ereignis begrüßt, weil er mit anderen Postsachen einen Brief von dem Bruder Leo, dem in Thorn stationierten Leutnant, abgibt.

Damit kommt, erst zehn Seiten nach Romanbeginn, die sparsame Handlung langsam in Gang. Aber auch an diesem aufgeschobenen Beginn des Geschehens nimmt ein Brief die Stelle von Aktion ein, wie fast im ganzen zweiten Teil des Romans ein Briefwechsel Aktion ersetzen muß. Noch vor der Verlesung des Briefes von Leo dient dem Erzähler die Situation als Anlaß, eine soziale Schranke zu markieren, die mitten durch die Familie läuft. Als die Mutter darüber klagt, daß Leo sicher wieder nur einen Bettelbrief schreibt, wo sie doch finanziell mit Weihnachten, Neujahr und der Miete selbst schon genug belastet seien, fährt ihr die älteste Tochter Therese, die nichts anderes als den Adelsruf der Poggenpuhls im Kopf hat und nichts dazu beiträgt, die angespannte Lage zu entlasten, der bürgerlich geborenen, also nicht standesgemäßen Mutter, einer Pastorentochter, über den Mund: „Man sieht doch, daß du keine Soldatentochter bist." (489/Reclam 15) Wieder verrät sich die narrative Ambivalenz der Perspektive: Während subjektiv, in den Augen Thereses, die Mutter den Anforderungen ihres Standes nicht gewachsen ist, ist objektiv, für die Lösung der ökonomischen Misere, der aristokratische Militärstatus der Familie völlig irrelevant. Die fehlende Einsicht in die tatsächlichen Verhältnisse verrät eine Prätention, die dem zu beschreibenden Zustand eine gelegentlich bis ans Satirische reichende Doppelbödigkeit verleiht. Damit ist in der gesellschaftlichen Situation, die als Zustand bezeichnet und nicht über Aktion entwickelt wird, das Thema des Romans vorgezeichnet: Der soziale Abstieg des teilweise schon verbürgerlichten, in ärmlichen Verhältnissen lebenden Adels, der, ohne es sich einzugestehen, nur von der Gunst großzügiger Kleinbürger (Nottebohm) und, weil Manon mit der Tochter Flora eines Bankiers befreundet ist und so für die begabte mittlere Tochter Sophie eine Art Hauslehrerstelle arrangieren konnte, von der Gunst reicher Juden (Bartensteins) lebt. Im ganzen Roman geht es, symbolisiert in der Adresse **Großgörschenstraße**, um diese Diskrepanz zwischen materieller Realität und sozialer Prätention, zwischen Wirklichkeit und Illusion, zwischen Sein und Bewußtsein.

Therese unterbricht die Verlesung des Briefes von Leo, als er der Mutter vorwirft „Ach, Mutter, warum bist du keine geborene Bleichröder?..." (490/Reclam 15); sie findet diesen Satz „empörend", nicht etwa weil Leo sich im Ton vergreift und, im gleichen arroganten Tonfall wie sie selbst, der Mutter die bürgerliche Geburt vorhält, sondern weil er für die Korrektur dieses Makels nur an einen Juden, den reichsten Juden der Gründerzeit, Gerson Bleichröder, aber nicht an einen standesgemäßen Hochadligen denken kann; denn Leo ist als charmanter Tunichtgut kein Zukunftsträger, der die Familie aus der Misere herausreißen könnte, sondern ein verantwortungsloser Materialist, dem es nur ums Geld geht, um es sinnlos zu verschwenden, und der deshalb jüdische Beziehungen, anders als Manon, nur zu seinem Vorteil eingeht. Da es zu spät ist, der Sohn eines Gerson Bleichröder zu sein, will er wenigstens der Schwiegersohn eines Blumenthal werden.

Leos brieflich angekündigter Besuch bietet dem Erzähler eine weitere Gelegenheit, nicht eine Handlung in Gang zu bringen, sondern die Beschreibung des miserablen ökonomischen Zustands dadurch zuzuspitzen, daß der zusätzliche Esser, vor allem wenn er sich als ein solcher Schnorrer gebärdet, der sich bei Muttern durchfressen will, das Problem kaum ausreichender Verpflegung verschärft. Als ihn bei seiner Ankunft nach einem Bier dürstet, muß er mit einem Glas Wasser vorliebnehmen. Als er die für den morgigen Geburtstag der Mutter vorgesehene Ente nicht sofort bekommen kann, muß er sich mit der Entenleber begnügen. Als ihm die Entenleber vorgesetzt wird, in die sich eigentlich die ganze Familie teilen müßte, ißt er sie ganz allein und mit einer Semmel, die er dazu verlangt. Als er Sophie und Manon ins Restaurant Helms führt, reicht es nur zu einer Tasse Schokolade, für die bestimmt nicht er zahlt. Als er sich in der Küche ein Abendbrot holen soll, kann ihm Friederike nur „eine Boulette von gestern mittag und ein paar eingelegte Heringe mit Dill und Gurkenscheiben" (503/Reclam 31) anbieten, dazu „einen halben Edamer, der eigentlich nur noch eine rote Schale war" (507/Reclam 36) und den er mit seinem Taschenmesser restlos auskratzt. Als er von dem Hering durstig wird und für den Tee, den ihm Friederike anbietet, Rum verlangt, muß er mit einem Kümmelschnaps („Gilka") vorliebnehmen. Als tags darauf der Geburtstag der Mutter gefeiert wird, trinkt er die kleine, wie wir wissen, für eventuelle Besucher nur halb gefüllte „Repräsentationsweinflasche" (510/Reclam 39), die für alle gedacht ist, allein aus, so daß die Schwestern nur mit ihren Fingerknöcheln auf die Mutter anstoßen können. Als die Geburtstagsente serviert wird, läßt er sich mit der Keule das größte Stück geben, weil daran ja auch noch das „Bindestück" hänge, so daß dem überraschend auftauchenden Onkel Eberhard nichts bleibt, als „einen Flügel abzuknorpeln" (Reclam 41). Aber als man diesem Onkel, der ausdrücklich als bedürfnislos gepriesen wird, für den nächsten Tag ein durchaus bescheidenes Schlemmermahl in Aussicht stellt („Weißbiersuppe mit Sago", „eine kleine Schüssel Teltower Rüben", eine aus Adamsdorf stammende „Spickgans" und schließlich „Sahnenbaisers von Konditor Eschke" sowie „Butterbrot und Käse" (533f./Reclam 66f.), verzichtet er erwartungsgemäß unter einem Vorwand auf die reichliche Bewirtung, die die Mutter von vornherein als eine nur „symbolische Handlung" ansah, weil „der Onkel vorher gefrühstückt haben würde" (534/Reclam 67). In einer Familie, deren „klug erwogener Luxus" darin besteht, daß man mit dem immer kochenden Wasser jederzeit für mögliche Gäste „eine Kraftbrühe von französischem Namen" (503/Reclam 31), also eine Bouillon, bereiten kann, wird der Schein nur unter der Voraussetzung aufrechterhalten, daß ihn niemand für mehr als Schein nimmt. Die Prätention ist ein abgekartetes Spiel, an dem alle beteiligt sind, auch die jüdische Freundin Flora, die „unter freundlicher Ablehnung von

‚Aufschnitt'" (503/Reclam 31), den es vermutlich gar nicht gibt, nur um Brühe bittet.

Bei all diesen Vorfällen kommt es weniger auf die Charakterisierung eines liebenswerten Schmarotzers als auf die Beschreibung der Armut an, die trotz aller standesbewußten Contenance bei jeder Verrichtung zum Vorschein kommt. Mit einer selbst für den realistischen Roman ungewöhnlichen Detailliebe geht es bei dieser wiederholten und ausführlichen Schilderung der geringen Essensvorräte darum, den Blick der Leser für die Diskrepanz von Anspruch und Realität zu schärfen. Dieser Absicht sind auch andere Details zuzuordnen, etwa wenn die Mutter Leo und die jüngeren Töchter nicht in die Stadt begleitet, weil sie die Mehrkosten scheut („ Eine Person mehr macht schon immer was aus." 498/Reclam 25) und weil ihr Mantel für ein Lokal nicht mehr gut genug ist, so wie sie auch ihr Rheuma vorschützt, um aus demselben Grund nicht den Schwager und die Familie ins Theater und ins Restaurant begleiten zu müssen, oder wenn die drei Schwestern, als sie Hausbesuche machen sollen, bis zum **Botanischen Garten**, dem heutigen **Kleist-Park**, laufen, um den billigeren „Zonentarif" (534/Reclam 67) der Pferdebahn zu nutzen, oder wenn am Ende die aus Adamsdorf zurückkehrende Familie mit einem Willkommensgruß empfangen wird, der nur auf halbem Papierbogen und „vielleicht auch aus Ersparnis" mit blassen Buchstaben ohne „rechten Tintenkorpus" (573/Reclam 113) geschrieben ist. Selbst an Papier und Tinte, den für Fontane wichtigsten Materialien seines Schriftsteller-Berufs, muß gespart werden, nachdem der ungebrauchte Schreibtisch schon längst zur Anrichte umfunktioniert wurde, auf der die halbgefüllte Repräsentationsflasche mit den Likörgläschen „eine Art Gastlichkeit" (481/Reclam 6) zur Schau stellt. Die versteckten Zeichen der Dissoziierung verraten den Grad der Distanz in der ironischen Erzählerhaltung.

Kein Wunder also, wenn – zum weiteren Beweis der sozialen Umschichtung der Gesellschaft – sogar der berlinernde Portier des Hauses, in dem die Poggenpuhls zu ermäßigter Miete wohnen, Herr Nebelung, für „das ‚pauvre Volk da oben'" (572/Reclam 111) nur mitleidige Verachtung hegt. Erst nachdem er in der Todesanzeige für Eberhard von Poggenpuhl gleich achtmal den Adelsnamen Pogge von Poggenpuhl lesen mußte, als hörte er, wie er meint, das Gequake von ‚Poggen' genannten Fröschen (571 f./Reclam 111), fühlt er sich gegen Romanende bemüßigt, den Rückkehrern den Reisekoffer nach oben zu tragen. Aber selbst diese kleine Aktion, die gerade in der Selbstüberwindung den Dünkel von unten verrät, wird nur berichtet, weil sie dem Erzähler Anlaß gibt zu erwähnen, daß Sophie Herrn Nebelung für seine Hilfe eine Mark zugesteckt hat, zum überraschenden Zeichen, daß sich der düstere Armutszustand der Poggenpuhls am Ende, aufgrund der Adamsdorfer Erbschaft, aufzuhellen beginnt, auch wenn der soziale Status unverändert derselbe bleiben wird: ein pauvres Volk, den nur der Adelstitel davon abhält, ganz normale Bürger zu werden.

Weil es an allen Ecken und Enden am Nötigsten fehlt, steht immer der Mangelzustand im Zentrum des Romangeschehens. Leos Besuch bedeutet vor allem eine materielle Belastung und der Besuch des Onkels aus Schlesien vor allem eine materielle Entlastung der finanziellen Misere. Die Erwartung des einen, der alle Menschen für die Entschuldung seines leichtsinnigen Lebens zu instrumentalisieren versucht, und die Nachsicht des anderen, der nicht so frei über das Geld seiner Frau verfügen kann, wie von ihm erwartet wird, schafft die Spannung, in der die Suche nach rettenden Alternativen zu immer mehr kritischer Einsicht in den sozialen Wandel führt. Weil der Charakter der Personen ausschließlich bestimmt wird durch die Reaktion auf den Armutszustand, zu dem sich die Mutter wehleidig, Therese hochnäsig, Sophie und Manon praktisch und Leo schnorrend verhalten, läuft alles auf die Frage hinaus, welche Lösungen über die momentane Linderung der Not hinaus für den „Widerspruch zwischen den aristokratischen Ansprüchen der Familie und den materiellen Bedingungen ihres wirklichen sozialen Seins" gefunden werden können.[17]

Die Antwort darauf ist viel komplizierter, als die womöglich marxistisch inspirierte Frage zuzulassen scheint. Sie führt zunächst zu einer Betrachtung der gesellschaftlichen Rolle von assimilierten Juden. Therese orientiert sich, berauscht von der „Wilhelmstraßenluft" (546/Reclam 81), auch topographisch an den „Generals- und Ministerfamilien der **Behren- und Wilhelmstraße**" (482/ Reclam 7), in deren Gesellschaft sie sich zum Vergnügen eines kommandierenden Generals und eines gerade erst geadelten Unterstaatssekretärs maliziös über den geselligen Umgang ihrer beiden Schwestern in der „seinwollenden Aristokratie" (483/Reclam 7), also bei den (jüdischen) Parvenüs, mokiert, um so im falschen Bewußtsein der eigenen Unentbehrlichkeit („Der Kaiser weiß, was er an uns hat." 494/Reclam 21) „die Poggenpuhlsche Fahne hochzuhalten" (482/Reclam 7). Aber während sich Therese immer wieder durch patriotisch-arrogante Sprüche ihres Standesdünkels lächerlich macht, verkehren Sophie und Manon im Haus des vielleicht bald geadelten jüdischen Bankiers Bartenstein in der **Voßstraße** (530/ Reclam 62), nicht um mit dem Namen der Poggenpuhls zu protzen, sondern um durch Mal- und Gesangsunterricht der knappen Poggenpuhlschen Haushaltskasse aufzuhelfen.

---

[17] Dietrich Sommer, *Studien zu Romanen von Theodor Fontane*, Leipziger Universitätsverlag 2011, S. 135. Innerhalb dieser posthum gedruckten Studien, die aus einer Habilitationsschrift in Halle 1972 hervorgegangen sind, nimmt das Kapitel ‚Die Poggenpuhls' (S. 119–141) einen in der Fontane-Forschung ungewöhnlich großen Platz ein.

Die **Wilhelmstraße**, die schon damals metonymisch für das deutsche Machtzentrum stand, und die von ihr abzweigende **Voßstraße** sind als Orte der gesellschaftlichen Elite Welten entfernt von dem Kleinbürgermief der **Großgörschenstraße**. Die 1872 trassierte **Voßstraße** war zu Fontanes Zeit allererste Adresse in Berlin für prächtige Gründerzeit-Palais meistens im Stil der Neo-Renaissance; hier stand ab 1877 das Palais der Industriellen-Familie Borsig (Nr. 1), ab 1875 das Stadtpalais des Bankiers Friedrich Meyer, der als großer Kunstmäzen vor allem Adolph Menzel gefördert hat (Nr. 16), das Palais des Zeitungsmagnaten Rudolf Mosse (Nr. 22), die Gesandtschaften Bayerns (Nr. 3), Sachsens (Nr. 19) und Württembergs (Nr. 10) und, was Leo Poggenpuhl besonders interessiert haben dürfte, das Stadtpalais des Bankiers Gerson Bleichröder (mit der Adresse **Leipziger Platz 16**) und bis 1897 die Botschaft des großenteils von Bleichröder finanzierten Osmanischen Reichs (**Leipziger Platz 12**). Der gesellschaftliche Status des Hauses Bartenstein ist dadurch ausgezeichnet, daß außer dem Kronprinzen, der nur zwei Monate nach dem 57. Geburtstag der Majorin Poggenpuhl als Kaiser Friedrich III. den Thron besteigen wird, auch die Historiker Johann Gustav Droysen (1808–1884), Theodor Mommsen (1817–1903) und sogar der Gründer des Historismus Leopold von Ranke (1795–1886) zu seinen regelmäßigen Besuchern gehörten (548/Reclam 83). Dieser Hinweis ist besonders pointiert, weil mit dem Besuch der geachtetsten Historiker des 19. Jahrhunderts, von denen zwei zur Handlungszeit des Romans schon nicht mehr leben, die Geschichte selbst auf der Seite der assimilierten Juden vermutet werden könnte.

Noch vielsagender aber ist die Auslassung eines anderen, zu dieser Zeit sehr umstrittenen Historikers an der Berliner Universität, Heinrich von Treitschke, der im Bunde mit dem Hofprediger Adolf Stoecker den Antisemitismus auch im deutschen Bildungsbürgertum hoffähig gemacht hat und der 1886 auf dem **Matthäikirchhof**, also in fiktionaler Sichtweite der Poggenpuhls, beigesetzt wurde. Daß nicht er, sondern sein Hauptgegner in dem berüchtigten Berliner Antisemitismusstreit von 1879, Theodor Mommsen, und sein berühmter Vorgänger auf dem Berliner Lehrstuhl, Leopold von Ranke, als Besucher des jüdischen Bankiers erwähnt werden, zeigt, wie sehr dieser Roman auch von den zeitgenössischen Konflikten und Debatten geprägt ist. Wie in *Effi Briest* ist Treitschke als entschiedener Antisemit die auch hier ungenannt gegenwärtige Negativfolie für die Bewertung der vordergründigen Situation, dort zur Aufwertung des Majors Crampas, weil sein Lieblingsschriftsteller der von Treitschke mit Häme überzogene Jude Heinrich Heine ist, und hier zur vorsichtigen Aufwertung der assimilierten Juden selbst, die die Rolle der Adligen übernehmen könnten. Während Treitschke seine Polemik, die den Berliner Streit auslöste, mit der oft zitierten

Parole „Die Juden sind unser Unglück!" geendet hatte,[18] muß hier sogar Therese, eingedenk der indirekten Finanzhilfe der Bartensteins für Sophie und Manon, zugeben, wie „froh" sie ist, „daß sie existierten" (492/Reclam 18). Für die Poggenpuhls sind die Juden durchaus kein Unglück!

Das wäre eine für den in der „Judenfrage", gelinde gesagt, ambivalenten Fontane eine überaus mutige Aussage, wenn er sie nicht so indirekt gemacht hätte, daß ihre Aktualität auch von allen Interpreten übersehen wurde. Fontane hatte sehr früh schon, in seiner Rezension des antisemitisch geprägten Romans *Soll und Haben* (1855) von Gustav Freytag, beteuert, er gehöre zwar „nicht zu den Judenfreunden, aber trotz alledem würden wir Anstand nehmen, in dieser Einseitigkeit unsere Abneigung zu bestätigen", und er betrachte es als „eine Pflicht des Schriftstellers – und je höher er steht um so mehr –, alle Empfindungen zu nähren, die jener Toleranz günstig sind", nämlich der Förderung der Assimilation.[19] Im scheinbaren Widerspruch dazu sagt er 1880 in einem Brief, er sei „von Kindesbeinen an ein Judenfreund gewesen und habe persönlich nur Gutes von den Juden erfahren"; dennoch sei er von dem „Gefühl ihrer Schuld, ihres grenzenlosen Übermuts" so durchdrungen, daß er ihnen für die Zukunft „eine schwere Heimsuchung" prophezeit.[20] Dabei stimmt er einmal dem pointierten Spruch zu, daß die Juden die eigentliche Kulturarbeit leisteten – „und die Deutschen leisten als Gegengabe den Antisemitismus".[21]

Es gibt keine Beschönigung für den Beitrag, den Fontanes Briefaussagen zu diesem Antisemitismus geleistet haben, schon gar nicht für Fontanes Brief an Friedrich Paulsen vom 12. Mai 1898, der so erschreckend ist, daß er lange zurückgehalten wurde, bis ihn triumphierend Heinrich Himmlers SS-Blatt *Das Schwarze Korps* vom 19. September 1935 erstmals gedruckt hat. Beschämend nicht nur, weil Fontane darin seinen wichtigsten Brieffreund, Georg Friedländer, als

---

18 Heinrich von Treitschke, *Unsere Aussichten* (zuerst: *Preußische Jahrbücher*, November 1879), in: *Der Berliner Antisemitismusstreit*. Hrsg. v. Walter Boehlich, Frankfurt a. M.: Insel 1988, 7–27, S. 13: „Bis in die Kreise der höchsten Bildung hinauf, unter Männern, die jeden Gedanken kirchlicher Unduldsamkeit oder nationalen Hochmuths mit Abscheu von sich weisen würden, ertönt es heute wie aus einem Munde: die Juden sind unser Unglück!" Treitschkes Spruch „Die Juden sind unser Unglück" fand sich ab 1927 als untere Leiste auf jeder Titelseite des nazistischen Hetzblattes *Der Stürmer*.
19 Theodor Fontane, Rezension zu Gustav Freytags *Soll und Haben* (zuerst im *Literaturblatt des deutschen Kunstblattes*, Nr. 15 vom 26.7.1855), in: Fontane, *Werke, Schriften und Briefe*. Hrsg. v. Walter Keitel, Abt. III, Bd. 1, München: Carl Hanser 1969, 293–308, S. 306.
20 Theodor Fontane, Brief an Mathilde von Rohr, 1. Dezember 1880, zit. Hans-Heinrich Reuter, *Fontane*, 2 Bände, Berlin: Verlag der Nation 1968, Bd. 2, S. 755.
21 Theodor Fontane, Brief an Georg Friedländer, 4. Oktober 1891, zit. Hans-Heinrich Reuter, *Fontane*, 2 Bände, Berlin: Verlag der Nation 1968, Bd. 2, S. 752.

„Stockjuden" verleumdet, um den „seine feine und liebenswürdige Frau blutige Tränen weint, weil ihr Mann die jüdische Gesinnung nicht loswerden kann", sondern weil er sogar seine Unterstützung der Assimilation widerruft: „es wäre besser gewesen, man hätte den Versuch der Einverleibung *nicht* gemacht. Einverleiben lassen sie sich, aber eingeistigen nicht. Und das alles sag ich (*muß* es sagen), der ich persönlich von den Juden bis diesen Tag nur Gutes erfahren habe."[22] Einmal ist er „Judenfreund" und einmal nicht, und das, obwohl er, wie er gleich zweimal gleichlautend betont, „von den Juden nur Gutes erfahren" hat.

Angesichts so widersprüchlicher, nicht erst aus heutiger Sicht unakzeptabler Aussagen muß es umso mehr auffallen, daß Fontanes jüdische Romanfiguren im Vergleich zu manchen Adligen und zum verhaßten Typus des ‚Bourgeois' viel besser wegkommen. Aber während der frühe Berliner Roman *L'Adultera* nur unter assimilierten reichen Juden spielt, bleiben die Juden in den *Poggenpuhls* ganz im Hintergrund. Ihnen wird eine positive Rolle zugesprochen, ohne daß sie je als Person überhaupt auftreten. Obwohl ihre allgegenwärtige Unsichtbarkeit auch als antisemitisch motivierte Ausklammerung verstanden werden kann, hat ihre so emphatisch behauptete gesellschaftliche Aufwertung gerade vor dem Hintergrund des mitgedachten, wenn auch – wie Treitschke – unerwähnt bleibenden Berliner Antisemitismusstreits eine für die Zeit der Bucherfolge von Wilhelm Marr und Julius Langbehn eher ungewöhnliche und nicht zu unterschätzende Signalwirkung.

In diesem Kontext zwischen antisemitischer Rhetorik und Anerkennung der gesellschaftlichen Kulturleistung ist auch eine späte Briefaussage von 1898 zu verstehen, in der Fontane trotz aller Vorbehalte dazu neigt, wie 1894 in dem Geburtstagsgedicht und 1896 in den *Poggenpuhls* Juden den Vorzug vor dem Adel zu geben: „Immer wieder erschrecke ich vor der totalen ‚Verjüdelung' der sogenannten ‚heiligsten Güter der Nation', um dann im selben Augenblick ein Dankgebet zu sprechen, daß die Juden überhaupt da sind. Wie sähe es aus, wenn die Pflege der ‚heiligsten Güter' auf den Adel deutscher Nation angewiesen wäre! Fuchsjagd, getünchte Kirche, Sonntagnachmittagspredigt und jeu!"[23]

Nicht vom Adel ist die Rettung der deutschen Kultur zu erwarten. Leo, der als Spielernatur etwas vom „Jeu" versteht, gibt zu, daß seine geistige Beschäftigung ausschließlich in der, wie er meint, schon wissenschaftlich zu nennenden Berechnung seiner (Spiel-)Schulden besteht. Er entkommt der Langeweile seines Regimentslebens im polnischen Thorn (Torun) nur auf seine leichtfertige Weise:

---

22 Theodor Fontane, Brief an Friedrich Paulsen, 12. Mai 1898, zit. Hans-Heinrich Reuter, *Fontane*, 2 Bände, Berlin: Verlag der Nation 1968, Bd. 2, S. 755 f.
23 Theodor Fontane, Brief an die Tochter Martha, 20. März 1898, zit. Hans-Heinrich Reuter, *Fontane*, 2 Bände, Berlin: Verlag der Nation 1968, Bd. 2, S. 753.

„Wenn nicht das bißchen Jeu wäre und die paar Judenmädchen...." (495/Reclam 22), also nur indem er einerseits – standesgemäß, wie Fontane meint – Geld verspielt und andererseits sich mit seinem Charme eine neue Geldquelle zu erschließen versucht. Zu diesem Zweck hat er mit einer stereotypisch exotisierten Jüdin („schöne schwarze Person", die mit ihren „reinen Mandelaugen" aussieht wie „Harem" und zu den „Orientalen" gehört 504f./Reclam 32f.) angebändelt, ohne daß sie auch nur ahnt, daß er es auf sie, geschweige denn, daß er es eigentlich, wenn „einem immer das Messer an der Kehle sitzt" (505/Reclam 33), nur auf den Reichtum ihres Vaters abgesehen hat. Auf den entsetzten Einwand Friederikes ist er sich ganz sicher, daß die Poggenpuhls zustimmen würden, „wenn es nur recht viel ist" (504/Reclam 33), was ein solcher Heiratshandel einbringen würde. Er durchschaut die Prätention der Familie genug, um zu wissen, daß bei allem Standesdünkel letzten Endes der materielle Vorteil auch bei ihnen den Ausschlag geben wird.

Die für das Heiratsgeschäft nötige Relativierung der Moral erlebt Leo ja bereits in Manons Bemühen, ihn mit ihrer Freundin Flora Bartenstein zu verkuppeln, weil sie ganz nüchtern auf das wechselseitige Geschäftsinteresse von Juden und Adligen spekuliertt: Die einen brauchen für die volle gesellschaftliche Anerkennung den Namen, und die anderen für die Beibehaltung ihrer prätendierten Vorzugsstellung das Geld. Hier wiederholt sich die soziale Konstellation der finanziell motivierten Mésalliance in Adamsdorf, wo der selber so gut wie mittellose Eberhard von Poggenpuhl in das Schloß einer reichen bürgerlichen Witwe hineingeheiratet hat. In solchem *quid pro quo* gilt Leos schlichte Lösungsstrategie immer für beide Vertragspartner: „Man ist dann mit einemmal raus, und das ist doch die Hauptsache." (505/Reclam 34)

Damit ist auch dieser Roman bei der „Hauptsache" angekommen, die, anstelle von Liebe, als strategische Instrumentalisierung menschlicher Beziehungen zum Machterhalt der Familie so zentral für die Handlung aller hier behandelten Romane Fontanes war, am deutlichsten im Verwirrspiel der Heiratsspekulationen in *Frau Jenny Treibel*. Aber während sich dort die Handlung wirklich um das Ziel der profitabelsten Eheschließung verknotet und entwirrt, bleibt in den *Poggenpuhls*, wo es keine Handlung gibt, die Heiratsplanung diskret im Hintergrund, vor allem weil ihr doppelter Mißerfolg den Blick der Leser auf eine ganz andere Lösung lenken soll. Während Leo sich noch einbildet, „die Wahl zu haben" (530/Reclam 63), haben die gewählten Adressaten seines Sanierungsprogramms, in Thorn die von Manon heruntergespielte Esther Blumenthal und in Berlin die von ihr hochgespielte Flora Bartenstein, ihn als Option ihres Interesses noch nicht einmal zur Kenntnis genommen. So bleibt die Abwägung der Vorzüge der einen gegenüber der anderen illusionär. Während sich die eine Illusion durch ihre erstklassige Adresse in der **Voßstraße** auszeichnet, knüpft die Verdächtigung der anderen, als hätte sie vielleicht keine Adresse, an Stereotypen an, die in den 1880er Jahren mit der wachsenden Westwanderung osteuropäischer Juden aufkamen: „Ich weiß nicht, in welcher Straße Esther wohnt (vielleicht auch in einer **Wilhelmstraße**), nur das weiß ich, daß es in der unsrigen keine Pomposissimas gibt." (546, Reclam 82) In diesem gedachten Wettstreit der Adressen, der authentisch-echten, weil (!) getauften und der aufgedonnert-pompösen, weil (!) ungetauften Juden klingt von fern das Ressentiment gegen die Ostjuden an, die man sich als Jiddisch sprechende, strenggläubige, nicht assimilierbare Dorfjuden im Schtetl oder im Ghetto vorstellte. Während Leo, unter der Voraussetzung desselben Stereotyps, auf der Korrektur besteht, daß der Vater Blumenthal immerhin den Titel eines Kommerzienrats trage, kann er Manons wichtigstes Argument, daß mit einer ungetauften Jüdin nur eine standesamtliche Trauung möglich wäre, nicht entkräften: „Solch ein Schritt würde Dich nicht nur von der Armee, sondern, was mehr sagen will, auch von der ‚Gesellschaft' ausschließen." (547/Reclam 83) Die über Leos imaginierten Optionen stehende Warnung „laß es nicht an der Weichsel sein" (530/Reclam 62) erübrigt sich. Seine erste Option löst sich in Nichts auf, weil er die stillschweigend vorausgesetzte Leidenschaft Esthers für ihn einfach „überschätzt" (550/Reclam 86) hat; und die zweite Option dürfte kaum mehr Chancen haben, da Melanie Bartenstein den Marktwert ihrer Tochter sehr gut kennt und „sie's unter einem Arnim oder Bülow nicht gern tun würde" (548/Reclam 84).

Mit dieser doppelten Chancenlosigkeit wird die neue gesellschaftliche Realität schonungslos offengelegt: Es liegt an den reichen Juden, die die oberste Stufe der Gesellschaft erklommen haben, wohlwollend zu entscheiden, ob sie sich mit dem berufs- und mittellosen Vertreter einer mäßig bedeutenden und indirekt schon lange mitfinanzierten Adelsfamilie auch ehelich einlassen wollen. Weil „das Maß unserer historischen Berühmtheit" so bescheiden ist, daß man damit keinen Staat mehr machen kann in einer Gesellschaft, wo Einfluß und Status mit ganz anderen Kategorien gemessen werden, kann es, wie Leo richtig erkennt, zu einer solchen Mésalliance zwischen einflußreichem jüdischen Geld und abgewirtschaftetem preußischen Adel nicht kommen. Weder der ältere Bruder Wendelin, der als in den Generalstab strebender Musterknabe ganz im Hintergrund bleibt, noch Leo kämen dafür in Frage „Wendelin, wie gesagt, will nicht und ich kann nicht, kann nicht, und wenn's sich darum handelte, die Königin von Madagaskar als Braut heimzuführen." (550/Reclam 86) Es gibt keine Rettung für die Poggenpuhls. Und da auch die Töchter wahrscheinlich unverheiratet bleiben werden („Und nun gar heiraten! So dumme Gedanken dürfen wir doch nicht haben; wir bleiben eben arme Mädchen." 576/Reclam 116), ist das – mit dem einleitenden Ausblick auf den **Matthäikirchhof** antizipierte – Aussterben der Poggenpuhls so gut wie sicher.[24]

Wie die Poggenpuhls keine Erben haben, sind auch alle ihre Ahnen längst Geschichte, gefallen in den Schlachten von Hochkirch (1758), Großgörschen (1813) und Gravelotte (1870). Dabei ist dem im Deutsch-Französischen Krieg, gewissermaßen am Vorabend des 1871 errichteten Deutschen Reiches, gefallenen eigenen Vater nicht einmal mehr ein Ehrenbild in der Ahnengalerie an der Wand zugestanden worden. Als die Mutter gegen Ende des Romans, nach dem Tod des kinderlosen Onkels, Manon daran erinnern muß, daß zu den historischen Größen der Familie auch der eigene Vater gehört, schließt Manon den Roman mit der vielsagenden Aussage: „Ja, meinen Vater, den hatt' ich vergessen. Sonderbar, Väter werden fast immer vergessen. Ich werde mit Flora darüber sprechen. Die sagte auch mal so was." (576, Reclam 117) Da Manon geboren wurde, als ihr Vater schon gefallen war, ist der, trotz Vergißmeinnicht unter dem Ahnenbild, ‚vergessene Vater' nur noch ein entemotionalisiertes Thema, das man kritisch besprechen kann, weil es symptomatischen Charakter hat. Dieses an den Leser weitergegebene Gesprächsthema bleibt seiner Behandlung in der Zukunft vorbehalten.

Zwei Generationen und zwei Weltkriege später hat sich der Sozialpsychologe Alexander Mitscherlich (1908–1982) dieses Thema in seinem Buch *Auf dem Weg in die vaterlose Gesellschaft* (1963) vorgenommen und den Verlust der Vorbildrollen für die antiautoritäre Nachkriegsgeneration beklagt, die von dem Soziologen Helmut Schelsky (1912–1984) schon vorher, mit dem Titel eines anderen vieldiskutierten Buches, *Die skeptische Generation* (1957) genannt wurde. Wie auch immer die soziologische Diskussion der nach dem Kriegstod so vieler Väter ganz anders akuten Fragestellung verlaufen sein mag, festzuhalten ist, daß Fontane als Destillat seiner Gesellschaftskritik in den *Poggenpuhls* das Thema der Vaterlosigkeit theoretisch erst benennt, nachdem er das Verschwinden der Väter im Handlungsverlauf wie auch in symbolischen Details praktisch vorgeführt hat. Daß er es im Schlußwort des Romans tut, in dem oft ein programmatisches Fazit angeboten wird, so besonders in *Irrungen, Wirrungen* und in *Effi Briest*, unterstreicht noch einmal die Herauslösung der verarmten Poggenpuhl aus ihrem militärhistorischen Familienverband. Ihre Vaterlosigkeit bedeutet wie ihre Kinderlosigkeit eine Individualisierung, eine Vereinzelung, die den Blick von der

---

24 An dieser Stelle muß noch einmal daran erinnert werden, daß der Niedergang der Familie Poggenpuhl sowohl thematisch als auch stilistisch ein Vorbild für den Niedergang einer in der Literaturgeschichte berühmteren hanseatischen Familie in Lübeck war, Thomas Manns *Familie Buddenbrooks* (1901).

kaum überlebensfähigen Familie auf die Rolle des einzelnen in der Gesellschaft lenkt.

Das Fazit des Onkels „Wir sind nicht mehr dran" (514/Reclam 44) ist von einer so niederschmetternden historischen Endgültigkeit, daß es nicht nur für die Poggenpuhls, sondern für den Adel insgesamt nur noch einen Ausweg geben kann, den Leo in seiner freimütigen Unbekümmertheit gleich am Anfang seines Besuchs angedeutet hat, als ihm Fontane eine poetologische Weisheit in den Mund legte:

> „Wer was hat, nun ja, der kann das Leben so nehmen, wie's wirklich ist, der kann das sein, was sie jetzt einen Realisten nennen; wer aber nichts hat, wer immer in einer Wüste Sahara lebt, der kann ohne Fata Morgana mit Palmen und Odalisken und all dergleichen nicht existieren. Fata Morgana sag' ich. Wenn es dann, wenn man näher kommt, auch nichts ist, so hat man doch eine Stunde lang gelebt und gehofft und hat wieder Courage gekriegt und watet gemütlich weiter durch den Sand." (502/Reclam 30)

Es ist erstaunlich, wie Fontane hier, in einer Aussage immanenter Poetik, den Realismus, zu dem er sich sonst bekannt hat, zum Luxus der Besitzenden erklären läßt, weil nur wer es sich leisten kann, die Realität akzeptiert, „wie's wirklich ist". Das ist eine auf die Gegenwart übertragene Variante der Gründungsformel des Historismus, die der in diesem Roman ausdrücklich genannte Leopold von Ranke schon 1822 geprägt hat: der Historiker solle „blos zeigen, wie es eigentlich gewesen".[25] Wenn Fontane damit Realismus und Historismus so nahe aneinander rückt, daß ihr gemeinsamer Anspruch auf den Realitätsanspruch der Aussage über die Wirklichkeit, „wie's wirklich ist", ins Spiel kommt, läßt er Leo den sozialen Aspekt des epistemologischen Problems, ob und wie man sich die Wahrheit leisten kann, vertreten, während es ihm, wie wir wissen, vor allem auf den ästhetischen Aspekt des epistemologischen Problems ankommt, ob und wie man Wahrheit darstellen kann. Aber beide Aspekte sind eng miteinander verknüpft. Während Leo eskapistisch für die Phantasie als Alternative zur unbezahlbaren Realität optiert, geht es Fontane, dem Vertreter der literarischen ‚Verklärung' von Realität, nicht um die Flucht aus der miserablen Realität in die Phantasie, sondern um die Darstellung der Realität *als* Phantasie. Er greift Rankes entscheidendes Wort für das ästhetische Problem historischer Darstellung auf und will wie Ranke „blos zeigen", wie es eigentlich ist; er will die ‚Eigentlichkeit', das – wie wir aus früheren Romanstellen immanenter Poetik wissen -– im Nebensächlichen,

---

25 Leopold von Ranke, *Geschichte der romanischen und germanischen Völker von 1494–1514* (1824): Vorrede in: Ranke, *Sämtliche Werke*, Bd. 33, Leipzig: Duncker & Humblot ²1874, I–VIII, S. VII.

Genrehaften, scheinbar Unbedeutenden greifbare Wesentliche der Realität ästhetisch zur Anschauung bringen.

Leo hat mit seiner Definition des Realismus, ohne die theoretischen Implikationen zu verstehen, das eigentliche Problem des Romans richtig zur Sprache gebracht, aber für sich eine falsche Lösung gefunden. Realisten sind für ihn nur solche, die keine Wünsche, keine Träume, keine utopischen Alternativen nötig haben, die nicht von Phantasieorten träumen müssen, um es in der Realität ihrer beschränkten Verhältnisse auszuhalten. Seine Fata Morgana ist der Traum von der Flucht nach Afrika (statt des gegen Ende des 19. Jahrhunderts deutlich bevorzugten Amerika als Auswanderungsziel), wo man „alles frei" haben kann und wo es keine Schutzhaft gibt, „weil es keine Schulden und keine Wechsel gibt und keine Zinsen und keinen Wucher" (506/Reclam 34). Sein topographisch auf Bukoba, der in der deutschen Kolonie Deutsch-Ostafrika, heute Tansania, am Victoria-See gelegenen Stadt, fixiertes Schlaraffenland der Schwarzen, in dem man nur Elefanten zu schießen braucht, um mit dem Elfenbein sofort reich zu werden, ist so irrsinnig irreal, daß es nicht einmal für eine einstündige Fata Morgana reicht.

Nachdem es in der ereignislosen Zuständlichkeit des ganzen Romans immer wieder um die Erfahrung gegangen ist, daß man sich die Wirklichkeit, in der man lebt, eigentlich nicht leisten kann, weil man „in ganz kleinen Verhältnissen" lebt (482/Reclam 6), kommt mit dem Besuch des Onkels eine ganz neue Perspektive ins Spiel: „Verhältnisse, davon kann ich nicht hören..." (536/Reclam 70) An die Stelle des damit abgewimmelten sozialen Themas tritt das ästhetische Thema: die Rolle des Theaters im Gesellschaftsspiel. Nachdem der Onkel den Fensterplatz am **Potsdamer Platz** gewählt hat, um, wie Fontane selbst, „wie aus einer Theaterloge" auf die Bühne der Weltstadt zu blicken, ist der Gang ins Theater die andere Hauptattraktion seines Berlin-Besuchs. Für diesen Theaterabend stehen *Die Quitzows* (1888) von Ernst von Wildenbruch auf dem Spielplan – und zwar in gleich zwei Inszenierungen desselben Stücks, so daß sich eine Wahl zwischen zwei Adressen anbietet, den „richtigen" *Quitzows* mit dem berühmten Schauspieler Friedrich Mitterwurzer (1844–1897) im Königlichen **Schauspielhaus** am **Gendarmenmarkt** oder den „parodierten" Quitzows in einem Theater am **Moritzplatz** (das in Fontanes Tagebuch als *Théâtre américain* identifiziert wird). Die Entscheidung des Onkels, die auch eine topographische Entscheidung ist, für die ernste Variante hat ihren Grund darin, daß es bei den Quitzows eigentlich, wie Leo belehrt wird, um die Poggenpuhls geht: „Sieh, die Poggenpuhls waren in Pommern so ziemlich dasselbe, was die Quitzows in der Mark waren." (513/Reclam 43) Diese Identifizierung der beiden Adelsfamilien war Fontane offenbar so wichtig, daß er dafür sogar die – von ihm selbst besprochene – Uraufführung des Dramas, die erst am 9. November 1888 stattfand, so weit vorverlegt hat, daß die Poggenpuhls die Aufführung schon am 5. Januar 1888, dem Geburtstag der Mutter, besuchen konnten.

Die narrative Inszenierung dieses Theatergangs ins **Schauspielhaus** am Gendarmenmarkt und der nachfolgenden Gespräche im „Theaterrestaurant" (515/ Reclam 45) in der **Charlottenstraße**, vermutlich in dem 1811 gegründeten Traditionsrestaurant Lutter & Wegner (**Charlottenstraße 49, Ecke Französische Straße**), führt mitten ins Revier von E. T. A. Hoffmann, der in der **Charlottenstraße 56, Ecke Taubenstraße** (in dem Vorgängerbau des hier 1997 wiedereröffneten Restaurants) wohnte, Stammgast bei Lutter & Wegner war und mit seiner in diesem Gebäude spielenden letzten Erzählung *Des Vetters Eckfenster* (1822) den Modus des urbanen Blicks begründet hat. Der Besuch dieses Orts dient nicht nur der städtischen Unterhaltung des Besuchers aus der Provinz, sondern bündelt für die Konzeption des Romans die wichtigsten Aspekte der sonst abstrakt bleibenden Gesellschaftskritik auf die anschaulichste, gewissermaßen theatralische Weise. Die aus der Realität des Romans verschwundene Handlung ist auf die Fiktion der Bühne ausgewichen, als fiktionales Geschehen, das zwar *Die Quitzows* überschrieben ist, tatsächlich aber, wie der Onkel weiß, zu den Poggenpuhls überleitet. Deshalb wird von der aufgeführten Fiktion selbst, die nur den Anlaß für das anschließende Gespräch gab, so gut wie gar nicht gesprochen, umso mehr aber über die – vom Blick auf den **Potsdamer Platz** mitbestimmte – künftige Lebensperspektive der Poggenpuhls und des Adels überhaupt in der modernen Welt.

Das entscheidende Gespräch des Romans, das sich zwischen dem überraschend liberalen Onkel Eberhard und vor allem Leos einstigem Regimentskameraden Manfred von Klessentin entwickelt, handelt von dem sozialen Rollenspiel, in das alle, ohne Ansehen der Person und des Standes, immer verwickelt sind. Wo sich Leo in seine afrikanische Fata Morgana verrannt hat, die er nie realisieren wird, hat sein Freund Manfred, auch er aus gutem Hause des Militäradels, für die unakzeptable Realität eine andere Alternative gefunden, auf die die ganze Konzeption dieses Romans topographisch, thematisch und strukturell hinausläuft. Er ist zum Theater gegangen, nicht um, wie der Onkelgeneral vermutet, auf einem teuren Parkettsitz zuzuschauen oder, seinem gesellschaftlichen Rang entsprechend, hinter den Kulissen Regie zu führen oder auf der Bühne eine Heldenrolle zu spielen, sondern – zum großen Erstaunen seiner hierarchisch denkenden Zuhörer – um als einfaches „Bühnenmitglied" (518/Reclam 49) eine stumme Statistenrolle zu spielen, einen Bannerträger, der sich auch mit seinem auf dem Programmzettel verzeichneten Künstlernamen „Herr Manfred" keine Hoffnung etwa auf Byrons Manfred oder auf Schillers Don Manuel in der *Braut von Messina* (den der Onkel mit ‚Manfred' verwechselt) machen kann. Er befindet sich „durchaus auf einer Anfängerstufe" (520/Reclam 50) und rechnet auch nicht mit einem Karrieresprung, wie ihn sich der Onkel vom Fähnrich zum General vorstellt. Wenn auch er sich „eine sogenannte gute Partie" (520/Reclam 51) wünscht und wie so viele, die sich vom topographischen West-Ost-Gefälle verführen lassen, von einer „Tiergartenvilla mit einem Delphinbrunnen" (520/Reclam 51) in Berlin W träumt, so hat das weniger mit der Wirklichkeit zu tun als die von ihm gewählte Realität der dramatischen Fiktion, in der man ihn nur suchen darf, „wo Sie Gruppen und Rubriken finden: Erster Bürger, zweiter Mörder, dritter Pappenheimer" (521/Reclam 52), also unter den ganz gewöhnlichen, weder durch Geburt und Stand noch durch Geld privilegierten Alltagsrollen.

Wenn er den General daran erinnert, „daß auch die kleinen Existenzen ihre großen Momente haben, so ganz besonders auch beim Theater" (521/Reclam 52), verkündet er mit dem Selbstbewußtsein der Bescheidenheit, für das ihn der Onkel bewundert, das wiederholt in Fontanes Romane eingebaute Programm der immanenten Poetik: das Mantra der Bedeutung des scheinbar Unbedeutenden. Solche fiktionale Aufwertung der kleinen Existenz ist, in Übereinstimmung mit Fontanes Realismus-Konzept des Anekdotischen, Genrehaften und Nebensächlichen, ein Hinweis auf die Möglichkeit einer sozialen Demokratisierung der Standesgesellschaft, die bislang, zu Fontanes Zeiten, noch nur auf dem Theater, nur als Fiktion möglich ist. Damit stellt sich „Herr Manfred", der bisher nur auf dem Theaterzettel verbürgerlichte Adlige Manfred von Klessentin, in die große Tradition der vom Theater erwarteten und auf der Bühne antizipierten Emanzipation des Bürgertums – von Karl Philipp Moritz' psychologischem Roman *Anton Reiser* (1785–90) zu Goethes *Wilhelm Meister Lehrjahre* (1795–96). In der Umkehrung des sozialen Rollenmusters gilt Wilhelm Meisters Brief an seinen Freund Werner auch für die Verbürgerlichung des Adels in den *Poggenpuhls* hundert Jahre später:

> „in Deutschland ist nur dem Edelmann eine gewisse allgemeine, wenn ich sagen darf, personelle Ausbildung möglich. Ein Bürger kann sich Verdienst erwerben und zur höchsten Not seinen Geist ausbilden; seine Persönlichkeit geht aber verloren, er mag sich stellen, wie er will. [...] Auf den Brettern erscheint der gebildete Mensch so gut persönlich in seinem Glanz als in den oberen Klassen; Geist und Körper müssen bei jeder Bemühung gleichen Schritt gehen, und ich werde da so gut sein und scheinen können als irgend anderswo."[26]

Aber was an Anton Reisers Theatromanie als Realitätsverlust getadelt werden kann, wird am Rollenspiel der kleinen Existenzen in den *Poggenpuhls* als Reali-

---

26 Johann Wolfgang von Goethe, *Wilhelm Meisters Lehrjahre*, in: Goethe, *Werke*. Hamburger Ausgabe. Hrsg. v. Erich Trunz, Bd. 7, Hamburg: Christian Wegner ⁵1962, S. 290 und 292 (5. Buch, 3. Kap.).

tätsgewinn dargestellt, der die einzige Möglichkeit der Zukunftssicherung ist. Insofern ist es nicht die schlechteste Lösung für Leos Existenzproblem, wenn auch er eines Tages als „Herr Leo", also ohne Adelstitel, auf einem Theaterzettel steht und damit seine bescheidene Rolle im wirklichen Leben findet, in dem das Theater, anders als bei K. Ph. Moritz und Goethe, nur eine große Metapher der ganzen Gesellschaft ist..

Sophie, die mit ihrem Nachhilfeunterricht in Malerei und Dichtung selbst den sozialen Abstieg des Adels in die Künste verkörpert und, im zweiten Teil des Romans, für die Ausmalung der Kirche in Adamsdorf lauter biblische Untergangsszenarien wählt,[27] versucht die Furcht der Mutter, daß eines Tages auf dem Theaterzettel auch nur „Herr Leo" stehen könnte, dadurch zu beschwichtigen, daß sie das Theaterspiel als Allegorie auf das soziale Rollenspiel aufwertet, dessen gewissermaßen demokratischen Spielregeln sich auch die nicht mehr in einem Schloß, sondern „in ganz kleinen Verhältnissen" in der **Großgörschenstraße** lebenden Adligen unterwerfen müssen, um als Menschen zu überleben: „Ich bin doch auch von Adel und eine Poggenpuhl, und ich male Teller und Tassen und gebe Klavier- und Singunterricht. Er spielt Theater. Es ist doch eigentlich dasselbe. [...] Sowie wir aus unserer Stube heraus sind, sind wir in der Öffentlichkeit und spielen unsere Rolle." (533, Reclam 65 f.)

Im Unterschied zur anthropologischen Idee des *theatrum mundi*, dessen berühmtes Motto ein Shakespeare-Zitat ist: „All the world's a stage and all the men and women merely players" (*As You Like It*, 1599, II 7), meint Sophie viel moderner das soziale Rollenspiel in der Öffentlichkeit, in der die Standesunterschiede schließlich keine Rolle mehr spielen. Ihre Erkenntnis ist eine, ihrem Namen entsprechend, ‚weise' Vorwegnahme soziologischer Überlegungen zwei Generationen später. Der Totalisierung solcher sozialen Rollen, in denen sich der von dem Soziologen Ralf Dahrendorf so genannte *Homo Sociologicus* (1959) den Erwartungen, Verhaltensmustern, Normen und Werten der Gesellschaft unterwirft, liegt die Rollentheorie der Soziologie zugrunde, in der es auch um die Frage geht, wieviel authentisches Selbst übrig bleibt, wenn man einem rollenbestimmten Menschen alle sozialen Masken abreißt. Die ungeschminkte Privatsphäre, über deren ängstlich gehüteten Freiraum sich – laut Jürgen Habermas' *Strukturwandel der Öffentlichkeit* (1962) – das Bürgertum emanzipiert hat, ist das im Berlin-Teil der *Poggenpuhls* so detailliert geschilderte soziale Milieu, dessen Konflikte sich erst aus den Anforderungen der damit kontrastierten Öffentlichkeit ergeben. Wer hinausgeht in die „Öffentlichkeit", so meint Sophie, muß auf der metaphorischen

---

27 Vgl. Christine Kretschmer, *Der ästhetische Gegenstand und das ästhetische Urteil in den Romanen Theodor Fontanes*, Frankfurt a. M.: Peter Lang 1997, S. 129

Bühne der Gesellschaft eine Rolle spielen, ob es nun als Kunstlehrerin oder als Schauspieler ist, ohne deshalb an Menschlichkeit zu verlieren. Deshalb fühlt der mit einer Bürgerlichen verheiratete und von ihr finanzierte Onkel aus Adamsdorf, der die adligen Standesallüren längst abgelegt hat, eine solche Affinität zu dem als Kleinschauspieler tätigen Manfred von Klessentin:

> „Es hat alles so seine zwei Seiten. Adel ist gut, Klessentin ist gut, aber Herr Manfred ist auch gut. Überhaupt, alles ist gut, und eigentlich ist ja doch jeder Schauspieler. [...] Sieh, ich spiele den Gemütlichen, und ich darf nicht mal sagen, daß sich solche Schauspielerei für einen General nicht paßte." (535/Reclam 68 f.)

In der demokratischen Verbürgerlichung der Gesellschaft, in der „Herr Manfred" so viel zählt wie Manfred von Klessentin und der „Gemütliche", d. h. der Typus des privatisierenden Bürgers, so viel wie ein General, ist kein Rollenspiel ‚unpassend'. Jeder spielt seine Rolle nach Maßgabe seiner Fähigkeiten – und nicht das Falschspiel sozialer Prätention, das Fontane in Hinblick auf *Irrungen, Wirrungen* wie folgt angeprangert hat: „Wir stecken ja bis über die Ohren in allerhand konventioneller Lüge und sollten uns schämen über die Heuchelei, die wir treiben, über das falsche Spiel, das wir spielen."[28] In den *Poggenpuhls* wird, am Beispiel des sozialen Rollenspiels bisher nur in der Fiktion, d. h. auf dem Theater wie in der Literatur, eine Alternative sichtbar, die mehr ist als eine Fata Morgana für eine Stunde. Vielleicht wird einst Herr Leo denjenigen zum besseren Realisten erklären, der sich in der Realität eingerichtet hat und dennoch nicht die Notwendigkeit verkennt, in der Realität, als wäre es nicht nur im Theater möglich, reale Alternativen durchzuspielen. Insofern ist Fontane mit seiner topographisch in Berlin verankerten Gesellschaftskritik viel fortschrittlicher, als ihm manche Realismus-Kritiker zugestanden haben.

---

28 Theodor Fontane, Brief an seinen Sohn Theodor, 8. September 1887, in: Theodor Fontane, *Der Dichter über sein Werk*. Hrsg. v. Richard Brinkmann in Zusammenarbeit mit Waltraud Wiethölter, München: Deutscher Taschenbuch Verlag 1977, Bd. 2, S. 368.

9 Verdrängung der Herkunft in der Spandauer Straße

Georg Hermanns *Jettchen Gebert* (1906)

Genau zehn Jahre nach Fontanes Roman *Die Poggenpuhls* (1896) ist Georg Hermanns Erfolgsroman *Jettchen Gebert* (1906) erschienen. Der letzte der hier diskutierten Berliner Romane ist ein Nachzügler dieser gründerzeitlichen Gattung, hat aber eine frühere Periode zum Gegenstand, die 1839 spielende biedermeierliche Vorgeschichte der Gründerzeit. Georg Hermanns fast 70 Jahre zurückreichender Roman, der das Leben in Berlin aus jüdischer Perspektive erkundet, ist also weder ein Zeitroman wie die Berliner Romane Fontanes, die unmittelbar vor ihrer Entstehungszeit spielen, noch ein historischer Roman, da die Geschichte auch für den zeitgenössischen Rahmen kaum eine Rolle spielt. Der dynastische Wechsel des Jahres 1840, in dem Friedrich Wilhelm IV. den preußischen Königsthron bestieg, bleibt bei Hermann ebenso im Hintergrund wie bei Fontane der dynastische Wechsel von 1888, als Wilhelm II. den deutschen Kaiserthron bestieg. Sowohl bei *Jettchen Gebert* als auch in den *Poggenpuhls* geht es um langfristige Kriegsfolgen; Jettchens Vater ist im Kampf gegen Napoleon in der Schlacht von Ligny (am 16. Juni 1815) und Major Poggenpuhl im Kampf gegen die Franzosen in der Schlacht von Gravelotte (am 18. August 1871) gefallen. Als Vollwaise schuldet Jettchen ihrem Onkel Dankbarkeit, und als Halbwaisen müssen sich die Poggenpuhl-Töchter mit ihrer verwitweten Mutter durchschlagen. Bei Hermann geht es um den ökonomisch-gesellschaftlichen Aufstieg einer jüdischen Familie in der Stadtmitte, in der **Spandauer Straße**, und bei Fontane um den ökonomisch-gesellschaftlichen Abstieg einer adligen Familie am südlichen Stadtrand von Berlin, in der **Großgörschenstraße.** Während bei Hermann die assimilierte Familie des jüdischen Tuchhändlers Salomon Gebert im Mittelpunkt steht, bleibt bei Fontane die assimilierte Familie des jüdischen Bankiers Bartenstein im Hintergrund, aber beide Familien erinnern sich an einen Glanzpunkt sogar höfischer Anerkennung: Ein Prinz hat Rikchen Gebert einst mit einem Tanz und der Kronprinz das Haus Bartenstein einst mit einem Besuch beehrt. Hermanns Handlung, der die politischen Diskussionen und gesellschaftskritischen Anspielungen Fontanes fehlen, ist viel privater, spielt aber mehr im öffentlichen Stadtraum. Deshalb ist, wie wir sehen werden, die soziale Topographie bei Georg Hermann auf andere Weise ebenso wichtig wie bei Fontane.

Der aus dem niederländischen Exil verschleppte und in Auschwitz umgekommene jüdische Autor, der in Berlin im Jahr der Reichsgründung geborene Georg Hermann (1871–1943), der 52 Jahre jünger war als Fontane, hat mit seinen

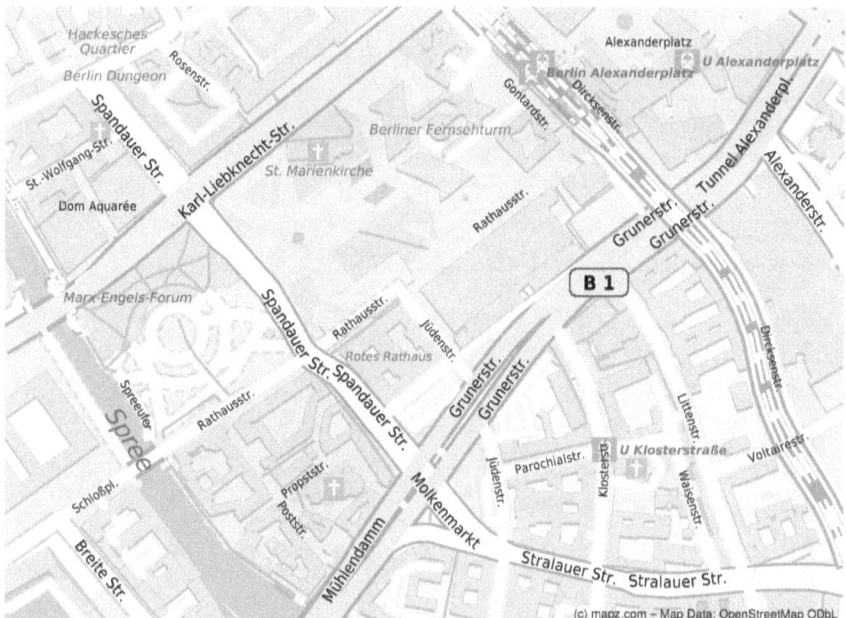

Karte 10: Spandauer Straße (2017).

Berliner Romanen eine Tradition fortgesetzt, die heute vor allem mit dem Namen Fontanes assoziiert wird. Georg Hermann, dessen ersten, noch zu Lebzeiten Fontanes erschienenen Roman *Spielkinder* (1896) Fontanes Sohn Friedrich Fontane verlegt hat, wurde von Arthur Schnitzler in einer Tagebucheintragung vom 1. August 1921, „Jüdischer Fontane (cum grano)" genannt.[1] Dabei spielt die jüdische Identität dieser, charakteristisch für das 19. Jahrhundert, bürgerlich assimilierten Familie eine so geringe Rolle, daß die Anhänger identifikatorischen Lesens streckenweise vergessen haben dürften, daß sie eine ‚jüdische' Variante des Berliner Romans lesen. Die assimilatorische Vermeidung von Fremdheit, die der Identifikation im Wege stehen könnte, hat auch Konsequenzen in der sozialen Topographie, die Hermanns Roman, abgesehen von manchen inhaltlichen Querbezügen, mit Fontanes Berliner Romanen verbindet.

Wie bei Fontane ist auch bei Georg Hermann alles Denken und Handeln der Figuren so sehr auf Berlin konzentriert, daß die Stadt selbst immer wieder the-

---

[1] Zit. Ritchie Robertson, Cultural Stereotypes and Anxiety in Georg Hermann's Jettchen Gebert, in: Godela Weiss-Sussex, Hrsg., *Georg Hermann. Deutsch-jüdischer Schriftsteller und Journalist 1871–1943*, Berlin: Walter de Gruyter 2004S. 5–21, S. 16.

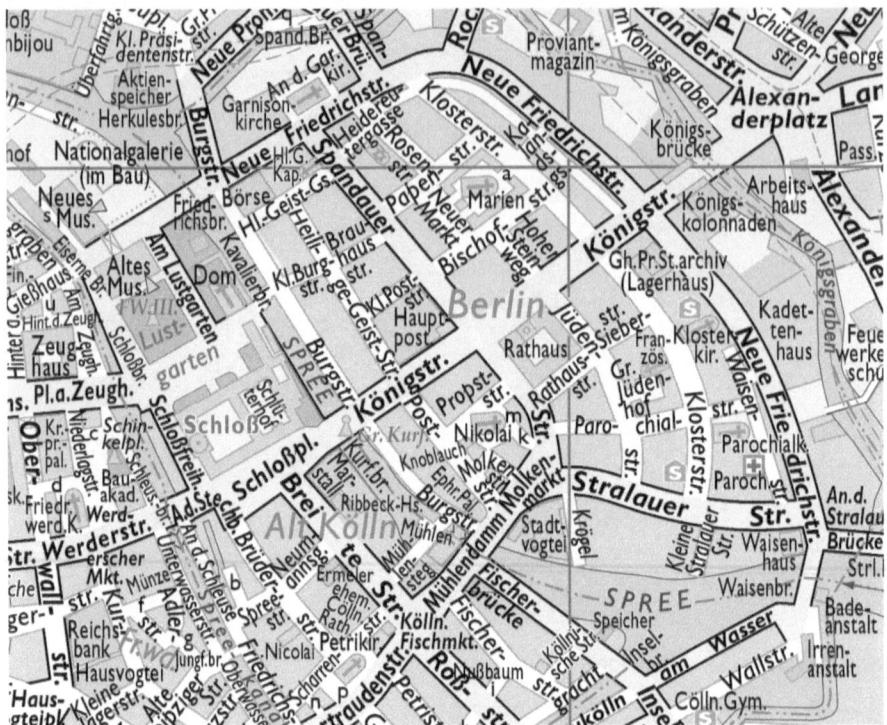

Karte 11: Spandauer Straße, Königstraße (heute Rathausstraße), Hoher Steinweg, Neue Friedrichstraße, Klosterstraße, Jüdenstraße (Kartenausschnitt aus dem Stadtplan Berlin von 1875, erschienen in: Berlin. Vier Stadtpläne im Vergleich, 1742–1875–1932–2017. Berlin: Edition Gauglitz 2017).

matisch wird. Nicht nur für eine aus Braunschweig zugezogene Hauptperson des Romans gilt, daß sie „nirgends als nur in einer Großstadt leben" (365) könnte:[2] „Lieber soll es mir in Berlin schlecht gehen als in Braunschweig gut!" (75) Auch frischgebackene Neu-Berliner können, wie es über einen anderen Zuwanderer heißt, schon nach zehn Jahren „gar nicht mehr begreifen, daß man irgendwo anders geboren sein kann wie in Berlin." (147) Aber es ist nicht das zeitgenössisch moderne Berlin wie bei Fontane, sondern ein mittelalterlich verwinkeltes Berlin, das in Georg Hermanns imaginiertem Stadtplan wieder auflebt und für den heutigen Leser außer einigen Straßennamen keine baulichen Spuren hinterlassen

---

[2] Georg Hermann, *Jettchen Gebert*, Reinbek bei Hamburg: Rowohlt 1989, S. 365. Alle künftigen Seitenangaben beziehen sich auf diese Ausgabe.

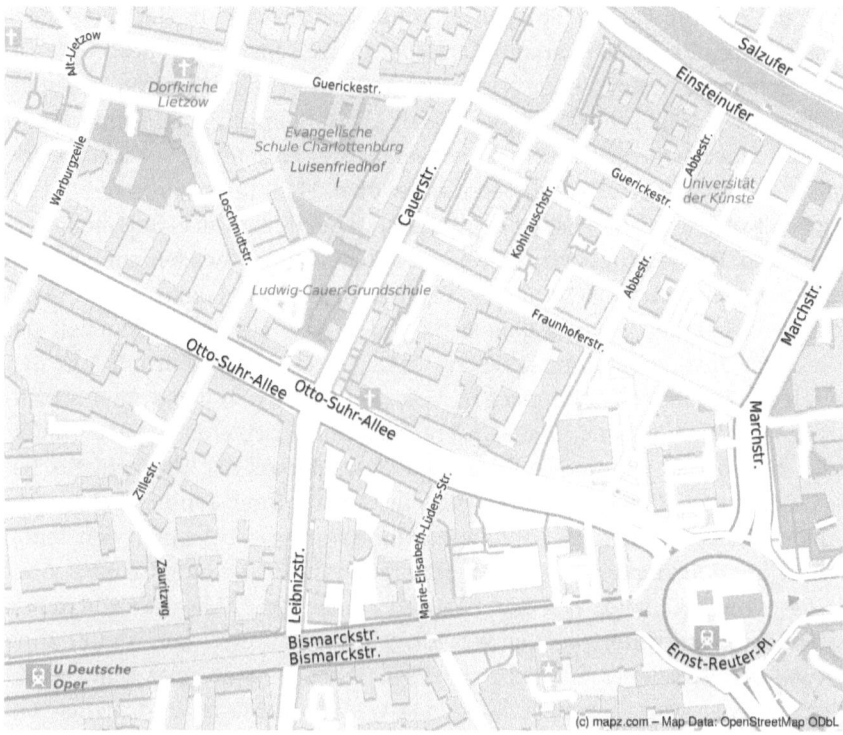

Karte 12: Berliner Straße (heute Otto-Suhr-Allee), Rosinenstraße (heute Loschmidtstraße).

hat. Um dieses verschwundene, einst im Leben der Menschen so zentrale Berlin zu rekonstruieren und den realistischen Anspruch der Fiktion besser nachvollziehen zu können, braucht es eine besondere topographisch ausgerichtete literarische Archäologie, die der melancholische Erzähler schon auf der ersten Seite für die längst gestorbenen Menschen und die längst verschwundenen Orte entwirft:

> Es ist Sage geworden, das Leben all derer, von denen ich sprechen werde. Mehr noch – es hat sich in Nichts aufgelöst, sie sind, wie der Psalmist sagt, dahingegangen, als ob sie nie gewesen wären. Und deshalb laßt mich von ihnen sprechen! Denn es ist eine Ungerechtigkeit, eine schreiende Ungerechtigkeit, daß etwas, das einmal gewesen ist, so glatt wieder in das Nichts zurücktauchen soll, daß nach uns, nach unserer Anwesenheit an dieser zweifelhaften Stelle, kaum fünfzig, sechzig Jahre nach unserem Abgang von der Lebensbühne keine Seele mehr fragen soll, kein Huhn gackern, kein Hahn krähen. (S. 5)

So schreibt der, der die vergangene Welt erfunden hat, wie der, der es auf sich genommen hat, sie zu interpretieren, gegen die eigene Mortalität an, um eine urbane Realität zu beschwören, als hätte es sie gegeben, und sie zu retten, als wäre sie nie zerstört worden. So sind Erfindung und Bewahrung der Vergangenheit die beiden miteinander verknüpften Modi realistischer Nostalgie.

Das Gemäuer des noch mittelalterlichen Berlin war schon zerstört, die spätbiedermeierliche Welt schon untergegangen, als Hermanns Erzähler ihre erfundenen Bewohner in die gegenwärtige Perspektive der Erinnerung zurückholt. Die verwaiste Nichte Jettchen Gebert, deren Vater über 25 Jahre vorher in den Napoleonischen Kriegen gefallen ist, ist an Kindesstatt bei ihrem Onkel Salomon, dem reichen Senior der Familie, und seiner Frau Rikchen aufgewachsen, umhegt von ihren beiden anderen Onkeln, Onkel Ferdinand, der mit Rikchens Schwester Hannchen verheiratet ist, und dem ganz anders gearteten Intellektuellen der Familie, dem unverheiratet gebliebenen Onkel Jason, sowie dem mit Minchen verheirateten 79-jährigen Großonkel Eli.[3] Sie verliebt sich in den armen Schriftsteller Dr. Friedrich Kößling, den sein Freund Jason zu einer der vielen Familienfeiern mitgebracht hat, und trifft ihn zufällig wieder auf der **Königstraße**. Bei seinem Besuch in **Charlottenburg**, wo Jettchen mit ihrer Tante Rikchen den Sommer in einer angemieteten Sommerwohnung verbringt, bekennen sich beide, auf einem Spaziergang durch den Schloßpark, zu ihrer Liebe füreinander. Aber sekundiert von Ferdinand, gedrängt von den Frauen (und Schwestern) Rikchen und Hannchen und widersprochen von Eli, der wie Jason Jettchen und Kößling helfen will, verbietet der Familienchef Salomon Gebert Jettchen jeden Umgang mit Kößling, weniger weil er kein Jude ist, als weil er nichts ist und nichts hat. Stattdessen wird eine Ehe Jettchens mit Hannchens aus Posen angereistem, im Lederhandel tätigem Provinzneffen Julius Jacoby arrangiert, der physisch wie menschlich ein selbstgerechter Ekel und auch dem vornehmeren Onkel Salomon zunehmend zuwider ist. Unmittelbar nach der Hochzeitszeremonie flieht Jettchen, die kurz zuvor bei dem von Typhus genesenden Onkel Jason zufällig Kößling wiedergesehen und mit ihm die gegenseitige Liebe erneuert hat, im Hochzeitskleid auf die Straße, mitten in Berlin – mit unbekanntem Ziel:

> Über den Fahrdamm springt Jettchen mitten durch die Wasserlachen, deren dünne Eisschichten knisternd unter ihr brechen; bis über die Knöchel tappt sie da hinein mit den weißen Schuhen. Sie greift die Schleppe und zieht sie um die Füße, und dann läuft sie, läuft sie nach den Lichtern, nach der **Königstraße**, ohne einem Menschen zu begegnen. (S. 391)

Von diesem skandalösen Romanende her, an dem die Braut nachts aus ihrer eigenen Hochzeit unbegleitet auf die winterlich überfrorene Straße flieht, wo selbst die Beschmutzung des Hochzeitsgewands dem Freiheitsdrang nichts anhaben

---

[3] Ritchie Robertson, S. 11, hält Eli für den Vater der vier Söhne, also auch für Jettchens Großvater, aber Eli nennt gegenüber Kößling Salomon ausdrücklich seinen „Neffen"(S. 86).

kann, wird deutlich, daß von Anfang an, in der allmählichen Zuspitzung auf die dramatische Schlußszene, die Straße ein öffentlicher Raum ist, in dem soziale Schranken aufgehoben sind. Die Flucht nach draußen, in die Freiheit des urbanen Raums, ist der emanzipatorische Freiheitsschlag, der – entgegen aller biedermeierlichen Betonung gemütlicher Innenräume – die Straße zum sozialen Handlungsraum des Berliner Romans aufwertet.

Nach dem Vorgang von E. T. A. Hoffmanns *Des Vetters Eckfenster* (1822) und Heinrich Heines *Briefen aus Berlin* (1822) setzen sich Straßen und Plätze der Großstadt als urbane Spielstätte bürgerlicher Öffentlichkeit immer mehr durch. Nur wenige Jahre nach der in *Jettchen Gebert* anvisierten Spielzeit (1839) hat der stadtsoziologisch orientierte Ernst Dronke in seinem gesellschaftskritischen Buch *Berlin* (1846), wie wir im 1. Kapitel gesehen haben, die demokratisierende Wirkung des Berliner Straßenlebens betont:

> Auf den Straßen kann man daher die Richtung und die Lebensweise der Einwohner noch am besten kennenlernen. Da ein häusliches Leben selten mehr zu finden ist, und alles nur nach Vergnügungen jagt, so findet man den Ausdruck des Lebens nicht mehr am häuslichen Herde, sondern außer dem Hause, in dem wilden, wirren Durcheinandertreiben der Öffentlichkeit.[4]
>
> Das öffentliche Gesamtleben ist der Pulsschlag dieser Stadt. Auf den Straßen, in der Öffentlichkeit wogt und rauscht alles durcheinander, vornehm und gering, reich und arm: Keiner ist beschränkt durch den anderen. Nur in den häuslichen Umfriedungen machen sich die Verschiedenheiten des Kastenwesens noch geltend.[5]

Die Aufhebung der Standesschranken in der urbanen Öffentlichkeit macht die Straße zum privilegierten Raum der Romanhandlung; hier sind die Folgen des kathartischen Eklats so überraschend offen, daß der sorgfältig darauf vorbereitete und emotional immer mehr mitgerissene Leser wohl wissen möchte, wie es mit der Romanheldin weitergeht. Tatsächlich hat Georg Hermann die geschickt manipulierte Lesererwartung zwei Jahre später bedient, als er mit dem Roman *Henriette Jacoby* (1908) die gewünschte Fortsetzung lieferte, auch wenn er damit, anstatt die Hoffnung auf eine zukunftsträchtige Öffnung der Gesellschaft zu erfüllen, in konventionelle Verhaltensmuster zurückfiel.

Der von der Aussicht auf ein tragisches Ende gekitzelte Leser erfährt aus der Fortsetzung, daß Jettchen ganz überraschend eigentlich ihren Onkel Jason mehr als Kößling liebt, daß sie sich aber letzterem hingibt und dann wie Charlotte

---

4 Ernst Dronke, *Berlin* (1846). Hrsg und mit einem Nachwort versehen von Rainer Nitsche. Mit 18 zeitgenössischen Abbildungen, Darmstadt und Neuwied: Luchterhand 1987, S. 14.
5 Dronke, Berlin, S. 32.

Stieglitz (1806–1834), die sich in Berlin für ihren nur deshalb namentlich überlieferten Dichtergatten Heinrich Stieglitz geopfert hat, Selbstmord begeht, um den Schriftsteller Kößling ebenfalls zu größerer Kreativität zu animieren. Schon in dem ersten Roman hat sich Jettchen in einer Selbstmordphantasie in die Rolle der von Theodor Mundt (*Madonna. Unterhaltungen mit einer Heiligen*, 1835) zur Madonna verklärten Märtyrerin hineingesteigert:

> Jettchen dachte an Charlotte Stieglitz und wie alle Welt ihre Tat gepriesen. Den Mut würde sie auch haben. Wenn sie nur wüßte, daß es zu seinem Besten wäre. Sie würde ihre lange Agraffe nehmen, die alte silberne, die ihr einmal Onkel Jason geschenkt hatte, und würde sich die feine, scharfe Nadel ganz langsam hier hineinstoßen, so ganz langsam, tief hinein in das weiße Fleisch unter ihrer linken Brust. (290)

Die Ausführung der melodramatischen Geste, von der sich die Jüdin einen merkwürdigen Heiligenschein verspricht, ist zum Glück dem zweiten Roman vorbehalten, so daß der erste Roman seinen realistischen Grundton beibehalten kann.

Die Anbiederung an den Kolportageroman erklärt den ungeheuren Publikumserfolg, den dieser angeblich ‚jüdische' Roman bis 1933 hatte, bevor auch mehrere Werke von Georg Hermann der nazistischen Bücherverbrennung zum Opfer fielen. Noch 1932 erschien eine Volksausgabe mit 30 000 Exemplaren, die im Nu verkauft waren.[6] In der Einleitung zu *Jettchen Gebert* hat der Erzähler, beim Gang über den Friedhof zu den Gräbern der Familie Gebert, schon verraten, daß die am 15. Mai 1812 geborene „Henriette Jacoby, geb. Gebert" (6) am 3. Oktober 1840, also nur zehn Monate nach ihrer skandalösen Flucht „Ende November" (343), gestorben ist. Der schon auf der zweiten Seite antizipierte Tod der fiktiven Titelgestalt ist die Voraussetzung der nostalgischen Grundhaltung, aus deren melancholischer Perspektive die vergangene Geschichte vor dem Vergessen bewahrt wird: „Denn erzähle ich nicht diese Geschichte, so wird niemand sein, der sie euch erzählen wird, und sie könnte verlorengehen, könnte ungeschehen werden – und das wäre schade!" (5) Die Vergangenheit nicht ungeschehen zu machen, indem man sich von ihr Geschichten erzählt, ist erst recht ein Jahrhundert nach dem Erscheinen des Romans, nachdem im Holocaust die jüdische Bürgerkultur vernichtet und im Bombenkrieg ihr urbanes Umfeld zerstört wurde, ein wichtiges Projekt der Erinnerungskultur.

---

6 Genaueres zu Verkaufszahlen bei Cornelis Geeraard van Liere, *Georg Hermann. Materialien zur Kenntnis seines Lebens und seines Werkes*, Amsterdam: Rodopi 1974 (Amsterdamer Publikationen zur Sprache und Literatur 17).

Die nur in der narrativen Erinnerung lebende Titelfigur Jettchen Gebert, von deren Grabstein „schon längst die letzte Spur von Vergoldung gewaschen ist" (6), steht zwischen zwei Männern, dem wie Jason feinsinnigen, in der Bücherwelt lebenden Intellektuellen Kößling und dem feisten, unerträglich selbstbezogenen Provinzler Julius, für den Posen der Maßstab aller, auch der Berliner Dinge ist. Obwohl sie den ersten liebt und den zweiten nicht ausstehen kann, läßt Jettchen ihre Verheiratung an Julius über sich ergehen, weil sie damit die Schuldenrechnung an die Familie, die sie großgezogen hat, meint begleichen zu müssen. Weil das Ganze in einer jüdischen Bürgerfamilie spielt, in der die jüdische Identität so gut wie nicht erwähnt wird, ist die narrative Sympathie für den „Christen" Kößling und die auch vom Erzähler wiederholt betonte Abneigung gegen den polnischen Juden ein forciertes Zeichen gelungener und vom Erzähler mitgetragener Assimilation. Man ist zuerst statusbewußter deutscher Bürger, der in der ausführlichst dargestellten Wohnung und kostbaren Ausstattung Stil und Stolz der angestrebten Klasse zur Schau stellt, und erst in zweiter Linie auch noch Jude, so säkular, daß Julius, aus Rücksicht auf seinen strenggläubigen Onkel Naphtali, der Familie einschärfen muß, wenigstens das Hochzeitsessen „müßte fromm sein" (352).

Nicht einmal das durch ‚fromm' ersetzte Wort ‚koscher' kann im Hause Gebert mehr vorausgesetzt werden. Von jüdischen Fasten- und Feiertagen ist so wenig die Rede wie vom häuslichen Gebet, vom Besuch der Synagoge oder der rituellen Einhaltung jüdischer Lebensformen. Die unausgesprochenen Prioritäten sind so deutlich, daß Jason hoffen kann, zumindest Onkel Salomon, der als *pater familias* das Sagen hat, könnte den kleinen Religionsmakel übersehen, wenn Kößling nur erst eine angesehene Stellung und entsprechendes Einkommen vorweisen könnte. Dabei ist die Sympathie des Erzählers für die unglücklich Liebenden eindeutiger als die Unterstützung, die sie bei Jason finden. Dieser Freigeist nimmt schließlich doch mehr Rücksicht auf den Mehrheitswillen der Familie, als seine alternative Lebenshaltung erwarten läßt: denn er „wollte es sich nur nicht gestehen, daß ihn diese Liebessache zwischen Jettchen und Kößling, denen er beiden das Beste auf dieser Welt wünschte, recht traurig stimmte" (218).

Auch in der jüdischen Assimilation gewinnt das für den Berliner Roman charakteristische West-Ost-Gefälle eine topographische Symbolik: Kößling kommt aus der ‚guten' (deutschen) Provinz im Westen (Braunschweig) und Julius aus der ‚schlechten' (polnischen) Provinz im Osten (Posen), und für den standesgemäßen Sommeraufenthalt wählt man statt des billigeren **Schöneberg** im Süden das vornehmere **Charlottenburg** im Westen. Der **Schloßpark von Charlottenburg** ist das noble Ambiente für die idealisierte, in der sozialen Wirklichkeit kaum tragfähige Liebe zwischen Jettchen und Kößling, die nicht weniger royal mit einer Begegnung auf der **Königstraße** begonnen hat. So bezeichnet, mit dem Romantitel von Paul Lindau, „der Zug nach dem Westen", in den Westen, in dem Fontanes Bourgeoisie vorzugsweise wohnt, auch die sozialen Ambitionen der jüdischen Handelsfamilie Gebert.

Wie in Fontanes *Irrungen Wirrungen*, wo die am **Zoologischen Garten** gelegene Gärtnerei noch am westlichen Stadtrand liegt, von wo aus man über die Felder ins noch dörfliche **Wilmersdorf** spazieren kann, ist hier, im Jahr 1839, das 1705 gegründete und erst 1893 zur Großstadt erklärte und 1920 in Groß-Berlin eingemeindete **Charlottenburg** noch ein kleiner Ort, eine vor dem billigeren **Schöneberg** bevorzugte Sommerfrische, wo das gutgestellte Bürgertum, sofern es sich nicht wie die van der Straatens in Fontanes *L'Adultera* am Nordwestrand des **Tiergartens** eine eigene Sommervilla leisten kann, um der Hitze und der oft schlechten Luft der Stadt zu entfliehen, eine Sommerwohnung mietet. Das tut auch der jüdische Seidenhändler Salomon Gebert, der in diesem Jahr, 1839, für seine Frau Rikchen und die Adoptivtochter Jettchen von Mai bis September eine Wohnung bei Frau Könnecke in der **Rosinenstraße** (seit 1947 **Loschmidtstraße**), Ecke **Berliner Straße** (seit 1957 **Otto-Suhr-Allee**) anmietet.

Die 1705 vom preußischen König Friedrich Wilhelm I. eingeweihte **Berliner Straße** reichte mit einem deshalb ‚Knie' genannten Knick am heutigen **Ernst-Reuter-Platz** vom **Charlottenburger Tor** bis zum **Schloß Charlottenburg** und war damit die Hauptverbindung zwischen Berlin und **Charlottenburg**. Das gängige öffentliche Verkehrsmittel, mit dem in Georg Hermanns Roman zumindest Onkel Jason aus Berlin zu Besuch kommt, ist der Torwagen, ein von Pferden gezogener, meistens überdachter Kremser, der außerhalb der Berliner Stadttore (daher der Name), vor allem am **Brandenburger Tor**, auf mehrere zahlende Passagiere wartete, um sie in die Außenbezirke zu transportieren. 1865 wurde auf der **Berliner Straße** der erste Pferdebahnlinienverkehr Deutschlands eingeführt; an seine Stelle trat Ende des 19. Jahrhunderts die elektrische Straßenbahn, deren Verkehr 1967 wie überall im damaligen Westberlin eingestellt und durch Autobusse ersetzt wurde. Aus der Spielzeit des Romans ist in der heutigen **Otto Suhr-Allee** Nr. 89 nur noch die ‚Hof-Apotheke' aus dem Jahr 1799 erhalten. Geberts Sommerwohnung befindet sich in der **Rosinenstraße**, die ihren beschönigenden Namen (von 1824 bis 1937) von den Kötteln der durch diese Straße getriebenen Schafe und Ziegen hatte, also in einer noch sehr ländlichen Gegend, wo der Auslauf im großen, hinter dem Haus gelegenen Blumen- und Obstgarten noch ganz unstädtisch ist. Nach vorne hinaus, zur Straße hin, liegen die Zimmer der Tante Rikchen und Jettchens, nach hinten, zum Garten hinaus das Esszimmer.

Die Weite dieses ländlichen Idylls – zur Entstehungszeit des 1906 erschienenen Romans, als Charlottenburg über 100 000 Einwohner zählte, schon nostalgisch verklärt – ist kontrastiert mit der Enge des alten Berlin, mit den Gassen und verschachtelten Dächern der zum Hof liegenden Galerien, direkt in der Mitte der 1839 etwa 300 000 Einwohner zählenden Großstadt. Dieses großenteils noch mittelalterliche Berlin, der historische Kern, ist heute so gut wie verschwunden, durch Stadterweiterung, Kriegszerstörung und Überbauung beseitigt. Das Stadthaus der Geberts mit Wohnung und Kontor liegt in der **Spandauer Straße**, die den **Hackeschen Markt** im Nordwesten und den **Molkenmarkt** im Südwesten verbindet und die **Königstraße** (seit 1951 **Rathausstraße**, an der das 1869 eingeweihte **Rote Rathaus** steht) kreuzt.

Die **Spandauer Straße** ist kaum zufällig der zentrale Berliner Handlungsort in Georg Hermanns Roman; denn die **Spandauer Straße 68** (seit 1913 Nr. 33) war die Adresse des dreigeschossigen Hauses, in dem Lessing während seines ersten Berliner Aufenthalts von 1748 bis 1755 bei seinem Vetter Christlob Mylius, dem Redakteur der 1704 gegründeten *Berlinischen Privilegirten Zeitung*, wohnte, desselben Hauses, in dem Moses Mendelssohn (1729–1786) von 1762 bis zu seinem Tod und gleichzeitig für einige Jahre auch Friedrich Nicolai wohnten. In einem einzigen Haus in der **Spandauer Straße** konzentriert, lebte, wenn auch zu verschiedenen Zeiten, das berühmte Dreigestirn der Berliner Aufklärung, in der der Stammvater deutsch-jüdischer Kultur, Moses Mendelssohn, der gleichberechtigte Dritte im Bunde und der eigentliche Hausherr dieses geistesgeschichtlich wichtigsten Treffpunkts in Berlin vor 1800 war. Georg Hermann dürfte auch gewußt haben, daß Mendelssohn, der in der nahen **Bischofstraße** (einer heute verschwundenen kurzen Parallelstraße der **Königstraße**, die die **Marienkirche** begrenzte) in einer Seidenmanufaktur arbeitete, in der **Spandauer Straße 68** auf eigene Rechnung auch Textilgeschäfte tätigte – wie sein fiktionaler Kollege Salomon Gebert, der in seinem Haus ebenfalls Wohnung und Kontor vereinigt. In der **Spandauer Straße 49** befanden sich um 1840 auch die originellen Weinstuben von Louis Drucker, in denen Jason „mitten im Lärm der lachenden Gäste" (219) bei einer Flasche Chambertin ein Billett an seine Schwägerin Rikchen kritzelt, um ihre Befürchtungen wegen Kößling zu entkräften. Dabei hielt der als ‚vergnügter Weinhändler' stadtbekannte Louis Drucker, der durch lustige Anzeigen auf sich aufmerksam machte und seine Kellner auf Holzpferdchen bedienen ließ, gerade „eine lange Rede über sein letztes Hunderennen in seinem Garten auf dem Tornow bei Potsdam, bei dem er Joel Jakobis gesammelte Werke, in Schweinsleder gebunden, dem Oberhund um den Hals gehangen hatte" (219). Der Spaß, der dem konvertierten Juden und berüchtigten Polizeispitzel Joel Jakobi (1810–1863) gilt, ist auch eine versteckte Spitze gegen Julius Jakoby, dessen eigentlicher, von Onkel Naphtali noch jetzt gebrauchter Vorname Joel war: „Nun – ich kenne unseren Joel von noch frieher; denn ich bin der gewesen, was'n hat auf den Schoß gehalten, als er ist aufgenommen worden ins Judentum." (388)

Auffallend wie die topographische Abwesenheit des **Scheunenviertels** ist auch die Tatsache, daß zwar vier in der Nachbarschaft liegende Kirchen erwähnt werden (**Marienkirche**, **Nikolaikirche**, **Parochialkirche** und **Heiliggeistkir-**

che), nicht aber die nahegelegene erste Synagoge Berlins, die 1714 eingeweihte und im Zweiten Weltkrieg zerstörte **Große Synagoge in der Heidereutergasse 4** (an die heute in der **Rosenstraße** erinnert wird). Der jüdische Glaube wurde einerseits, in der älteren Generation, durch die säkulare Vernunftreligion der Aufklärung ersetzt, der der 79-jährige Großonkel Eli noch verpflichtet ist, und andererseits, in der mittleren Generation, durch den im Familienbetrieb praktizierten Kommerz, für den Onkel Salomon verantwortlich ist. Als sich Jason für Dr. Kößling einsetzt, weil für ihn „diese äußerliche Zufälligkeit" (216) religiöser Differenz kaum ins Gewicht fällt, erinnert ihn sein Bruder Salomon Gebert an die jüdische Identität, ohne indes einen anderen als ökonomischen Grund für sie nennen zu können:

> „Es sind nicht die paar Gebräuche, oder ob sich einer vielleicht in der **Chausseestraße** und nicht in der **Hamburger Straße** begraben läßt – das ist es nicht, sondern du weißt es ja ebensogut wie ich, weswegen wir am Judentum hängen und uns dagegen sträuben, daß es in unserer Familie ausstirbt. [...] ich sehe auch nicht ein, warum man sein Lebtag nun für irgendsolchen hergelaufenen Menschen gearbeitet haben soll" (253)

Das so betonte „weswegen" bleibt als indirekte Frage unbeantwortet, weil der Grund stillschweigend vorausgesetzt wird und, wenn er nicht erklärt zu werden braucht, schließlich auch nicht mehr erklärt werden kann. Für den Grund der sinnentleerten Tradition, von der nur noch „die paar Gebräuche" übrig geblieben sind, gibt es keine Sprache mehr. Als Jason seinem älteren Bruder klarmacht, daß nicht Sorge um Jettchens Glück, sondern „falsche Sentimentalität und Engherzigkeit" (253) seine Entscheidung gegen Kößling leitet, verrät Salomon den wahren Grund: Der „hergelaufene" Intellektuelle ohne festes Einkommen gefährdet die ängstliche Besitzstandwahrung. Darum wird die Zukunft wohl durch Julius Jacoby bestimmt werden, dessen negative Charakterisierung als materialistischer Aufschneider (abgesehen von seiner Funktion als ostjüdische Kontrastfolie) die Kritik an der durchökonomisierten Gründerzeit vorwegnimmt.

Die zwischen dem **Schloßplatz** und dem **Alexanderplatz** verlaufende **Königstraße**, so benannt, weil hier der in Königsberg gerade gekrönte erste preußische König, Friedrich Wilhelm I., 1701 seinen Einzug nach Berlin hielt, war eine wichtige Geschäftsstraße im alten Berlin, auf der auch Jettchen einkaufen geht. Jason Gebert wohnt in der **Klosterstraße**, einer heute nur noch im südlichen Teil existierenden Parallelstraße der **Spandauer Straße** (wo heute etwa der Fernsehturm steht). Dr. Friedrich Kößling wohnt zur Untermiete in der **Neuen Friedrichstraße**, die seit 1746 entlang der ehemaligen Stadtmauer im großen Bogen von der **Pomeranzenbrücke** (benannt nach der Orangerie, die 1866 der Nationalgalerie weichen mußte) im Nordwesten nach Südosten führte (seit 2001 **Anna-Louise-Karsch-Straße** im nördlichen und seit 1951 **Littenstraße** im südlichen Teil); er wohnt „in einem kleinen Häuschen, irgendwo nach hinten hinaus, nach dem **Königsgraben** zu" (207), d. h. in Richtung auf den späteren **S-Bahnhof Alexanderplatz**, der 1882 über dem zugeschütteten **Königsgraben** errichtet wurde. Damit wohnt Kößling ausgerechnet in derselben Straße, wo gegen Ende des Romans auch die künftige Wohnung von Jettchen und Julius Jacoby angemietet und eingerichtet, aber nie bezogen wird.

Adressen fungieren gerade dann, wenn sie wie die **Spandauer Straße** und die **Neue Friedrichstraße** ihre historische Signifikanz verschweigen, als Symbole der gelungenen Integration. In der **Neuen Friedrichstraße** wohnten Henriette Herz (1764–1847), die hier bis 1806 ihren berühmten literarischen Salon – von 1780 bis 1803 in der **Spandauer Straße** – fortzuführen versuchte, und in Nr. 57 der Hegelianer Eduard Gans (1797–1839), der 1821 den kurzlebigen *Verein für Cultur und Wissenschaft der Juden* gegründet hat. Und hier befand sich vor allem das Vereinslokal (Nr. 35) der 1792 von Julius Eduard Hitzig u. a. gegründeten *Gesellschaft der Freunde des Judentums*, das ab 1820 das Zentrum des kulturellen und geselligen Lebens Berliner Juden war. Tante Rikchen erwähnt nicht ohne Stolz, daß sie für das Brautpaar eine Vier-Zimmerwohnung „oben am Wasser, gar nicht weit von der ‚Gesellschaft der Freunde'" (343) gefunden habe, in der auch die Hochzeit stattfinden soll. Bislang wohnt Julius noch in der **Parochialstraße** (auch heute noch eine Nebenstraße der **Jüdenstraße**), die die **Klosterstraße** kreuzt. Schließlich wohnt der Großonkel Eli Gebert mit seiner Frau Minchen am **Hohen Steinweg**, einer heute nicht mehr existierenden Straße, die, als nördliche Verlängerung der an der ehemaligen **Königstraße** endenden **Jüdenstraße** zwischen der **Marienkirche** und dem **Roten Rathaus** zu denken ist.

Alle Adressen finden sich innerhalb eines ein Quadratkilometer großen Areals und sind zu Fuß leicht zu erreichen. Entsprechend intensiv ist der gesellige Kontakt unter den Familienmitgliedern, aber auch die soziale Kontrolle, so wenn Jettchen in Begleitung von Kößling auf dem Weg zum **Neuen Markt** an der Wohnung (ohne Straßenadresse) von Onkel Ferdinand und Tante Hannchen vorbeikommt. Hier sitzt die immer schnell pikierte Tante Hannchen „wie die Bulldogge vor dem Schlächterladen" (106) gemütlich auf einer Steinbank neben der Haustür, um die Passanten zu taxieren: „Was sollte das heißen? Ihre Nichte zieht am hellen Tage mit einer Mannsperson daher wie ein ganz gewöhnliches Dienstmädchen." (106) Sofort will sie den skandalösen Anblick ihrem Mann berichten, um sich Unterstützung für ihre Empörung („So etwas war ihr noch nicht vorgekommen!" 107) zu holen. Da der aber geschäftlich verhindert ist, eilt sie einige Straßen weiter zu ihrer Schwester Rikchen, um ihr brühwarm die inzwischen aufgebauschte Geschichte zu erzählen. Klatsch braucht engen Raum und kurze Kommunikationswege, um seine giftige Wirkung zu tun. Auch der harmloseste Gang, wie der von Jettchen und ihrem neuen Bekannten, durch das enge

Straßengewirr der Altstadt, weckt Erstaunen, weil das Private hier, allen sichtbar, immer auch ganz öffentlich ist:

> Das enge Netz kleiner Straßen des alten Stadtteils nahm sie wieder auf. Die schmalen, holprigen Steige an den Häusern gestatteten kaum den beiden, nebeneinander zu gehen. Und nun erst die Holzhauer, die auf dem Damm mit ihren Sägeböcken standen und auf ihren Klötzen die zersägten Kloben zerspalteten, sie zwangen Kößling oft genug, als ferner Trabant hinter Jettchen herzuziehen. Neben den Türen saßen die Bürger mit Frauen und Kindern und sahen aus dem Dunkel der schmalen Gassen über die Dächer von drüben zu dem weißen, lichtstrahlenden Frühlingshimmel. Aus jedem Hausflur kamen andere Gerüche. Hier von frisch gegerbtem Leder und hier nach Pferdeställen oder Kühen. Und viele der Leute, die da ihre Feierstunde hielten, grüßten Jettchen und sahen ihr und ihrem Bergleiter erstaunt nach wie einer Vision. (117)

Weil alle Personen des Romans so dicht beieinander wohnen, ist es kaum noch ein Zufall, daß sich auch die für einander bestimmten und von der Familie auseinandergehaltenen Hauptpersonen, Jettchen Gebert und Dr. Friedrich Kößling, die sich bei der ersten Familientafel im Hause Gebert gerade erst kennengelernt, aber noch kaum miteinander gesprochen hatten, auf der Straße begegnen:

> Dieser schielende Zufall wollte es nun, daß sich am nächsten Donnerstag um ein Viertel nach fünf Uhr des Nachmittags bei schönstem Wetter unter dem Lichte eines mattblauen Frühlingshimmels Jettchen und Kößling in der **Königstraße** trafen. Es ist merkwürdig, wie oft Kößling in der Zeit vordem die **Königstraße** passiert hatte. Er wohnte fast auf der **Königstraße** und betrachtete die **Spandauer Straße** als sein Nebengelaß. Immerfort mußte er gerade durch die **Königstraße** gehen, unter allen möglichen Vorwänden vor sich selbst. Jeden Tag brachte er einmal Bücher nach der Bibliothek und holte einmal Bücher ab – eine Sache, die sich sehr gut in einem Aufwaschen hätte besorgen lassen. (102)

Die Straßen des Stadtplans sind, mit der gleich viermal genannten **Königstraße**, ein so vertrauter Lebensraum, daß die **Spandauer Straße** als „Nebengelass" der eigenen Straße belegt wird, als wäre sie ein Nebenzimmer in einem großen Haus, in dem man ganz zuhause ist. Der öffentliche Stadtraum wird als privater Raum einer erweiterten Familie erfahren und genutzt. Der von Kößling beförderte „Zufall" des Zusammentreffens ist, wie es sich für einen realistischen Roman gehört, zeitlich („ein Viertel nach fünf Uhr"), klimatisch und stadtgeographisch genau bezeichnet; sie treffen sich an der **Kreuzung Königstraße/Klosterstraße**, Kößling mit Büchern unterm Arm auf dem Weg zur Königlichen Bibliothek und Jettchen mit dem Einkaufskorb am Arm auf dem Weg zum **Neuen Markt** vor der **Marienkirche**. Beide Wege kreuzen und vereinen sich nun zu einem der wesentlichen Gespräche, wie sie bei Georg Hermann immer wieder auf der Straße stattfinden.

Während Fontane das kunstvolle Wechselspiel der Causerie mit einigen bedeutenden Ausnahmen (z. B. der paarweise Gang um den **Grunewaldsee** in *Frau Jenny Treibel*) fast immer in gepflegten Innenräumen inszeniert, nutzt Georg Hermann den öffentlichen Stadtraum, hier sogar eine verkehrsreiche Geschäftsstraße und das Chaos eines Marktes, um der wichtigen menschlichen Kommunikation das urbane Flair zu geben und sie vor allem von sozialen Einschränkungen freizuhalten. Kößling, der darauf besteht, Jettchen zu begleiten und ihren Korb zu tragen, verwickelt sie in ein existentielles Gespräch und erzählt ihr, wie er als „ein zerrissener Mensch" (109) Rezensionen, Musikkritiken und Erzählungen schreibt, auch an der Biographie mitwirkt, aber kein politischer Schriftsteller sein möchte. Wohl kaum zufällig erklärt Kößling seine öffentliche Rolle als moderner Intellektueller nicht im gemütlichen Innenraum, den er als Mann ohne Familie nicht kennt, sondern auf offener Straße.

Der Gegensatz von Kleinstadt und Großstadt spielt nur für die Charakterisierung provinziellen Denkens eine Rolle. Während Onkel Salomon zur Kur nach Karlsbad fährt, beziehen Tante Rikchen und Jettchen die Sommerwohnung in **Charlottenburg**, allerdings immer mit Bezug auf Berlin: „Tante kann ja ohne Berlin nicht acht Tage bestehen; aber wenn man – wie ich – hier geboren ist, dann freut man sich, sobald man es eine Weile nicht sieht. Aber man freut sich dann auch, sobald man es wieder hat. Leben möcht' ich nirgends anders als in Berlin – nur nicht in einer kleinen Stadt." (104) Kößling, der als Sohn eines armen Gelbgießers aus Braunschweig stammt, empfindet es nicht anders, auch er braucht die große Stadt, um seiner Bücherlust zu leben und ab und zu im Café Stehely (**Charlottenstraße 53/Ecke Jägerstraße**), dem bedeutendsten Berliner Lesecafé seit 1820, seinen Freund Jason zu treffen.

Nach Westen hin bietet das verwinkelte Braunschweig, aus dem Kößling stammt, den kleinstädtisch positiven Hintergrund und nach Osten hin die durch die polnischen Teilungen Preußen zugeschlagene Stadt Posen (Poznan), aus dem Tante Hannchens Neffe Julius Jacoby stammt, den kulturell negativen Hintergrund. Jettchen, die Kößling liebt, aber Julius heiraten muß, steht zwischen den beiden auch geographisch symbolisierten Extremen; denn im Westen, wie das im Westen von Berlin aufgesuchte **Charlottenburg**, liegt das Ziel der Assimilation dieser jüdischen Familie und im Osten das ostjüdische Schreckbild einer Herkunft, die man unbedingt hinter sich lassen will.

Damit hat der Roman *Jettchen Gebert* teil an der kulturpolitischen Debatte seiner Entstehungszeit. Gustav Karpeles (1848–1909), der sich als Redakteur von *Westermanns Monatsheften* für Fontane eingesetzt und von 1890 bis zu seinem Tod die *Allgemeine Zeitung für das Judentum* herausgegeben hat, war einer der ersten, der einen jüdischen Zeitroman gefordert hat – eine Forderung, die u. a. Ludwig Jakobowskys *Werther der Jude* (1892), Jakob Wassermanns *Die Juden von*

Zirndorf (1897), Adolf Dessauers *Großstadtjuden* (1910) und vor allem Schnitzlers *Der Weg ins Freie* (1908) eingelöst haben. Allerdings trifft die neue Gattungsbezeichnung auf *Jettchen Gebert* nur bedingt zu, weil es sich bei diesem 1839 spielenden Roman weder um einen Zeitroman noch um einen eigentlichen ‚jüdischen' Roman handelt.

Der Selbstidentifizierung Georg Hermanns entsprechend – „ich glaubte als *typischer Westjude* mich *sehr stark* innerlich dem Deutschtum assimiliert zu haben"[7] – sind auch seine fiktionalen Juden kaum noch als Juden erkennbare deutsche Mittelstandsbürger, die es zu Wohlstand und Ansehen gebracht haben. Nur Namen wie Salomon und Eli lassen die jüdische Herkunft erkennen, nicht aber die Namen Ferdinand, Jason, Wolfgang, Max, Julius sowie Wilhelmine (Minchen), Friederike (Rikchen), Johanna (Hannchen) und Henriette (Jettchen), lauter Mädchennamen, die im Preußen des 19. Jahrhunderts Mode waren. Nur der griechische Name Jason (wie der Argonautenführer) und der römische Name Julius (wie Caesar) lassen vermuten, daß sie auf mosaische Namen zurückgehen, der erste auf Josua (den Nachfolger Mose), wie wir nicht erfahren, und der zweite auf Joel (der biblische Prophet), wie wir von seinem Onkel Naphtali erfahren, wenn er ihn mit „Joel" (354) anredet, weil er in Posen nie anders geheißen hat. Aber selbst der Name Henriette kann auch eine ‚christliche' Variante des jiddischen Namens Jüttel sein; so hießen, zum Beispiel, die aus Posen stammenden Großeltern von Rudolf Mosse (1843–1920), dem Gründer des Berliner Zeitungs-Imperiums, Salomon (1767–1811) und Jüttel Moses (1776–1847), wie Jettchen und ihr Ziehvater. Rudolf Mosse zählte unter seinen unmittelbaren Verwandten seine Brüder Salomon, Wolfgang und Maximus, unter seinen Tanten väterlicherseits eine weitere Henriette und eine Johanna, außerdem hatte er eine Tante mütterlicherseits Jeanette (Jenny), lauter Namen, die auch in *Jettchen Gebert* vorkommen. Jedoch ist es auch namentlich kennzeichnend, daß in Georg Hermanns jüdischer Familie außer Julius kein einziger Name, vor allem der von Jettchen nicht, auf einen jüdischen Ursprung zurückgeführt wird. Das nur 27 Jahre zurückliegende Judenedikt von 1812, das die Ersetzung mosaischer Namen durch christliche Namen vorschrieb, ist für die Familie Gebert eine historische Selbstverständlichkeit, die verdrängt ist und unerwähnt bleiben kann.

Der eigentliche Konflikt des Romans wird zwischen einer unbürgerlich existentiellen Lebenshaltung einerseits, vertreten durch die beiden Außenseiter Jason Gebert, der sich nicht als Jude identifiziert, und Dr. Friedrich Kößling, der nur von den Geberts als Christ identifiziert wird, und einer bürgerlich materialisti-

---

[7] Georg Hermann, Zur Frage der Westjuden, in: *Neue Jüdische Monatshefte*, Bd. 3, Nr. 19–20 (10.–25. Juli 1919), 399–405, S. 400.

schen Lebenshaltung andererseits, vetreten durch den Familien- und Firmenchef Salomon Gebert und seinen Bruder Ferdinand, ausgetragen. Der im Hintergrund schwelende, aber vom Erzähler wie von Salomon Gebert selbst eher unterdrückte Nebenkonflikt betrifft den Gegensatz zwischen den assimilierten Berliner Juden in der Kulturtradition Moses Mendelssohns und dem ungehobelten jüdischen Parvenü aus der polnischen Provinz, Julius Jacoby, über dessen offensichtliche charakterliche, gesellschaftliche und physiologische Mängel die Familie Gebert hinwegblickt, weil er, als angehender Lederkaufmann, für Jettchens Zukunft mehr ökonomische Sicherheit verspricht als der mittellose freie Schriftsteller Kößling. Wie in der von Fontane beschriebenen Berliner Gründerzeit sind die Prioritäten hier schon gegen Ende des Berliner Biedermeiers klar entschieden: Materieller Erfolg geht vor Bildung und Bürgerstolz vor religiöser Tradition; denn mit der Säkularisierung ist die religiöse Bindung durch sozialen Status ersetzt worden.

Wer Ansprüche auf Glück stellt, hat die Rechnung ohne den Wirt gemacht. Als sich Salomon in Hinblick auf Julius den Familienrat einholt, warnt ihn sein Onkel Eli: „Ihr wollt das Mädchen mit Gewalt unglücklich machen." (315) Das Glück als Lebenserfüllung, um die sich die Gespräche zwischen Jason, Kößling und Jettchen drehen, muß zurückstehen hinter dem erwarteten wirtschaftlichen Erfolg. Das damit anklingende klassische Thema der Entsagung wird selbst nur in ökonomischen Metaphern gerechtfertigt, wenn Tante Rikchen Jettchen in Hinblick auf ihren Ziehvater Onkel Salomon unter Druck setzt: „Und du mußt wissen, was du ihm schuldig bist." (S. 328) Weil es sich mehr um eine finanzielle als um eine moralische ‚Schuld' handelt, meint Jettchen, die ihr aufgemachte Rechnung begleichen zu müssen, indem sie auf alle Glücksansprüche verzichtet und sich und ihr Leben völlig willenlos an den ihr widerlichen neuen Vetter Julius ‚verkauft': „man hat mir die Rechnung vorgelegt, ich war zwanzig Jahre da im Haus. [...] nun muß ich sie bezahlen." (370) „Und Jettchen murmelte immer wieder, daß sie nun die Rechnung doch bezahlen müsse." (371) Wie es Salomon nicht schafft, mit Jettchen über ihr verspieltes Glück zu sprechen, bringt es auch Jettchen nicht über sich, ihm zu gestehen, „sie könne nun doch die Rechnung nicht bezahlen" (383): Sie begleicht die Rechnung und erduldet mit letzter Kraftanstrengung das zum Albtraum gesteigerte verfressene kleine Monster neben sich: „Und sie fühlte durch den dünnen Seidenrock die feiste, kurze, schwere Hand – eine Hand, als ob die Spitzen der Finger abgehackt wären, fühlte sie auf ihren Knien, und ein solcher Widerwillen und ein solcher plötzlicher Ekel packte sie, daß es ihr beinahe aufstieg." (388)

Der egozentrische Aufschneider aus der Provinz Julius Jacoby, „der kleine feiste Mensch" (381), und noch mehr sein 77-jähriger Onkel Naphtali, ein vermutlich orthodoxer Hinterwäldler, der nur unbeholfen Deutsch spricht und, zum Erstaunen der Familie, nicht einmal Bouillon und Forellen kennt, repräsentieren so sehr den antisemitisch geprägten Typ des Ostjuden, daß sich, je mehr Tante Hannchen von dem klotzigen „Gentleman" schwärmt, Salomon desto mehr die Nase rümpft, weil er sich und seine Familie von solcher Affinität zum angeblich typisch jüdischen Charakter freihalten und damit seinen Status in der deutschen Gesellschaft absichern will. Denn Julius, „eine recht klägliche und kleinstädtische Figur" (133), unterscheidet sich wie Hannchens Sohn Max, der Cousin von Julius, auch physiologisch von „jener schönen, schlanken Rassigkeit, die bei allen Geberts in Kopf, Haltung und Gang steckte" (S. 43), und am schönsten von Jettchen repräsentiert wird.

Der Gebrauch des Wortes „Rassigkeit" muß verwundern, weil in der modernen positiven Vorstellung etwa einer ‚rassigen Südländerin' nach dem Muster von Bizets temperamentvoller Carmen schon der von Arthur de Gobineau (*Essai sur l'inégalité des races humaines*, 1853–1855) eingeführte anthropologische Begriff der ‚Rasse' (bis etwa 1900 in der französischen Schreibweise ‚Race') mitschwingt, als anachronistische Vorausdeutung des zu Georg Hermanns Zeit aufkommenden antisemitischen Rassenwahns, als wären die Geberts stolz darauf, nur außerhalb der ihnen erst von Antisemiten zugeschriebenen ‚Rasse' ‚rassig' zu sein. Dagegen ist Julius Jacoby „klein und fett, wie zusammengehämmert", und er hat „kleine lustige Augen, in denen Verschlagenheit lauerte", und kleine breite Hände, „als ob die vordersten Glieder der Finger abgehackt wären, so kurz waren sie" (133). Seine Schwestern Pinchen und Rosalie, „kleinstädtische Mädchen von altmodischer Häßlichkeit und schmatzender, verschlagener Gutmütigkeit" (32), bestätigen Elis Vorwurf an Salomon: „E *großen* Staat kannste doch mit *die* Familie wirklich nich machen." (316). Der stereotypisch wiederholte Vorwurf der Verschlagenheit gehört wie Heuchelei, Sentimentalität und Geschwätzigkeit, deren sich auch die beiden von Salomon und Ferdinand Gebert geheirateten Jacoby-Schwestern Rikchen und Hannchen schuldig machen, ins Arsenal antisemitischer Rhetorik.[8]

In der auf den ‚Ostjuden' Julius Jacoby beschränkten Physiologisierung negativer Charaktereigenschaften zeigt sich, daß Georg Heimann nicht frei von antisemitischen Stereotypen ist, die sich von Richard Wagner (*Das Judentum in der Musik*, 1850) über Wilhelm Marr (*Der Sieg des Judentums über das Germanentum*, 1879), den von Heinrich von Treitschke („Die Juden sind unser Unglück!") ausgelösten Berliner Antisemitismus-Streit von 1879 und Julius Langbehn (*Rembrandt als Erzieher. Von einem Deutschen*, 1890) bis zu Wagners Schwiegersohn Houston Stewart Chamberlain (*Die Grundlagen des 19. Jahrhunderts*, 1899) immer

---

8 Vgl. Paul Wojcik, *Das Stereotyp als Metapher. Zur Demontage des Antisemitismus in der Gegenwartsliteratur*, Bielefeld: transcript 2013.

mehr verdichteten, wobei der von Gobineau beeinflußte Chamberlain direkt auf Alfred Rosenberg (*Der Mythos des zwanzigsten Jahrhunderts*, 1930) und Adolf Hitler einwirkte. Solche Muster der Diskriminierung klingen bei Georg Hermann an, der sich während des ersten Weltkriegs und erst recht danach entschieden von seinem optimistischen Glauben an die Assimilation von Juden in die deutsche Gesellschaft losgesagt hat. In seinem Erfolgsroman von 1906 hingegen verläßt er sich noch auf Stereotypen seiner schon antisemitisch aufgeladenen Zeit,[9] um den gewünschten Erfolg der Assimilation der Familie Gebert gegen die Posener Familie Jacoby abzusetzen und in den Figuren des freien Schriftstellers Kößling und des aus der Art geschlagenen Onkel Jason das (schon im Roman von der Wirklichkeit eingeholte) unbürgerliche Gegenbild einer deutsch-jüdischen Freundschaft hochzuhalten. Dabei ist Georg Hermann wie seine Romanhelden so sehr säkularisiert, daß die Aufwertung des Ostjuden, als chassidisch-mystisches Gegengewicht gegen den aufgeklärt-rationalistischen Westjuden, von Theodor Herzls frühem Mitstreiter Ahron Marcus (1843–1916)[10] bis Martin Buber (1878–1965) an ihm vorbeigegangen ist.[11]

Dieses Programm deutsch-jüdischer Kulturgemeinschaft läßt sich auch von dem imaginierten Stadtplan ablesen, den Georg Hermann seinem Roman zugrundegelegt hat. Die Adressen und die Straßennamen öffentlicher Treffpunkte haben, ebenso wie die nicht genannten Orte, einen festen Platz in der narrativen Dramaturgie. Interessant ist vor allem die räumliche Symbolisierung des Umgangs mit Julius Jacoby. Ritchie Robertson hat darauf hingewiesen, daß Hermann die Vorstellung des Ostjuden, die sich erst gegen Ende des 19. Jahrhunderts herausbildete, auf die Biedermeierzeit projiziert hat. Tatsächlich ist der Begriff des

---

[9] George L. Mosse hat in einem Aufsatz über literarische Stereotypen von Juden (The Image of the Jew in German Popular Literature: Felix Dahn und Gustav Freytag, zuerst in: *Yearbook of the Leo Baeck Institute* 1957, wiederholt in: Mosse, *Germans and Jews, The Right, the Left, and the Search for a „Third Force" in Pre-Nazi Germany*, Detroit: Wayne State University Press 1987, 61–76) auf die Übernahme solcher Stereotypen von assimilierten Juden hingewiesen: „Nothing illustrates this better than the attitude of the Jews themselves toward their image in the popular mind. There was scarcely a Jewish household in Germany in whose library Dahn's and Freytag's books could not be found. The acceptance of this stereotype, and reading these popular authors, became a sign of Jewish assimilation." (S. 74) Daß ein assimilierter jüdischer Autor wie Georg Hermann selbst solche negativen Stereotypen in sein Figurenarsenal aufnimmt, um davon die ‚guten' Juden abzusetzen, stellt eine neue Qualität dar.
[10] Vgl. Joshua Shanes, Ahron Marcus: Portrait of a Zionist Hasid, in: *Jewish Social Studies: History, Culture, Society*, n.s. 16, no. 3 (Spring–Summer 2010), 210–26 0.
[11] Vgl. Sander L. Gilman, *Jewish Self-Hatred. Anti-Semitism and the Hidden Language of the Jews*, Baltimore and London: The Johns Hopkins University Press 1986, darin besonders das Kapitel ‚The Invention of the Eastern Jew', S. 270–286.

,Ostjuden' erst um 1900, vor allem durch den frühen Zionisten Nathan Birnbaum (1864–1937), der sich für die chassidische Kultur und die jiddische Sprache eingesetzt und dafür den Begriff des Zionismus geprägt hat, ins Gespräch gekommen, als Reaktion auf die Zuwanderung osteuropäischer Juden, die weitgehend als zurückgeblieben und unzivilisiert diskriminiert wurden und, sofern sie nicht nach Amerika weiterzogen, sich im übervölkerten Berliner **Scheunenviertel**, vor allem in der **Grenadierstraße** (heute **Almstadtstraße**), konzentrierten. Den als Fremdlinge empfundenen Zuwanderern, die aus dem russischen ‚Schtetl', also aus dörflich-kleinstädtischen Siedlungen oft Jiddisch sprechender Juden kamen, wurde die moderne Urbanität abgesprochen (und vorenthalten), über die sich die westlich assimilierten Juden Berlins mit dem deutschen Bürgertum identifizierten und deshalb einen so wichtigen Anteil an der Stadtkultur hatten. Aber die Familie Gebert grenzt sich nicht nur gegen den von Julius und vor allem von seinem Onkel Naphtali, „dem Senior aller Jacobys" (338), repräsentierten Typus des Ostjuden ab, sondern bringt auch seine eigene jüdische Identität, die durch das deutsche Bürgertum absorbiert werden soll, so gut wie nie zur Sprache.

Für Hermanns Erzähler existiert das zunehmend von ‚Ostjuden' bewohnte **Scheunenviertel** überhaupt nicht und die in unmittelbarer Nachbarschaft der Geberts gelegene, parallel zwischen **Spandauer Straße** und **Klosterstraße** verlaufende **Jüdenstraße** nur insofern, als sich Jettchen (auf dem Weg zum kranken Onkel Jason in der **Klosterstraße**) und Julius (auf dem Weg „aufs Gericht in die **Jüdenstraße**, wegen seiner Firma" S. 357) auf der **Königstraße**, „an der Ecke der **Jüdenstraße**" (S. 358) trennen, um in entgegengesetzte Richtungen auseinanderzugehen. Die topographische Symbolik der Straßennamen ist kaum zu übersehen, wenn Jettchen über die **Königstraße** (in Erinnerung an Kößling, mit dem sie hier wie später im königlichen Schloßpark spazieren gegangen war) zur **Klosterstraße** geht und Julius in die **Jüdenstraße** abbiegt, um, typisch für seine dunklen Geschäfte mit Schmuggelware aus Rußland, den Gerichtsschreiber zu bestechen und damit sogar am Tag vor seiner Hochzeit das Vorurteil gegen seine Machenschaften noch einmal zu bekräftigen.

Die Gemeinsamkeit der jüdischen Herkunft ist in dieser eng verknüpften Familie gerade nicht das entscheidende Bindemittel. Viel wichtiger als die ethnisch-kulturelle Identität ist die gemeinsame Besitzstandwahrung, die Verteidigung des gemeinsam erreichten Erfolgs gegen die Habenichtse wie Dr. Kößling, wobei der Status nicht über den Bildungsstand, sondern allein über das Einkommen definiert ist. Obwohl er Christ ist, hätte Kößling, dessen akademischer Grad in den Augen der Familie Gebert keine Rolle spielt (Eli: „Nu sagen Se, Herr Doktor – was für ä Doktor sind Se eigentlich? [...] Nu sagen Se, entschuldigen Se, daß ich danach frage: aber bringt Ihnen das eigentlich was ein? Ich frag' ja nur so," 123), nur eine Chance, wenn er ein gesichertes Einkommen hätte. Deshalb genießt er als freier, d.h. kaum etwas verdienender Schriftsteller die Zuneigung Jasons, der es sich, mit dem Vermögen des Familienbetriebs im Hintergrund, anders als Kößling leisten kann, seinen bibliophilen Ambitionen zu frönen. Während sich Kößling durch den täglichen Gang zur Königlichen Bibliothek alle Bücher, die ihn interessieren, ausleihen muß, besitzt Jason die klassische Literatur in kostbaren Erstausgaben. Kößling ist ganz beglückt, als er bei seinem ersten Besuch in Jasons sonst eher bescheidener Wohnung neben der Porzellan- und Schmetterlingssammlung vor allem dessen Bibliothek entdeckt: „Interessieren Sie sich für hübsche Ausgaben? Sehen Sie hier einmal die Genfer Voltaire-Ausgabe von 1751 und die Montaigne-Übersetzung von Bode aus den neunziger Jahren. Oder hier die erste Londoner Edition Diderots." (272) Den Stolz des Sammlers, der seine Schätze vorführt, teilt der Erzähler voll der Bewunderung: „Geschichtswerke gab es wenig, aber viel Philosophen und viel antike Prosaisten. Von Indien handelten wohl fünfzig Bände, und es gab wieder ganze Reihen französischer Romanciers des achtzehnten Jahrhunderts in ihren zierlichen, kupfergeschmückten Bändchen. Heinse, Hamann, Theodor Amadeus Hoffmann, Jean Paul oder Goethe waren neben den Gesamtwerken noch fast völlig in Erstdrucken vorhanden." (273)

In kostbaren Sammelgegenständen objektiviert, kann sich die bürgerliche Bildung schon im Abrufen der Namen von bekannten Literaten bestätigen. Schon als bei der ersten Familientafel im Hause Salomon Geberts nur wegen Kößling das Gespräch auf das Theater kommt, teilt Ferdinand mit, daß er nicht mehr ins **Schauspielhaus** gehe, weil man dort statt Lessings *Nathan der Weise* (der auch hier als immer begehrtes Identifikationsstück jüdischer Assimilation fungiert) nur Boulevardstücke aus dem Französischen aufführe, und daß er stattdessen nur noch ins Theater in **Steglitz** gehe – „da könne man wenigstens ruhig rauchen" (59). Überdies herrsche in der Oper statt Gluck und Mozart „nur noch ein permanenter Lärm, ohne Pauken und Trompeten und Elefantengetrampel ginge es gar nicht mehr" (59). Das kulturelle Engagement, auf das man sich noch etwas zugute hält, geht über den konventionell oberflächlichen Kulturkonsum kaum hinaus und unterscheidet sich deshalb nicht wesentlich von dem als ungebildet verachteten Julius. In dieser durchökonomisierten Welt sind Bildungsinhalte verdinglicht zu materiellen Sammelobjekten, die im Bücherschrank ausgestellt oder, in einer besonders bedrückenden Zurschaustellung des Besitzstandes, als unzählige Gegenstände einer erdrückenden Aussteuer so ausgebreitet werden, daß die unglückliche Braut darin zu ersticken droht:

<small>Nach der Weite draußen kam Jettchen die Enge drinnen doppelt bedrängend vor, und der Lärm der Stadt, den sie sonst nie vernommen hatte, tat ihr weh. Himmel, war das ein Drunter und Drüber bei Geberts! Dunsing und Mahn lieferten, und Wolffenstein; und in dem drei-</small>

fenstrigen Zimmer vorn schlotterte an jedem Kronenarm ein anderer Morgenrock, und über jedem Sessel lag ein anderes Kleid, und auf allen Tischen war die weiße Wäsche aufgeschichtet; und selbst die Uhren in ihren Glasgehäusen auf den Pfeilern waren ganz in weiße Wäsche eingebaut, und die Spielleuchter waren zu Hutständen geworden und zu Haubenständern für die Lendemainhäubchen aus schwarzen und weißen Kanten und Spitzen. Und am Boden standen ganze Reihen von Schuhen und Stiefeln, von zierlichen Goldkäferschuhen mit Schnallen und Schleifen bis zu einfachen Lederschlappen für den Morgen. (350 f.)

Aus diesem Albtraum einer mit Dingen zugerümpelten Welt gibt es, wie der Leser befürchten muß, nur einen Ausweg: Jettchens Selbstmord. Da aber dieses antizipierte Ende in Charlotte Stieglitz-Pose auf die Fortsetzung in *Henriette Jacoby* (1908) verschoben wurde, hat Hermann eine noch dramatischere Alternative gewählt: Jettchens für den Leser völlig überraschende Flucht in die „Weite draußen", auf die Straße. Die Fetischisierung der Dinge, hier sogar der Kleidungsgegenstände, die die intendierte Braut nie mit Leben füllen wird, ist die extreme Konsequenz der topographischen Verräumlichung des Stadtlebens, wenn die Straße ‚draußen' mit einer Freiheit lockt, die der bürgerlichen Enge ‚drinnen' entzogen wurde. Die Freiheit der Straße ist das hier noch skandalöse Versprechen, das einst seine Einlösung auf der Straße fordern wird.

Aber noch wird der Umbruch der Zeit nur als dynastische Zäsur erfahren und – ökonomisch genutzt. Der sich am Ende von *Jettchen Gebert* öffnende Zeitrahmen – von Jettchens Hochzeit im November 1839 bis zu ihrem Tod in Potsdam im Oktober 1840 – ist historisch durch das lange Sterben von König Friedrich Wilhelm III. bestimmt. Während im ersten Roman der Tuchhändler Salomon Gebert, der vor allem farbige Stoffe führt, von einem schnellen Tod des Königs Geschäftsverluste befürchten muß, ist er im zweiten Roman so gut darauf vorbereitet, daß er, als die ganze Stadt im Juni 1840 Trauer tragen muß, seine Konkurrenten mit schwarzen Stoffen aussticht. Er hat „das Neueste für die Landestrauer" (322). Der dynastische Hintergrund ist mit dem Schicksal der Familie Gebert (deren jüdische Herkunft im zweiten Roman eine noch geringere Rolle spielt als im ersten) so eng verknüpft, daß der König am Tag der Beerdigung von Eli stirbt (7. Juni 1840, erster Pfingstfeiertag) und deshalb die schon leicht verwirrte Witwe Minchen peinlich davon berührt ist; denn sie glaubt, daß ihrem Eli zuliebe alle Kirchenglocken der Stadt läuten, als gehörten die Geberts schon zur christlichen Kirche und nicht mehr zum jüdischen Glauben. Aber weil die Geberts keine Glaubensjuden sind, haben sie auch an den Hoffnungen der jüdischen Gemeinde auf den „Allerdurchlauchtigsten Thronfolger", wie sie am Tag darauf die Predigt des Rabbiners Isaak S. Borchardt in der Wolffschen Synagoge nahe der heutigen **Schillingstraße** hegte, keinen Anteil. So haben sie auch nicht mitbekommen, daß die Synagoge in der **Heidereutergasse 3** oft völlig überfüllt war und deshalb eine **Neue Synagoge**, wie sie dann von 1859 bis 1866 in der **Ora-**

nienburger Straße errichtet wurde, auf dem Wunschzettel vieler Berliner Juden an den neuen König Wilhelm IV. stand.[12] Aber Jason, der schon früher das Mißtrauen der Autoritäten geweckt hatte, ist auch nach dem Tod des Königs, mit dem viele Menschen Hoffnungen auf Reformen verbanden, „mißgestimmt über die alte Aussichtslosigkeit des öffentlichen Lebens" (318). Jason feiert mit Jettchen und Dr. Kößling Weihnachten, während Hanukkah auch von den anderen nie erwähnt wird.

Mit der privaten Tragödie, Jettchens Selbstmord, der sowohl den jungen Dr. Kößling als auch den alten Jason in den Hintergrund drängt, endet auch die nonkonforme Unbürgerlichkeit, durch die sich die drei gegen die Denk- und Lebenskonventionen der auf ihr Renommee bedachten Besitzbürger miteinander verbunden fühlten. Nachdem schon vorher Wolfgang, der schwindsüchtige Sohn von Ferdinand und Hannchen, gestorben ist (und der andere Sohn, Max, unsichtbar im Hintergrund bleibt), ist, weil Jason unverheiratet ist, mit Jettchens Selbstmord die Zukunft der Familie Gebert ausgelöscht. So befinden wir uns am Ende der Romanfortsetzung *Henriette Jacoby* dort, wo *Jettchen Gebert* begonnen hat, auf dem nicht benannten, vermutlich Jüdischen Friedhof in der **Hamburger Straße**, wo die Gräber der ganzen Familie Gebert auf einem kleinen Areal dicht verstreut liegen, wie sie einst in der Stadtmitte in unmittelbarer Nachbarschaft gelebt hatten. Wenn der vom Erzähler geführte Leser „weiter auf dem Friedhof herumstreift" (6), findet er in der Anordnung der Gräber, als entsprächen sie dem Muster eines Stadtplans mit Straßenverzeichnis, eine letzte soziale Topographie.

---

[12] Vgl. den Artikel zum 150 Jahrestag der Einweihung der Neuen Synagoge von Maritta Tkalek, Der Stolz der Juden, eine Zierde der Stadt, in: *Berliner Zeitung* 208, 5. September 2016, S. 16 f.

10 Topographie der Revenants in der Wilhelmstraße

Ausblick auf Günter Grass' *Ein weites Feld* (1995)

Gegen Ende des Berliner Romans, wie er sich zwischen 1886 und 1906 entwickelt hat, schiebt sich das Motiv des Friedhofs so weit in den Vordergrund, daß der **Matthäikirchhof**, den Effi Briest von ihrem Hinterfenster in der **Königgrätzer Straße** nur in der Ferne sehen kann, das von der Majorin Poggenpuhl geliebte unmittelbare Gegenüber ihrer Wohnung in der **Großgörschenstraße** ist. Im ersten Fall symbolisiert der noch kaum erkennbare Friedhof den nahen Tod Effis, während im zweiten Fall derselbe Friedhof dafür steht, daß die verarmten Poggenpuhls, als Vertreter des zum Untergang bestimmten Adels, hier kein Erbbegräbnis mehr haben werden, also nicht einmal im Tod mit standesgemäßer Behandlung rechnen können.

Schließlich bildet in Georg Hermanns *Jettchen Gebert* der **Jüdische Friedhof** den realen Rahmen für die nostalgische Erinnerung an die längst gestorbenen fiktiven Romanfiguren. Der Lageplan der Gräber suggeriert eine eigene Topographie der Toten, in der alle Romanfiguren, über verschiedene Grabreihen verteilt, ihre je eigene, wie es ganz unironisch heißt, „Wohnstätte" gefunden haben. Mag die letzte Adresse, an der nur Tote wohnen, auch ein Friedhof sein, als ‚Untote' der literarischen Phantasie wandeln sie wieder unter uns. Der Erzähler hat es sich zur Aufgabe gemacht, den auf den Grabsteinen verzeichneten Lebensdaten ein Leben einzuhauchen, den Toten über ihre numerische Identifikation hinaus die Identität einer mit anderen Toten verknüpften Lebensgeschichte zu geben und so den jeweils gegenwärtigen Lesern eine lebendige Vorstellung von der Vergangenheit zu vermitteln:

> „Welch eine Vorstellung verbindet ihr damit, wenn ihr – solltet ihr euch einmal in diese Ecke Berlins verirren – in den geschwungenen Buchstaben, aus denen schon längst die letzte Spur von Vergoldung gewaschen ist, entziffert, „daß unsere teure Nichte, Henriette Jacoby geb. Gebert, am 15. Mai 1812 das Licht sah und sich am 3. Oktober 1840 allhier zur Ruhe begab?" Welche sonst – außer der, daß sie nicht dreißig Jahre wurde und es vielleicht mit ihrer Ehe etwas haperte, da ihrer als Nichte und nicht als Gattin gedacht wird?"[1]

Der Erzähler, der scheinbar die Toten zum Leben erweckt, hat das Leben, das er ihnen andichtet, nur erfunden, um die unbestimmte Vorstellung der Leser von der

---

[1] Georg Hermann, *Jettchen Gebert*, Reinbek bei Hamburg Rowohlt 1989, S. 6.

Bedeutung des Lebens mit konkreten Beispielen zu beleben und in eine bestimmte Richtung zu lenken. So erweisen sich die zum Leben erweckten fiktiven Gestalten als narrative Revenants; sie sind wie der mythische Hermes Psychopompos Seelengeleiter, die nicht wie Tadzio in Thomas Manns *Der Tod in Venedig* (1911) in den Tod führen, sondern, wie in Hugo von Hofmannsthals *Der Tor und der Tod* (1893) bewundert vom Tod, erst *sub specie mortis* dem Leben einen Sinn abgewinnen.

In dem Totengespräch, wie es eine Generation später Thornton Wilder im dritten Akt seines Dramas *Our Town* (1938) erneuert hat, haben alle Gestorbenen unter einem namentlich identifizierten Grabstein ihre letzte Adresse gefunden, von der aus sie miteinander kommunizieren, so auch die gerade im Kindbett gestorbene Emily, der ihr trauernder Mann George einen von den Toten kommentierten Besuch abstattet. Als Emily ins Leben zurückkehren darf, um nun aus der wissenden Perspektive der Gestorbenen noch einmal ihren 12. Geburtstag zu erleben, faßt sie ihre schreckliche Erfahrung existentieller Ignoranz mit dem berühmt gewordenen Satz zusammen: „Does anyone ever realize life while they live it...every, every minute?" Weil Menschen, solange sie leben, selten bewußt wahrnehmen, daß sie leben, liegt der Mythos von der Rückkehr ins Leben, als Mythos der gescheiterten Rückkehr am bekanntesten von Orpheus und Eurydike vertreten, meistens unbewußt auch vielen literarischen Fiktionen zugrunde, in denen Figuren, als wären sie gestorbene Personen des realen Lebens, ins Leben der narrativen Phantasie geholt werden. Ihre Präsenz ist ein Schattendasein, das die Leser mit der Illusion realer Gleichzeitigkeit und, im Fall des Berliner Romans, auch topographischer Gleichräumigkeit lockt. In diesem Sinne sind, wie Georg Hermann im Rahmen seines Romans bewußt macht, alle literarischen Figuren vom Erzähler erinnerte und ins Leben zurückgebrachte Revenants, die, weil sie scheinbar im realen Adressenraster unseres Stadtplans leben, uns, den (noch) in der Wirklichkeit lebenden Lesern, das Leben, das wir meistens unbewußt leben, bewußter machen. So gelingt den Erzählern des Berliner Romans, von Paul Lindau über Kretzer, Max und Theodor Fontane bis zu Georg Hermann, durch die Erfindungen ihres urbanen Realismus, was in den *Poggenpuhls* die verstaubte Ahnengalerie der gestorbenen Väter und Vorväter nicht vermochte: die Erinnerung an Tote wachzuhalten, erfundene Figuren zum Leben zu erwecken, ihnen eine lebendige Gegenwart zu verleihen und sie im *hic et nunc* des Berliner Stadtplans so zu platzieren, als wären sie keine ortlosen Phantasiegespinste.

Einer der Revenants, die ins Leben zurückkehren, um den Lesern ein fiktives Leben vorzuleben, ist die als Wiedergänger Fontanes nicht nur am Namen leicht erkennbare Hauptfigur in Günter Grass' Roman *Ein weites Feld* (1995), der genau hundert Jahre nach *Effi Briest* erschienen ist. Die namentlichen Entsprechungen lassen keinen Zweifel daran, um wen es sich bei diesen nach dem Mauerfall erfundenen, d.h. zum Leben wiedererweckten Figuren handelt. Theodor Fontane kehrt, am deutlichsten, als „Fonty" genannter Theo Wuttke zurück, der auf den Tag genau hundert Jahre nach Fontane, am 30. Dezember 1919, geboren ist. Fontanes Frau Emilie begegnet uns als Emmi, seine Mete genannte Tochter Martha auch hier als Mete genannte Martha, sein Sohn Theodor als hier Teddy genannter Theodor, sein Sohn Friedrich als Freddy genannter Friedrich und sein Sohn Georg als Schorch genannter Georg. Fonty lebt mit seiner Familie, statt wie Fontane in der **Potsdamer Straße 134 c**, in einer kleinen Dachgeschoßwohnung mit dreieinhalb Zimmern in der **Kollwitzstraße 75**, deren Hauptzimmer wegen eines prätentiösen Trumeaus, des wichtigsten Möbelstücks in Fontanes Interieurs, „Poggenpuhlscher Salon" (208)[2] genannt wird – zum Zeichen, daß, wie in Fontanes letztem Roman der Adel, hier nun auch das Bürgertum verarmt ist und sich historisch überlebt hat.

Unter veränderten sozialen Bedingungen legt dieser eher kleinbürgerlich wirkende *Fontane redivivus*[3] Zeugnis ab von dem politischen Wandel, der ihn als Personifikation der 1990 einsetzenden Fontane-Renaissance hervorgebracht hat. In dieser Neuauflage des hundert Jahre alten Berliner Romans bewegt sich Fonty so selbstverständlich zwischen den 1890er und den 1990er Jahren, daß die politisch bedingte Wiederentdeckung Fontanes als Berliner Leitfigur des wiedervereinigten Deutschland zum ‚transzendentalpoetischen' Nebenthema des Romans wird – ganz im Sinne des Romantikers Friedrich Schlegel, der mit dieser Formel eine selbstreflexive Literatur gefordert hatte, um mit dem Produkt auch „das Produzierende", hier neben der Entstehung auch die Wirkung eines Werkes, darzustellen.[4] Günter Grass, der seinen Roman durchgehend mit offenen und versteckten Hinweisen auf Fontanes Romane und die Fontane-Forschung unterfüttert hat,[5] erweist sich als so guter Fontane-Kenner und sein Fonty, der eine Reihe von Vorträgen über Fontane hält,[6] als so versierter Fontane-Forscher, daß es

---

2 Günter Grass, *Ein weites Feld* (zuerst Göttingen: Steidl 1995), München: Deutscher Taschenbuch Verlag ³1999, S. 208. Auf diese Ausgabe beziehen sich auch die folgenden Seitenangaben in Klammern.
3 Vgl. S. 426: „Er konnte von diesem Schriftsteller französisch-reformierter Herkunft, der sein Gott war, so einfühlsam sprechen, als wollte er ihm in jeder Phase seines Lebens nachleben."
4 Friedrich Schlegel, *Athenäums-Fragmente* (zuerst in: *Athenäum. Ersten Bandes Zweytes Stück*, Berlin: bey Friedrich Vieweg dem älteren 1798, 179–322), in Schlegel, *Kritische Schriften*. Hrsg. v. Wolfdietrich Rasch, München: Carl Hanser ²1964, 25–88, S. 53 (Nr. 238).
5 Mit namentlicher Erwähnung der bedeutenden Fontane-Forscher Charlotte Jolles (S. 142, 532, 667, 676, 679f., 698, 700 und 780) und Hans-Heinrich Reuter (S. 60, 90, 233, 332, 377, 527 und 584).
6 Fonty ist seit den fünfziger Jahren, neben einer Denkschrift „Zum Erhalt des Paternosters" (526) und einer Denkschrift „Vom Fortschritt der Geschichte" (575), immer wieder mit Fontane-Vorträgen bei Veranstaltungen des Kulturbundes aufgetreten, wobei „noch der kühn verstiegenste

sich anbietet, den Berlin-Roman *Ein weites Feld* zum Anlaß für ein abschließendes Resümee der topographischen Betrachtungen zu nehmen.

Der Roman wäre nicht von Günter Grass, wenn nicht die politische Relevanz seines Themas im Vordergrund stände. Hinter der Fontane-Renaissance, von der auch Grass' Roman profitiert hat, steht, wie der Jurist Eckhard Freundlich (ein Wiedergänger von Fontanes Briefpartner Georg Friedländer) anmerkt, die kapitalistische Reaktion: „Ihre These von der Wiederkehr der Gründerjahre ist eine typisch Wuttkesche Rechnung, bei der unterm Strich die Treibels und weitere Neureiche selbst dann Gewinn einstreichen, wenn sie in Konkurs gehen." (346) Die Wiederkehr der Gründerjahre im Namen Fontanes ist, in der Sicht von Günter Grass, nur der kulturelle Schleier, hinter dem es allein ums bessere Geschäft geht. Die Treibels unserer Zeit sind die Einigungsgewinnler, die skrupellos den Untergang der DDR für sich zu nutzen verstanden haben: „Sind alle vom Stamme Nimm, Ihre Treibels und Konsorten. Die machen bei uns ihren Schnitt. Für all diese Raffkes ist das hier Niemandsland. Die sehen nur Baugrund. Hier ein Stück, da ein Stück raus. Filetstücke nennen sie das. Am **Potsdamer Platz** schnibbeln sie jetzt schon rum. Nicht nur die Japse. Klar doch: Mercedes voran!" (137) Der **Potsdamer Platz**, an dem einst Eberhard von Poggenpuhl wie bald darauf, kurz vor seinem Tod, Fontane selbst zum letztenmal das pralle Leben der Großstadt eingesogen hat, ist für Grundstücksmakler, die sich um die Filetstücke reißen, nur noch eine Adresse rücksichtsloser Profitmaximierung.

Wer sich fragt, wie es zu dieser lebensfeindlichen Ökonomisierung des urbanen Raums kommen konnte, sieht sich an die Charakterisierung von Fontane und Fonty verwiesen. Die beiden Doppelgänger deutscher Mentalität erscheinen als politisch erpreßbare Wendehälse, die keine der unheilvollen Entwicklungen abgewehrt haben. Wie Fontane, der als revolutionärer Barrikadenkämpfer begann, dann für die erzkonservative *Kreuzzeitung* schrieb und, laut Grass, in London womöglich als Spitzel für die preußische Regierung gearbeitet hat, stand Fonty, der ein selber beschatteter Informeller Mitarbeiter der Stasi (IM mit dem Decknamen „Fonty") war und die alternative Schriftstellerszene im **Prenzlauer Berg** ausspionieren sollte, zunächst im Dienst von Hermann Göring, dann Walter

---

Vortrag Fontys sich als zitatsicher und stichhaltig bis ins verborgenste Quellenmaterial erwies" (206): „Wie sich der preußische Adel bei Tisch verplaudert" (159), „Vom Junkertum zur LPG" (S. 160), „Wie man zum Wohle Preußens die eigene Meinung vermeidet" (203), „Gegen Demokraten helfen nur Soldaten" (211), „Literatur und Zensur in Preußen vor und nach dem Wegfall der Sozialistengesetze" (335), „Wiederholte Freundschaft mit Juristen" (338), „Weshalb Effi Briest keine Madame Bovary ist" (345), „Hauptmanns Begräbnis und seine frühen Stücke" (358), „Quellenmaterial und Fiktion" (440), „Vom Landsturm zur Volksarmee" (498), „Wie ein Apotheker versuchsweise auf die Barrikaden ging" (548) u. a.

Ulbricht/Erich Honecker und schließlich Detlev Rohwedder/Helmut Kohl. Er hat jeden Regimewechsel überlebt, weil er sich persönlich immer gedeckt gehalten hat. Er wird schließlich gezwungen zu gestehen, daß er als Obergefreiter der Luftwaffe Besatzungssoldat in Frankreich war und dort – wie Fontane in Dresden – eine illegitime Tochter hinterlassen hat. Von ihm gilt wie von seinem Idol: „Der Unsterbliche hatte Dreck am Stecken." (90) Fonty ist – wie die meisten seiner Zeitgenossen, nicht zuletzt auch Grass selbst[7] – belastet vom ideologischen Wechselspiel der deutschen Geschichte, weil er nie Widerstand geleistet und sich um die Wahrheit stets gedrückt hat. So hat Fonty zwar über Fontanes Mitarbeit an der reaktionären *Kreuzzeitung* einen Vortrag u.d.T. „Wie man zum Wohle Preußens die eigene Meinung vermeidet" gehalten, gleichzeitig aber seine eigene Meinung immer zurückgehalten: „Nein, offene Provokation war nicht seine Sache." (203) Wer überleben und im häufigen Wechsel der Systeme nicht untergehen wollte, mußte sich durch widerspruchslose Anpassung mit den Verhältnissen arrangieren.

Die Ausweitung der Schuldfrage zur Frage der Wahrheit, die die moralische Infragestellung eines eigentlich epistemologischen Problems betrifft, ist in der Wahl des Titels für den Roman angelegt: Wie in *Effi Briest*, dessen berühmtes Schlußwort („Ach, Luise, laß ... das ist ein *zu* weites Feld." 296/Reclam 337) im Titel zitiert wird, geht es um die redensartliche Vermeidung der Schuldfrage. Grass hat die Schuldfrage, deren Beantwortung der alte Briest am Ende von Fontanes Roman abgebogen hat, ausdrücklich ins Zentrum seines Fontane-Romans gerückt und dabei die persönliche Frage nach der Schuld der Eltern durch die politische Frage nach der Schuld der in der Figur Fontane/Fonty exemplifizierten Deutschen abgelöst. Aber anders als erwartet geht es nicht um den Holocaust (der nicht einmal erwähnt wird), sondern darum, daß die Deutschen immer wieder, auch jetzt im Einigungsprozeß um 1990, versagt und keine angemessene Staatsform gefunden haben: „Doch die Schuld ist ein weites Feld und die Einheit ein noch weiteres, von der Wahrheit ganz zu schweigen." (295f.) Ja, „die Wahrheit ist ein weites Feld" (140), weil sie immer wieder dem politischen Opportunismus geopfert wurde.

Auf die immanente Frage nach der Wahrheit des Lebens und, da wir es mit einem transzendentalpoetischen Roman zu tun haben, nach der Wahrheit der Fiktion gibt es bei Grass eine topographische Erklärung, die sich durch den ganzen Roman zieht. Während Fontys illegitime Tochter Madeleine eine Magi-

---

[7] Als kurz vor der Veröffentlichung von Grass' Autobiographie *Beim Häuten der Zwiebel* im August 2006 herauskam, daß er als 17-Jähriger Mitglied der Waffen-SS war, entbrannte eine heftige Debatte über seinen Umgang mit der Wahrheit in eigener Sache.

sterarbeit u. a. über „Lokalitäten" (449) vor allem in Fontanes Roman *Irrungen, Wirrungen* schreibt, zielt die historische Topographie des Romans weit über solche germanistisch detaillierte Motivforschung hinaus, auf ein Erklärungsmodell, in dem es um nicht weniger als die exemplarische Verortung der widersprüchlichen deutschen Geschichte im 20. Jahrhundert geht.

Der Leitbegriff des vorliegenden Topographie-Konzepts, die Gleichräumigkeit des Ungleichzeitigen, wird von keiner der hier behandelten Romanfiguren so überzeugend vertreten wie von Fonty. Als *Fontane redivivus*, der die Jahre 1895 und 1995 in ein Verhältnis gegenseitiger Spiegelung rückt, personifiziert Fonty die Denkfigur der ewigen Wiederkehr, die sowohl der Gleichzeitigkeit des Ungleichzeitigen, wie sie Ernst Bloch vorschwebte, als auch der Gleichräumigkeit des Ungleichzeitigen zugrundeliegt, wie sie die vorliegenden Untersuchungen bestimmt hat. Die deutsche Vereinigung von 1990 wiederholt die deutsche Vereinigung von 1871, und die ab 1991, als Berlin noch einmal zur Hauptstadt des wiedervereinigten Deutschland erklärt wurde, so genannte ‚Berliner Republik' wiederholt, nun im Zeichen des wiederentdeckten Fontane, auch kulturell die Gründerzeit.[8]

In diesem Fiktionsspiel bezeichnet die doppelte Wiederkehr einerseits, auf der ästhetischen Ebene, die Wiederbelebung der Toten – Fontane in der Gestalt des Fonty genannten Theo Wuttke – als kreativen Akt der Erfindung von lebendig erscheinenden fiktiven Gestalten und andererseits, auf der politischen Ebene, die Parallelisierung der vergangenen und der gegenwärtigen deutschen Einigung, für die Fontanes ab 1990 erneuerte Popularität ein kulturelles Symbol geworden ist. Grass, der der zweiten deutschen Einigung mit großer Skepsis begegnete, zeichnet deshalb ein zwiespältiges Porträt eines typisch deutschen Wendehalses, der sich an derselben Stelle ganz verschiedenen, ideologisch entgegengesetzten Herren andient. Nur so kann Grass an diesem politisch unzuverlässigen Zeitgenossen, der eigentlich nur der Wiederkehrer Fontanes ist, seine eigene politische Warnung demonstrieren: „Ob ein Staat besser ist, als zwei waren, wird sich noch zeigen." (556) Mit diesem Fonty in den Mund gelegten Zweifel beharrt Grass auf einem Standpunkt, den er seit 1970 regelmäßig immer wieder vertreten hat:

- 1970: „Ich sah die beiden Staaten deutscher Nation, möglicherweise, in einem konföderativen Verhältnis zueinander. Ich machte einen Unterschied zwischen deutscher Einheit und deutscher Einigung. Deutsche Einheit, so lehrt die Geschichte, hat, in der Mitte Europas,

---

[8] Entsprechend der im 2. Kapitel zitierten Forderung von Frank Schirrmacher am Vorabend der deutschen Einigung: Frank Schirrmacher, Abschied von der Literatur der Bundesrepublik. Neue Pässe, neue Identitäten, neue Lebensläufe: Über die Kündigung einiger Mythen des westdeutschen Bewußtseins, in: *Frankfurter Allgemeine Zeitung* Nr. 229, 2.10.1990, Literaturbeilage S. 1.

und bis in die Welt hinein wirksam, immer wieder landläufige Krisen zum überregionalen Konflikt auswuchern lassen. Deutsche Einheit hat sich zu oft als Bedrohung für unsere Nachbarn erwiesen, als daß wir sie uns und unseren Nachbarn weiterhin – und sei es auch nur als Zielvorstellung – zumuten dürften."[9]

- 1980: „Als etwas Gesamtdeutsches läßt sich in beiden deutschen Staaten nur noch die Literatur nachweisen; sie hält sich nicht an die Grenze, so hemmend besonders ihr die Grenze gezogen wurde. Die Deutschen wollen oder dürfen das nicht wissen. Da sie politisch, ideologisch, wirtschaftlich und militärisch mehr gegen- als nebeneinander leben, gelingt es ihnen wieder einmal nicht, sich ohne Krampf als Nation zu begreifen: als zwei Staaten einer Nation. Weil sich die beiden Staaten einzig materialistisch hier ausleben, dort definieren, ist ihnen die andere Möglichkeit, Kulturnation zu sein, versperrt. Außer Kapitalismus und Kommunismus fällt ihnen nichts ein. Nur ihre Preise wollen sie vergleichen."[10]

- 1990: „Ich fürchte mich nicht nur vor dem aus zwei Staaten zu einem Staat vereinfachten Deutschland, ich lehne den Einheitsstaat ab und wäre erleichtert, wenn er – sei es durch deutsche Einsicht, sei es durch Einspruch der Nachbarn – nicht zustande käme."[11]

Erst vor dem Hintergrund dieser konsequent durchgehaltenen, aber nach dem Mauerfall unpopulärer werdenden Meinung, auf der Grass wie sein Erzähler trotz des Wendetrubels beharrt, wird Fontys unvorteilhafte Charakterisierung verständlich. Dieser kritzelt den von Grass geborgten Zweifel an den Rand einer baugeschichtlichen Denkschrift, in der es gerade um die wiederholte historische Umwidmung seines Dienstgebäudes geht, weil sich daran die Notwendigkeit zur Anpassung an wechselnde Systeme und zum entsprechenden Gesinnungswandel anschaulich demonstrieren läßt. Fonty mag zwar wiederholt als Kritiker ‚wetterwendischer' Parolen auftreten, zum Beispiel als die Leipziger Straßenparole von „Wir sind das Volk" so folgenreich in „Wir sind ein Volk" umschlug,[12] aber in seiner eigenen Lebens- und Berufspraxis hat er sich, in vorauseilendem Gehorsam der Not gehorchend, so wetterwendisch wie die meisten Deutschen verhalten.

Das Problem politisch bedingter Charakterschwäche wird topographisch festgemacht an einer Adresse, die das sinnfälligste Beispiel für die wiederholt beschworene Gleichräumigkeit des Ungleichzeitigen ist: Es handelt sich um den riesigen Gebäudekomplex an der **Wilhelmstraße 97** (bzw. in DDR-Zeiten **Otto-**

---

9 Günter Grass, Deutschland – zwei Staaten – eine Nation (1970), in: Heinz Ludwig Arnold, Hrsg., *Deutsche über die Deutschen. Auch ein deutsches Lesebuch*, München: dtv 1975, 348–358, S. 348.
10 Günter Grass, *Kopfgeburten oder Die Deutschen sterben aus* (1980), Darmstadt und Neuwied: Sammlung Luchterhand ⁵1984, S. 9.
11 Günter Grass, Kurze Rede eines vaterlandslosen Gesellen, in: *Die Zeit* Nr. 7, 9.2.1990 (http://www.zeit.de/1990/07/guenter-grass, 2.6.2016).
12 Vgl. S. 54: „Denn daß Parolen wie „Wir sind das Volk!" wetterwendisch sind, war mir sicher. Man mußte nur ein einziges Wörtchen austauschen, und schon war die Demokratie weg und die Einheit da. So schnell ging der jüngsten Revolution das Pulver aus..."

Grotewohl-Straße)/Ecke Leipziger Straße, der von dem Architekten Ernst Sagebiel (1892–1970) auf dem Gelände des kaiserlichen Kriegsministeriums errichtet wurde und ab 1936 den Nazis als Reichsluftfahrtministerium, ab 1945 den Sowjets als Sitz der Sowjetischen Militäradministration (SMA), 1949, als hier die Provisorische Volkskammer zusammentrat, den Kommunisten als Gründungsort der DDR, ab 1950 der DDR als Haus der Ministerien, ab 1990 der Abwicklung der DDR als Sitz der Treuhandgesellschaft und ab 1999 dem vereinten Deutschland als Bundesfinanzministerium gedient hat. Weil es in Berlin wohl keine andere Adresse und in ganz Deutschland wohl kein anderes Gebäude gibt, das so sichtbar die topographische Identität der Differenz repräsentiert, widmet der Fontane-Forscher Fonty seinem Dienstgebäude, in dem er ein Leben lang gearbeitet hat, eine eigene baugeschichtliche Denkschrift. Die Topographie der vertikalen Multifunktionalität zielt, indem sie sich auf einen einzigen Berliner Ort der Schichtung deutscher Geschichte konzentriert, auf die Verurteilung des wetterwendischen Charakters von Menschen, die sich mal von dieser und mal von jener Ideologie vereinnahmen lassen und in wechselnder Vorteilsnahme immer dieselben bleiben.

Die Aufhebung der politischen Ost-West-Spaltung, als der sozialistische Osten mit dem kapitalistischen Westen, wie Grass meinte, zwangsvereinigt wurde,[13] hat vielleicht auch den Blick für ihre soziale Vorgeschichte, das West-Ost-Gefälle in der literarischen Topographie Berlins, geschärft. Genau hundert Jahre vor dem Mauerfall und der deutschen Einigung hat es im Berliner Roman, wie wir gesehen haben, bereits eine unsichtbare Mauer zwischen dem bürgerlichen Westen und dem proletarischen Osten gegeben, die unter Ausschließung der historischen Mitte westlich vom **Potsdamer Platz** und östlich vom **Alexanderplatz** zu denken ist. Vom tiefen Osten aus gesehen, war ein Umzug nur in die **Münzstraße** am **Alexanderplatz** ein solches Abenteuer, daß sich eine besorgte Mutter von der unversehrten Ankunft ihres Sohnes selbst überzeugen muß (Kretzer, 118), wie erst recht ein Ausflug zum **Gendarmenmarkt** oder gar zum **Tiergarten** „eine Reise ins Ausland" (Lindau, 56) bedeutete. Mit einer im Roman selbst schon problematisierten Ausnahme, Fontanes *Frau Jenny Treibel*, haben alle Autoren des Berliner Romans diese unsichtbare Mauer respektiert und die sozialen Stände auch topographisch auseinandergehalten.

Während Paul Lindau seinen gattungstypischen „Zug nach dem Westen" von der östlichen **Koppenstraße** in die westliche **Regentenstraße** als Verlust von

---

13 In seinem berühmt gewordenen Verriss des Romans hat Marcel Reich-Ranicki („Mein lieber Günter Grass..." Marcel Reich-Ranicki über das Scheitern eines großen Schriftstellers, in: *Der Spiegel* 34, 21.8.1995) dem Autor vor allem politische Ignoranz vorgeworfen: „Sie wissen nicht, wovon Sie reden." (http://www.spiegel.de/spiegel/print/d-9208344.html, 17.1.2016)

Authentizität in Frage gestellt und Max Kretzer die Proletarisierung des Handwerkers Max Timpe ausschließlich in der östlichen **Holzmarktstraße** angesiedelt hat, ist für Fontane das westliche **Tiergartenviertel** das eindeutig bevorzugte Wohngebiet der großbürgerlich lebenden Adligen: Botho von Rienäcker wohnt vor seiner Eheschließung in der **Bellevuestraße** und danach in der **Landgrafenstraße**, während Lene, nachdem die Utopie in der Gartenidylle am **Zoologischen Garten** gescheitert ist, nur durch Umzug ans östliche **Luisen-Ufer** gerettet wird. Waldemar von Haldern wohnt selbstverständlich **in den Zelten** – wie auch Innstettens eine gerade noch bezahlbare Wohnung in der **Keithstraße** gefunden haben, bis Effi Briest, nach ihrem moralischen Fall, in die **Königgrätzer Straße** verstoßen wird. Die zur Mätresse eines Adligen aufgestiegene Witwe Pittelkow wohnt mit ihrer Schwester Stine im Kleinbürgermilieu der **Invalidenstraße** im Nordwesten und die verarmte Adelsfamilie Poggenpuhl im Kleinbürgermilieu der **Großgörschenstraße** im Südwesten. In den proletarischen Osten hat sich, in ihrer gründerzeitlichen Großmannssucht, nur die dafür getadelte Familie Treibel verirrt, als sie sich im Industriegebiet der **Köpenicker Straße** eine neue Villa bauen ließ. Schließlich hat auch Georg Hermann die Assimilierung der jüdischen Familie Gebert in der **Spandauer Straße** (Mitte) ganz nach Westen ausgerichtet.

Weil dem traditionellen Zug nach dem Westen seit dem Mauerfall ein neuer Zug nach dem Osten entspricht, dem vor allem junge und zugewanderte Berliner folgen, verschwindet in der Nivellierung der Unterschiede zwischen dem alten Westberlin und dem alten Ostberlin allmählich auch „die Mauer im Kopf", wie sie einst Peter Schneider prophezeit hat.[14] Damit mag sich auch die Sensibilität für das West-Ost-Gefälle der literarischen Topographie Berlins abschwächen, das hundert Jahr vorher den Berliner Roman von 1886 bis 1906 strukturiert hat. Umso wichtiger wird es angesichts solcher Historisierung der sozialen Gegensätze zwischen West und Ost, für den Realitätsanspruch des urbanen Realismus auch seine kartographische Entsprechung auf dem Berliner Stadtplan in Erinnerung zu halten.

Eine an Thornton Wilder erinnernde ikonische Szene in Grass' Fontane-Roman hebt die Topographie der Revenants in ein symbolisches Schlußbild: Fonty steht am Grab seines Idols Fontane, den er immer wieder den „Unsterblichen" genannt hat, als könnte er mit ihm ein Totengespräch über eine Mauer führen, die einerseits unsichtbar schon hundert Jahre früher zwischen dem Berliner Westen

---

14 Peter Schneider, *Der Mauerspringer* (1982), Darmstadt und Neuwied: Sammlung Luchterhand ³1986, S. 102: „Die Mauer im Kopf einzureißen wird länger dauern, als irgendein Abrißunternehmen für die sichtbare Mauer braucht." Vgl. Susan C. Anderson, Walls and Other Obstacles: Peter Schneider's Critique of Unity in *Der Mauerspringer*, in: *The German Quarterly* 66,3 (1993), 362–371.

und dem Berliner Osten verlief und die andererseits, als nicht zu übersehendes Bollwerk von 1961 bis 1989, nun aus dem immer dichter überbauten Brachland zu verschwinden beginnt: „Fonty blickte über die Gräber hinweg. Hinter einem nach Westen hin abgrenzenden Eisenzaun war auf wüstem Gelände noch immer der Todesstreifen, die Mauer zu ahnen." (149) Im Verschwinden der kaum noch zu ahnenden Grenzmauer kündigt sich *sub specie mortis* eine ganz andere Entgrenzung an: die Verwandlung eines Toten in eine fiktionale Figur, mit der man sich wie Fonty identifizieren kann. So schließt die vorliegende Topographie des urbanen Realismus mit dem ironischen Bild eines für unsterblich gehaltenen Toten im Grenzbereich, der bis zum Mauerfall nur mit einem Passierschein der DDR-Grenzorgane zugänglich war. Fontanes letzte „Wohnstätte", wie sie Georg Hermann genannt hätte, findet sich an der Grenze zwischen dem **Friedhof der Französisch-Reformierten Gemeinde**, wo sich direkt neben Theodor und Emilie Fontanes Doppelgrab das Grab des schließlich nazistischen Kleist-Forschers Georg Minde-Pouet (1871–1950) befindet, und dem Nirgendwo einer literarischen Phantasie, die urbane Adressen braucht, in diesem Fall in der **Liesenstraße**, um ihren Realitätsanspruch auch über den Tod der Unsterblichen hinaus auf den Berliner Stadtplan einzutragen.

Auswahlbibliographie

Allgemein

Gaston Bachelard, *La poétique de l'espace*, Paris 1957; deutsch *Poetik des Raumes*, übers. Kurt Leonhard, München: Carl Hanser 1975.
Norbert Bachleitner, *Der englische und französische Sozialroman des 19. Jahrhunderts und seine Rezeption in Deutschland*, Amsterdam: Rodopi 1993.
Walter Benjamin, Die Wiederkehr des Flaneurs (1929), in: Benjamin, *Gesammelte Schriften*. Hrsg. v. Rolf Tiedemann und Hermann Schweppenhäuser, Bd. III: *Kritiken und Rezensionen*. Hrsg. v. Hella Tiedemann-Bartels, Frankfurt a. M.: Suhrkamp 1991, 194–199.
Walter Benjamin, *Berliner Kindheit um neunzehnhundert*. Fassung letzter Hand. Mit einem Nachwort von Theodor W. Adorno, Frankfurt a. M.: Suhrkamp 1987 (^{7}1996).
Michael Bienert, *Literarisches Berlin. Dichter, Schriftsteller und Publizisten. Wohnorte, Wirken und Werke*, Berlin: Jena 1800 2001.
Ludwig Binswanger, Das Raumproblem in der Psychopathologie, in: *Zeitschrift für Neurologie* 145 (1933); auch in: Binswanger, *Ausgewählte Vorträge und Aufsätze*, Bd. 2, Bern: Francke 1955, 174 ff.
Ernst Bloch, *Erbschaft dieser Zeit* (1935), Frankfurt a. M.: Suhrkamp 1973.
Karl Heinz Bohrer, *Provinzialismus. Ein physiognomisches Panorama*, München: Carl Hanser 2000.
Otto Friedrich Bollnow, *Mensch und Raum*, Stuttgart: W. Kohlhammer 1963.
Richard Brinkmann, *Wirklichkeit und Illusion: Studien über Gehalt und Grenzen des Begriffs Realismus für die erzählende Dichtung des 19. Jahrhunderts*, Tübingen: Niemeyer 1957.
Jörg Dünne, Stephan Günzel, Hrsg., *Raumtheorie. Grundlagentexte aus Philosophie und Kulturwissenschaften*, Frankfurt a. M.: Suhrkamp 2006.
Michael C. Frank, Die Literaturwissenschaften und der *spatial turn*. Ansätze bei Jurij Lotman und Michail Bachtin, in: Wolfgang Hallet, Hrsg., *Raum und Bewegung in der Literatur. Die Literaturwissenschaften und der Spatial Turn*, Bielefeld: Transcript 2009, 53–80. Konstanz: Bibliothek der Universität Konstanz 2011. Online zugänglich https://kops.uni-konstanz.de/bitstream/handle/123456789/2386/Frank_opus-87683.pdf?sequence=1
Peter Fritsch, *Reading Berlin 1900*, Cambridge: Harvard University Press 1996.
Gerd O. Gauglitz, Hrsg., *Wo hat eigentlich Fontane gewohnt? Künstler-Literaten-Stadtplan von Berlin. Wohnhäuser, Geburtsstätten und Gräber von über 300 Schriftstellern, Künstlern und Wissenschaftlern*, Berlin: Edition Gauglitz ^{2}1998.
Gerd Gauglitz, *Berliner Straßennamen. Themenstadtplan*, Berlin: Edition Gauglitz ^{2}2015/16.
Gérard Genette, La littérature et l'espace, in: Genette, *Figures II*, Paris: Seuil 1969.
Jürgen Habermas, *Strukturwandel der Öffentlichkeit. Untersuchungen zu einer Kategorie der bürgerlichen Gesellschaft* (1962), Neuwied und Berlin: Sammlung Luchterhand 1971.
Werner Hegemann, *Das steinerne Berlin. Geschichte der größten Mietskasernenstadt der Welt*, Berlin: Gustav Kiepenheuer 1930.
Franz Hessel, *Spazieren in Berlin* (Leipzig, Wien: Hans Epstein 1929), Neuausgabe u.d.T. *Ein Flaneur in Berlin* Berlin: Das Arsenal 1984.
Dieter Hoffmann-Axthelm, *Köpenicker Straße. Bestandskatalog historischer Elemente, Gutachten im Auftrage der STERN GmbH*, Dezember 1990, maschinenschriftlich, völlig

zugänglich online https://www.deutsche-digitale-bibliothek.de/binary/
ILFMOFXBFLF3ZCMB5ORCUSARWNSF6QCZ/full/1.pdf.
Ralf Kiesler, *Literarische Wahrnehmungen und Beschreibungen Berlins. Eine linguistisch-pragmatische und interkulturell-hermeneutische Untersuchung*, München: iudicium 2003.
Volker Klotz, *Die erzählte Stadt*, München: Carl Hanser 1969.
Heinz Knobloch, *Meine geliebte Mathilde. Geschichte – zum Berühren*, Berlin: Buchverlag der Morgen ³1988.
Max Kretzer, Zur Entwicklung und Charakteristik des ‚Berliner Romans', in: *Magazin für die Litteratur des In- und Auslandes* 1885, 669–671.
Richard Lehan, *The City in Literature*, Berkeley: University of California Press 1998.
Jurij Lotman, The Problem of Artistic Space, in: Lotman, *The Structure of the Artistic Text*, Ann Arbor: University of Michigan 1977, 217–231.
John B. Lyon, *Out of Place. German Realism, Displacement, and Modernity*, London, New York: Bloomsbury Academic 2013.
Fritz Martini, *Deutsche Literatur im bürgerlichen Realismus 1848–1898*, Stuttgart: Metzler 1974.
J. Hillis Miller, *Topographies*, Stanford: Stanford University Press 1995.
Franco Moretti, *Atlante del romanzo europeo 1800–1900*, Turin 1997, in deutscher Übersetzung: *Atlas des europäischen Romans 1800–1900*, Köln: DuMont 1999.
Franco Moretti, Karten, in: Moretti, *Kurven, Karten, Stammbäume. Abstrakte Modelle für die Literaturgeschichte*. Mit einem Nachwort von Alberto Piazza. Aus dem Englischen von Florian Kessler, Frankfurt a. M.: Suhrkamp 2009, 47–81.
Josef Nadler, Vorwort zur 1. Auflage seiner *Literaturgeschichte der deutschen Stämme und Landschaften*, Bd. 1, Regensburg 1912, abgedruckt in: *Methoden der deutschen Literaturwissenschaft*. Hrsg. v. Viktor Žmegač, Frankfurt a. M.: Athenäum 1971, 33–36.
Siegfried Robert Nagel, *Deutscher Literaturatlas. Die geographische und politische Verteilung der deutschen Dichtung in ihrer Entwicklung nebst einem Anhang von Lebenskarten der bedeutendsten Dichter*, Wien und Leipzig: Hof-Verlagsbuchhandlung Carl Fromme 1907.
Fred Oberhauser und Nicole Henneberg, *Literarischer Führer Berlin*, Frankfurt a. M. und Leipzig: Insel 1998.
Wolfgang Preisendanz, *Humor als dichterische Einbildungskraft. Studien zur Erzählkunst des poetischen Realismus*, München: Wilhelm Fink 1963.
Todd Presner, David Shepard, Yoh Kawano, *HyperCities: Thick Mapping in the Digital Humanities*, Harvard University Press 2014.
Karl Riha, Menschen in Massen. Ein spezifisches Großstadtsujet und seine Herausforderung an die Literatur, in: Tilo Schabert, Hrsg., *Die Welt der Stadt*, München, Zürich: Piper 1990, 117–143.
Hannelore Schlaffer, *Die City. Straßenleben in der geplanten Stadt*, Springe: zu Klampen Essay 2013.
Karl Schlögel, *Im Raume lesen wir die Zeit. Über Zivilisationsgeschichte und Geopolitik*, München: Carl Hanser 2003.
Joachim Schlör, *Das Ich der Stadt. Debatten über Judentum und Urbanität, 1822–1938*, Göttingen: Vandenhoeck & Ruprecht 2005.
Hinrich C. Seeba, Hermanns Kampf für Deutschlands Not. Zur Topographie der nationalen Identität, in: *Deutsche Nationaldenkmale 1790–1990*. Hrsg. v. Sekretariat für kulturelle

Zusammenarbeit nichttheatertragender Städte und Gemeinden in Nordrhein-Westfalen, Gütersloh, Bielefeld: Verlag für Regionalgeschichte 1993, 60–75, auch in: Seeba, *Denkbilder. Detmolder Vorträge zur Kulturgeschichte der Literatur*, Bielefeld: Aisthesis 2011, 11–28.

Hinrich C. Seeba, Interdisziplinäre Praxis der German Studies: Zum Beispiel Berlin, in: *Über Grenzen: Neue Wege in Wissenschaft und Politik. Beiträge für Evelies Mayer*. Hrsg. v. Bettina Schmitt, Karin Hartmann, Beate Krais, Frankfurt a. M.: Campus 1998, 59–71.

Hinrich C. Seeba, Stadtbild Berlin. Urbane Raumerfahrung von Heine bis Benjamin, in: Seeba, *Denkbilder. Detmolder Vorträge zur Kulturgeschichte der Literatur*, Bielefeld: Aisthesis 2011, 62–81.

Hinrich C. Seeba, Geschichte und Geschichten. Zur Poetik historischen Verstehens, in: *Grabbe-Jahrbuch* 22 (2003), 9–28, auch in Seeba, *Denkbilder. Detmolder Vorträge zur Kulturgeschichte der Literatur*, Bielefeld: Aisthesis 2011, 135–154.

Richard Sennett, *Flesh and Stone: The Body and the City in Western Civilization*, New York: Norton 1994.

Georg Simmel, Die Großstädte und das Geistesleben (1903), in: Simmel, *Aufsätze und Abhandlungen 1901–1908*, Bd. I (*Gesamtausgabe*. Hrsg. v. Otthein Rammstedt, Bd. 7). Hrsg. v. Rüdiger Kramme, Angela Rammstedt und Otthein Rammstedt, Frankfurt a. M.: Suhrkamp 1995, 116–131.

Georg Simmel, Soziologie des Raumes (1903), in: Simmel, *Aufsätze und Abhandlungen 1901–1908*, Bd. I (*Gesamtausgabe*. Hrsg. v. Otthein Rammstedt, Bd. 7). Hrsg. v. Rüdiger Kramme, Angela Rammstedt und Otthein Rammstedt, Frankfurt a. M.: Suhrkamp 1995, 132–181.

Nadja Stulz-Herrnstadt, *Berliner Bürgertum im 18. und 19. Jahrhundert*, Berlin: Walter de Gruyter 2002.

Ferdinand Tönnies, *Gemeinschaft und Gesellschaft. Abhandlung des Communismus und des Socialismus als empirischer Culturformen*, Leipzig: Fues 1887, ²1912 (mit neuem Untertitel: *Grundbegriffe der reinen Soziologie*).

René Trautmann, *Die Stadt in der deutschen Erzählungskunst des 19. Jahrhunderts (1830–1880)*, Winterthur: Keller 1957 (ursprünglich Diss. Basel).

Sigrid Weigel, *Topographien der Geschlechter. Kulturgeschichtliche Studien zur Literatur*. Reinbek: Rowohlt 1990.

Sigrid Weigel, Zum ›topographical turn‹. Kartographie, Topographie und Raumkonzepte in den Kulturwissenschaften, in: *KulturPoetik* 2/2 (2002), 151–165, englisch On the Topographical Turn: Concepts of Space in Cultural Studies und Kulturwissenschaften. A Cartographic Feud, in: *European Review* 17 (2009), 187–201.

Ralph-Rainer Wuthenow, Die Entdeckung der Großstadt in der Literatur des 18. Jahrhunderts, in: *Die Stadt in der Literatur*. Hrsg. v. Cord Meckseper und Elisabeth Schraut, Göttingen: Vandenhoeck & Ruprecht 1983, 7–24.

Gerwin Zohlen, Text-Straßen. Zur Theorie der Stadtlektüre bei Siegfried Kracauer, in: *Text + Kritik* 68 (1980), 62–72.

Zu Paul Lindau

Roland Berbig, Paul Lindau – eine Literatenkarriere, in: *Literarisches Leben in Berlin 1871–1933*. Hrsg. v. Peter Wruck, Berlin: Akademie 1987, 88–125.
Theodor Fontane, Rezension zu Paul Lindaus Berlin-Roman *Der Zug nach dem Westen* (zuerst in *Vossische Zeitung*, 27.12.1886), in: Fontane, *Sämtliche Werke*. Hrsg. v. Walter Keitel, Abt. III, Bd. 1: *Aufsätze und Aufzeichnungen*. Hrsg. v. Jürgen Kolbe, München: Carl Hanser 1969, 561–570.
Victor Klemperer, *Paul Lindau. Eine Monographie*, Berlin: Concordia 1909.
Franz Mehring, *Der Fall Lindau. Dargestellt und erläutert*, Berlin: K. Brachvogel & Ranft 1890.

Zu Max Kretzer

Wolfgang Emmerich, Max Kretzer, in: *Neue Deutsche Biographie* (NDB). Band 13, Berlin: Duncker & Humblot 1982.
Günter Helmes, Max Kretzer: „Meister Timpe". In: *Der Deutschunterricht* 40, 2 (1980), 51–64.
Patrick Küppers, *Die Sprache der Großstadt. Zeitkritik und ästhetische Moderne in den frühnaturalistischen Berlinromanen Max Kretzers*. Marburg: Tectum 2014.
Johannes Schönherr, *Vorwort* zu Max Kretzer, *Meister Timpe*, Berlin: Büchergilde Gutenberg 1927.

Zu Theodor Fontane

Hugo Augst, *Fontane aus heutiger Sicht. Analysen und Interpretationen seines Werks*. München: Nymphenburger 1980.
James Bade, *Fontane's Landscapes*, Würzburg: Königshausen & Neumann 2009.
Sabina Becker u. a., Hrsg., *„Weiber weiblich, Männer männlich"? Zum Geschlechterdiskurs in Theodor Fontanes Romanen*, Tübingen: Francke 2005.
Roland Berbig, *Fontane Chronik*, 5 Bände, Berlin, New York: Walter de Gruyter 2010.
Richard Brinkmann, *Theodor Fontane. Über die Verbindlichkeit des Unverbindlichen*, München: R. Piper 1967.
Peter Demetz, *Formen des Realismus: Theodor Fontane. Kritische Untersuchungen*, (zuerst München: Carl Hanser 1964), Frankfurt a. M., Berlin, Wien: Ullstein 1973.
Otto Drude, *Fontane und sein Berlin. Personen, Häuser, Straßen*, Frankfurt a. M.: Insel 1988.
Konrad Ehlich, Hrsg., *Fontane und die Fremde, Fontane und Europa*, Würzburg: Königshausen & Neumann 2002.
Gerhard Fischer, Theodor Fontane und die Tradition des ‚Berliner Romans', in: *Berlinische Monatsschrift* Nr. 8 (1998), 12–16.
Christof Forderer, *Die Großstadt im Roman. Berliner Großstadtdarstellungen zwischen Naturalismus und Moderne*, Wiesbaden: Springer Fachmedien 1992 (urspr. Diss. FU Berlin 1991)

Christa Gaug, *Situating the City: The Textual and Spatial Construction of Late-Nineteenth Century Berlin and Vienna in City Texts by Theodor Fontane and Daniel Spitzer*, Ann Arbor: University of Michigan Press 2000 (urspr. Diss. University of Texas at Austin 2000).
Mary E. Gilbert, *Das Gespräch in Fontanes Gesellschaftsromanen*, Leipzig: Mayer & Müller 1930.
Katharina Grätz, *Alles kommt auf die Beleuchtung an. Theodor Fontane – Leben und Werk*, Stuttgart: Reclam 2015.
Gerhard von Graevenitz, *Theodor Fontane. Ängstliche Moderne. Über das Imaginäre*. Konstanz: University Press 2014.
Christian Grawe und Helmuth Nürnberger, Hrsg., *Fontane Handbuch*. Stuttgart: Kröner 2000.
Stefan Greif, *Ehre als Bürgerlichkeit in den Zeitromanen Theodor Fontanes*, Paderborn: Schöningh 1992.
Ulrike Haß, *Theodor Fontane. Bürgerlicher Realismus am Beispiel seiner Berliner Gesellschaftsromane*, Bonn: Bouvier 1979.
Ernst Heilborn, Fontanopolis, in: *Velhagen & Klasings Monatshefte* 23, 2 (1908/09), S. 580.
Rudolf Helmstetter, *Die Geburt des Realismus aus dem Dunst des Familienblattes. Fontane und die öffentlichkeitsgeschichtlichen Rahmenbedingungen des Poetischen Realismus*, München: Wilhelm Fink 1998.
Charlotte Jolles, *Fontane und die Politik. Ein Beitrag zur Wesensbestimmung Theodor Fontanes*, Berlin: Aufbau 1983.
Charlotte Jolles, *Theodor Fontane*, Stuttgart: Metzler ⁴1993.
Hanjo Kesting, *Theodor Fontane. Bürgerlichkeit und Lebensmusik*, Göttingen: Wallstein 1998.
Albrecht Kloepfer, Fontanes Berlin. Funktion und Darstellung der Stadt in seinen Zeit-Romanen, in: *Germanisch-Romanische Monatsschrift* 42, 1 (1992), 67–86.
Rainer Kolk, *Beschädigte Individualität. Untersuchungen zu den Romanen Theodor Fontanes*, Heidelberg: Winter 1986.
Christine Kretschmer, *Der ästhetische Gegenstand und das ästhetische Urteil in den Romanen Theodor Fontanes*, Frankfurt a. M.: Peter Lang 1997.
Claudia Liebrand, *Das Ich und die andern. Fontanes Figuren und ihre Selbstbilder*, Freiburg i. Br.: Rombach 1990.
Thomas Mann, Der alte Fontane (1910), in: Mann, *Das essayistische Werk*. Taschenbuchausgabe in acht Bänden. Hrsg. v. Hans Bürgin, Bd. 1, Frankfurt a. M.: Fischer 1968, 36–55.
Ingrid Mittenzwei, *Die Sprache als Thema. Untersuchungen zu Fontanes Gesellschaftsromanen*, Bad Homburg: Gehlen 1970.
Katharina Mommsen, *Gesellschaftskritik bei Fontane und Thomas Mann*, Heidelberg: Lothar Stiehm 1973.
Walter Müller-Seidel, *Theodor Fontane. Soziale Romankunst in Deutschland*, Stuttgart: Metzler 1975.
Helmuth Nürnberger, *Fontanes Welt*, Berlin: Siedler 1997.
Helmuth Nürnberger und Dietmar Storch, *Fontane-Lexikon. Namen–Stoffe–Zeitgeschichte*, München: Carl Hanser 2007.
Hans-Heinrich Reuter, *Fontane*, 2 Bände, Berlin: Verlag der Nation 1968.
Wolfgang E. Rost, *Örtlichkeit und Schauplatz in Fontanes Werken*, Berlin, Leipzig: Walter de Gruyter 1931.
Kathrin Scheiding, *Raumordnung bei Theodor Fontane*, Marburg: Tectum 2012.

Klaus R. Scherpe, Ort oder Raum? Fontanes literarische Topographie, in: Hanna Delf von Wolzogen in Zusammenarbeit mit Helmuth Nürnberger, Hrsg., *Theodor Fontane am Ende des 19. Jahrhunderts*, Würzburg: Königshausen & Neumann 2000, 161–170.
Willy Schumann, Wo ist der Kaiser? Theodor Fontane über Kaiser Wilhelm II, in: *Monatshefte* 71, 2 (1979), 161–171.
Bernd W. Seiler, *Fontanes Berlin. Die Hauptstadt in seinen Romanen*, Berlin: Verlag für Berlin-Brandenburg ²2011.
Dietrich Sommer, *Studien zu Romanen von Theodor Fontane*, Leipzig: Leipziger Universitätsverlag 2011.
Frank Thomas, *Theater und Tod als Allegorien auf den Niedergang des Adels in Fontanes ‚Poggenpuhls'*, München: GRIN 2006.
Ekkhard Verschau, *Theodor Fontane. Individuum und Gesellschaft*, Frankfurt a. M. Ullstein 1983.
Lieselotte Voss, *Literarische Präfiguration dargestellter Wirklichkeit bei Fontane. Zur Zitatstruktur seines Romanwerks*, München: Wilhelm Fink 1985.
Gisela Wilhelm, *Die Dramaturgie des epischen Raumes bei Theodor Fontane*, Frankfurt a. M.: Fischer 1981.
Kurt Wölfel, „Man ist nicht bloß ein einzelner Mensch". Zum Figurenentwurf in Fontanes Gesellschaftsromanen, in: Wolfgang Preisendanz, Hrsg., *Theodor Fontane*, Darmstadt: Wissenschaftliche Buchgesellschaft 1973, 329–353.
Peter Wruck, Fontanes Berlin. Durchlebte, erfahrene und dargestellte Wirklichkeit, in: Peter Wruck, Hrsg., *Literarisches Leben in Berlin 1871–1933*, Berlin: Akademie 1987, 22–87.
Peter Wruck, Frau Jenny Treibel. „Drum prüfe, wer sich ewig bindet", in: Christian Grawe, Hrsg., *Interpretationen. Fontanes Novellen und Romane*, Stuttgart: Reclam 1991, 185–216.

Zu Georg Hermann

Volker Giel, Georg Hermann oder Die verlorene Literatur. Jüdisch-deutsche Literaturtradition im Abseits, in: *Zeitschrift für Germanistik* NF 7,1 (1997), 126–132.
Franka Marquardt, „Durchaus ein jüdischer Roman?" Judentum, Antisemitismus und die wechselhafte Rezeptionsgeschichte von Georg Hermanns ‚Jettchen Gebert', in: *Zeitschrift für Religions- und Geistesgeschichte* 67 (2015), 64–84.
Ritchie Robertson, Cultural Stereotypes and Anxiety in Georg Hermann's Jettchen Gebert, in: Godela Weiss-Sussex, Hrsg., *Georg Hermann. Deutsch-jüdischer Schriftsteller und Journalist 1871–1943*, Tübingen: Niemeyer 2004, 5–21.
Cornelis Geeraard van Liere, *Georg Hermann. Materialien zur Kenntnis seines Lebens und seines Werkes*, Amsterdam: Rodopi 1974.
Godela Weiss-Sussex, Ein „kleinstädtisches Großstadtsujet"? Zur Darstellung Berlins in ‚Jettchen Gebert', in: Kerstin Schoor, Hrsg., *...Aber ihr Ruf verhallte ins Leere hinein. Der Schriftsteller Georg Hermann (1871–1943 Auschwitz)*, Berlin: Weidler 1999, 87–118.
Godela Weiss-Sussex, Fontane's and Hermann's Berlin: Relationship with Contemporary Berlin Paintings, in: Patricia Howe und Helen Chambers, Hrsg., *Theodor Fontane and the European Context: Literature, Culture and Society in Prussia and Europe*, Amsterdam: Rodopi 2001, 231–252.

Ulrike Zitzlsperger, Berlin als soziales Umfeld im Werk Georg Hermanns, in: Godela Weiss-Sussex, Hrsg., *Georg Hermann. Deutsch-jüdischer Schriftsteller und Journalist, 1871–1943*, Tübingen: Niemeyer 2004, 41–56.

Personenregister

Adorno, Theodor W.   30, 67
Alberti, Conrad   60 f.
Aristoteles   160
Arndt, Ernst Moritz   22
Assmann, Jan   11
Auerbach, Berthold   61

Bachelard, Gaston   20, 25
Bachleitner, Norbert   91
Bachtin, Michail   25, 67
Baedeker, Karl   28, 205
Bahr, Hermann   68, 91
Balzac, Honoré de   19, 174
Bandel, Ernst von   23
Barnes, Trevor J.   20
Batholomew, John G.   17
Bauer, Mathias   80
Bebel, August   91, 109, 111
Benjamin, Walter   29–32, 36, 45, 50, 58, 64, 92
Berbig, Roland   68
Bergmann, Otto   102, 150
Bienert, Michael   3
Biermann, Carl Eduard   135, 146 f.
Binswanger, Ludwig   20
Birnbaum, Nathan   246
Bismarck, Otto von   72, 86, 112, 197, 200
Bizet, Georges   244
Bleibtreu, Carl   91
Bleichröder, Gerson   133, 212, 216
Bloch, Ernst   34, 87, 255
Blumenberg, Hans   54
Böcklin, Arnold   179
Boehringer, Albert   154
Bohrer, Karl-Heinz   26
Böll, Heinrich   61
Bolle, Carl   103, 150
Bollnow, Otto Friedrich   20, 207
Borchardt, Isaak S.   248
Börne, Ludwig   27, 29, 36, 195
Borsig, August   42, 135 f., 146 f., 216
Brahms, Johannes   75
Brecht, Bertolt   2, 128, 136, 156
Brinkmann, Richard   65, 201

Broch, Hermann   139
Buber, Martin   245
Büchmann, Georg   181
Büchner, Georg   207
Byron, George Gordon   224

Calatrava, Santiago   102
Callot, Jacques   48
Canetti, Elias   45
Cassel, Paulus Stephanus   196
Certeau, Michel de   25, 67
Chamberlain, Houston Stewart   244 f.
Chodowiecki, Daniel   48, 159
Clostermeier, Christian Gottlieb   23
Conradi, Hermann   61
Cosgrove, Denis   20

Dahrendorf, Ralf   226
Daniels, Stephen   20
Dannenberger, J. G.   149
Delius, F. C.   62
Demetz, Peter   65
Demnig, Gunter   32
Dernburg, Friedrich   61
Derrida, Jacques   67
Dessauer, Adolf   19, 242
Dickens, Charles   42, 61, 80, 94
Diderot, Denis   247
Dilthey, Wilhelm   60, 207
Döblin, Alfred   104, 113
Dronke, Ernst   9, 40, 135, 233
Droste-Hülshoff, Annette von   12, 61, 87 f.
Droysen, Johann Gustav   216
Drucker, Louis   237
Duncan, James S.   20

Einstein, Albert   2
Ende, Hermann   72, 79
Escher, Felix   31

Feilner, Tobias Christoph   151
Fischer, Gerhard   60
Flaubert, Gustave   18 f.

Fontane, Theodor   2, 3, 5, 8, 12, 13, 14, 15, 16, 17, 25, 33, 35, 36, 37, 38, 39, 40, 43, 44, 46, 52, 53, 54, 55, 56, 57, 58, 59, 60, 62, 63, 64, 65, 66, 67, 68, 73, 76, 79, 80, 86, 87, 88, 89, 91, 92, 93, 94, 102, 103, 104, 113, 117, 119–227, 228, 229, 236, 241, 243, 251, 252, 253, 254, 255, 257, 258, 259
Forderer, Christof   60
Foucault, Michel   25, 67
Franz, Adolph   102
Franz Joseph I.   63
Frenzel, Karl   61
Freud, Sigmund   45
Freytag, Gustav   157, 175, 217, 245
Friedländer, Georg   217, 253
Friedrich, Gerhard   208
Friedrich der Große   135
Friedrich III.   200, 216
Friedrich Wilhelm I.   236, 238
Friedrich Wilhelm III.   248
Friedrich Wilhelm IV.   228
Fritsch, Peter   64

Gadamer, Hans-Georg   67
Gans, Eduard   239
Gauglitz, Gerd O.   3, 33
Genette, Gérard   25
Gerson, Herrmann   133, 166
Gluck, Christoph Willibald   247
Gobineau, Arthur de   244 f.
Goebbels, Joseph   26
Goethe, Johann Wolfgang von   2, 4, 26, 64, 71, 117, 159, 188, 225 f., 247
Gontard, Carl von   12, 145, 150
Gorbatschow, Michail   117
Grabbe, Christian Friedrich   22 f., 46
Grass, Günter   1, 35, 61 f., 189, 252–258
Grillparzer, Franz   174
Grimm, Hans   24
Grimm, Jacob   24, 181
Grimm, Wilhelm   181
Gropius, Walter   84
Gutzkow, Karl   14, 17, 37 f., 47

Habermas, Jürgen   7, 97, 209
Hadid, Zaha   93

Hallet, Wolfgang   25
Hamann, Johann Georg   247
Hampel, Torsten   62
Harbrecht, Hugo   5
Hardenberg, Karl August von   75
Hart, Heinrich   11 f., 69
Hart, Julius   11 f., 69
Harvey, William   10
Hasel, Verena Friederike   92
Hauptmann, Gerhart   92, 253
Hebbel, Friedrich   199 f.
Heckel, Erich   90
Hegel, Georg Wilhelm Friedrich   2, 14, 141
Hegemann, Werner   150
Heilborn, Ernst   64, 208
Heine, Heinrich   27 f., 46–54, 57, 64, 80, 136, 181, 194–196, 205, 216, 233
Heinse, Wilhelm   247
Helmstetter, Rudolf   58
Henneberg, Nicole   3
Henniger, Gebrüder   150
Herder, Johann Gottfried   117
Hermann, Georg   1, 12, 13, 15, 16, 17, 60, 65, 66, 228–249, 250, 251, 258, 259
Hertel, Adolf   80
Herz, Henriette   79, 239
Herzl, Theodor   245
Hessel, Franz   28–30, 36, 45, 58, 64
Heydt, August von der   72 f., 79
Heym, Georg   10
Heyse, Paul   174
Himmler, Heinrich   217
Hinckeldey, Karl Ludwig Friedrich von   129
Hitler, Adolf   35, 61, 171, 245
Hitzig, Friedrich   72
Hitzig, Julius Eduard   239
Hoffmann, E. T. A.   17, 28 f., 46–48, 50–54, 64, 109, 136, 158, 181, 205, 207, 209, 224, 233, 247
Hoffmann-Axthelm, Dieter   150
Hoffmann von Fallersleben, August Heinrich von   22
Hofmannsthal, Hugo von   21, 36, 38, 54, 139, 251
Honecker, Erich   35, 117, 254
Horaz   20
Howaldt, Georg   154

Hume, David 139
Hutschenreuther, Viktor 154

Immermann, Karl 23

Jakobi, Joel 237
Jacobsen, Arne 84
Jakobowsky, Ludwig 241
Jean Paul 247
Jolles, Charlotte 252

Kafka, Franz 21
Kant, Immanuel 171, 248
Karpeles, Gustav 241
Kawano, Yoh 21
Keith, James 178, 201
Keller, Gottfried 9, 12, 61, 113–116, 126 f.
Kerner, Justinus 17
Kindermann, Heinz 22, 24
Kirchbach, Wolfgang 61
Kirchhoff, Bodo 62
Kittler, Friedrich 6
Kleinwächter, Wolfgang 6
Kleist, Heinrich von 2, 17, 47, 202, 259
Kloepfer, Albrecht 16, 65
Knef, Hildegard 61
Knobelsdorff, Georg Wenzeslaus von 12, 48, 145, 150
Knoblauch, Eduard 72
Knobloch, Heinz 33 f., 46
Kohl, Helmut 35, 254
Kracauer, Siegfried 29 f., 33
Kretschmer, Christine 201, 226
Kretzer, Max 12, 13, 15, 17, 41, 43, 60, 65, 66, 76, 87, 88, 89–118, 143, 149, 251, 257, 258
Kuehnemund, Richard 22
Kugler, Franz 44, 137, 181

Lagarde, Paul 17
Lang, Fritz 26
Langbehn, Julius 26 f., 43, 218, 244
Langhans, Carl Gotthard 72
Le Bon, Gustave 45
Lenz, Siegfried 61
Lessing, Gotthold Ephraim 14, 20, 34, 160, 195 f., 199, 237, 247

Liebknecht, Wilhelm 91, 109
Liebrand, Claudia 67
Lilienthal, Otto 102, 150
Lindau, Paul 1, 12 f., 15, 17, 57 f., 60, 65 f., 68–88, 89, 91, 94, 98, 101, 103, 108, 113, 117, 143, 177, 235, 251, 257
Lotman, Jurij 25
Löwe, Ludwig 153
Lukács, Georg 65
Lutze, J. G. 151
Lyon, John B. 66

Mann, Thomas 60, 203, 221, 251
Mantegna, Andrea 137
Marcus, Ahron 245
Marr, Wilhelm 218, 244
Marschalck, Peter 41
Marshall, Tim 21
Marx, Karl 67, 141
Mauthner, Fritz 60 f., 87
Mehring, Franz 69
Meister Eckehart 56
Mendelssohn, Moses 26, 237, 243
Menzel, Adolph von 204, 216
Meyer, Friedrich 216
Meyer, Jacques 95 f., 150
Minde-Pouet, Georg 259
Mitscherlich, Alexander 221
Mitterwurzer, Friedrich 223
Mommsen, Theodor 195, 216
Montaigne, Michel de 247
Moretti, Franco 17 f.
Mörike, Eduard 17
Moritz, Karl Philipp 207, 226
Moser, Edward I. 21
Moser, May-Britt 21
Moses, Jüttel 242
Moses, Salomon 242
Mosse, George L. 245
Mosse, Rudolf 216, 242
Mozart, Wolfgang Amadeus 247
Müller, Jürgen 26, 92
Müller-Seidel, Walter 65, 143, 189
Mundt, Theodor 181, 234
Münkler, Herfried 22
Musil, Robert 46
Mylius, Christlob 237

Nadler, Josef 24 f.
Nagel, Siegfried Robert 17
Napoleon 15, 23, 51, 201, 228
Nicolai, Friedrich 26, 151, 237
Nietzsche, Friedrich 43

Oberhauser, Fred 3
O'Keefe, John 21
Ortega y Gasset, José 45

Paulsen, Friedrich 217 f.
Persius, Ludwig 72
Petchenik, Barbara Bartz 20
Petersen, Julius 37
Poe, Edgar Allan 45 f., 50 f., 54
Postel, Jon 6
Preisendanz, Wolfgang 58
Presner, Todd 21
Pschorr, August 154

Raabe, Wilhelm 13
Ranke, Leopold von 12, 23, 160, 216, 222
Rasch, Wolfgang 63
Raschdorff, Julius 200
Reagan, Ronald 85
Rembrandt van Rijn 26
Reuter, Hans-Heinrich 65, 87, 130, 252
Riehl, Wilhelm Heinrich 25, 27, 40, 43
Riha, Karl 46
Robertson, Ritchie 229, 232, 245
Robinson, Arthur 20
Rodenberg, Julius 61, 95
Rohwedder, Detlev 35, 254
Rosenberg, Alfred 245
Rost, Wolfgang E. 37 f., 204
Rückert, Friedrich 101 f.
Ruf, Sep 84

Sachs, Ernst 154
Sagebiel, Ernst 35, 257
Sand, George 19
Saville-Troike, Muriel 171
Schabert, Thilo 46
Schacht, Hjalmar 35
Scheiding, Katrin 67
Schelsky, Helmut 221
Scherpe, Klaus R. 15, 66

Schiller, Friedrich 99, 113–115, 117, 133 f., 159, 166, 188, 224
Schilling, J. G. 149, 185
Schinkel, Karl Friedrich 48, 72, 151, 177, 182
Schirrmacher, Frank 62, 255
Schlegel, Friedrich 207, 252
Schleiermacher, Friedrich 47
Schlögel, Karl 28
Schlögl, Rudolf 34
Schmidt, Julian 157
Schneider, Peter 258
Schnitzler, Arthur 229, 242
Schönherr, Johannes 91
Schumann, Willy 171
Seeba, Hinrich C. 23, 36, 46, 48, 62, 110, 197
Seiler, Bernd W. 8
Sennett, Richard 10
Servaes, Franz 59, 206
Shakespeare, William 115, 126, 226
Shepard, David 21
Simmel, Georg 5, 40–43, 47
Simonsfeld. H. 40
Singer, Paul 153
Sloterdijk, Peter 41 f.
Smith, Adam 10
Sommer, Dietrich 215
Sophokles 188
Spehr, Michael 111
Spengler, Oswald 26, 43
Spielhagen, Friedrich 192
Spitzweg, Carl 98
Staudte, Wolfgang 61
Stehely, Johann 80, 241
Stern, J. Peter 65
Stoecker, Adolf 68, 196, 216
Stollwerck, Heinrich 154
Stoppany, Giachem Bunom 80
Storch, Wolfgang 22
Storm, Theodor 10, 61, 86
Stresemann, Gustav 150
Stüler, Friedrich August 72
Sudermann, Hermann 105
Sue, Eugène 19

Tieck, Ludwig 17

Tolstoj, Leo 61
Tönnies, Ferdinand 40, 140
Trautmann, René 61
Treitschke, Heinrich von 86, 181, 195–197, 216–218, 244
Turgenjew, Iwan Sergejewitsch 57

Ulbricht, Walter 35, 254

Varnhagen, Rahel 79
Viebig, Clara 61
Virchow, Rudolf 109
Vischer, Friedrich Theodor 17, 169
Voltaire 247
Voss, Lieselotte 161

Wagner, Richard 194, 196f., 244
Walser, Martin 61
Wassermann, Jakob 241
Weigel, Sigrid 20

Werner, Anton von 80
Wichert, Ernst 169
Wilberg, Christian 80
Wildenbruch, Ernst von 223
Wilder, Thornton 251, 258
Wilhelm I. 154, 164, 172, 236, 238
Wilhelm II. 63, 171, 200, 206, 208, 228
Winklhöfer, Karin 102
Wolf, Christa 2, 123
Wolff, Heinrich 35, 134
Wruck, Peter 25, 53, 69
Wundt, Max 22

Zesen, Philipp von 5
Zeune, August 22f.
Žmegač, Viktor 24
Zohlen, Gerwin 30
Zola, Emile 57, 61, 91, 163
Zolling, Theophil 60
Zweig, Stefan 32

Straßenregister

Ackerstr. 68, 95 f., 150
Adalbertstr. 103
Adlerstr. 15, 35, 151 f., 161, 168, 180
Alexanderplatz 13, 17, 103 f., 238 f., 257
Alexanderstr. 103
Almstadtstr. 246
Alsen-Viertel 135
Alte Jakobstr. 12 f., 144–146, 150–152
Am Hafenplatz 15
Am Ostbahnhof 78, 104
An der Stechbahn 80
Andreasstr. 94, 103
Anhalter Bahnhof 181
Anhaltinische Communication 33
Anna-Louise-Karsch-Str. 238
Askanischer Platz 180

Bahnhof Charlottenburg 106, 182
Bahnhof Friedrichstr. 177
Bahnhof Zoo 122
Bayernallee 90
Bebelplatz 145
Behrenstr. 47, 68, 133
Bellevuestr. 16, 68, 81, 122, 130, 135, 144, 177, 205, 258
Belvedere 72, 179
Berliner Str. 33, 108, 231, 236
Bernburger Str. 68, 86
Bischofstr. 237
Börse 49, 72, 78
Botanischer Garten 214
Brandenburger Communication 33
Brandenburger Str. 68
Brandenburger Tor 33, 49, 72, 182, 236
Breslauer Str. 68, 86, 104
Budapester Str. 33, 121
Burgstr. 72, 103

Carmerstr. 31
Charlottenburg 4, 8, 13, 32, 90, 132, 136, 145, 153, 179, 182, 200, 232, 235 f., 241
Charlottenstr. 47, 80, 224, 241
Chausseestr. 2, 134 f., 146, 238

Christuskirche 181, 185, 196
Corneliusbrücke 179

Delbrückstr. 31
Dessauer Str. 93
Dom (Berliner) 49, 200
Dom (Deutscher) 27, 145
Dom (Französischer) 27, 145
Dönhoffplatz 68, 75–77, 86
Dorotheenstr. 177

Engelbecken 68
Ernst-Reuter-Platz 236

Frankfurter Allee 111
Frankfurter Bahnhof 76, 106
Frankfurter Str. 98
Französische Str. 224
Friedhof der Französisch-Reformierten Gemeinde 259
Friedrich-Ebert-Str. 33 f.
Friedrichstadt 9
Friedrichstr. 68, 79, 81, 177, 185
Friedrich-Wilhelms-Str. 179
Fruchtstr. 102

Gedächtniskirche 122
Gendarmenmarkt 27, 29, 47 f., 109, 145, 181, 205, 209, 223 f., 257
Georgenstr. 15
Grenadierstr. 246
Große Petristr. 16, 144
Großer Stern 179
Große Synagoge 238
Großgörschenstr. 15, 88, 201–204, 209 f., 212, 216, 226, 228, 250, 258
Grunewald 17, 132, 181
Grunewaldsee 143, 164, 241

Hackescher Markt 237
Hafenplatz 15, 68
Hallesches Tor 9, 10, 180, 182
Hamburger Bahnhof 135
Hamburger Str. 238, 249

Hamburger Tor 10
Händelstr. 68, 84, 86
Hankels Ablage 122, 128, 130 f.
Hansa-Viertel 84
Hedwigs-Kathedrale 145
Heidereutergasse 248
Heiliggeistkirche 238
Hermann-Göring-Str. 33
Hirschelstr. 93
Hitzigallee 69, 72
Hofjägerallee 72
Hoher Steinweg 230
Holzmarktstr. 15, 17, 76, 88-90, 94, 98, 100-104, 107, 109 f., 131, 150, 258

In den Zelten 135, 258
Invalidenpark 136
Invalidenstr. 15 f., 88, 119, 121, 134-138, 142, 146, 176, 210, 258

Jakobi-Kirchhof 134
Jägerstr. 72, 80 f., 241
Jüdenstr. 230, 239, 246

Kaiserin-Augusta-Str. 68
Karl-Marx-Allee 111
Keithstr. 2, 12, 14-16, 33, 39, 88, 131, 144, 172 f., 176-181, 193, 200 f., 258
Kleine Wallstr. 177
Kleist-Park 214
Klingelhöferstr. 179
Klosterstr. 230, 238-240, 246
Kochstr. 185
Kollwitzstr. 252
Königgrätzer Str. 13, 15 f., 33, 59, 68, 93, 144, 173, 176, 180-182, 184 f., 188, 193, 196, 201, 203, 205, 250, 258
Königsgraben 239
Königstadt 9
Königstr. 17, 49, 230, 232, 235, 237-240, 246
Köpenicker Str. 12, 15 f., 76, 88 f., 98, 102 f., 111, 131, 143 f., 146-151, 153, 155 f., 158 f., 165, 168, 171, 258
Koppenstr. 15, 68, 70 f., 73 f., 76, 78 f., 82-84, 86, 88, 94, 99-103, 257
Kottbuser Tor 111

Krautstr. 100 f.
Kronprinzenbrücke 102
Kronprinzenufer 15
Kulmstr. 204
Kupfergraben 2, 136
Kurfürstendamm 4, 105, 121, 123, 126
Kurfürstenstr. 31, 123, 173, 182 f.

Landgrafenstr. 15 f., 121, 131, 133, 138, 144, 176, 181, 258
Landwehrkanal 178 f.
Lange Brücke 49
Lange Str. 100, 103
Legiendamm 131
Lehrter Bahnhof 135
Leipziger Str. 35, 75, 81, 177, 257
Lennéstr. 68
Liesenstr. 259
Littenstr. 238
Loschmidtstr. 231, 236
Ludwig-Erhard-Ufer 15
Luisenstadt 9 f.
Luisen-Ufer 131, 133, 144, 258
Lustgarten 49
Lützowplatz 68, 182
Lützowstr. 121, 131

Mansteinstr. 204
Marienkirche 237, 239 f.
Matthäikirchhof 180, 203 f., 208, 216, 221, 250
Mauerstr. 47
Michaelkirchstr. 102
Michaelskirche 132
Molkenmarkt 237
Mommsenstr. 90
Moritzplatz 223
Münzstr. 104, 257

Neue Friedrichstr. 230, 238 f.
Neuer Markt 239, 240
Neue Synagoge 72, 248 f.
Neukölln 8, 134
Niederkirchnerstr. 182
Nikolaikirche 237
Normannenstr. 4

Oberbaumbrücke 98, 102
Opernhaus 47f., 52, 75, 145
Opernplatz 205
Oranienburger Str. 72, 249
Oranienburger Tor 135
Oranienstr. 151
Ostbahnhof 71, 76, 102, 104, 106, 182
Otto-Grotewohl-Str. 257
Otto-Suhr-Allee 231, 236

Parochialkirche 237
Parochialstr. 239
Pomeranzenbrücke 238
Poststr. 49
Potsdamer Bahnhof 176, 181, 204
Potsdamer Communication 33
Potsdamer Platz 33, 53, 59, 69, 80f., 122, 130, 176, 179, 182, 200, 205–209, 223f., 253, 257
Potsdamer Str. 2, 13, 39, 68, 77, 86, 93, 176, 182, 205, 252
Potsdamer Tor 177
Prenzlauer Berg 8, 253
Prinz-Albrecht-Str. 4
Puschkinallee 111

Rathausstr. 17, 230, 237
Regentenstr. 68f., 71f., 74, 77–79, 81, 83f., 86, 88, 177, 257
Rixdorf 134
Rosenstr. 238
Rosenthaler Platz 98
Rosenthaler Tor 98
Rosinenstr. 231, 236

Saarlandstr. 33
Schadowstr. 177
Scharnhorststr. 136
Schauspielhaus 47f., 52, 76, 223f., 247
Scheunenviertel 237, 246
Schillingstr. 248
Schlesischer Bahnhof 106
Schlesischer Busch 111
Schlesisches Tor 98, 111, 150
Schloß Charlottenburg 132, 145, 153, 179, 236

Schöneberg 235f.
Schulgartenstr. 33
Schumannstr. 68, 82f., 86
Siegesallee 179
Spandauer Str. 15, 228–230, 237–240, 246, 258
Sperlingsgasse 13, 152
Spittelmarkt 120, 131, 157
Spreegasse 152
Stadtschloß 49, 76, 80
Steglitz 4, 95, 247
Stettiner Bahnhof 135
Stralauer Platz 102, 104
Stralauer Str. 152
Stralauer Vorstadt 100, 103, 110
Straße der Pariser Kommune 102
Straße des 17. Juni 179
Stresemannstr. 13, 15, 33, 35, 93, 173
Stülerstr. 68f., 72, 75, 81, 86

Taubenstr. 47, 224
Theodor-Heuss-Platz 90
Tieckstr. 15, 121, 134
Tiergartenstr. 4, 15, 68f., 71–75, 81, 83, 86, 177
Tiergartenviertel 13, 16f., 70–72, 74, 78, 83f., 89, 103, 130, 153, 176f., 180, 258
Torstr. 146

Unter den Linden 9f., 48f., 68, 79f., 177, 181

Von-der-Heydt-Str. 73
Voßstr. 215f., 219

Werderscher Markt 133
Wilhelmstr. 3, 9, 35, 182, 215f., 220, 250, 256
Wilmersdorf 4, 32, 123, 130, 144, 236

Yorckstr. 204

Zoologischer Garten 15, 119, 122, 123, 125, 126, 130, 258

www.ingramcontent.com/pod-product-compliance
Lightning Source LLC
Chambersburg PA
CBHW031724230426
43669CB00007B/238